재해분석론

재난관리총서 2

재해분석론

2016년 10월 20일 초판 인쇄
2016년 10월 30일 초판 발행

지은이 | 존 파인
옮긴이 | 안재현 · 김태웅 · 이상원
교정교열 | 정난진
펴낸이 | 이찬규
펴낸곳 | 북코리아
등록번호 | 제03-01240호
주소 | 13209 경기도 성남시 중원구 사기막골로 45번길 14
우림라이온스밸리 2차 A동 1007호
전화 | 02-704-7840
팩스 | 02-704-7848
이메일 | sunhaksa@korea.com
홈페이지 | www.북코리아.kr
ISBN | 978-89-6324-510-2 (93350)

값 25,000원

재난관리총서 2

재해분석론

존 파인 지음, 안재현 · 김태웅 · 이상원 옮김

| 머리말 |

자연재난으로 인한 사회적·경제적·환경적 영향은 최근 수십 년 동안 증가해왔다. 전 세계적으로 이러한 재난의 영향에 취약한 사람들과 지역에 미치는 부정적인 영향을 줄이기 위해 노력하고 있다. 하지만 재난의 피해를 줄이기 위해 노력하면서도 반대로 재난에 취약한 지역을 개발하는 정책도 계속적으로 추진되고 있다. 지구 온난화에 의한 위협으로 많은 지역의 위험도가 증가하고 있지만 적절한 계획, 보호, 예방 그리고 복구 전략을 통해 지속 가능한 발전이 가능할 것으로 기대되고 있다. 지역의 회복력을 높이는 전략들은 반드시 사회적, 경제적 그리고 환경적 시스템의 통합에 기반을 두어야 한다.

『재해분석론』은 자연재난의 특성을 이해하는 데 필요한 구조와 과정을 제공하고, 지속 가능한 지역을 건설하는 데 필요한 전략을 제공한다. 지속 가능성을 성취하는 데 가장 중요한 것은 지역의 특성을 인정하는 것이고, 재난을 이겨내고 재난으로부터 회복하는 지역의 능력에 지형, 사회 시스템, 경제 그리고 기반시설이 어떻게 영향을 미치는지 파악하는 것이다. 이 책에서는 위험을 식별하고, 우선순위를 매기고, 재해 예방 방법을 개발하기 위해 자연재해 분석법을 어떻게 사용하는지 보여준다. 자연재해 위험 관리의 역할은 일반 시민, 민간 기업 그리고 비영리 단체들에게 중요하다. 문제 해결, 의사결정 그리고 위험정보 전달은 현존하는 재해 위험도와 관련된 중요한 문제들을 인식할 수 있게 해준다. 자연재해 분석은 독립된 과정이 아니라 재해 위험과 관련된 지역의 모든 위험도를 파악할 수 있어야 한다는 것이 이 책 전반에 걸쳐 강조된다. 자연재해 분석 과정은 현재 진행형이며, 해당 지역의 변화하는 특성이 주기적으로 반영 및 적용되어야 한다.

우리는 재해 위험을 분석하기 위해 다양한 모형과 도구들을 사용하고 있지만, 재난의 사회적, 경제적, 문화적 그리고 환경적 영향을 계속 경험하고 있다. 자연과학, 사회과학 그리고 공학들은 서로 연계되어 있고 매우 동적인 환경변화를 이해하도록 도움을 준다. 『재해분석론』은 지역의 적응력과 회복력을 높이는 전략들을 포함함으로써 재난의 자연적이고 잠재적인 영향을 이해하는 기본 토대를 제공한다.

위험도와 취약성의 특성을 이해하기 위해 가장 중요한 것은 통합재해분석을 수행하는 것이다. 끊임없이 변화하는 사회적, 경제적 그리고 자연적 환경에 포함된 불확실성을 어떻게 다뤄야 하는지 분명하게 하기 위해 이 책은 다학제적(多學際的) 접근방법을 권장한다. 우리의 목적은 인간 시스템, 경제적 시스템 그리고 자연 시스템 사이의 상호 의존성을 밝히기 위해 지리정보시스템의 공간분석 기법, 원격탐사 기술 그리고 위험도 분석을 어떻게 수행하는지 설명하는 것이다.

재해 위험의 특성과 취약성에 대한 좀 더 명확한 이해는 지역 계획, 재해 예방 그리고 재난에 대한 회복력을 높일 수 있다.

이 책의 목표는 다음과 같다.

1. 자연적 그리고 인위적 환경에 대한 자연재난의 영향을 이해하기 위한 기본 토대 제공.
2. 재난으로 인한 피해를 줄이고 지속적인 개발을 위해 개인, 단체, 지역에서 취할 수 있는 방안들에 대한 조사.

주요 학습목표

- 조직적 의사결정과 공공정책 개발에서 재해분석의 역할과 효용성을 설명할 수 있다.
- 재해 위험의 특성과 지역에 미치는 영향을 파악할 수 있다.
- 다양한 재해모형이 자연재해의 특성을 설명하기 위해 어떻게 사용되는지 비교·분석할 수 있다.
- 재난이 사회, 경제 그리고 환경에 미치는 직간접적 영향을 어떻게 측정하는지 설명할 수 있다.
- 재해 분석에서 지리정보시스템과 공간 분석의 역할과 효용성을 설명할 수 있다.
- 개인이 어떻게 위험을 인식하고 이러한 인식이 개인, 기업 그리고 지역의 의사결정에 어떻게 영향을 미치는지 밝힐 수 있다.
- 재난으로 인한 피해를 줄이거나 최소화하기 위해 위험 관리와 재해예방 전략이 어떻게 사용되는지 설명할 수 있다.
- 지속 가능한 지역 건설을 위한 재해 분석 과정의 역할을 설명할 수 있다.

| 저자 서문 |

이 책은 지난 25년 동안 루이지애나 주립대학교(LSU: Louisiana State University)와 애팔래치안 주립대학교(ASU: Appalachian State University)에서 필자가 수행한 교육과 연구의 결과물이다. 1996년 LSU에서 학부생과 대학원생들에게 '재해 분석'을 가르치기 시작했으며, ASU에서도 계속해서 강좌가 개설되고 있다. 재해 분석 과정은 공공, 민간 그리고 비영리 단체에서 사용되고 있다. Blue Ridge Parkway, Grandfather Mountain Stewardship Foundation, Doe Mountain Recreational Authority, Biltmore Estate 등의 기관들과 일할 수 있는 기회를 가지게 되어 감사하다. 이를 통해 위험요인과 지역적 특성의 잠재적 영향을 파악할 수 있었으며, 건전한 재난관리와 재해예방 정책을 개발할 필요가 있음을 알게 되었다.

이 책에서 설명하는 많은 분석 과정과 기법들은 미국 연방재난관리청(Federal Emergency Management Agency), 환경보호청(U. S. Environmental Protection Agency), 국립해양대기청(National Oceanographic Atmospheric Administration), 국립과학재단(National Science Foundation) 그리고 미주 기구(Organization of American States) 같은 정부 및 공공기관에서 사용되었다.

나는 동료들에게 감사의 마음을 표현하고 싶다. 9장과 10장을 집필해준 노스캐롤라이나 대학교(University of North Carolina in Chapel Hill)의 개빈 스미스(Gavin Smith), 8장을 집필해준 조지워싱턴 대학교(GWU: George Washington University)의 그렉 쇼(Greg Shaw), 5장을 함께 집필한 애팔래치안 주립대학교(ASU)의 케빈 셜리(Kevin Shirley), 7장을 함께 집필한 밴더빌트 대학교(Vanderbilt University)의 스티븐 기요(Steven Guillot). 스티븐 기요는 2013년에 세상을 떠났다. 오래도록 그의 폭넓고 광범위했던 자문과 우리의 우정이 그리울 것이다.

자연, 사회 그리고 경제적 시스템의 상호 의존적인 관계를 이해할 수 있도록 도와준 공학, 컴퓨터 그리고 사회과학 분야의 동료들에게도 고마운 마음을 전한다. 재해 위험이 가족, 기업, 단체 그리고 지역에 어떤 영향을 미치는지를 공동의 노력으로 알게 되었다. 또한 지역의 취약성을 파악하고 지속 가능성을 증진시킬 수 있는 혜안을 공유하는 데 기꺼이 협력해준 많은 분들께 감사드린다.

존 파인(John C. Pine)
애팔래치안 주립대학교 환경·에너지·경제연구원장

| 역자 서문 |

재난이 대상 지역에 미치는 영향은 다양하다. 기본적으로 인명 및 재산 피해를 유발한다. 여기에 덧붙여 발생하는 사회적·경제적·환경적 영향도 갈수록 비중이 커지고 있다. 재난으로 인한 피해나 영향을 최소화하기 위해서는 해당 지역의 재해대응 능력을 높여야 한다. 이를 위해서는 대상 지역의 특성을 이해하고, 이를 고려한 전략의 수립이 필요하다. 『재해분석론』은 이러한 목적을 위해 저술된 책이며, 이와 관련된 내용들로 구성되어 있다.

이 책의 저자인 존 파인(John C. Pine)은 미국 루이지애나대학교(LSU: Louisiana State University)와 애팔래치안대학교(ASU: Appalachian State University)에서 25년간 강의와 연구를 수행했으며, 이에 대한 결과물을 모아 『재해분석론』을 집필하였다. 저자는 LSU와 ASU에서 『재해분석』이라는 과목을 강의하고 있으며, 이 과목에서 언급된 과정들은 공공기관과 민간기관에서 모두 사용하고 있다고 말한다. 특히 『재해분석론』에서 설명한 분석 과정과 기법들은 미국 연방재난관리청(FEMA), 환경보호청(EPA), 국립해양대기청(NOAA), 국립과학재단(NSF) 등과 같은 정부 및 공공기관에서 사용되었다.

저자는 이 책을 통틀어 일관성 있게 지역과 사회, 경제적 시스템은 상호 연계되어 있으며, 이들의 영향을 종합적으로 고려해야만 현실적인 재난에 대한 대책수립이 가능하다고 말한다. 이 책의 세부항목인 "위험요인 분석", "재해 사전 분석", "재해 모델링", "재해분석: 공간분석", "재해분석: 위험도분석", "사회적·경제적·생태학적 취약성", "재난관리를 위한 협력", "재해 위험 관리", "지속 가능하고 재난 회복력이 있는 지역사회를 위한 계획", "재난 회복력을 가진 지역사회: 새로운 재해 위험도 관리체계" 등은 이러한 과정을 체계적으로 정리해서 설명하고 있다.

현재 우리나라에는 재난에 대한 개념과 현황, 법과 제도 등을 소개한 개론서들이 많이 출판되어 있다. 하지만 재난에 대한 분석 과정과 기법들을 체계적으로 정리한 출판물은 거의 없는 상황이며, 이 책이 이러한 부분의 아쉬움을 일부분이나마 채워줄 수 있기를 바란다. 특히 저자의 바람대로 재난관리 및 대책수립 영역에 종사하는 전문가들이 느끼는 전문적인 부분의 갈증을 이 책이 해소시켜줄 수 있기를 희망한다.

또한 우리나라에서는 재난에 대한 대책으로 시·군 단위의 각종 대책들이 수립되고 있다. 풍수해저감종합계획을 중심으로 소하천정비종합계획, 자연재해위험지구정비, 사전재해영향성검토, 댐과 저수지의 비상대처계획, 우수유출저감계획 등 다양한 제도들이 운영되고 있다. 이러한 대책들의 수립에 는 해당 지역의 사회·경제·환경적 현황들이 충분히 반영되어야 한다. 이를 위해 이 책에서 제시한 여러 기법들이 적용될 수 있다면 다양한 측면에서 긍정적인 효과가 발생할 수 있을 것으로 기대한다.

이 책은 총 10권으로 계획된 '재난 관리 총서'의 두 번째 출판물이다. 원래 첫 번째로 출판된 『재난관리론』을 대신해서 첫 번째 출판물로 기획되었으나, 원 출판사와의 계약 지연과 『재난관리론』이 가지는 상징성을 고려해서 두 번째로 출판되었다. 『재난관리론』이 전체적인 측면에서 재난관리에 대한 개념을 정리해 주었다면, 이 책은 구체적인 재해분석, 재난관리 및 대책수립 부분을 강조하였다.

이 책의 번역을 허락해 준 저자 존 파인에게 진심으로 감사드리며, 원저의 출판사인 CRC에도 심심한 사의를 표한다. 또한 최선을 다해 이 책의 번역 및 출판을 지원해주신 이찬규사장님, 김수진과장님을 비롯한 북코리아 직원 여러분들께도 감사의 인사를 드립니다. 이 책의 번역은 국민안전처의 연구과제인 '대규모 복합피해지역에 대한 효율적인 복구방안 연구(NEMA-자연-2014-73)'를 수행하면서 이루어진 하나의 성과로서, 이를 지원해주신 국민안전처 관계자분들께도 감사의 마음을 전합니다.

2016년 9월 10일

역자 대표 안재현

차 례

제3부 재난 관리 • 281

7장 재난관리를 위한 협력 / 283

8장 재해 위험 관리 / 335

제1부

재해 분석

1장 위험요인 분석

2장 재해 사전 분석

3장 재해 모델링

1장

위험요인 분석

목표

1. 재난으로 인한 피해를 줄이기 위해서는 재해 분석이 중요하다는 사실을 이해한다.
2. 재해 분석에 사용되는 용어를 이해한다.
3. 재난과 지역에 피해를 일으키는 주요 요인들을 분석한다.
4. 사회·정치·경제·환경 시스템을 포함하는 패러다임의 변화를 이해한다.
5. 재해 분석 과정을 정의하고, 재해 위험 관리와 통합 위기관리의 연관성을 파악한다.
6. 재해 분석에서 재난 상황 관리가 왜 중요한지 설명한다.

주요 용어

결과 평가(consequence assessment)
위험도(risk)
위험요인(hazards)
재난(disaster)
재해 분석(hazards analysis)
지역(community)
취약성(vulnerability)
취약성 평가(vulnerability assessment)

이슈

정부, 지자체, 공공단체 및 기업의 위험요인과 그것들의 영향을 이해하는 데 영향을 끼치는 요인들은 무엇인가?

개요

재난이란 자연 혹은 인간에 의해 야기된 사건으로, 지역 또는 국가에 피해를 입히는 잠재력을 가지고 있다. 재난과 관련된 사건들은 기반시설들을 파괴할 수 있으며 경제, 사회, 환경에 해로운 영향을 미친다. 재난에 대처하는 지역사회 또는 국가의 역량을 기준으로 자체적으로 해결할 수 있는 재난과 외부의 지원이 필요한 재난으로 나눌 수 있다.

재난으로 발생하는 잠재적인 악영향을 줄이고 적응하기 위한 전략과 위험요인의 특성과 영향을 평가하는 과정은 재해 분석의 기본이다. 재해 분석은 통합적인 지역의 목적과 공공정책의 수립뿐만 아니라 비상상황 대비, 대응 그리고 복구 계획의 개발을 위한 실질적인 근거가 된다. 하지만 지속 가능하고 회복력이 강한 통합재해 분석 체계를 갖춘 지역은 거의 없다(Shoubridge, 2012).

지난 25년 동안 직접적인 자연재난의 영향으로 인한 경제적 비용이 점점 증가하고 있다. 최근 몇 년간 인명피해는 줄었지만, 재산피해는 극적으로 증가했다(Abramovitz, 2001; Mileti, 1999). 재난으로 인한 손실은 증가하고 있으며, 그 추세가 앞으로도 계속될 것이다(Mileti, 1999). 피해액이 매년 평균 5,000만 달러씩 — 대략 주당 100만 달러씩 — 증가할 것으로 예상된다. 그러나 몇몇 전문가들은 이것조차 손실을 비교적 조심스럽게 평가한 것이라고 지적하고 있다. 왜냐하면 간접 손실(예를 들어 실직, 시장점유율 감소, 생산성 감소 등)을 거의 포함시키지 않았기 때문이다.

멘데스-빅터와 곤칼베스(Mendes-Victor and Goncalves, 2012)는 "재난은 자연적인 것이 아니다. 최종 결과와는 상관없어 보이지만, 그것들은 사람이 결정한 결과이고 지속 가능한 생활양식을 선택하지 않았기 때문에 발생하는 것이다"라고 주장했다.

재해 비용 증가뿐만 아니라 해안 지역으로의 인구 이동도 재난에 대한 취약성을 심화시키고 있다. 재해의 악영향은 대규모 이주, 경제적 손실, 사회 전 분야에 걸친 어려움 등의 형태로 광범위하게 나타난다. 2005년 허리케인 카트리나, 2010 허리케인 아이린 그리고 2013년 허리케인 샌디는 지역의 구성원들이 홍수와 해일로 인해 어떤 고통을 받을 수 있는지를 분명하게 보여주었다. 허리케인에 대한 사후 보고서들은 대부분의 정부기관들이 대규모 재난에 대처할 준비가 되어 있지 않다는 사실을 지적하고 있다.

이 책에서는 우선 지역과 사회·경제·환경 시스템에 영향을 미치는 위험요인의 특성을 살펴보았다. 나아가 위험과 손실을 줄이고 광범위한 재해 위험 관리 전략을 수립하기 위한 접근방법을 모색했다. 또한 위험요인과 취약성을 이해하는 틀을 제공하고, 지속적으로 회복력이 강한 지역을 건설하기 위한 위험도 관리 및 예방 전략의 필요성을 제시한다.

재해 분석에 사용되는 용어

위험요인과 위험도의 개념은 '재난', '위험도 평가' 그리고 '재해 분석' 같은 주요 용어에 대한 여러 가지 정의들을 포함한다. 이러한 용어들은 복잡하지만, 자연재난으로 인해 발생하기 때문에 명확한 설명이 필요하다. 위험요인, 재난 그리고 위험도를 연구하는 많은 전문가들은 이러한 용어의 쓰임새가 변화한다는 사실을 알고 있다. 예를 들어 캐플런(Kaplan,

1997)은 위험도 분석 및 평가에 사용되는 용어의 정의가 서로 다르고, 대립으로 야기되는 혼란을 설명하기 위해 두 가지 원리를 주장했다. 즉, (1) 세상의 문제 중 50%는 사람들이 다른 의미를 가진 같은 단어를 사용하기 때문에 발생한다. (2) 나머지 50%는 사람들이 같은 의미를 가진 다른 단어를 사용하기 때문에 발생한다. 이러한 혼란 때문에 공통된 정의의 필요성이 인식되면서 미국 연방재난관리청(FEMA: Federal Emergency Management Agency), 국제위기관리자협회(IAEM: International Association of Emergency Managers), 미국 환경보호국(U. S. EPA: U. S. Environmental Protection Agency), 기타 연방 기관 같은 전문기관들의 역할이 중요해지고 있다.

위험요인(hazard)은 지역 또는 국가의 사회, 경제, 환경을 위협하는 잠재적 피해와 관련이 있다. 위험요인은 다양한 종류의 자연적 사건(홍수, 허리케인, 지진, 산불 등), 기술적 사건(위험 물질 유출, 원자력 사고, 정전 등), 인적 사건(생화학 물질, 폭발물, 무기, 대규모 파괴, 테러 등)과 관련이 있다. 복합 위험요인(compounded hazard)은 위에서 설명한 위험요인들이 결합되어 발생한다. 예를 들어 지진의 여파로 발생한 도시 화재, 홍수로 야기된 댐과 제방의 유실, 산불과 폭우로 인한 산사태 등이 있다.

FEMA(2007)는 위험요인을 "인명 피해, 재산 피해, 인프라 피해, 농작물 피해, 환경 피해, 영업 중단, 기타 피해나 손실을 일으킬 수 있는 잠재성을 가진 사건 또는 물리적 상황들"이라고 설명하고 있다. 위험요인은 물리적인 특성, 발생 가능성, 사전결과 등으로 평가될 수 있다. 폭우로 인한 홍수, 제방 유실 또는 댐 파괴는 위험요인의 원인이 될 수 있다. 발생 가능성이 낮은 위험도, 중간 위험도 또는 발생 가능성이 매우 높은 위험도로 구분할 수 있다. 위험요인은 인명 피해, 재산 피해, 인프라 피해, 농작물 피해, 환경 피해, 영업 중단, 기타 피해 등을 유발할 수 있다.

커터(Cutter, 2001)는 위험요인이 자연, 인간, 기술 시스템 사이의 상호작용에 의해 악화될 수 있으며, 발생한 영역에 따라 특성이 달라질 수 있다고 말했다. 예를 들어 허리케인에 의해 재해가 발생할 수 있지만, 홍수는 과도한 초과강우량뿐만 아니라 장기간의 부적절한 농업 및 임업 관행으로 인해 가중될 수 있다. 재난은 사회·자연·기술 시스템 사이의 상호작용으로 인해 악화될 수 있으므로 복합 위험요인을 분류하기는 쉽지 않다. 예를 들어 한 지역에서 발생한 허리케인이나 홍수가 침수된 컨테이너 속의 위험한 화학물질을 유출시킬 수 있다. 이 경우 잠재적으로 두 가지 재난(자연재난과 인적재난)을 가진다. 따라서 위험요인이 지역에 어떻게 피해를 일으키는지 완전히 이해하기 위해서는 사회적, 정치적, 역사적, 경제학적 그리고 환경적으로 광범위한 맥락에서 위험요인을 바라보아야 한다.

UN은 재난을 "피해를 입은 사회가 스스로의 자원만을 사용하여 극복할 수 있는 범위를 넘어서는 광범위한 인적·물적·환경적 손실들을 유발하는 사회 기능의 심각한 붕괴"라고 정의한다(United Nations, Department of Humanitarian Affairs, 1992). 크든 작든 모든 재난은 현실화된 위험요인의 결과물이다. 그러나 이 정의에는 하나의 단서조항이 붙어 있다. 즉, 현실화된 위험요인은 재앙적이라고 생각될 정도로 지역의 대응 능력을 철저히 파괴해야 한다(FEMA, 1997).

피어스(Pearce, 2000)는 재난에 대한 모든 정의는 대상 지역의 대응 능력을 반영해야 한다고 주장했다. 나아가 재해를 일으키는 사건은 일상적이지 않고 사회, 경제, 정치, 환경에 대한 영향이 상당히 커야 한다고 설명했다.

> 재난은 피해를 입은 지역이 인명을 구조하거나 재산을 보존하거나 사회적, 생태적, 경제적 그리고 정치적 안정성을 유지하기 위해 대응하는 능력을 넘어서는 일상적이지 않은 사건이다.

재난은 인명 피해 또는 재산 피해를 통해 측정되지만, 인명 피해나 재산 피해는 발생할 수 있는 일상적인 비상상황과 구분되어야 한다. 예를 들어 주택 화재는 관할구역의 소방당국에서 대응할 것이며, 인명이나 재산 피해를 유발할 수 있다. 하지만 화재는 일상적인 비상사건으로서 지역 대응기관에 의해 관리되며, 통상 재난으로 간주되지 않는다. 화재가 재난으로 간주되려면 지역 대응기관의 능력으로는 감당하기 어려운 규모여야 한다.

위험요인은 일반적으로 비, 번개, 눈, 바람과 모래폭풍, 우박, 눈사태, 폭염, 눈보라, 안개 같은 기상학적 위험요인을 포함한다(Bryant, 2005; FEMA, 1997; Hewitt and Burton, 1971). 또한 산사태, 눈사태, 지반 붕괴, 침식, 지진, 쓰나미, 화산 활동, 비사(飛砂) 같은 지질학적 위험요인도 포함한다. 수문학적 위험요인은 홍수, 폭풍, 해일, 해안 침식, 파도, 빙하, 수면 상승 등을 포함한다. 휴잇(Hewitt, 1998)은 열대 사이클론, 천둥번개, 화이트아웃(눈이나 햇빛의 난반사로 방향감각을 잃게 만드는 기상상태 - 옮긴이), 토네이도, 폭풍우, 눈보라, 가뭄, 얼음비(freezing rains), 산불 등은 다중 재해의 복합 위험요인에 포함된다고 설명한다. 즉, 복합 위험요인은 몇몇 자연적 위험요인이 합쳐진 것으로 단지 한 가지 위험요인에 기인한 것이 아니다.

모든 위험요인이 재난을 야기하는 것은 아니다(Gruntfest et al., 1978; Hewitt and Burton, 1971; Lindell and Meier, 1994). 재난의 발생률이나 발생 속도를 고려하여 침수된 지역에 대피를 명령함으로써 인명피해를 최소화하는 데 필요한 사전 경고를 줄 수 있다. 신호(바람, 비, 지각의 움직임 같은)를 인지할 수 있다면 다가올 재난을 예측할 수 있다. 재난의 강도는 공간에 따라 달라질 수 있으므로 어떤 지역에서는 사회경제적인 영향이 없을 수도 있다. 기상 레이더 같은 기술을 이용하면 대형 폭풍이 이동하는 장소를 예측하여 경보를 발령할 수 있다. 피해 지역(영향을 받는 지리적 지역)의 범위 또는 크기, 지속 기간은 지역의 재난 대응능력에 영향을 미친다. 사람이 살지 않는 지역에서는 토네이도 바람에 의한 피해가 인명 피해나 재산 피해를 유발하지 않을 수도 있다. 마지막으로 사건의 예측 가능성이나 발생 경보는 안전 확보에 매우 중요하다. 재난에 대한 취약성을 감소시키기 위한 노력에도 불구하고 재산 피해와 인명 피해가 지속적으로 증가하고 있다. 많은 연구들에 의하면 다음과 같은 이유로 피해가 증가하고 있다(Abramovitz, 2001; Mileti, 1999).

1. 재해 위험이 높은 곳에 거주하는 인구가 증가하고 있다.
2. 변두리 지역이 개발되면서 위험요인에 더욱 취약해지고 있다.
3. 도시 지역의 인구집중은 인명 피해와 재산 피해의 잠재성을 높인다. 사람들은 주변의 위험요인에 익숙하지 않다. 성장은 생태적으로 지속 가능하지 않을 수 있다. 재난이 발생하면 더 많은 건물과 인프라가 피해를 입을 수 있다.

4. 불평등성: 사람들은 위험요인에 동등하게 영향을 받지 않는다. 경제적 불균형으로 대다수의 빈곤층 사람들이 위험에 노출되어 있다.
5. 기후 변화: 해수면 상승으로 막대한 잠재적 위험이 존재하며, 날씨 및 기후 패턴이 변화할 것이다.
6. 정치적 변화: 정치적 불안(예: 내전)은 재난에 직접 영향을 미친다. 부실한 대비와 부족한 대응능력 때문에 위험요인보다 더 많은 영향을 받게 된다.
7. 경제성장: 기술적 위험요인에 직접적으로 연결되는 많은 오염물질을 배출한다. 보통 위험요인은 사망자를 거의 발생시키지 않지만, 많은 자산들이 위험에 처해질 수 있다. 그러나 예방 및 대비 조치를 통해 인명 피해를 최소화할 수 있다.

오랜 시간에 거쳐 발전한 정책, 제도와 관련된 사회, 경제 그리고 자연 시스템 등이 오늘날 심각한 혼란을 겪고 있다. 경제 혼란은 기후 변화와 관련하여 급변하는 자연 조건 및 연관된 장래의 손실 또는 단기적 경제 변동으로 인해 발생할 수 있다.

'위험도'와 '위험요인'이라는 용어는 종종 혼용되거나 일관성 없게 사용된다. 위기상황 관리자, 위험 관리자, 도시 및 지역 계획가, 보험 전문가, 일반인들 사이에서 '위험도'와 '위험요인'의 의미가 독립적으로 발전하고 다르게 사용되면서 다양한 해석들이 존재하게 되었다. 이러한 정의들은 서로 충돌하기도 한다. 예를 들면 '위험도'라는 단어는 비공식적으로 '보험' 또는 '기회'를 의미하는 경우가 빈번하지만, 위험 관리 분야에서만큼은 언제나 부정적 의미를 가진다(Jardine and Hrudley, 1997). 그러나 위험 관리자들 사이에서조차 위험도의 정확한 정의에는 상당한 차이가 있다(Kedar, 1970).

재난의 위험도는 일반적으로 특정 기간 내에 발생하는 사건의 확률(예를 들어 5년, 10년 또는 20년), 특정 규모나 강도 또는 낮은/중간/높은 위험도처럼 범위로 설명된다. 실례로 FEMA는 '100년 홍수' 또는 '500년 홍수'라는 용어를 사용하여 홍수의 위험도를 나타내는데, 이것은 그 기간 동안 대상 지역을 한 번 침수시키는 대형 홍수의 평균 발생빈도를 의미한다. 위험도는 위험(danger, 비자발적인 피해 노출), 위기(peril, 자발적인 피해 노출), 모험(venture, 비즈니스 기업), 기회(opportunity, 긍정적 함의: 잠재적 이익이 있다면 시도해볼 만한 일) 등의 의미를 포함한다. 비즈니스 문맥상 위험도는 가능성을 고려하는 것과도 관계가 있지만, 주로 불확실성과 관련이 있다.

재난을 바라보는 관점

토빈과 몬츠(Tobin and Montz, 1997)는 자연재난과 재해를 바라보는 방식에 대해 매우 예리한 통찰력을 가졌다. 즉, 재난을 바라보는 방법 중 하나는 재난의 거의 모든 책임과 영향이 지구물리학적 과정에 기인하고 있다는 것이다. 이 접근방법에서는 죽음과 파괴의 근본 원인이 인간과 환경의 상호작용보다는 극한의 자연 현상에 있다고 본다. 재난에 관한 이러한 관점은 피해로 고통 받는 사람들을 재난과 관련된 물리적 과정과 외력에 단순히 대응하는 힘없는 피해자로 간주한다. 그러므로 지구물리학 관점에서 재난은 인간의 행동과는 분리된 외부의 힘으로 여겨진다. 이러한 관점에서 버튼과 케이츠(Burton and Kates, 1964)는 자연적 위험요인은 인간에게 해로운 물리적 환경 요소이며, 외부의 힘에 의해 야기된다고 주장했다.

재난에 대한 토빈과 몬츠의 관점은 재해 분석의 결과를 해석하는 데 중요하다. 고위험 지역에 있는 개인의 관점이 지구물리학적 관점에 한정되어 있다면, 파괴적인 위험요인의 효과를 최소화하기 위해 할 수 있는 일이 거의 없을 것이다. 쿼런텔리(Quarantelli, 1998)는 재난과 그 원인에 대해 다음과 같이 주장했다. "나를 포함하여 이 분야의 초기 연구자들은 의식적인 사고가 부족하고 상식적인 관점을 수용하지 못했기 때문에 재난을 사회 시스템을 '붕괴시키는' 외부 공격으로 인식하는 모형을 채택했다."

쿡 등(Cook et al., 2009)은 자연재난의 위험요인을 특징짓기 위해 자연과 사회 시스템 사이의 연계성에 대해 언급했다. 그들은 더스트 볼 가뭄(Dust Bowl drought)을 자연재난이라기보다는 인간에 의해 토지를 악화시킨 사건으로 분석했다.

스타인버그(Steinberg, 2000)도 자연과 재난을 인간이 통제할 수 없는 극한의 사건으로 간주했다.

> 이런 사건들은 과학자, 언론, 기술 관료에 의해 사고(지구에 사는 대가로 받는 예상하거나 예측하기 어려운 사건)로 이해된다. 즉, 인간과 환경의 일상적 상호작용에서 벗어난 이상 사건(freak event)으로 우리 문화의 도덕적 범위 밖에 위치한다.

'제한된 합리성(bounded rationality)'이라는 개념과 부적절한 정보, 그리고 위험에 직면했을 때 적절한 선택을 할 수 있는 능력은 사람들이 위험요인을 어떻게 바라보는지 분명하게 해준다. 토빈과 몬츠(Tobin and

Montz, 1997)는 "행동은 일반적으로 합리적이거나 논리적이지만 고정관념이나 사전지식에 의해 제한된다"라는 사실을 설명함으로써 '제한된 합리성'이 재난에 적용될 수 있음을 분명히 했다. 버튼 등(Burton et al., 1978)은 "…… 개인이 자연 사건이나 대안적 행동 방침을 조사하기 위해 완전한 정보에 접근하는 것은 거의 불가능하다. 설령 그러한 정보를 가지고 있더라도 그것을 처리하거나 손실을 줄이기 위해 적절한 조치를 취하는 것은 쉽지 않다. 모든 의사결정처럼 자연재해를 다루는 합리적인 선택의 범위는 다양하다"라고 주장했다.

위험도의 통합적인 평가는 태풍과 홍수, 해안 침식, 해수면 상승, 지진, 환경오염 등으로 인한 위험에 집중된다. 슈미트 등(Schmidt et al., 2011)은 다른 유형의 위험요인과 그 영향을 포함하는 다중 위험 평가를 다루는 연구는 거의 없다고 지적했다. 그들의 접근방법은 다른 유형의 위험요인과 그 영향의 평가 결과는 제공하지만, 이를 통합한 다중 평가 과정을 제공하지는 않는다.

패러다임의 변화

위험요인의 특성, 영향, 발생 가능성 그리고 재해 예방 또는 다른 공공정책 결정에서 이러한 정보의 사용 방식을 이해하기 위한 노력은 재해 분석에 대한 대안적 접근방법을 도출했다. FEMA와 국가대응팀(NRT: National Response Team)의 접근방법은 잠재적인 위험요인의 특성, 발생 가능성, 위협을 다루는 대안의 우선순위를 자료에 기초해서 정량적으로 강조해야 한다고 제안했다. 이런 문맥에서 위험요인은 구체적 원인이 있는 단일 사건으로 간주된다.

미국 국가연구위원회(National Research Council, 1983)는 위험도를 평가하는 정량적인 접근방법을 강조했다. 이 접근방법은 위험 확인, 반응 평가, 노출성 평가, 위험도 특성화라는 네 가지 요소를 가진다. UN의 취약성 및 위험도 평가 과정에서도 정량적 분석을 강조하고 있다(Coburn et al., 1994). 커터(Cutter, 2003)는 대부분의 위험도 평가에서 확률 추정 기법과 통계기법을 사용하고 있다고 지적했다. 미국 EPA의 접근방법은 1987년 발암 가능성을 찾아내는 데서 벗어나 암을 제외한 인간 건강 위험도, 생태학적 위험도, 복지 위험도의 잠재성을 살펴보는 것으로 확장되었다. 이것은 오염 통제와 기술적 수정에서 벗어나 위험도 감소와 오염 관리를 위한 지속 가능한 접근방법으로, '상대적-위험도(relative-risk)' 접근방식이라 할 수 있다.

커터(Cutter, 2003)는 이러한 위험도 평가 과정이 개인과 생태계의 가변성과 관련된 불확실성 및 제한된 환경 자료 등의 방법론적 한계들로 가득 차 있다고 말한다. 위험도 평가는 과학과 지역을 연결해야 한다. 과학자와 위험요인 평가에 영향을 받는 사람들 사이의 정보 전달과 상호작용을 포함한 확장된 위험도 개념은 매우 건설적이다.

애드거(Adger, 2006)는 재난과 재난의 부정적 영향을 두 가지 방법으로 분석했다. 위험요인과 그 영향의 복잡한 특성을 설명하기 위해 두 가지 대안모형이 사용되었다. PAR 모형(Pressure And Release model)은 불안전한 상황을 야기하는 물리적 과정과 지진, 홍수 또는 열대성 폭풍 같은 재난 사이의 상호 연계성을 분석한다. PAR에서의 주안점은 취약성을 야기하는 사회적 외력과 조건들이다. 두 번째 모형은 불안전한 상황의 근본 원인으로, 정치·경제적 조건의 역할을 고려한다. 불-카망가 등(Bull-Kamanga et al., 2003)은 위험의 확인과 감소를 위해서는 지역의 역할이 중요하다고 강조한다. 재해 분석에 지역 관계자를 포함시키는 것은 재난에 영향을 주는 지역 특성을 정확히 조사할 수 있도록 도와준다. 웨이첼가트너(Weichselgartner, 2001)는 재해 분석에서 사회적 조건의 중요성을 강조한다. 그의 견해에 따르면, 재난은 사람들이 오랜 시간 누적한 의사결정의 산물이고, 이러한 결정은 더 큰 위험도를 만들거나 감소시킨다. 예방은 물리적 환경을 조정해야 할 뿐만 아니라 인문사회적인 여건들도 반드시 고려해야 한다. 취약성 분석은 지역의 물리적 환경과 위험요인뿐만 아니라 재난 이전의 상황까지 폭넓게 다루어야 한다.

생각하기

우리는 위험요인으로부터 재산을 보호하기 위해 제방과 홍수 방지벽을 세우고 건축법규와 기본 홍수위 기준을 마련한다. 위험요인과 관련된 위험도에 대한 인식을 높이기 위해 재해 분석은 어떤 도움을 줄 수 있을까? 재해 분석이 개인, 가족, 지역의 의사결정에 어떤 건설적인 영향을 미칠 수 있을까?

커터(Cutter, 1996; 2003)는 위험요인 및 그 영향과 관련된 복잡성을 제대로 이해하기 위해서는 더욱 넓은 시각이 필요하다고 제안했다. 이러한 취약성에 대한 HOP 모형(Hazard-Of-Place model)은 지리적 맥락, 사회적 조건, 생태물리학적·사회적 취약성의 조사와 함께 잠재적 위험요인의 종합적인 이해를 포함한다. 이를 통해 이러한 요소들이 취약성의 장소기반 관점(place-based view)을 결정한다. 일련의 지표들은 취약성을 조사하거나 거주 인구와 인프라를 반영하기 위해 사용된다. 이러한 접근방법의 목적은 사회적 취약성과 지역의 대응 및 회복을 위한 지속 가능성을 평가하는 것이다. 커터(Cutter, 1996)는 지역의 위험요인에 대한 잠재성을 이해하기 위해서는 위험요인에 영향을 받는 사회경제학 지표, 개별 특성, 지역의 지리학적 맥락이 재난에 영향을 준다는 사실을 고려해야 한다고 강조했다. 한편 다른 학자들은 지역의 지속 가능성을 조사하기 위한 기준을 개발해왔다. 마일스와 창(Miles and Chang, 2006)은 사회와 인프라에 대한 변수들을 사용하여 지역의 회복력을 조사했다. 그리고 지역의 회복력을 이해하기 위해서는 회복 과정 모델링이 필요하다고 강조했다.

브루노 등(Bruneau et al., 2000)도 재해 모델링과 지역의 회복력 측정을 강조했다. 위험요인의 특성과 결합된 정량적 측정을 통해 예방효과를 나타내는 정보를 생산할 수 있다. 지역의 회복력 측정은 네 가지 특성에 초점을 맞춘다. 즉, 기능의 손실을 견뎌내는 시스템의 견고성, 손실로 고통 받는 시스템 요소들의 중복성, 자원의 풍부함과 시스템이 위협받을 때 자원을 동원하는 능력, 적절한 시점에 목적을 달성하기 위한 민첩함 또는 속도다.

재해 분석

'재해 분석'에 관한 많은 관점들이 있다. 이것들은 무엇이 발생하는지 알고, 그것의 발생 가능성과 야기될 수 있는 문제에 대한 여러 가지 방안을 가지는 FEMA의 접근방법에서 벗어나는 것들이다(FEMA, 1997). FEMA

는 1997년 HAZUS 모델링 소프트웨어를 도입하면서 지역 규모의 물리적 과정에 관심을 나타냈다. 불행히도 이 접근방법은 한 번에 하나의 위험요인만 모델링하는 한계를 가지므로 다중 재해 환경 또는 다중 위험도를 다루기는 어렵다(Cutter, 1996). 재해 분석에 관한 과정 중심 접근방법에서는 위험요인의 부정적 영향을 다루며(Long and John, 1993) 위험요인 확인 및 위험 선별의 역할과 피해 통제를 위한 예방 조치 개발을 중요하게 여긴다. 해안공학연구센터(Coastal Engineering Research Center)와 버지니아 대학교는 미국 지질조사국(USGC: U. S. Geological Survey)과 함께 해안 재해의 위험도와 노출도를 조사하는 정량적 재해 분석 접근방법을 적용했다(Anders et al., 1989). 위험요인의 특성, 해안의 지리적 특징, 인구 통계, 인프라를 조사하여 미국 해안지역의 해안 재해에 대한 위험도와 노출도를 평가했다.

오크리지국립연구소(Oak Ridge National Laboratory)는 해안 지역에서 해수면 상승으로 인한 위험도를 포함하는 해안 취약성 지표를 조사했다(Daniels et al., 1992; Gornitz and White, 1992; Gornitz et al., 1994). 이 연구에서는 해안 재해의 특성, 지역의 지리적 조건, 지역에 영향을 미치는 극한 날씨의 발생 가능성을 강조했다. 이러한 재해 분석 접근방법은 재해 사건의 특성, 지역의 지리적 조건, 인구통계적 요인에 초점을 맞춘다. 그리고 재난의 예방을 위해 모형의 결과물 활용을 강조했다. 프로이스와 헤벤스트라이트(Preuss and Hebenstreit, 1991)는 지진과 관련된 쓰나미의 영향을 이해하기 위해 다중 위험요인 효과를 조사했다. 위험도 기반 도시계획 기법은 지역의 취약성이 반영된 위험도를 알아보기 위해 개발되었다.

14개 연방기관으로 구성된 국가대응팀(National Response Team, 1987)은 지역의 재해 분석과 계획에 대해 일반적인 접근방법을 적용했다. 이 접근방법에서는 위험요인 및 위험도를 더욱 광범위하게 이해할 수 있도록 특정 양식(process format)을 사용했다. 여기서는 재해 분석을 3단계 과정으로 정의한다. 즉, (1) 사전 분석, (2) 취약성 분석, (3) 위험도 분석이다. 이러한 접근방법은 인명 및 재산과 관련된 위험도와 취약성을 최소화시키는 지역의 의사결정을 위한 광범위한 정보의 필요성을 강조한다.

생각하기 위험요인에 대한 분석의 통합적이고 잠재적인 영향이 인간, 문화, 경제, 정치 그리고 자연 시스템에 민감하다는 것을 어떻게 확신할 수 있는가?

사전 분석

〈그림 1-1〉에 나타낸 것처럼 사전 분석은 재해와 지역의 특성에 대한 구체적인 정보를 제공한다. 또한 인명피해나 재산과 환경에 피해를 줄 수 있는 사건을 조사한다. 사전 분석은 위험요인과 재난의 특성을 밝히기 위해 환경 모델링을 이용한다. EPA의 재해 분석은 지역의 재해 대응기관, 언론, 보건당국, 의료기관, 학교, 공공 안전기관, 기업 등이 광범위한 팀을 구성하여 참여하는 것을 권장한다. 또한 지역 비상계획위원회는 재난 대비 단계에서 광범위한 자료를 제공하기도 한다.

재해 분석

사전 분석	취약성 분석	위험도 분석
- 위험요인 확인 - 위치 - 화학물질의 양 - 위험요인의 특성	- 취약 지구 - 인구 - 주요 시설 - 환경	- 사건발생 확률 - 심각성 - 피해

〈그림 1-1〉 미국 환경보호청의 재해 분석 과정

취약성 분석

〈그림 1-1〉의 취약성 분석은 지역에 손실이 발생하는 특성의 척도이다. 취약성 분석에서는 물리적·정치적·경제적·사회적 취약성에 초점을 둘 수 있다. 취약성은 다른 말로 재해 위험도에 대한 민감도이다. 취약성 분석은 회복력 측정일 수도 있다. 호주 비상관리국(Emergency Management Australia, 2000)에 따르면 취약성은 "지역과 환경의 위험요인에 대한 민감도 및 회복도"이다. 취약성 분석에서는 영향받을 수 있는 지리적 범위, 인명피해를 입을 수 있는 개인, 피해를 입을 수 있는 시설, 재산, 환경을 확인한다.

1. 취약지역의 범위(예: 상당한 영향을 받을 수 있는 대상 지역의 추정)
2. 취약지역 내 인구밀도 유형(예: 피고용인; 이웃 주민; 병원, 학교, 요양원, 교도소, 보호시설에 있는 사람들)

취약성 분석은 취약한 사람과 시설, 물질 그리고 취약한 이유를 조사한다.

> **생각하기** 어떤 형태의 민간자산과 공공자산이 재난으로 피해를 입을 수 있는가? 어떤 지원시스템(즉, 통신이나 공공 서비스)과 시설이 영향을 받을 수 있는가? 재난이 발생하면 어떤 자산이 더 피해를 받는가?

전문가들은 위험도를 평가할 때 취약성을 고려한다. 취약성 평가에서는 위험요인에 대한 지역의 노출도, 민감도, 회복력을 측정한다. 취약성에 대한 이해만으로는 재난 계획을 세우는 데 불충분하며, 반드시 위험요인의 특성을 같이 파악해야 한다. 따라서 위험요인을 확인하고 그 특성을 파악하는 것은 전체 재해 분석에서 하나의 구성요소가 된다. 크로지어와 글레이드(Crozier and Glade, 2006)는 취약성 분석이 피해 분석과는 다르다고 강조한다. 취약성 분석은 잠재적인 손실을 분석하는 반면, 피해 분석은 피해를 명확히 하는 것이다.

위험도 분석

〈그림 1-1〉에서 EPA는 취약하다고 평가된 지역에 대해 위험 물질의 유출 사고 가능성과 그 피해를 평가하는 것을 위험도 분석이라고 설명한다. 위험도 분석에서는 과거 사건 기록, 지역적 경험, 현재 구할 수 있는 최상의 기술 정보를 바탕으로 가능성과 심각성을 판단한다. 위험도 분석은 다음과 같은 평가를 제공한다.

1. 현재 조건과 특이한 환경 조건(예: 범람원 지역)을 고려한 재난 가능성 또는 다중 사건(예: 홍수나 화재)의 발생 가능성(확률)
2. 부상(급성, 지연, 만성적 건강 효과)의 심각성, 부상자와 사망자의 예상 수치

와 관련된 고위험 집단

3. 주요 시설(예: 병원, 소방서, 경찰서, 통신센터)에 대한 피해의 심각성
4. (일시적인, 복구 가능한, 영구적인) 재산 피해의 심각성
5. (회복 가능한, 영구적인) 환경 피해의 심각성

이런 관점에서 위험도는 재해 발생 가능성과 그로 인한 부정적 피해의 산물이다. 요컨대 다음과 같은 공식을 산출할 수 있다.

위험도=발생 가능성×피해

생각하기

점점 더 많은 수의 사람들이 취약지역으로 이동하며, 자원과 토지 사용에 압박을 가한다. 보다 많은 수의 사람들이 더욱 민감한 환경으로 이동할 것이다. 가장 좋은 토지는 이미 개발되어 사용되고 있다. 남아 있는 개발 가능한 토지는 재해에 보다 민감하다.

재해 분석과 통합 위기관리의 연관성

알렉산더(Alexander, 2000)는 위험도를 다루는 두 가지 접근방법을 제시했다. 하나는 통합적인 재해 분석, 대규모 계획, 지역 규모의 결정들을 기초로 하는 지역 재해 예방 접근방법이다. 재해 예방 또는 통합 위험도 관리 전략들은 지역 또는 광역단체 수준에서 개발되고 실행된다. 그는 지역과 함께하는 광범위한 재난 상황관리를 포함하는 또 다른 접근방법을 제안했다. 이 접근방법은 대중이 지역의 위험요소와 위험도를 더욱 잘 이해하도록 돕는다. 알렉산더는 지역의 재해 분석 과정에 시민을 포함시켜야 하며, 반드시 비구조적 대책에서 구조적 대책으로 나아가거나

구조적 대책에서 비구조적 대책으로 나아가야 한다고 설명했다.

알렉산더는 개인, 가족, 이웃, 단체, 지역의 의사결정이 정보를 가진 개인에 의해 이루어질 수 있다고 말한다. 합리적 선택은 통합 재해 분석에서 도출된 정보를 바탕으로 할 때 가능하다. 그러므로 위험 정보 전달은 재해 분석 과정에서 매우 중요하며, 의사결정 과정에 긍정적인 기여를 한다. 재해 분석 과정에서 위험 정보 전달과 대중 참여를 통해 시민과 지역은 취약성 감소를 위한 위험도 관리와 재해 예방 전략을 채택할 수 있다.

개별 시민과 지역은 재해 취약성을 증가시키거나 감소시키는 결정을 내린다. 따라서 환경 위험요인과 인간 행동 사이의 접점을 인식하는 것이 중요하다. 이때 행동은 재해 예방과 재해 위험도 관리를 통해 취약성을 감소시키기 위한 것이다. 결과적으로 재해 분석 과정은 대중 참여와 위험 정보 전달을 반드시 포함해야 하며, 개인·단체·지역이 효과적인 위험도 관리 및 재해 예방 전략을 채택하는 의사결정은 중요하다.

이러한 재해 분석에 대한 통합 접근방법에서는 재난과 위험요인을 단순한 지구물리학적 과정 이상의 것으로 보며 사회, 경제, 정치 등이 위험성에 영향을 미치는 방식을 조사한다. 사전 분석의 일부인 지역 평가의 중요성은 뉴올리언스 허리케인 카트리나에 의한 피해에서 분명하게 드러났다. 사전 분석에는 사회문화, 경제, 정치 시스템에 대한 자세한 관찰이 포함된다. 허리케인 카트리나의 피해는 가난, 교육, 주택, 고용, 거버넌스와 관련된 중대한 취약성을 드러냈다. 불행히도 뉴올리언스에서의 취약성이 다른 많은 해안 도시에서도 나타나고 있다. 밀레티(Mileti, 1999)는 재해 분석 과정에서 지역 평가와 재해 지역의 명확한 기술이 필요하다고 강조했다.

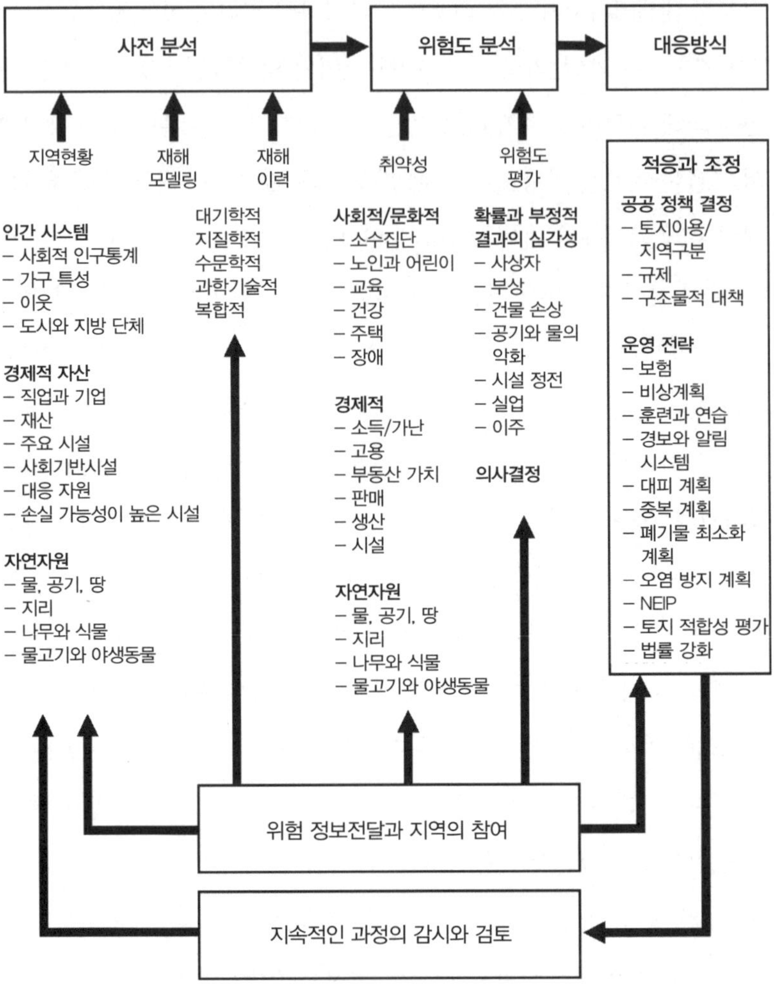

〈그림 1-2〉 지역의 회복력을 구축하기 위한 재해 분석 과정

인명피해와 재산피해가 발생하지 않는 보편적인 복구가 점차 재난 회복 프로그램의 필수적인 요소로 여겨지고 있다. 그러나 고위험 지역의 위치를 인식하지 못한 복구는 지속 가능하지 못하거나 예측 가능한 물리적 힘을 견뎌내지 못한다. 재난

은 (지역의 회복력 강화를 위한) 변화뿐만 아니라 장기적으로 지속 가능한 개발을 위한 특별한 기회를 제공할 수 있다(밀레티, 1999: pp. 237-238).

재해 분석 과정은 사전 분석, 취약성 평가 그리고 위험도 분석으로 구성된 EPA 접근방법을 기반으로 한 것이다. 이 방법은 재해 적응과 조정 과정에서 위험도 분석 결과의 사용을 권장한다(그림 1-2). 위험 정보 전달을 포함하여 시민 참여, 문제 해결, 위험도 관리, 재해 예방, 중간 평가는 모두 통합 위기관리의 일부분이다. 이러한 접근방법에서는 통합 재해 위험도 관리와 재해 예방 전략의 채택 및 실행을 통한 활동 방향뿐만 아니라 채택 및 실행되는 재해 조정의 효과를 모니터링하는 것이 중요하다.

재해 조정의 궁극적인 목적은 회복력 있고 지속 가능한 조직과 지역을 건설하는 것이다. 펠링(Pelling, 2011)은 단기 대응 능력 또는 전략과 장기 적응 또는 적응 능력을 구분한다. 단기 대응 전략은 재난으로 인한 즉각적인 충격을 줄이는 위험도 관리와 대비 계획의 설계와 실행에 초점을 맞춘다. 장기 적응 전략은 위험도의 원인이 되는 관행과 제도를 변화시키는 데 집중한다. 엥글(Engle, 2011)은 현재 진행되는 변화의 일부분으로 적응 능력을 평가하고 측정할 필요가 있다고 주장한다.

나아가 재해 분석 과정은 재해 예방 전략과 재해 위험도 관리 전략의 효과에 대한 계획적인 평가와 모니터링을 수행해야 한다. 우리는 대응조치의 장기 및 단기 결과를 알고자 한다. 이러한 대응조치들은 기본 홍수위를 높이고, 건축법을 강화하며, 건물 정밀검사를 향상시키는 것 등을 포함한다. 또한 재해 분석 과정은 지속적으로 진행되어야 한다. 재해 예방 및 위험도 관리 정책에 대한 중간 점검을 통해 좀 더 지속 가능하고 재해에 대한 회복력을 가진 지역과 조직 건설을 위한 프로그램을 만들 수 있다.

생각하기

이 계획은 해안지역 위험요인의 종합평가, (사회적, 경제적 그리고 생태학적) 영향 평가, 대중 참여 그리고 사회적·경제적·환경적 자산을 보호하는 전략 등을 포함한다. 이것은 지역 재해 분석의 훌륭한 사례이고, 연방정부와 지역정부의 협력으로 이루어진다.

위험 정보 전달

적응과 조정 과정을 통해 본 바와 같이 재해 분석에서의 위험 정보 전달과 지역사회 참여의 역할은 중요하다. 단순히 위험에 처한 사람들에게 알리는 것뿐만 아니라 재해 분석 과정에 당사자들이 참여하는 것이 필요하다. 엥글(Engle, 2011)은 적응 능력이 다양한 기후의 영향을 관리할 수 있는 시스템을 향상시킬 수 있다는 사실을 강조함으로써 지역 적응능력의 향상 필요성을 조사해야 한다고 덧붙인다.

〈그림 1-2〉에 제시된 바와 같이 재해 분석 결과는 재해 예방계획과 경감을 위해 사용될 뿐만 아니라 대중과 공유해야 한다. 모든 지역은 재난과 관련된 위험도를 가지고 있다. 최소한의 피해를 야기하는 위험요인은 피할 수 없는 것으로 받아들여지며, 위험도 감소를 위한 노력을 거의 하지 않는다. 이러한 위험요인은 인명과 재산에 대한 위협이라기보다는 골칫거리 정도로 여겨진다. 반대로 몇몇 지역에서는 좀 더 적극적으로 위험도를 수용한다. 수용할 수 있는 위험도의 수준과 유형은 지역의 정치문화와 사회경제 수준 같은 요인에 영향을 받는다. 예를 들어 가난한 지역

은 지역 경제 기반이 구조적 또는 비구조적 재해 예방 프로그램을 직접적으로 지원하지 못하기 때문에 환경재해 위험도를 더 적극적으로 받아들인다. 예를 들면 일반 주민은 한정된 예산을 가지고 있기 때문에 홍수보험을 구입하거나, 비용이 드는 다른 조치를 취하는 것을 거부할 수도 있다. 사실은 보험가입을 원하지만 자금이 부족하여 거부하는 것이다.

재해 분석에서 얻은 정보를 대중에게 전달하면 위험도에 대한 구체적인 인식과 개인 재산 보호에 대한 관심을 높일 수 있다. 나아가 지역에서 지역 환경 위험도를 인식하면서 위험요인으로부터 전체 지역을 보호하기 위해 개인의 재정 한계를 극복하는 전략을 세울 수도 있다. 세입자 또는 주택소유자인 저소득 주민이 개별행동을 취할 수 없을 때 집단대응이 권장된다. 개별 위험도 평가, 위험도 관리, 영향 평가에 시민과 그들의 재산을 보호하기 위한 위험요인 분석 정보를 활용할 수 있다.

지역의 참여

〈그림 1-2〉에서 설명한 접근방법은 지역의 우선순위와 우려사항을 다루는 전략 개발을 위한 입력자료 및 기반을 제공하고, 보편적이며 대표적인 방법론의 사용을 제안한다. 스미트와 완델(Smit and Wandel, 2006)은 평가의 주요 산출물은 지역에서 실현 가능하고 실질적인 적응 전략의 개발이 되어야함을 강조했다. 따라서 자원 관리, 재난 대비 그리고 지속 가능한 개발 노력을 결합하여 적응 실행계획을 개발하는 것이 가장 중요하다. 사마라싱과 스트릭커트(Samarasinghe and Strickert, 2012)는 공공정책에 전문지식과 상식을 포함한 통찰력을 제공하기 위해 정성적이며 정량적인 지도 사용법을 제안했다.

대부분의 기관과 학자들은 재해 분석을 전문가들만 수행하는 과학적 과정이라고 생각한다. 그러나 여기서는 대안 접근방법을 제안한다. 지역계획, 공학기술, 모델링, 지리학, 사회학, 기타 분야에서 전문가들이 지역 의사결정자 및 구성원들과 협력한다면 지속 가능한 지역 건설이라는 공동의 목적 달성을 위해 위험도와 관련해서 대화할 수 있을 것이다. 이를 4세대 평가와 유사한 대화 및 해석학적 접근방법을 통해 실행할 수 있다(Lincoln and Guba, 1989). 외부 전문가 단체는 적절한 정보 수집에 유리하며, 알려지지 않은 분야를 다룰 수 있어서 시간을 절약할 수 있다. 참여를 통한 주민의 위험도 이해는 위험도 감소와 지역 역량 구축에 중요한 역할을 한다(Heinz Center, 2002). 참여 과정에는 다음과 같은 내용들이 포함된다.

1. 전문가들(위기관리 기관 및 지역 기관과 전문 자문가를 포함하는 공공기관 대표들)이 재해 분석을 위한 공동 목적을 모색하기 위해 지역 주민과 만남
2. 주민 또는 지역 구성원과 기관 전문가(외부자)의 역할을 포함하여 주민과 관련된 문제와 이슈 확인
3. 전문가와 주민 모두에게 이익이 되는 재해 분석을 위해 공감대 형성, 공동 목표, 우선순위 논의
4. 재해 분석 과정 설명
5. 공감대 형성을 통해 재해 분석의 결과를 지역, 관련기관, 공무원이 공유하는 방식에 대한 전략 개발
6. 주민의 관심사 논의
7. 프로젝트 착수
8. 지역의 반응을 구하기 위해 지역에 결과 발표

부처(Butzer, 2012)는 위험에 대한 적응과 지속 가능한 사회 건설에 있어 지역의 참여 효과를 주목했다. 위험으로부터의 피해를 줄이는 환경적, 정치적 그리고 사회문화적 회복력의 상호작용을 인정해야 한다. 이 모형은 분산적이고 지속적이며, 유연하고 광범위한 접근방법에 기반을 둔 회복능력이 혁신적이고 강력함을 두드러지게 한다. 또한 산림벌채, 지표면 제거, 토양 침식 또는 지하수위 저하 등을 포함하는 토양이나 생물자원의 악화 같은 저속도의 위험도 또한 살펴보아야 한다. 자원 생산성의 감소는 환경에 대한 압박을 증가시키고, 환경이나 경제 실패의 전제조건이 될 수 있다.

지역사회 참여 효과

그린우드와 레빈(Greenwood and Levin, 1998)은 이러한 접근방법이 인과관계를 가지며 실질적인 문제를 다룬다고 설명했다. 또한 이런 접근방법은 문제 중심적이며 심도 있는 논의를 통해 참가자들과 전문가를 결합시킨다. 모든 참가자들은 대화를 나누며, 다양한 관점들이 환영을 받고, 이 과정들이 행동을 이끌어낸다. 이러한 행동을 통해 위험요인과 연관된 문제를 다루며, 전문가와 시민이 문제 처리 방안들을 보다 잘 인지하게 하는 것이 중요하다.

지역 참여의 주요 효과 중 하나는 지역의 지속 가능성으로, 이것은 환경의 질, 삶의 질, 재난 회복력, 활기찬 경제, 공평성으로 특징지어지면서 지역 합의를 통해 발전할 수 있다(Mileti, 1999). 지속 가능성은 생태계 수용력 안에서의 지속성을 의미한다(Burby, 1998). 시스템이론에서는 자연, 인간, 경제, 정치, 인공 시스템들을 조사하여 분석을 이끌어낸다.

"재해 연구가들과 전문가들은 좀 더 시스템에 기반을 둔 접근방법을 채택하게 될 것이다. …… (그것은) 복합적이고 상호 관련된 원인들을 인식하고, 과정을 강조하고, 시스템이 …… '잠재적 변화'에 열려 있다는 전환적 관점에 특별한 관심을 가진다(Mileti, 1999: pp. 106-107)." 이런 관점에서 재해는 "자연·사회·기술 시스템의 복합적인 상호작용"으로 간주된다(Cutter, 1994: p. 14). 이러한 상호작용에서 취약성이 드러난다(Heinz Center, 2000). 시스템과 그들의 상호작용을 평가하기 위한 분석에는 다음과 같은 조사가 포함된다.

■ **인간의 사회문화유산 요소**

이 부분에서는 문화, 민족 정체성, 사회제도(가족, 종교, 경제, 교육, 자치정부), 재난 경험에 초점을 맞춘다. 지역 구성원들은 인간·자연·물리적 시스템들과 관련된 가족 및 지역의 사건과 이야기들을 공유하도록 권장된다.

■ **보호 조치**

(1) 위험 정보 전달(경보), (2) 토지 이용과 구획화(인명과 자산), (3) 사전 분석 및 위험도와 취약성 평가 그리고 계획 수립에 지역주민을 참여시키는 지역 모임이 있다.

자료 수집은 재난 역사, 취약성, 사회행동적 반응에 집중되며 자연 시스템과 인간 시스템 사이의 상호작용에 초점을 맞춘다. 사회적 유대감과 함께 재난의 여러 단계 동안 발생하는 보호 조치에 특별한 관심을 기울인다. 케이츠 등(Kates et al., 2012)은 적응의 정치적 산물에 대해 언급했는데, 이는 기후변화 같은 위험과 적응 편익에 대한 불확실성, 고비용의 변형조치 그리고 현존하는 자원 시스템과 정책을 유지하는 경향이 있는 제도적 조치들로 인해 변화가 어렵기 때문이다. 변형 적응 조치를 실행하기 위해서는 추진하려는 장기간의 노력이 필요하다.

■ 물리적 환경

이 부분에서는 인공환경이 인간환경과 자연환경에 연결되는 방식을 조사한다. 지역의 공간감각을 바탕으로 사회적·물리적·인공적 환경과의 관계 조정 방식을 조사한다. 잠재적인 사회적·경제적·환경적 취약성을 조사하기 위해 허리케인 모형, 하천 범람 모형, 지진 모형, 산불 모형, 바람 모형처럼 위험도 평가에서 도출된 자료들을 포함시킨다. 이때 인공 시스템과 자연 시스템은 인간 시스템 내에서 경험되는 것으로 간주한다.

생각하기

지역의 알 권리라는 개념이 단지 법적 의무인가 아니면 보다 광범위한 일련의 가치들을 바탕으로 하는 것인가? 지역 계획 알 권리법(Community Planning Right to Know Act, U. S. EPA 1986)의 채택으로 지역이 재해 분석을 수행하거나 재해에 대한 정보를 전달하는 방식이 변화했다. 이 법은 지역에 현존하는 사회재난에 대해 지역이 알 권리가 있음을 확인해준다. 이 법은 인위적인 기술 재해에 초점을 맞추고 있지만, 공유된 사회 가치에 기반을 두고 있다. '알 권리'에는 다른 가치들도 내포되어 있다. 즉 투명성, 의무, 책임 있는 행동, 민주주의, 적극적 시민 참여 등이다. 알 권리는 위험 정보 전달과 위험요인에 대한 자유로운 정보 공유를 강조한다. 그러나 2001년 9월 11일을 기점으로 변화가 일어났다. 사회재난 정보 접근성에 대한 '보안을 위해' 새로운 제한들이 생겨난 것이다.

결론

재난의 잠재적 영향을 이해하기 위해서는 더욱 광범위한 접근방법을 사용해야 하고, 여러 가지 지역적 조건들을 고려할 수 있는 분석 과정이 필요하다. 자연적 위험요인들은 전 세계에 걸쳐 다양한 영향을 미치고 있으며, 재난의 특성은 다음과 같은 여러 요인들에 의해 결정된다.

- 자연 조건, 발생빈도를 포함하는 기후 조건 그리고 위험요인의 크기를 포함하는 지역 환경
- 위험요인의 부정적 효과에 견디고 맞서는 사회, 경제, 자연 환경의 강점 및 활력
- 지역과 국가가 재난에 대처 및 복구하게 해주는 대응 및 복구자원

자신들의 취약성을 인식하고 부정적인 효과를 감소시킬 수 있는 조직과 지역의 능력은 재해 분석 과정에서 중요한 역할을 한다.

이 책에서는 위험요인과 재난을 지역의 일부로 보는 관점뿐만 아니라 재해 분석을 단순히 대응 및 복구를 위한 도구나 허가 조정 과정의 일부가 아닌 피해 감소와 예방의 수단임을 강조한다. 재해 분석의 결과는 사회·경제·환경 시스템을 강화시키며, 이러한 시스템들이 위험요인으로 인한 파괴적인 상황을 견뎌낼 수 있도록 재해 위험도 관리 전략수립의 필요 정보를 제공한다. 이러한 정보로 허리케인의 폭풍이나 해일, 지진의 규모를 약화시키는 것은 불가능하다. 그러나 취약한 지역에 좀 더 튼튼한 건물을 짓거나, 덜 취약한 지역으로 건물을 이전하거나, 사회 구조를 강화시킬 수는 있다.

나아가 재해 분석 과정을 지역 공무원, 시민, 민간 및 비영리단체의 의사결정과 연결시켜야 한다. 데일(Deyle, 1998)은 의사결정을 강조하며, 재해 평가가 지역 의사결정에 사실적·합리적 기반을 제공해야 한다고 주장했다. 이는 위험도 감소에 드는 비용 및 혜택에 대한 평가를 바탕으로 보다 안전하고 지속 가능한 지역사회 달성을 위해서다. 이러한 접근방법은 사전 분석, 취약성 평가, 위험도 분석에 대한 EPA 접근법을 기반으로 하고 있지만, 사회문화적·정치적·법적 범위 내에서의 의사결정을 강조하고 있다. 한편 이 책에서는 지역에서 필요한 자료의 유형 및 정확도를 설정하고, 반드시 최신 자료를 사용하는 것이 중요하다고 강조한다.

린델과 프래터(Lindell and Prater, 2003)는 재해 분석 과정이 통합위기관리 및 재해 위험관리와 연결되었다고 설명한다. 즉, 현재의 사회경제적 취약성뿐만 아니라 현재의 위험요인을 반영하는 현재의 조건이 존재한다고 말한다. 그리고 현재 지역의 물리적 조건은 지역의 회복력에 영향을 미친다. 재난의 특성과 지역의 대응 및 복구 노력은 효과적인 예방전략과 위기상황 대비 및 복구 전략을 실행하는 지역의 역할에 사회적·경제적으로 상당한 영향을 미친다. 이러한 재해 분석 과정에 대한 광범위한 시각은 지역 특성 이해와 지형, 인구 통계, 인프라, 자원의 조사를 포함하는 광범위한 현황조사를 수행해야 할 필요성을 확인시켜준다. 나아가 재해 예방 전략, 위기상황 대비 계획, 대응전략의 준비 및 감시에도 재해 분석을 활용해야 한다.

재해 상황의 특성과 범위는 인공 및 인간 환경에 잠재적으로 부정적인 영향을 준다. 빠른 풍속의 바람 속에서 번져나가는 산불은 느린 바람에 비해 훨씬 파괴적인 힘을 가진다. 이와 같이 각각의 위험요인들은 다음과 같은 조건의 지역에 다양한 영향을 미칠 수 있다.

- 가정집, 사무실, 제조공장, 도로, 교각, 댐, 제방 같은 인공 환경의 특성
- 습지, 범람원, 숲, 경작지, 언덕, 산, 고도 변화 같은 자연환경의 특성과 조건
- 긴밀하게 연결된 가족, 이웃, 비영리단체, 지역에 참여하는 개인의 존재

높은 실업률과 가난, 극단적인 범죄, 낮은 교육 수준을 가진 지역에서는 재난을 대응하고 복구하는 데 큰 어려움을 겪을 수 있다. 지역별로 재난 대처에 사용할 수 있는 자원이 다르다. 일부 지역은 인구가 많지만 가난하고 범죄율과 실업률이 높으며, 재난에 대처하기 위한 공공자원이 부족하다. 인공 시설과 자연환경의 특성은 재난으로 인한 피해에 영향을 미친다. 건강한 습지와 숲, 튼튼한 구조물, 높은 지대는 허리케인으로 인한 바람이나 홍수의 파괴적인 힘을 견디는 데 유리하다. 기존 조건들을 재난에 저항하는 지역의 능력으로 평가할 수 있다.

최근 지역의 회복력 측정을 연구하는 연구자들이 늘어나고 있다(Bruneau et al., 2000; Tierney and Bruneau, 2007; Turner et al., 2003). 이들은 위험요인에 노출된 다양한 지역 시스템들을 관찰한다. 위험요인으로 인한 스트레스 노출뿐만 아니라 위험요인에 영향을 받는 사회문화·경제·환경 시스템의 민감성과 회복력에 대한 취약성도 고려해야 한다. 취약성을 평가할 때 인간 시스템과 환경 시스템을 동시에 고려하며, 취약성에 영향을 미치는 두 시스템 안팎에서의 관계를 조사해야 한다. 터너 등(Turner et al., 2003)은 인간 시스템과 환경 시스템의 연계 평

가 프레임워크를 발표했다.

포괄적인 재해 분석에서는 이와 같은 광범위한 접근방법을 채택하며 인간·인공·자연환경 시스템의 복잡한 관계를 인식한다. 재해 분석에서는 각 시스템을 이해하고 상호관계와 지역의 회복력에 대한 효과를 조사해야 한다.

이 책에서는 재해 분석에 대한 새로운 접근방법이나 방법론을 제시하지는 않는다. 그러나 재해 분석 과정을 보다 광범위한 맥락에서 바라볼 필요성을 강조한다. 환경 재해를 이해하고 대응하기 위해 취약성 분야의 보다 포괄적인 접근방법이 필요하다(Turner et al., 2003). 밀레티(Mileti, 1999)는 지속 가능한 재해 감소를 위한 새로운 패러다임으로 위험요인과 재난을 다룰 필요가 있다고 주장했다. 이를 달성하기 위해서는 다음과 같은 용어에 대한 설명이 필요하다.

- **지속 가능한 문화:** 우리는 제방, 댐, 건물을 설계하는 데 많은 노력을 쏟지만 자연을 통제하지는 못한다. 많은 경우 우리 스스로 피해를 야기하는 경우도 있다. 위험요인의 특성을 이해하고 손실을 줄이도록 건설해야 한다. 재해 분석 과정의 결과물을 사회적·경제적·환경적 취약성을 최소화하는 예방 정책에 활용해야 한다.
- **사건, 손실, 비용:** 재해 분석 과정의 결과물에서는 취약성의 특성을 확인하고, 재난이 지역에 영향을 주는 방식을 기록해야 한다.
- **위험도의 상호작용 구조:** 재해 분석 과정에서는 취약성의 특성을 나타내고 재난의 영향 예상 범위를 정량적으로 나타내야 한다. 또한 보다 광범위한 시각에서 지역의 사회적·정치적·경제적·환경적 비용을 살

펴봐야 한다. 이와 같은 위험도에 대한 광범위한 시각은 다양한 이익단체가 취약성 감소를 위한 의사결정에 참여할 수 있도록 허용한다.

- **토지 이용 관리**: 지역의 의사결정 주체들은 재해 분석 결과물을 토지 이용 계획에 활용할 수 있다. 개발 제한은 지역의 사회적·생태적·경제적 지속 가능성에 기여한다.
- **설계 기준**: 지방정부는 공학적 기준의 채택 및 시행 과정을 통해 재해 취약성을 감소시킬 수 있다. 포괄적인 재해 분석은 공학적 기준 강화 목적을 달성할 수 있는 중요한 정보를 제공한다.
- **예측, 예상, 경보, 계획**: 상세한 재해 분석은 지역의 시민에게 적절한 재난 경보를 제공할 수 있도록 돕는다. 재해 분석에 따른 대안 계획 시나리오를 바탕으로 적시에 재난 경보를 전달하기 위한 절차를 수립할 수 있다.
- **재난 대응 및 대비**: 포괄적인 재해 분석에 따라 비상 대비 계획을 준비한다. 조직과 지역에 직면한 위험요인의 특성에 따라 정책과 운영 절차를 만든다.
- **복구와 재건**: 재난이 일어난 후에 복구 계획을 수립하면 늦다. 복구를 위한 계획은 지역 재해 예방계획의 일부분일 때 효과적이며, 지역의 장기적 회복을 위한 우선순위로 포함되어야 한다.
- **보험**: 보험이 예방 전략은 아니지만 복구 과정의 일부에 포함시킬 수 있다. 중요한 것은 가입자의 재정 안정성을 보호하기 위한 수단으로 보험을 활용하는 방식이다.
- **경제적 지속 가능성**: 공공·민간·비영리단체들은 직면한 위험의 특성을 이해하고 손실을 감소시키거나 없애기 위한 전략을 개발해야 한

다. 재해 분석은 이러한 의사결정 과정에서 필수적이다.

데일(Deyle et al., 1998)은 지역 재해 분석 결과를 지역의 의사결정과 토지 이용 계획에 적용시켜야 한다고 강조한다. 데일은 밀레티(Mileti)의 제안에 동의한다. 즉 재해 분석이 없다면 위험요인, 취약성, 위험도에 대한 포괄적 이해가 필요한 중요한 결정들을 다룰 수 없다는 것이다. 재해 분석은 통합 비상 관리 및 위험 관리 과정의 일부분이다. 재해 분석은 그 자체가 목적이 아니지만 사회, 경제, 환경의 지속 가능성을 증진시키기 위한 수단이 될 수 있다. 지역사회와 환경의 지속 가능성 및 회복성을 강화하기 위해서도 재해 위험 관리 및 완화를 강조해야 한다.

토론 주제

1) 위험요인과 관련된 과학은 복잡하고, 종종 지역 또는 국가적 차원에서 논쟁거리가 된다. 왜 우리는 과학자나 정책입안자들이 재난 위험도가 작거나 없다고 말하는데도 걱정하는가?
2) 왜 재해 분석이 필요한가? 지역은 지역 위험요소들에 대해 알 권리가 있는가?
3) 지역, 국가 또는 국제적 수준의 의사결정과 공공정책에서 재해 분석의 역할은 무엇인가? 재난과 개발은 어떻게 관련되는가? 사람들이 위험한 방식을 취하지 않도록 방지하는 재해 분석의 역할은 무엇인가?
4) 우리가 위험요인에 대한 취약성과 노출성에 대해 토의할 때, 자연적 위험요인과 인위적 위험요인으로부터 발생되는 위험도를 이해하는 데

무엇이 영향을 끼치는가? 많은 연구들은 재난에 의한 피해가 증가되고 있다고 보고하고 있다. 인구학적·경제적·정치적·환경적 변화들이 어떻게 취약성을 높이고 있는가? 재해와 재난의 영향에 대한 좀 더 깊은 이해가 재난과 관련된 부정적 결과들을 감소시키는 데 어떤 도움을 주는가?

5) 어떤 종류의 인구학, 경제학, 정치학, 환경 변화가 지역을 보다 탄력적이고 덜 위험하게 만들 수 있을까?
6) 시민이 지역의 위험요인에 대해 알 권리를 가진다고 생각하는가? 어떤 상황에서 지역의 위험요인에 대한 정보를 제한할 수 있는가?
7) 재난과 지역의 변화는 어떤 관계가 있는가? 재해 분석 과정에서 지역의 회복력과 적응은 어떤 역할을 하는가?
8) 재난은 생태계와 멸종위기종에 어떤 영향을 끼치는가?
9) 어떤 사회 계층이 경보문을 받지 않거나 이해하지 못하는가? 그 이유는 무엇인가? 구조되기 어렵거나 적절한 긴급 의료 지원을 받지 못하거나 비상 대피소 생활을 불편해하는 사회 계층들의 특징이 있는가? 재난의 대응과 복구 과정에서 경제적 또는 심리적으로 크게 고통받을 수 있는 세대가 있는가?

응용문제

〈그림 1-1〉과 〈그림 1-2〉의 재해 분석 과정을 살펴보자. 인구 특성, 지역경제, 지역의 인프라, 자연환경이 지역의 자연재해에 대한 취약성에 영향을 미친 사례들을 찾아보자. 어떤 위험요인이 지역의 주요 위협으로 나

타나며, 어떤 위험요인이 통합 재난관리와 예방 전략을 통해 다루어져야 하는가?

웹사이트

Coastal Protection and Restoration Authority (CPRA) of Louisiana (2007). *Integrated Ecosystem Restoration and Hurricane Protection: Comprehensive Master Plan for a Sustainable Coast.* http://www.lacpra.org/index.cfm?md=pagebuilder&tmp=home&nid=24&pnid=0&pid=28&fmid=0&catid=0&elid=0. The plan includes a comprehensive assessment of the hazards in a coastal environment, public participating, and recommendations on strategies to protect the social, economic, and environmental assets of the state. This is an outstanding example of a region-wide hazards analysis, which included federal, state, and local government agency collaboration.

FEMA (1997). *Multi-Hazard Identification and Risk Assessment: The Cornerstone of the National Mitigation Strategy.* Federal Emergency Management Agency, Washington, DC. http://www.fema.gov/library/viewRecord.do?id=2214.

NOAA (2007). Coastal Services Center. Vulnerability Assessment Techniques and Applications (VATA). National Oceanic and Atmospheric Administration, Coastal Services Center. http://www.csc.noaa.gov/vata/links.html.

NOAA (2007). Risk and Vulnerability Assessment Tool (RVAT). National Oceanic and Atmospheric Administration, Coastal Services Center. Hazards Analysis, an easy-to-use, adaptable, multi-step process that includes the hazard identification. http://www.csc.noaa.gov/rvat.

NRT (2001). Hazardous Materials Emergency Planning Guide. NRT-1 2001 Update. U. S. Environmental Protection Agency, National Response Team. Planning, preparedness, and response actions related to oil discharges and hazardous substance releases. http://www.epa.gov/region6/6sf/pdffiles/nrt_1_planning_guide.pdf (PDF).

U. S. Army Corps of Engineers (2007). New Orleans Risk and Reliability Report. U. S. Army Corps of Engineers. http://nolarisk.usace.army.mil.

U. S. EPA (1987). *Technical Guidance for Hazards Analysis: Emergency Planning for Extremely Hazardous Substances.* U.S. Environmental Protection

Agency. http://www.epa.gov/emergencies/docs/chem/tech.pdf (PDF).
USGS (2008). United States National Seismic Hazard Maps. United States Geological Survey. Learn more about seismic hazard analysis, http://earthquake.usgs.gov/hazmaps/.

참고문헌

Abramovitz, J. (2001). *Unnatural Disasters*. Worldwatch Paper 158. Washington, DC: World Watch Institute.
Adger, W. N. (2006). Vulnerability. *Global environmental change*, 16(3), 268-281.
Alexander, D. (2000). *Confronting Catastrophe*. New York: Oxford University Press.
Anders, F., Kimball, S. and Dolan, R. (1989). *Coastal Hazards: National Atlas of the United States*. Reston, VA: U. S. Geological Survey.
Bruneau, M., Chang, S. E., Eguchi, R. T., Lee, G. C., O'Rourke, T. D., Reinhorn, A. M., Shinozuka, M., Tierney, K., Wallace, W. A. and von Winterfeldt, D. (2003). A framework to quantitatively assess and enhance the seismic resilience of communities. *Earthquake Spectra*, 19(4), 733-752.
Bryant, E. A. (2005). *Natural Hazards*. Cambridge, UK: Cambridge University Press.
Bull-Kamanga, L., Diagne, K., Lavell, A., Leon, E., Lerise, F., MacGregor, H., Maskrey, A., et al. (2003). From everyday hazards to disasters: the accumulation of risk in urban areas. *Environment and Urbanization*, 15(1), 193-204.
Burby, R. J. (ed.) (1998). *Cooperating with Nature: Confronting Natural Hazards with Land-Use Planning for Sustainable Communities*. Washington, DC: Joseph Henry Press.
Burton, I., Kates, R. and White, G. (1978). *The Environment as Hazard*. New York, NY: Oxford University Press.
Butzer, K. W. (2012). Collapse, environment and society. *Proceedings of the National Academy of Sciences*, 109(10), 3632-3639.
Center, H. (2000). *The Hidden Costs of Coastal Hazards: Implications For Risk Assessment and Mitigation*. Washington, DC: Island Press.
Coastal Protection and Restoration Authority of Louisiana (2007). *Integrated Eco-*

system Restoration and Hurricane Protection: Louisiana's Comprehensive Master Plan for a Sustainable Coast. Baton Rouge, LA: Coastal Protection and Restoration Authority of Louisiana. http://www.lacpra.org/index.cfm?md=pagebuilder&tmp=home&nid=24& pnid=0&pid=28&fmid=0&catid=0&elid=0. Accessed September 20, 2013.

Coburn, A. W., Spence, R. J. S. and Pomonis, A. (1994). *Vulnerability and Risk Assessment.* United Nations Development Program. New York, NY: United Nations.

Cook, B. I., Miller, R. L. and Seager, R. (2009). Amplification of the North American "Dust Bowl" drought through human-induced land degradation. *Proceedings of the National Academy of Sciences,* 106(13), 4997-5001.

Crozier, M. J. and Glade, T. (2006). Landslide hazard and risk: issues, concepts and approach. In Glade, T. (ed.), *Landslide Hazard and Risk.* West Sussex: Wiley, pp. 1-40.

Cutter, S. L. (1993). *Living with Risk.* London: Edward Arnold.

Cutter, S. L. (1996). Vulnerability to environmental hazards. *Progress in Human Geography,* 20(4), 529-539.

Cutter, S. L. (ed.) (2001). *American Hazardscapes: The Regionalization of Hazards and Disasters.* Washington, DC: Joseph Henry Press.

Cutter, S. L. (2003). The vulnerability of science and the science of vulnerability. *Annals of the Association of American Geographers,* 93(1), 1-12.

Cutter, S. L., Boruff, B. J. and Shirley, W. L. (2003). Social vulnerability to environmental hazards. *Social Science Quarterly,* 84(2), 242-261.

Cutter, S. L., Burton, C. G. and Emrich, C. T. (2010). Disaster resilience indicators for benchmarking baseline conditions. *Journal of Homeland Security and Emergency Management,* 7(1), 1-22.

Cutter, S. L., Mitchell, J. T. and Scott, M. S. (1997). *Handbook for Conducting a GIS-based Hazards Assessment at a County Level.* Columbia, SC: University of South Carolina.

Daniels, R. C., Gornitz, V. M., Mehta, A. J., Lee, S. -C. and Cushman, R. M. (1992). *Adapting to sea-level rise in the U.S. Southeast: The influence of built infrastructure and biophysical factors on the inundation of coastal areas.* Oak Ridge National Laboratory.

Deyle, R. E., French, S. Olshansky, R. and Paterson, R. (1998). Hazard Assessment: The factual basis for planning and mitigation. In R. Burgy (ed.), *Cooperating with Nature: Confronting Natural Hazards with Land-use Plan-*

ning for Sustainable Communities. Washington, DC: Joseph Henry Press.

Emergency Management Australia (2000). *Emergency Risk Management: Application's Guide.* Australian Emergency Manual Series, pp. 10-12.

Engle, N. L. (2011). Adaptive capacity and its assessment. *Global Environmental Change,* 21(2), 647-656.

FEMA (1997). *Multi-Hazard Identification and Risk Assessment: The Cornerstone of the National Mitigation Strategy.* Washington, DC: FEMA. http://www.fema.gov/library /viewRecord.do?id=2214. Accessed September 20, 2013.

Gornitz, V. M. and White, T. W. (1992). *A Coastal Hazards Database for the U. S. East Coast.* Publication No. 3913 and 4101. Oak Ridge, TN: Environmental Sciences Division, Oak Ridge National Laboratory.

Gornitz, V. M., White, T. W., Daniels, R. C. and Birdwell, K. R. (1994). The development of a Coastal Risk Assessment Database: vulnerability to sea level rise in the U. S. Southeast. *Journal of Coastal Research,* Special Issue No. 12: Coastal Hazards: Perception, Susceptibility and Mitigation, pp. 327-338.

Greenwood, D. and Levin, M. (1998). *Introduction to Action Research: Social Research for Social Change.* Thousand Oaks, CA: Sage.

Guba, E. G. and Lincoln, Y. S. (1989). *Fourth Generation Evaluation.* Thousand Oaks, CA: Sage.

Gruntfest, E., Downing, T. and White, G. F. (1978). Big Thompson flood exposes need for better flood reaction system. *Civil Engineering,* 78, 72-73.

Hewitt, K. (1983). The idea of calamity in a technocratic age. In Hewitt, K. (ed.), *Interpretations of Calamity from the Viewpoint of Human Ecology.* Boston: Allen and Unwin.

Hewitt, K. (1997). *Technological hazards. In Regions of Risk: A Geographical Introduction to Disasters.* Essex, UK: Longman.

Hewitt, K. (1998). Excluded perspectives in the social construction of disaster. In E.(ed.), *What Is a Disaster? Perspectives on the Question.* New York: Routledge.

Jardine, C. G. and Hrudley, S. (1997). Mixed messages in risk communications. *Risk Analysis,* Vol. 17, No. 4. Pages 489-498.

Kalaugher, E., Bornman, J. F., Clark, A. and Beukes, P. (2013). An integrated biophysical and socio-economic framework foranalysis of climate change adaptation strategies: the case of a New Zealand dairy farming system. *Environmental Modelling and Software,* 39, 176-187.

Kaplan, S. (1997). The words of risk analysis. *Risk Analysis,* 17(4), 407-417.

Kates, R. W., Travis, W. R. and Wilbanks, T. J. (2012). Transformational adaptation when incremental adaptations to climate change are insufficient. *Proceedings of the National Academy of Sciences of the United States of America,* 109(19), 7156-7161.

Kedar, B. Z. (1970). *Again: Arabic Risq, Medieval Latin Risicum, Studi Medievali.* Spoleto, Italy: Centro Italiano Di Studi Sull Alto Medioevo.

Lindell, M. K. and Meier, M. J. (1994). Planning effectiveness: effectiveness of community planning for toxic chemical emergencies. *Journal of the American Planning Association,* 60(2), 222-234.

Lindell, M. K. and Meier, M. J. (1994). Planning effectiveness: Effectiveness of community planning for toxic chemical emergencies. *Journal of the American Planning Association,* 60(2), 222-234.

Lindell, M. K., and Prater, C. S. (2003). Assessing community impacts of natural disasters. *Natural Hazards Review,* 4(4), 176-185.

Long, M. H. and John, J. I. (1993). *Risk-Based Emergency Response.* Paper presented at the ER93 Conference on the Practical Approach to Hazards Substances Accidents. New Brunswick, Canada: St. John.

Mendes-Victor, L. A. and Goncalves, C. D. (2012). Risks: Vulnerability, Resilience and Adaptation, 2012 World Conference on Disaster Reduction, United Nations Disaster Risk Reduction.

Mileti, D. (1999). *Disasters by Design: A Reassessment of Natural Hazards in the United States.* Washington, DC: National Academies Press.

Miles, S. B. and Chang, S. E. (2006). Modeling community recovery from earthquakes. *Earthquake Spectra*, Vol. 22(2).

National Research Council. (1983). *Risk Assessment in the Federal Government: Managing the Process.* Washington, DC: National Academy Press.

National Response Team (1987). *Hazardous materials emergency planning guide (NRT-1).* Washington, DC: National Response Team.

Pearce, L. D. R. (2000). An Integrated Approach For Community Hazard, Impact, Risk and Vulnerability Analysis: HIRV. Doctoral Dissertation, The University of British Columbia.

Pelling, M. (2011). *Adaptation to Climate Change: From Resilience to Transformation.* Abingdon, UK: Routledge.

Preuss, J. and Hebenstreit, G. T. (1991). *Integrated Hazard Assessment for a Coastal Community: Grays Harbor.* Reston, VA: US Department of the Interior, Geological Survey.

Samarasinghe, S. and Strickert, G. (2012). Mixed-method integration and advances in fuzzy cognitive maps for computational policy simulations for natural hazard mitigation. *Environmental Modelling and Software, 39, 188-200.*

Schmidt, J., Matcham, I., Reese, S., King, A., Bell, R., Henderson, R. and Heron, D. (2011). Quantitative multi-risk analysis for natural hazards: a framework for multi-risk modeling. *Natural Hazards,* 58(3), 1169-1192.

Shoubridge, J. (2012). *Are we planning a disaster resilient region? An evaluation of official community plans in metro Vancouver.* Master's Thesis, School of Community and Regional Planning, the University of British Columbia, p. 2.

Smit, B. and Wandel, J. (2006). Adaptation, adaptive capacity and vulnerability. *Global Environmental Change,* 16(3), 282-292.

Steinberg, T. (2000). *Acts of God: The Unnatural History of Natural Disasters in America.* NewOxford University Press.

Tierney, K. and Bruneau, M. (2007). Conceptualizing and measuring resilience: a key to disaster loss reduction. *TR News,* 250, 14-17.

Tobin, G. and Montz, B. (1997). *Natural Hazards.* New York: Guilford. L., Turner, B. L. II, Kasperson, R. E., Matson, P. A., McCarthy, J. J., Corell, R. W., Christensen, Eckley, N., Kasperson, J. X., Luers, A., Martello, M. L., Polsky, C., Pulsipher, A. and Schiller, A. (2003). A framework for vulnerability analysis in sustainability science. *Proceeding National Academy of Sciences,* 100(4), 8074-8079.

United Nations, Department of Humanitarian Affairs (1992). *Internationally Agreed Glossary of Basic Terms Related to Disaster Management.* (DNA/93/36). Geneva, Switzerland: United Nations.

United States Environmental Protection Agency (1986). *Emergency Planning Community Right to Know Act.* EPCRA, 42 U. S. C. Ann. Section 11001 et seq. Washington, DC: United States Environmental Protection Agency.

United States Environmental Protection Agency (2001). *Hazardous Materials Emergency Planning Guide. National Response Team-1.* Washington, DC: United States Environmental Protection Agency.

Weichselgartner, J. (2001). Disaster mitigation: the concept of vulnerability revisited. *Disaster Prevention and Management,* 10(2), 85-94.

2장

재해 사전 분석

목표

1. 재해 사전 분석 과정을 이해한다.
2. 재해 사전 분석 과정에 누가 참여하는지 파악한다.
3. 지역 현황을 파악하고 재해 분석 과정에 어떻게 적용되는지 설명한다.
4. 지역의 자산과 위험요인이 사전 분석 과정에 어떻게 활용되는지 설명한다.
5. 재해 분석에서 문제 해결 과정의 역할을 이해한다.

주요 용어

100년 빈도 홍수(100-year flood)
기본도(base map)
기본 홍수량(base flood)
도시와 비도시 지역(urban and non-urban communities)
범람원(floodplain)
사회문화, 경제 그리고 환경 자본(sociocultural, economic and natural capital)
수문곡선(hydrograph)
2차 재해(secondary hazards)
1차 및 2차 효과(primary and secondary effects)
재해 프로파일(hazard profile)
조정 홍수로(regulatory floodway)
주요 시설(critical facilities)
홍수로(floodway)
홍수보험연구(flood insurance study)
홍수보험률지도(flood insurance rate map)
홍수터(flood fringe)

이슈

공공·민간·비영리단체들이 지역에 영향을 미치는 위험요인을 어떻게 분석하고, 재난의 부정적 영향을 줄이는 데 어떻게 활용하는가?
재해 위험지역은 지역 내에 존재할 수 있고 미지의 위협과 취약성을 드러낼지도 모른다. 불안을 야기하지 않으면서 어떻게 위험요인과 위험도를 알릴 수 있는가? 어떤 정보를 어떤 형태로 공유할 수 있는가?

개요

예방, 대비, 대응, 복구 절차는 신중하고, 포괄적인 재해 분석 과정을 바탕으로 한다. 티어니 등(Tierney et al., 2001)은 비상 상황 대비와 운영 계획에는 지역이나 단체가 직면한 위험요인 조사와 위험요인의 유형에 대한 이해가 바탕이 되어야 한다고 강조했다. 이러한 노력의 첫 단계는 지역의 사회문화·경제·환경에 대한 평가다. 그러므로 지역에 대한 평가와 사전 분석은 비상 상황 대비 과정의 일부이며, 위험도 분석 및 재해 취약성 감소를 위한 기초 자료가 된다(U. S. EPA, 2001). 이러한 평가와 사전분석은 재해 분석 과정 중 의도적인 문제 해결을 통해 이루어진다. 문제 해결 과정을 통해 우리는 문제의 이면을 살펴보며, 이슈를 더욱 분명하게 바라볼 수 있고, 지역이 재난에 취약해지는 이유를 파악할 수 있다. 데일 등(Deyle et al., 1998)은 지역의 의사결정자들이 위험요인이 지역에 영향을 미치는 방식을 이해하고, 이를 체계적인 위험도 관리와 재해 예방 결정의 기초로 활용해야 한다고 강조한다. 사전 분석은 이러한 결정들의 기초가 된다. 데일 등(Deyle et al., 1998)은 사전 분석이 재해 분석 과정에서 필수적인 과정이라고 말한다.

사전 분석은 재해 분석 과정의 첫 단계로 지역의 현황을 포함하며, 환경 모델링을 통해 이루어진다. 이러한 과정은 단기 위협과 장기 위협, 지역 참여, 광범위한 다차원적 계획 작성팀 그리고 행동 방향 등의 조사를 중시한다. 사전 분석 과정의 주요 요소는 위험요인에 대한 자료 수집과 지역 내 공공·민간·비영리단체의 참여다.

올위그(Olwig, 2012)는 위험도의 지역적 이해는 국제적 이해 및 관행과 분리해서 생각될 수 없다고 주장한다. 국제기구들은 위험도에 대한 시민 인식에 영향을 주기 위해 지역 기구에 의존한다.

이 장에서는 사전 분석의 첫 단계인 지역의 현황 조사와 사회·문화·경제·환경 자산을 다루고 있다. 3장에서는 이를 바탕으로 환경 모델링을 검토하고, 위험요인의 특성을 파악하여 그것을 활용하는 방법을 다룬다. 환경 모델링을 통한 위험요인 파악으로 취약성 분석 시 예상되는 문제를 확인할 수 있다(그림 2-1 참조). 사전 분석의 첫 단계에서 중요한 사항 중 하나는 효과적인 대응 계획에서 반드시 지역 위험요인의 특성을

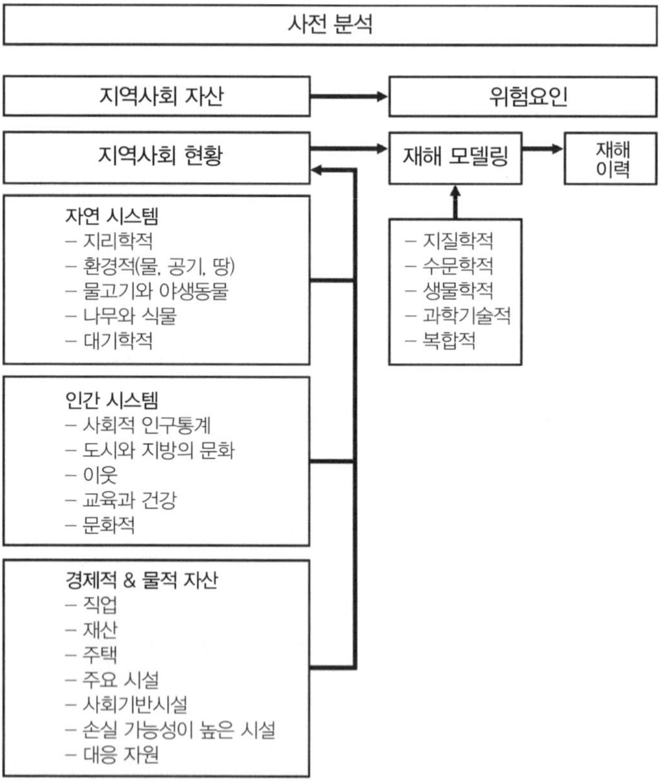

〈그림 2-1〉 지역 자산과 위험요인 사이의 연관성

다룬다는 것이다. 대응 전략은 재난의 특성을 기반으로 한다. 화재, 홍수, 지진, 폭풍 등은 우리에게 다양한 도전과제를 제시한다. 나아가 인구, 지형, 인프라, 주요 자원을 포함한 지역사회의 현황은 지역사회의대응 방식과 재난 회복력에 영향을 준다.

> **생각하기**
>
> 사전 분석은 지역의 재해 위험도 관리와 적응 그리고 예방의 문화를 확립하는 데 도움을 주는 지속적인 과정이다. 위험요인과 위험도는 지역의 회복력을 위해 고려해야 할 지역 시스템의 근본적 약점을 드러낼 수 있다. 어떤 종류의 정보가 지역의 자산과 자원들을 이해하는 데 중요한 역할을 하는가?

사전 분석 과정

사전 분석은 지역적 맥락에서 위험요인을 기술하고 지역에 영향을 미칠 수 있는 잠재적 위험요인의 역사적 배경 설명을 포함한다. 이 과정을 통해 인간·인공·자연환경의 위험요인 규모를 명확히 할 수 있다. 위험요인에 대한 자료들은 과거 지역에 영향을 준 위험요인과 미래 발생 가능성을 이해하는 데 중요하다. 그러므로 사전 분석 과정은 지역의 과거 재난과 미래 재난의 잠재성 조사를 포함한다. 비록 하찮은 위험요인이라도 커다란 이차 재해를 유발할 수 있다.

위험요인은 우리 삶의 일부이며 모든 지역이 여러 유형의 위험에 직면해 있다. 스미스(Smith, 2004)는 재난이 인명손실, 주택, 사업장 그리고 주요 인프라의 파괴, 습지나 수역 같은 민감한 자연 지역의 피해를 포함한 자연, 경제, 인간에게 영향을 미친다고 강조했다. 재난은 자연·인공·

인간 시스템 사이의 상호작용 결과이다. 이러한 상호작용의 특성 및 범위를 정하면 건설적인 경우와 손해나 손실이 야기되는 경우를 명확히 구분할 수 있다. 이러한 상호작용의 이해는 조직적인 정책 의사결정과 재해위험도 관리의 바탕이 된다.

스미스(Smith, 2004)는 자연 시스템과 인간 시스템 사이의 접점에서 자연재난이 발생한다고 설명했다. 〈그림 2-2〉는 우리의 지역사회와 자원이 서로 밀접한 관계가 있음을 보여준다. 일반 시민의 교육 정도와 기술은 기업체에 영향을 끼친다. 지역 경제 특성은 숙련된 노동자를 모으고 지역에 남아 있게 한다. 지역의 환경 및 자연 자원은 방문객들에게 매우 매력적이다. 공공, 민간 그리고 비영리적인 목적과 정책은 이러한 자원들 각각에 영향을 미친다. 재난으로 인한 손실의 최소화는 우리의 적응과 예방 노력에 달려 있다. 비구조물적 예방 조치는 건축기준의 제정과 강화 또는 토지 이용 규제를 포함하고, 구조물적 실행계획은 주요 인프라 시설물 또는 보호 구조물을 설계하고 건설하는 것이다. 회복력 또는 재난을 견디고 회복하는 능력은 인간의 적응 행동에 영향을 받는다. 불행하게도 개인과 조직의 조치들은 사회적, 경제적 또는 환경적 자원에 의도치 않게 충격을 주는 피해를 가져올 수 있다. 우리는 무기력한 객체가 아니며 사회·경제·자연 시스템에 보호 조치를 취할 수 있다. 버튼(Burton, 1993)은 환경이 우리에게 친절하지도 적대적이지도 않다고 강조했다. 사실 환경은 중립적이다. 하지만 재해 지역 내 인간의 조치는 취약성을 증가 또는 감소시킨다. 사전 분석으로 자연.인간.경제 시스템을 조사하고, 취약성 감소 및 위험요인 회복력 강화 등의 조치를 할 수 있다. 개인, 지역 그리고 민간과 비영리단체가 위험요인을 다루는 양질의 정보를

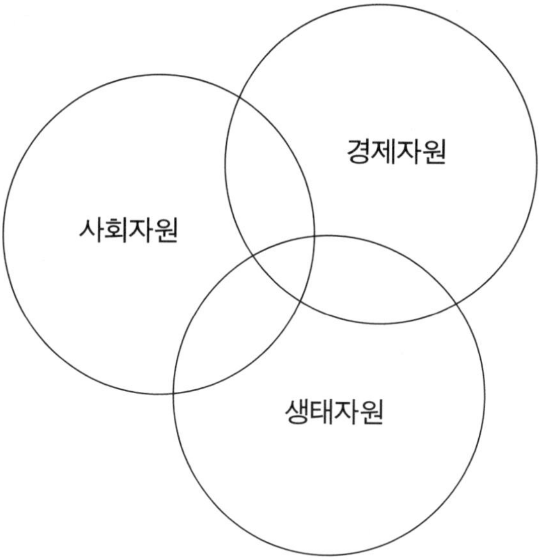

〈그림 2-2〉 사회자원, 경제자원 그리고 생태자원 사이의 연계성

가지는 것이 중요하다. UN(2002)은 정보를 토대로 하는 의사결정이 중요하다고 강조한다.

이처럼 사전 분석은 지역을 위협하는 자연과 인간이 야기한 사건들을 파악한다. 이 과정을 통해 재난상황을 다루는 지역의 능력과 건물의 물리적 특성, 지역의 사회적 특성, 지역 대응 능력 등을 확인할 수 있다. 사전 분석은 재해 구역을 명확히 하여 적합한 대비를 위한 활동에 직접적으로 활용된다. 데일 등(Deyle et al., 1998)은 재해 범위와 구역을 정하는 데 사전 분석을 활용할 수 있다고 말했다. 포괄적인 사전 분석은 재해 위험도 관리 정책 및 프로그램을 지원하며, 취약성 감소를 위한 정책대안을 결정하는 데 도움을 준다. 따라서 재해 위험 분석은 단순한 대비활동이라기보다는 관리 도구라고 할 수 있다.

사전 분석 팀 구성

어느 한 개인이 사전 분석을 수행할 수는 없기 때문에 지역의 여러 관계자들과 함께해야 한다. 지역 비상계획위원회 같은 조직이 지역의 현황을 파악하고, 지역에 영향을 미치는 위험요인 조사의 기초자료를 마련한다. 다양한 분야의 전문가들은 지역에서 일어날 수 있는 위험요인들에 대해 다양한 관점을 가지고 있다. 토목, 건축, 공공안전, 응급의학, 보건, 교육, 교통 등의 전문가들은 잠재적인 위험요인과 영향을 다루는 데 크게 기여할 수 있다.

위원회 안에 소그룹을 만들어 지역에 영향을 줄 수 있는 위험요인 중 하나 혹은 몇 개에 집중하면 지역에 영향을 끼치는 모든 위험요인을 확인하는 데 도움이 된다. 재해 위험 분석을 수행하는 조직의 경우 다양한 분야의 전문가 팀이 필요하다. 취약성을 줄이고자 하는 교육청의 경우 사전 분석 팀에 교사, 행정가, 건물관리 직원, 교통, 조리시설, 보안 분야 등의 전문가를 포함해야 한다. 이러한 팀은 분야가 상호 중복되지 않도록 그룹 간 정보 공유가 원활해야 한다. 은행, 식당, 지역 교육청처럼 많은 지점을 가진 대규모 조직의 경우 지점들의 현황 보고, 정보 수집, 출처 기록과 관련한 일관성 유지가 필요하다.

지역사회의 현황 작성

사전 분석의 목적은 지역이나 조직에 영향을 미칠 수 있는 위험요인을 파악하여 사전 분석 이후 단계를 위한 기초 자료를 제공하는 것이다. 이를 위해 우선 지역을 면밀히 조사하여 사람, 경제, 환경, 건물, 인프라 중

위기에 처해 있는 것을 선정할 필요가 있다. 재해 이력을 만들 때는 위험요인을 유형별로 분류한다. 하나의 분류 항목에 속한 위험요인이 다른 분류 항목에서 2차 재해를 유발할 수도 있다. 예를 들어, 폭우는 침수, 화학물질 유출, 산사태를 야기할 수 있다. 지역에 위협을 주는 위험요인을 인식하는 방법은 위험요인이 발생하는 순서와 재난의 특성 및 규모에 영향을 받는다. 위험요인을 이런 분류 항목들로 구분하면, 지역이나 조직의 위험도를 확인하고 정리하기에 용이하며 위험요인의 영향을 이해하는 데 도움이 된다.

일반 현황

지역이나 조직의 현황을 파악하는 첫 번째 단계는 자원의 조사이다. 이 단계에서는 재난위험도의 증감과 재난에 대한 효과적인 예방, 대응, 대비 활동, 그리고 재난 시 복구활동을 지원해주는 지역이나 조직의 자연, 사회, 경제적 부분과 공간적 현황을 조사한다. FEMA 지침서의 지역 자원 현황 작성법은 아래의 세 가지 요소로 구성되어 있다(2001).

1. 환경 또는 자연 자원(지리, 지표, 지형, 경사면, 경관, 호수, 개울, 수로, 습지, 유역, 토양, 단층, 산불/도심 화재 접점, 숲, 해안 모래언덕): 이러한 자원들은 지역에 아름다운 자연 경관, 여가활동 자원, 자연적인 홍수 보호 지역, 자연적인 상업용 교통로 등을 제공한다.
2. 사회 문화적 자원: 재난의 효과를 예측 및 극복하고, 저항 및 회복하는 지역 구성원들의 능력을 포함한다. 또한 사회, 문화, 전통 자원들도 포함한다. 교육 정도, 노동시장 접근성, 인구 분포, 인구 집중도, 빈곤율, 자원봉사, 지역 연대, 범죄율, 교육성과, 보건 진료의 접근성, 주요 의료비용, 취약한 인구 그룹

(어린이, 노인, 장애인)

3. 인공 또는 경제 자원: 경제 자원의 본질은 인공적·물리적 환경을 포함한다. 건축 기준과 구역 규제는 구조물의 위치와 물리적 자산에 영향을 미친다. 위치와 대응능력은 비즈니스뿐만 아니라 취약성이나 지역 거주민에게 영향을 줄 수 있고, 재난에 대처하는 지역의 능력을 제한하기도 한다. 공공시설, 운송 수단, 에너지원의 특성과 분배 또한 대응 및 복구 노력에 영향을 미친다. 주요 고용주와 금융센터의 위치는 이러한 자원의 일부다. 경제 자원은 다음 항목들을 포함한다.

   a. 재산(토지 사용, 건축물의 유형, 주택의 위치, 사업장의 위치, 조립식 주택의 위치, 구역 지도, 건축 법규)
   b. 주요 시설(소방서, 구급차 위치, 경찰서/법원, 병원, 학교, 양로원, 어린이집, 시청, 기타 공공시설, 구치소와 교도소 시설, 역사 문화적 건물과 구역)
   c. 인프라(전기, 상수도관, 하수도관, 가스관, 수송관, 도로와 고속도로, 철로, 공항, 수로, 항만시설, 다리, 통신시설, 운송로, 주요 에너지원, 정수장, 쓰레기 매립지, 제방과 홍수 보호시설)
   d. 잠재적 손실이 높은 시설들(원자력발전소, 댐, 군사시설, 위험 물질을 제조하거나 저장하는 장소, 휘발유 저장 및 분배 시설)
   e. 대응[구급차 관할구역, 화재 관할구역, 응급치료 관할구역, 조기 경보 시스템, 응급 수술 센터, 차단 시설, 피난처, 응급장비(소방차, 구급차, 대응 차량) 등]
   f. 지역의 다양한 서비스 부문에 대한 금융기업의 상업 및 산업 발전

지역의 자원 현황을 작성하는 것은 지역 위험요인을 이해하는 첫 단계이다. 이 과정에서 인간·자연·인공 자원의 특징에 대한 기준선을 형성하게 된다. 이를 바탕으로 지역의 강점과 약점을 파악할 수 있다. 강하고 견

고한 사회·경제·자연 자원을 가지고 있다면 재난에 좀 더 빨리 대응하여 회복할 수 있다. 회복력이라는 개념에는 재난의 영향으로부터 최소한의 피해만 입고 빠르게 회복하는 지역의 능력이 포함된다.

환경 자원 또는 자연 자원과 위험도

지역의 자연환경은 예방, 대비, 대응, 복구 전략에 영향을 미치는 위험요인을 정의하는 데 매우 중요한 역할을 한다. 강가나 해안가 지역은 허리케인이나 폭풍우에 취약하지만, 다양한 여가생활 공간과 상업 자원을 제공한다. 반면 고도가 높은 지역은 산사태에 취약할 수 있고, 숲이 우거진 지역은 산불에 취약할 수 있다.

자연환경의 건강과 생명력은 지역의 회복력을 평가하는 데 매우 중요하다. 건강하고 비옥한 자연환경과 생태계는 지역을 보호하는 완충장치가 된다. 건강하고 비옥한 습지는 해일을 감소시키고 홍수가 발생했을 때 넓은 배수지를 제공하기 때문에 소중한 범람 방어장치가 될 수 있다. 건강한 숲은 산불에 강하고 산사태를 줄여준다. 해안가의 모래언덕은 해일과 겨울철 한파를 막는 완충장치 역할을 해준다. 오염되고 자생하지 못하는 자연환경은 지역의 산불, 홍수, 해일에 취약하고 피해를 가중시키는 경우가 많다. 홍수 피해를 입은 지역이 연이어 간접적인 2차 피해를 당할 수 있다. 홍수로 인해 침전물이 습지를 뒤덮어 비옥했던 늪, 소택지, 수로를 파괴 및 침식시켜 쓸모없는 공간으로 만들 수 있다. 환경자산은 명확하게 알기 어렵기 때문에 위험요인을 조사하고 간접적인 2차 효과의 존재 여부를 판단해야 한다.

비옥한 습지의 개발이 허가된 지역에서는 자연적인 홍수 방어능력이 감소하고 범람 위험이 높아진다. 적절하게 관리되지 못하거나 무분별한 개발이 이루어진 숲은 산불로 인해 삼림지가 파괴될 수 있다. 언덕이나 경사면을 완전히 벌목해버린 숲에서는 산사태 발생 가능성이 커진다. 해안가 모래언덕이 파괴되면 해일에 대처하는 자연의 방어능력이 떨어질 수 있다.

지속 가능하고 회복력 있는 자연환경과 위험요인에 대한 지역의 취약성 사이의 연관성을 이해하는 것은 위험요인에 대처하는 경제적·사회적·환경적 비용 감소를 위한 효과적인 전략수립에 매우 중요하다. 지역의 자산을 평가하는 데 중요한 사항은 그 지역의 자연환경 목록을 작성하는 것이다. 지역이 지리적으로 어떻게 나누어지고 재난에 어떻게 영향을 받는지 밝혀야 한다.

기후 변화에 관한 정부 간 협의체(IPCC)는 기후 변화에 대한 최근의 보고서에서 현재 수준이나 그 이상의 온실가스 방출은 온난화를 가속시킬 것이라고 결론 내렸다(IPCC, 2007). 20세기 동안 관찰되었던 것보다 더 큰 변화가 21세기 세계 기후 시스템에서 발생할 것이다. 이 보고서에 따르면 인간의 생산활동은 자연환경에 의도하지 않은 악영향을 가져오고 있기 때문에 전 세계적인 재앙을 막을 수 있는 조치가 필요하다고 한다. 이산화탄소 방출량을 제한하려는 노력의 실패와 화석연료 사용, 메탄과 산화질소의 방출은 지구 평균 기온과 해수 온도를 높일 것이고, 광범위한 지역의 눈과 얼음을 녹여 지구 해수면 높이를 상승시킬 것이다.

최근 들어 기후 변화는 세계적으로 허리케인이나 홍수, 태풍, 가뭄, 폭염, 화재 같은 자연재난의 강도와 빈도에 큰 영향을 미치고 있다

(Abramovitz, 2001; IPCC, 2007). 최근 몇 해 동안 전 세계 여러 지역에서 유례없는 폭우로 인해 평소의 홍수보다 훨씬 큰 피해를 입었다. 허리케인 미치와 앤드루는 카테고리 5에 속했고, 지상에 상륙하자마자 수많은 인명 및 재산피해가 발생했다. 또한 미국 남서부와 남동부를 포함한 세계의 많은 지역에서 여러 차례 가뭄이 발생했거나 현재도 진행 중이다.

기후 변화로 인해 전 세계적으로 자연재난의 강도와 발생빈도가 증가할 것으로 예상된다. IPCC는 지구 온난화와 더불어 극한 재난들의 규모와 빈도가 크게 변화할 것이라고 강조한다. 따뜻한 기간이 늘어나기 때문에 물 사용량과 증발로 인한 손실 그리고 가뭄 기간이 늘어날 것이다. 전 세계 해안가 지역들이 아마도 제일 먼저 지구 온난화의 영향을 느끼게 될 것이다. 불행하게도 이미 함몰과 침식으로 고통 받는 저지대 해안들은 해수면 상승과 빈번히 발생하는 허리케인으로 점점 더 큰 위협을 받게 될 것이다.

재해 자료의 출처

지역의 위험한 환경적 요인에 관한 자료를 만들기 위해서는 재난상황에 가장 큰 잠재적 손실을 가져올 수 있는 지역의 재해 자료를 분석해야 한다. 이 책의 5장은 위험도를 결정하는 기본 자료를 다룬다. 주정부의 기상국과 NOAA의 지역 기상센터는 과거 기상에 대한 포괄적인 자료를 제공한다. 재해 모형은 강풍, 홍수, 화재 또는 위험 물질에 의해 피해를 입을 수 있는 지역을 추정하는 데 사용될 수 있다. 연구자들은 지역의 위험도를 광범위하게 이해하기 위해 나이테 분석법을 활용해오고 있다. 과거의 재난에 대한 지식은 자연 재해 평가 과정에 중요하다. 나이테는 홍수, 토석류, 산사태, 눈사태, 낙석 그리고 극심한 가뭄을 포함하는 과거의 사건을 설명하는 데 유용한 도구로 평가된다(Ballesteros et al., 2011; Lopez Saez et al., 2012; Stoffel and Bollschweiler, 2008).

사회 자원

지역의 사회환경은 인구통계학적 현황으로 표현된다. 이러한 현황을 바탕으로 비상 계획가(emergency planner)들은 지역의 인구 부문이 위험요인에 의해 어떤 영향을 받는지 알아볼 수 있다. 또 지역 의사결정자들이 단일 또는 복합 위험요인으로부터 지역의 어떤 부분이 영향을 받을지 예측하는 것도 필수적이다. 연령, 교육, 수입, 인종, 주택 소유자와 세입자의 비율, 교통시설의 접근성, 장애인, 편부모가정 등에 따라 지역은 어떠한 취약성을 가지는가? 지역은 위험요인을 다뤄본 경험이 있는가?

주요 교통노선이나 상업지구에서 멀리 떨어진 지역이나 피해가 적은 지역은 카트리나 이후 재건과 복구가 원활하지 않았다(Pine and Wilson, 2007).

노인이나 공공 지원금에 의존하는 사람들의 거주비율이 높은 지역은 복구 예산도 부족할 수 있다. 세입자들은 지역에 대한 애착심이 강하고 재난 이후에도 이주 의사가 높지 않다. 100년 주기 인구조사를 통해 주민의 거주 기간과 주택 소유 여부에 대한 정보를 얻을 수 있다. 교회, 이웃, 사회단체, 동아리, 친목단체, 구호단체, 공공 워크숍, 지방 공무원과의 만남 등을 통해 지역 주민에 대한 추가 정보를 수집할 수 있다. 이때 다음과 같은 질문을 할 수 있을 것이다. 얼마나 많은 사람들이 해당 지역에 살고 있는가? 지역의 고위험 구역은 어디인가? 사람들은 어디에서 일하고, 여가를 즐기며, 시민행사 모임을 갖는가? 지역주민이 잘 모이고 강한 유대감을 가지는 곳은 어디인가? 투표율이 가장 높은 곳은 어디인가? 높은 수준의 시민 참여가 있는가?

경제 자원과 인공 자원

다양한 시설물들은 지역 경제 자원의 일부분이다. 여기에는 학교, 대학, 병원, 요양원, 응급 의료시설, 어린이집, 교도소, 박물관, 기타 문화시설들뿐만 아니라 주택, 상업, 산업 자산과 공항, 항만, 철도, 다리 등의 수송로가 포함된다. 비구조물적인 자원에는 지역 홍수 관리 프로그램과 지역 건축 기준 및 토지 사용 규제 등의 정책적 자원도 포함된다.

많은 경제활동이 재난에 의해 영향을 받을 수 있다. 주요 수송로가 붕괴되면 기업이나 제조업체에 공급 제한이 발생할 수도 있다. 필요한 자재들을 제공할 수 없거나 완제품을 운송할 수 없고, 그로 인해 기업들이 정상적인 업무를 수행하지 못할 수 있다. 나아가 많은 사업장, 비영리단체, 정부 기관에 연료나 식량 등의 공급이 끊어질 수 있다. 몇몇 지역에서는 운송 시스템(항만, 철도, 교량)이 강을 중심으로 건설된다. 물론 처음에는 예상 침수위보다 높은 곳에 위치하겠지만, 시간이 지나면서 토지 사용과 지형 변화로 범람의 특성이 변화할 수 있다. 새로운 수문 분석에 따르면 도시화로 인해 투수층이 지붕, 도로, 주차장 등과 같은 불투수층으로 변화되면서 홍수량이 증가하고 발생시간이 단축되는 것으로 나타났다.

■ 인프라

주요 인프라의 손실은 직접적인 재난 발생과 2차적인 재난 효과를 일으킬 수 있다. 예를 들어 다리가 끊어지면 물자와 주민의 이동이 어려워진다. 겨울철 발전소에 심각한 문제가 생겨 정전이 되면 전기 공급 여부가 생사를 가르는 요인이 될 수 있다. 인프라의 구성요소와 그것이 지리적·물리적으로 지역에 미치는 영향을 이해하는 것은 성공적인 재난관리를 위해 매우 중요하다.

■ 공공시설

경찰서, 소방 구조 시설, 병원, 대피소, 학교, 요양원, 기타 공공시설물 같은 중요한 대응 시설들은 인공 자원의 중요한 일부분이다. 주요 공공시설들에 대한 정보는 행정기관, 운영기관(도시배수, 제방, 병원), 위원회(계획), 부처(공공업무), 연구소(대학), 건물 관리자, 비상 대응 부서, 세무서, 금융 기관, 주/연방 기관들로부터 얻을 수 있다. 만일 지역이 재해 예방계획을 가지고 있다면 대개는 그곳에서 공공시설들을 확인할 수 있다. 다음 단계로 나아가기 위해 건물의 유형, 품질, 수명, 크기, 평면도, 입면도, 수용인원, 보조 전원 여부, 잠재적인 탈출 경로에 대한 자료를 수집하여 지역의 취약성을 분석할 수 있다. 다양한 유형의 재산 또는 인프라의 개수, 유형, 품질, 화폐 가치를 포함한 공공시설의 위험도를 조사할 수 있다(Schwab et al., 1998).

■ 경제 활동

재난에 따른 실업은 지역의 붕괴를 야기할 수 있다. 허리케인 카트리나 이후 뉴올리언스 지역의 뉴올리언스 대학교와 루이지애나 주립대학교 보건센터를 포함한 몇몇 대학교는 직원 해고를 피하고 교육 서비스를 웹 기반 강의 방식으로 전환시켜 교육 활동을 수행할 수 있었다. 의과대학의 경우 교실을 재난 지역 밖으로 옮겼다. 인터넷 서버를 이용 가능한 장소로 옮기고 교육 운영 방식을 조정했다. 그러나 다른 많은 학교와 대학들은 장기간의 휴업에 대한 대비책을 세우지 못했다. 종교를 기반으로 하는 비영리 요양원, 건강센터, 기타 서비스 제공업체 같은 기관들이 문을 닫으면서 실업자를 양산했다. 오늘날에는 많은 기관들이 재난 이후에도 서비스를 지속할 수 있는 비상대책을 세우고 있다.

지역 경제활동에 대한 정보는 상공회의소, 지방정부의 경제개발부서, 세무서, 경제 협회, 계획자, 관련 대학 학과, 지방 공무원으로부터 얻을 수 있다. (1) 지역의 구성요소들과 지역의 생산, 판매, 일반 상거래의 활동 수준을 파악하고, (2) 거주용 주택과 임대용 부동산의 위치를 결정하며, (3) 특정 지역의 주택 수, 주택 유형, 보험 가입 여부 등을 확인하기 위해 지역의 정보를 사용할 수 있다.

재해 지도 작성

지역의 전체적인 현황을 지도로 작성하면 특정 위험요인과 잠재적 영향의 특성 및 규모를 조사하는 프레임워크를 마련할 수 있다. 데일 등(Deyle et al., 1998)은 사전 분석의 중요한 구성요소로 재해 지도를 강조하며, 다양한 강도와 가능성을 가진 특정 위험요인의 취약 지역들을 표시했다. 지역을 위협하는 위험요인은 각기 서로 다른 영향을 미친다.

예를 들면 폭설은 지역 전체에 동일한 영향을 미칠 것으로 예상할 수 있지만, 눈사태는 가파른 경사면이나 협곡이 있는 곳에 한정된 문제다. 지도는 지역의 공간 규모를 보여주며 위험요인, 주민, 구조물, 인프라, 환경 사이의 상호작용을 조사하는 데 도움을 준다. 지역 비상 대비 계획 또는 재해 예방 계획 같은 공공기관 기록물이나 인터넷에서 재해 지도들을 구할 수 있다. 국가기관에서 홍수나 산불 위험을 반영한 웹 지도를 구할 수도 있다. 그러나 지도 작성 날짜와 개정 시기를 반드시 확인해야 한다.

여러 단체들은 위험요인의 특성과 규모를 명확히 하고 예방, 대비, 대응, 복구와 관련된 의사결정의 기초자료를 마련하기 위해 재해 지도를 사용한다. 지도는 투자, 구역 결정, 토지 구입 전에 추가 조사가 요구되는 특정 분야를 파악할 수 있게 해준다.

자연·사회·인공 환경의 특성에 대한 정보는 특정 기업, 공공 기관, 비영리단체들뿐만 아니라 지역 비상 대응 서비스에 위험요인이 미치는 영향을 파악하는 데 좋은 자료가 될 수 있다. 대하천, 철도, 제조 및 상업 기업과 대학 같은 대규모 장소로 분리된 지역은 재난 대응 시 주요 자원의 이동이 어려울 수 있다.

지도는 물리적 경관의 시각적 표현이다. 지도는 운송망과 행정구역 같은 사회·자연·인공 시설물을 보여준다. 또한 연령, 교육, 고용에 따른 주민 수에 대한 정보를 제공한다. 무엇보다 지도는 관련 정보에 대한 의사소통 수단을 제공한다. 모든 지도에는 제목, 지역, 지도 작성기관이나 작성자, 작성 시기, 사용된 자료의 출처, 기호가 포함되어 있다. 지도는 만든 사람이나 기관, 제작 일자, 사용된 자료의 출처, 기호, 범례, 방향, 거리 축척을 포함한다. 지도는 단순히 어떤 것의 위치를 보여주거나 학교에 있

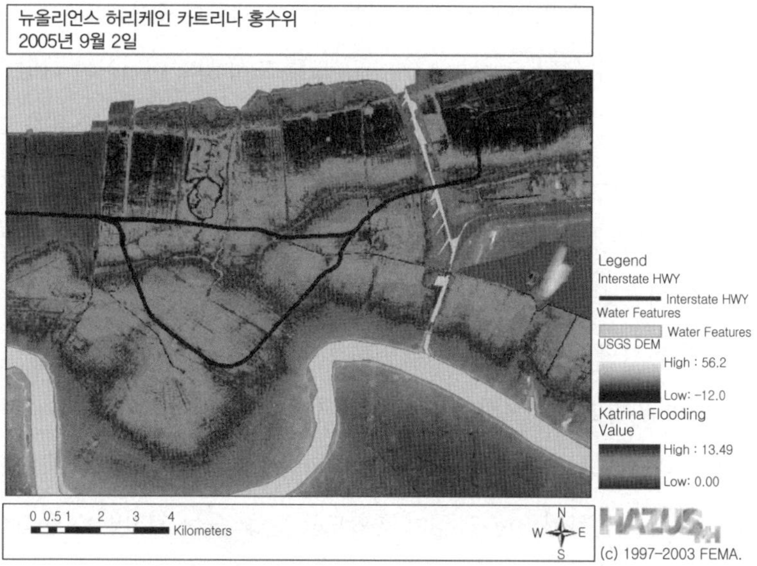

〈그림 2-3〉 루이지애나 주 뉴올리언스의 재해 지도

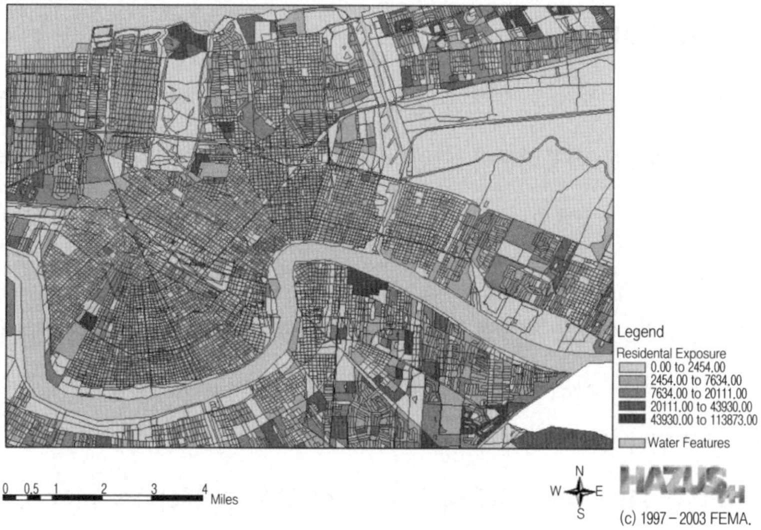

〈그림 2-4〉 거주용 건축물의 가치를 나타내는 루이지애나 주 뉴올리언스의 단계 구분도

는 학생 수, 병원에 있는 환자 수에 대한 자료를 제공할 수도 있다.

〈그림 2-3〉과 〈그림 2-4〉는 단계 구분도를 도시했다. 여기서는 다양한 색과 음영을 이용해 지역에 대한 정보를 보여준다. 지역 주택 소유자 또는 세입자 비율을 나타낼 때 지역을 기준으로 자료를 분류할 수 있다. 지도는 인구밀도, 연령 집단별 또는 교육 수준별 인구, 상해자 수, 피해 가구 같은 자료를 보여줄 수 있다. 또한 직접적 또는 간접적으로 관련된 지역의 비율, 평균 등을 보여줄 수도 있다.

지역의 위험도를 비교하고 분석하기 위해 기본도 위에 위험도를 개별적으로 나타내고 하나의 종합도에 지역 위험도를 통합시키는 것이 중요하다. 또한 표준화된 기본도 없이 종합도를 만들 수는 있지만, 표준화한다면 좀 더 쉽고 정확하게 종합도를 만들 수 있다.

지역의 협력

지역에서 자원 목록은 구조물 현황, 인구 통계, 대응 능력, 환경 조건 등에 대한 자료를 제공해준다. 또한 미래의 성장개발계획과 관련된 정보를 수집하는 것이 중요하다. 한 지역의 변화가 주변 지역의 특정 위험요인의 취약성에 영향을 줄 수 있다는 사실을 인식해야 한다. 예를 들어 어떤 지역에서 강에 제방을 쌓으면 해당 지역의 자연환경뿐만 아니라 강 하류에 위치한 지역의 자연환경도 변화시키게 된다. 그리고 두 지역 모두 홍수에 대한 취약성이 변하게 된다.

상호협력협약은 한 지역 내의 지역들이 힘을 모아 하나의 지역 또는 광역단체가 재난에 효과적으로 대응하는 능력을 키울 수 있도록 돕는다. 상호협력협약을 바탕으로 위기의 순간 서로에게 장비 및 인력을 지원해준다.

지역 성장개발계획은 주변 지역에 대한 모든 잠재적인 효과를 측정하고 고려하는 효과적인 방법이다. 하나의 지역에서 취한 행동이 주변 지역으로 퍼져나간다는 것을 이해하는 것이 통합 재해 위험도 관리 전략을 준비하는 첫 단계가 된다.

지역 현안 파악

위험요인이 지역에 끼치는 영향에 대한 정보는 반드시 필요하다. 재난 비용은 갈수록 증가하고 있으며 일반 시민뿐만 아니라 공공, 민간, 비영리 기관들의 금융 부담도 지역의 지속 가능성을 위협할 만큼 증가하고 있다(Mileti, 1999). 비록 재난 자체의 발생 수는 증가하지 않았지만 관련 비용은 재산 피해, 상해 및 사망, 사람들의 고통을 고려할 때 현저하게 증가했다(Abramovitz, 2001). 2006년 허리케인 카트리나의 대응 및 복구비용으로 직접적인 재산 손실 22억 달러, 경제적 손실 8억 달러, 긴급 원조 20억 달러가 투입되어 미국에서 발생한 재난 중 가장 많은 비용을 기록했다. 루이지애나 주 뉴올리언스에서 미시시피 주 빌록 시에 이르는 지역들은 회복에 수년이 걸리고 있다(Kates et al., 2006). 우리는 복구에 많은 시간이 소요될 것임을 안다. 사회·경제·환경 파괴는 개인, 가족, 지역, 지방정부의 의사결정이 직접적인 재난 손실과 관련된 비용의 지속적인 증가에 어떤 영향을 미치는지에 대해 재검토할 필요성을 제기한다. 우리는 재난이 어떻게 지역에 영향을 미치는지, 효과적인 문제 해결과 의사결정이 손실을 얼마나 감소시키는지를 이해할 필요가 있다. 잠재적 피해 상황에 대한 양질의 정보가 지역 문제를 체계적으로 조사하는 데 중요한 역할을 한다.

바람직한 위험도 관리와 재해 예방 전략을 동반한 재해 위험 분석은 손실을 줄이기 위한 첫걸음이다. 안타깝게도 비용, 사상자, 간접 피해를 줄이고자 하는 노력은 실행에 많은 시간이 걸린다. 그리고 의도한 결과를 얻었는지 확인하는 데도 많은 시간이 소요된다. 따라서 재해 위험 분석과 더불어 위험도 관리 및 재해 예방 전략을 통합 비상 관리의 맥락에서 보는 것이 중요하다. 예방 조치는 효과적인 비상 상황 대응과 복구의 기반을 제공한다. 우리의 노력을 지속적으로 모니터링하고 평가한다면 위험도 관리와 재해 예방 조치를 통해 원하는 결과를 얻을 수 있을지 여부를 확인할 수 있다. 재난은 우리에게 지속적인 피해를 주지만 우리가 자연의 힘을 인식하여 경보에 유의하고, 안전을 도모하며, 내구력 있게 건축하고, 손실을 막기 위한 예방책을 취하는 데는 한계가 있다.

우리는 오랫동안 위험요인을 이해하기 위해 노력해왔지만, 재난 노출을 최소화하는 적절한 방법을 찾지 못했다. 많은 유형의 위험요인과 노출성 사이의 격차는 인간, 경제, 생태적 취약성과 관련된 문제들을 야기하고 있다. 양질의 의사결정과 재난의 파괴적인 효과를 줄이기 위해 광범위한 위험도 관리와 예방 계획을 수립해야 한다. UN의 국제 자연재난 감소 10개년 계획(United Nations International Decade for Natural Disaster Reduction)은 좀 더 광범위한 인식을 바탕으로 하는 위험도 평가 및 관리를 강조한다. 공공정책과 개인의 결정이 재난 손실에 기여한다는 사실을 인정하려는 전 세계적인 노력이 있었지만, 불행히도 대규모 재난의 피해를 줄이지는 못했다. 사실 대부분의 지방정부는 계속해서 한정된 범위의 재해 분석만을 실시하여 문제 해결과 위험도 감소를 위한 장기적 전략을 세우지 못하고 있다.

페택(Petak, 1985)은 위험요인을 다루는 사람들이 복잡성과 불확실성으로 가득 차 있는 중요한 도전과제를 가지고 있지만, 이들이 문제에 민감한 것은 아니라고 말했다. 조직의 기술적·행정적 능력은 문제의 복잡성을 다루는 데 제한적으로 발휘된다. 재해 분석에서 도출해낸 문제들을 확인하고 해결하는 방법은 의도적·체계적 과정 속에 실행되어야 한다. 문제 해결은 언제나 위험도와 관련이 있다. 더욱 안전한 환경을 위해 기존 조건을 이해하고 미래를 예측하는 능력을 바탕으로 계획 및 프로그램을 개발·통합·실행해야 한다.

문제 해결 과정

허버(Huber, 1980)는 조직적인 의사결정은 광범위한 문제 해결 과정에 포함되어 있다고 설명했다. 첫 번째 단계는 어떤 문제가 있고, 누가 관련되어 있으며, 어떻게 진행되는지에 대한 전후 상황을 분명히 하는 것이다. 즉, 배경과 문제를 인식하는 것이다. 허버는 너무 많은 사례에서 관리자가 문제의 근원과 확산 방식을 적절히 이해하지 못한다고 말했다. 허버는 많은 관리자들이 문제에 초점을 맞추려 노력하지 않고 단지 환경에 단순히 반응한다고 주장했다. 상황에 대한 배경 정보를 토대로 했을 때 해당 문제를 명확하게 기술할 수 있다. 문제는 현재 상황과 바람직한 상황 사이의 차이로 정의된다. 또한 문제는 현재 위치와 원하는 위치 사이의 차이다. 우리는 바람직한 위치에 도달하는 방법을 모를 수 있다. 만약 현재 위치와 원하는 위치 사이의 차이가 크다면 문제도 크다.

두 번째 단계는 문제를 기술하고 근본 문제에 대한 대안을 결정하는 것이다. 문제 해결 과정의 창의적인 부분은 더 많은 해결 옵션을 도출하기 위한 것이다. 그 결과 사람들은 해결책을 마련하는 데 여러 방안을 가질 수 있다. 예를 들면 가능성이 있다고 검증된 여러 대안을 결합하는 것이다.

다음 단계는 선택과 의사결정이다. 허버에 의하면 의사결정 과정은 잠재적 문제 해결책의 검토, 대안의 순위 매기기, 대안 사이에서의 선택을 포함한다. 그 후 의사결정은 바람직한 해결책 실행을 위한 전략의 개발로 이어진다. 그런 다음 선택한 해결책이 원하는 결과를 얻었는지 결정하기 위한 사후 방법론을 정해야 한다.

위험요인, 영향, 잠재적 전략에 관한 정보의 활용 가능성은 복잡한 문제를 다룰 때 매우 중요하다. 월리스와 드발로(Wallace and De Balogh, 1985)는 효과적인 문제 해결을 위해서는 관리 정보 시스템이 중요하다고 주장했다.

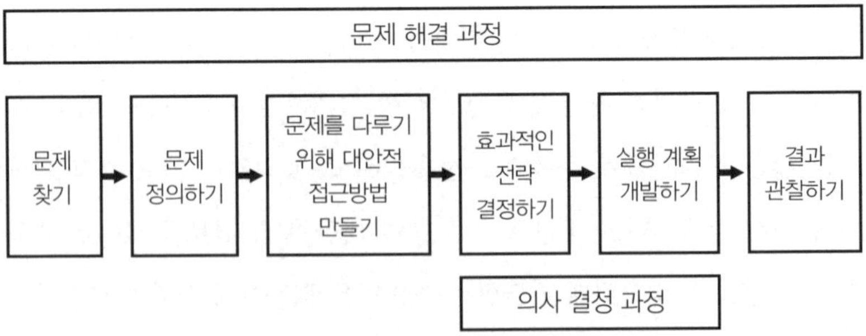

〈그림 2-5〉 문제 해결 과정

허버는 문제 발견, 문제 정의, 문제를 다루기 위한 대안 도출, 문제 해결 전략 결정, 전략 실행, 전략의 결과를 포함하는 광범위한 문제 해결 접근방법 속에 의사결정이 놓여 있다고 생각했다(그림 2-5). 해결책이 문제를 바라는 대로 다루는가? 해결책이 추가 행동을 요구하는가?

생각하기

문제 해결 과정에서 발생하는 충돌은 종종 목적과 우선순위의 차이에서 비롯된다. 문제 분석을 포함하여 당사자들의 목적을 분명히 할 필요가 있다. 목적뿐만 아니라 믿음과 가치도 우리가 중요하다고 생각하고 달성되어야 한다고 믿는 것들에 영향을 미친다. 의사결정 과정에 참가한 사람들이 자신의 목적, 믿음, 가치를 분명히 하도록 한다면 문제 해결 방법에 대한 합의를 이끌어내는 데 많은 도움이 된다. 당신의 가치와 믿음이 당신의 문제에 대한 시각에 어떠한 영향을 주는가? 당신은 문제에 어떻게 접근하는가? 당신은 체계적으로 문제를 처리하는가?

효과적인 재해 분석은 합리적인 의사결정, 조직 내의 의사소통 및 대중과의 의사소통, 위험도 관리, 재해 예방을 포함한다. 이러한 활동들은 재해 분석의 결과물을 보완하고 확대하면서 그 결과물이 예방, 대비, 대응, 복구 조치에 포함될 수 있는 기반을 제공한다. 그러므로 이러한 활동들의 효과적인 관리가 주요 목적이 될 수 있다. 쿼런텔리(Quarantelli, 1996)는 바람직한 관리의 필요성을 강조하면서 단순한 관리와 구분하고 있다. 쿼런텔리의 '바람직한 관리' 기준은 다음과 같다.

1. 관련 기관의 요구 및 수요와 대응에 따른 요구와 수요 사이에는 차이가 존재한다. 전자는 단일 출처에서 나오는 전술적 요구이고, 후자는 재난 이전에 확

인되고 대응의 효과성을 위해 장기적으로 필요한 전략적 요구다. 양질의 재해 분석과 효과적인 의사결정은 장기적 복합 재해 대응 요구를 확인하는 데 도움을 준다.

2. 공통된 일반적 가치가 효과적인 대응에 중요하다. 통합 재해 분석을 통해 '일반적'이라는 수식어를 쓸 수 있는 기능들을 확인할 수 있다. 예를 들어 재난의 유형과 관계없이 주택에 대한 요구가 포함될 것이다.
3. 통합 재해 분석은 거의 모든 재난에 필요한 자원의 특성과 유형을 보여준다. 양질의 의사결정은 적절한 사람들이 효율적인 방식으로 도움을 줄 수 있도록 자원을 효과적으로 조정해준다.
4. 자원을 효과적으로 조직하면 우리가 필요한 것을 분명하게 이해하는 데 도움이 된다. 재해 분석은 재난이 지역 또는 조직에 영향을 미치는 방식을 이해하는 데 유용하다. 항상 적재적소에 인력을 배치할 수는 없겠지만 효과적으로 관리할 수는 있다.
5. 재난 대응 문제와 관련된 대부분의 문제는 의사소통과 관련이 있다. 쿼런텔리는 문제는 기술이 아닌 의사소통 내용에 있다고 강조했다. 다른 사람들을 대하는 방식이 아니라 의사소통 내용이 중요하며, 재해 분석의 결과를 분명하게 전달해야 할 필요성을 강조했다.
6. 양질의 의사결정이 비상 관리 과정 전체를 통해 강조된다. 특히 재해 분석 과정에서 효과적인 의사결정 과정들을 제도화하기 위한 노력을 통해 재난 시 바람직한 의사결정 문화가 정착될 수 있는 기반을 마련할 수 있다.
7. 통합 재해 분석을 개발할 때 조직 내부와 외부의 많은 사람들을 포함시킨다. 그러므로 효과적인 조정은 바람직한 관리의 기본 요소이다.
8. 바람직한 관리에서는 응급 단체의 조치가 재난대응에 성공적인 기여를 한다는 사실을 인정한다. 따라서 개인과 단체의 응급 조치를 장려하는 조직문화가 육성되어야 한다. 재해 분석 과정은 이러한 조직문화를 긍정적인 조직 가치로 확립할 수 있는 훌륭한 기회다.
9. 쿼런텔리는 효과적인 관리란 정보에 대한 일반시민의 요구를 예측하는 것이

라고 생각했다. 언론과의 협업은 비상 대응에서뿐만 아니라 재해 분석 결과 전달에도 중요하다.

10. 양질의 재해 분석은 대비 및 대응 운영에 필수적인 정보들을 제공한다. 재해 분석은 책장에 꽂혀 있는 문서가 아닌 비상 대응의 기초가 되어야 한다. 위험요인을 이해하고 재난의 부정적인 영향을 분명히 해야 재난 운영의 견고한 기초를 다질 수 있다.

쿼런텔리는 바람직한 관리란 저절로 이루어지는 것이 아니라 대응 방식에 영향을 미치는 의도적 행동의 결과라고 말했다. 또한 효과적인 관리를 위한 구체적 권고사항을 제시했다. 통합 재해 위험 분석은 바람직한 관리를 확립하고 유지하는 데 중요한 요소다.

제한된 상황에서의 문제 해결

위험이 확실하지도 않고 궁극적인 해결책이 명확하지 않은데도 위험요인을 조사하는 경우 부적절한 상황을 다룰 수도 있다(Radford, 1981). 부적절하게 진행된 의사결정은 다음과 같은 특성을 가진다.

1. 재난의 부정적 효과를 감소시키기 위해 고려할 수 있는 위험요인, 환경, 잠재적 전략 등과 관련된 완전한 정보가 부족하다.
2. 과거 재난의 숫자와 빈도, 특징을 수량화할 수는 있지만 잠재적 재난의 유효한 평가 수치를 제공해줄 수 있는 충분한 정보를 구하기는 어렵다. 재난의 빈도에 대해 높은 확실성을 제공해주는 적절한 측정을 하기 어렵다.
3. 재해 분석 결과에 따른 결정에서는 다양한 목표를 다루고자 한다. 하지만 불행히도 이러한 목표들이 서로 충돌하여 정량화되기 어려울 수 있다. 예를 들

어 우리는 재난 피해를 줄이기 원하지만 지역의 자원이 한정되어 있기 때문에 세금 또는 요금의 상승으로 인해 부담이 커질 수 있다.

4. 다른 세력과 입장을 대표하는 다양한 참가자들은 의사결정 과정을 복잡하고 부적절하게 왜곡한다.

제한된 상황에서 문제를 다룰 때 중요한 전략 중 하나는 사전에 문제 조사 방법을 명확히 기술하는 것이다. 이러한 과정을 통해 많은 대안들을 발견하고 우선순위를 조사할 수 있다. 여러 가지 대안을 확인하는 것은 모든 당사자들로부터 결정의 결과물에 대한 지지를 얻어내는 데 매우 중요한 역할을 한다.

의사결정의 장애요인

루소와 슈메이커(Russo and Schoemaker, 1990)는 의사결정 과정을 발전시키기 위해 문제 해결에 장애가 될 수 있는 장애요인에 대해 설명했다.

1. 문제에 대해 생각할 충분한 시간을 갖지 못하면 전후관계를 파악하지 못하고 성급한 결론에 도달하게 된다. 문제가 무엇이고, 누가 관련되었으며, 어떤 위기에 처해 있고, 문제를 처리하지 않을 경우 잠재적 어려움은 무엇인지 적절히 기술할 필요가 있다.
2. 우리는 문제를 명확히 정의하는 데 시간을 거의 투자하지 않고 잘못된 문제를 다루는 데 너무 많은 노력을 기울인다. 근본적인 문제를 알기 쉽게 기술하기 위해 상황을 명확하게 규정하는 것이 중요하다. 상황 규정은 법적 또는 윤리적 문제뿐만 아니라 참여 기관의 구체적 목적에도 영향을 받는다.
3. 위험요인과 그 영향을 이해하고자 하는 시도는 쉽지 않다. 우리는 모든 답을

가지고 있지 않으며 일부 해결책이 의심스러울 수 있다는 사실을 인정해야 한다. 우리는 의사결정 과정에서 어떤 가설을 적용하고 있는지 그리고 우리의 가치, 믿음, 지식이 분석에 어떤 영향을 미치는지에 대하여 명확히 이해할 필요가 있다.

4. 우리는 종종 복잡한 상황을 단순화시키는 방법들을 찾다가 결과적으로 광범위한 문제의 본질이나 행동의 결과를 이해하지 못하곤 한다. 위험요인의 강력한 힘에 대해 정확히 이해하면 문제 해결 과정에서 유리해진다. 추가적인 관점, 입장, 지식을 취할 필요가 있는지 확인해야 한다.

일반 시민의 문제 인식

시에그리스와 거트처(Siegris and Gutscher, 2006)는 전문가와 일반 시민을 상대로 홍수에 대한 위험성 인식과 대비 상태를 조사했다. 조사 결과, 범람이 잦은 지역에 사는 주민은 잠재적인 위험요인에 대해 전문가와 비슷한 인식을 가지고 있으나, 위험지역이 아닌 지역의 주민은 위험도에 대해 낮은 인식을 가지고 있는 것으로 나타났다. 또한 많은 사람들이 위험도에 과민반응을 하고 있으며 실제 상황보다 위험도에 대해 더 많이 걱정하고 있는 것으로 나타났다. 하지만 전반적으로는 위험도에 둔감하며 재난 사건에 대한 적절한 예방과 대비를 하지 않고 있었다. 이 연구는 지역의 위험요인이 시민에게 적절하게 전달되지 못하고 있으며, 위험요인을 인식하기 위해서는 위험도 전달이 매우 중요하다는 결론을 제시했다.

이와 관련해서 린델과 황(Lindell and Hwang, 2008)은 위험도 인식과 행동 조치에 관한 위험요인의 효과, 근접성, 경험, 위험 정보의 출처 그리고 가계 특성 등을 조사했다. 홍수와 허리케인의 위험도에 대한 인식은 홍수와 강풍 관련 보험에 가입하게 하고, 예방책을 떠올리게 만든다. 그러나 홍수보험 가입 같은 대응도 직접적인 효과가 없다. 또한 뉴스, 신문 그리고 인터넷에서 얻은 정보도 위험도 노출과 관계가 없다. 따라서 위험도에 대한 개인적인 인식과 직접적인 재해 경험만이 예방과 대비 행동 조치에 영향을 주는 주요 인자인 것으로 결론내렸다. 즉, 위험요인에 대한 근접성과 개인적인 경험이 사람들이 위험도에 대해 어떻게 인식하고 대응하는지에 가장 큰 영향을 미친다. 위험도에 관심이 있는 지역에서는 과거의 재난 사례를 분석하고 위험요인의 특성과 크기를 파악할 필요가 있다. 지역사회가 참여하는 예방과 대비 행동은 지역주민을 대상으로 해야 하고, 개개인에게 위험도를 전달하기 위한 구체적인 메시지를 사용해야 한다.

시에그리스와 거트처(Siegris and Gutscher, 2008)는 재난을 경험한 개인은 위험성에 대해 수준 높은 인식을 하고 있다는 사실을 발견했다. 재난을 경험하지 않은 사람들은 재난과 관련된 부정적인 영향을 매우 과소평가한다. 지역 공무원은 지역 위험도와 위험요인을 파악해야 하고, 재난을 경험하지 않은 많은 주민이 지역에 현존하는 위험도를 과소평가할 수도 있다는 사실을 인정해야 한다. 우리가 위험도를 전달할 때 지역주민이 발생할 수 있는 사건을 항상 인식하고 받아들인다고 가정해서는 안 된다.

결론

현재의 재해 분석 과정과 의사결정 접근방법에서는 직접적인 책임이 없는 기술 전문가와 전문 행정가가 상당한 권한을 가지고 있다. 그러므로 선출된 관료 중에 일반 시민 대표자를 반드시 포함시켜야 한다. 그리고 이들을 의제 설정, 자원 할당, 직원 채용, 훈련, 궁극적으로 재해 예방, 대비, 대응, 복구를 위해 설계된 프로그램의 효과적 실행 및 판단 과정에 적극 참여시켜야 한다.

위험도를 수용할 수 있는 수준을 결정하는 것은 단순한 사실이 아닌 판단에 기초한 정책이다. 우리는 불확실성을 정량화하기 위한 시도를 할 수 있지만, 결국 자연의 한계에 직면하게 될 것이다. 우리는 결정을 내리면서 사실과 가치를 결합시킨다. 문제 해결을 위해 홍수, 지진, 강풍, 기타 위험요인과 관련된 광범위한 위험도 관점을 옹호해주는 프레임워크가 요구된다. 더욱이 우리의 결정을 대중에게 알리고, 우리의 분석에 대한 공개 토론을 요구해야 한다. 그러므로 우리는 광범위한 관점을 바탕으로 복잡하고 불확실한 조건들을 다루어야 한다. 우리는 지역과 조직의 취약성을 다루는 통합 재해 분석, 바람직한 의사결정, 위험도 관리 전략, 재난 예방 전략 등을 포함하는 수준 높은 재난 계획 문화를 창조하고 유지해야 한다.

토론 주제

1) 조직이나 지역이 제한된 자원을 가지고 있어도 그들에게 영향을 줄 수 있는 지역 현황을 작성할 수 있는가?

2) 지역의 위험요인을 확인하기 위해 다양한 위험도 확인 방법을 실행하는 것은 좋은 생각인가?
3) 지역의 자연환경 특성과 생태가 사회 및 인공 시스템에 어떤 영향을 주는가?
4) 지역 현황을 파악하는 데 표준화된 지도 또는 지도제작 시스템을 사용하는 것이 중요한 이유는 무엇인가?
5) 광범위한 지역에서 공동체들 사이의 관계는 어떠한가? 이러한 요소가 재해 위험도 관리 계획에 영향을 미치는가?

응용문제

재해 분석의 지역 현황 작성 양식을 당신의 지역에 적용시켜 사회·경제·자연·인공 시스템을 조사하고, 자원 유형을 나열하라. 이러한 자원과 관련된 위험도를 파악할 수 있는가? 이러한 자원과 관련된 손실은 지역에 어떤 영향을 미치는가?

지역 현황은 지역의 장점과 약점을 조사할 때 훌륭한 기반을 제공한다. 지역 현황을 활용하여 다음 질문에 대한 답을 찾아보라.

1. 지역의 장점이 가져다주는 기회는 무엇인가?
2. 지역의 약점은 무엇인가?
3. 이러한 약점에 의해 발생하는 문제는 무엇인가? 이러한 문제를 일으키는 요인은 무엇인가?

참고문헌

Abramovitz, J. (2001). *Unnatural Disasters*. Worldwatch Paper 158. Washington, DC: Worldwatch Institute.

Ballesteros, J. A., Bodoque, J. M., Diez-Herrero, A., Sanchez-Silva, M. and Stoffel, M. (2011). Calibration of floodplain roughness and estimation of flood discharge based on tree-ring evidence and hydraulic modeling. *Journal of Hydrology*, 403(1), 103-115.

Burton, I. (1993). *The Environment as Hazard*. New York: Guilford Press.

Deyle, R. E., French, S. P., Olshansky, R. B. and Patterson, R. G. (1998). Hazard assessment: the factual basis for planning and mitigation. In R. J. Burby (ed.), *Cooperating with Nature: Confronting Natural Hazards with Land-Use Planning for Sustainable Communities*. Washington, DC: Joseph Henry Press.

Federal Emergency Management Agency (2001). U*nderstanding Your Risks: Identifying Hazards and Estimating Losses*. Washington, DC: Federal Emergency Management Agency.

Huber, G. P. (1980). *Managerial Decision Making*. Glenview, IL: Scott, Foresman.

Intergovernmental Panel on Climate Change (IPCC) (2007). *Impacts, adaptation and vulnerability: Working Group II contribution to the Intergovernmental Panel on Climate Change*. Geneva Switzerland. http://www.gtp89.dial.pipex.com/chpt.htm.

Kates, R. W., Colten, C. E., Laska, S. and Leatherman, S. P. (2006). Reconstruction of New Orleans after Hurricane Katrina: a research perspective. *Proceedings of the National Academy of Sciences*, 103, 14653-14660.

Lindell, M. K. and Hwang, S. N. (2008). Households' perceived personal risk and responses in a multi-hazard environment. *Risk Analysis*, 28(2), 539-556.

Lopez Saez, J., Corona, C., Stoffel, M., Schoeneich, P. and Berger, F. (2012). Probability maps of landslide reactivation derived from tree-ring records: Pra Bellon landslide, southern French Alps. *Geomorphology*, 138(1), 189-202.

Mileti, D. (1997). *Designing Disasters: Determining Our Future Vulnerability*, Natural Hazards Observer. Volume XXII, Number 1, September 1997.

Olwig, M. F. (2012). Multi-sited resilience: the mutual construction of "local" and "global" understandings and practices of adaptation and innovation. *Applied Geography*, 33, 112-118.

Petak, W. J. (1985). Emergency management: a challenge for public administration. *Public Administration Review*, 45, 3-7.

Pine, J. C. and Wilson, H. (2007). Community at risk: an examination of four neighborhoods flooded from Hurricane Katrina in New Orleans. *Journal of Race and Society*, 3(1), 7-27.

Quarantelli, E. L. (1996). *Ten Criteria for Evaluating the Management of Community Disasters*. Preliminary Paper No. 241, Newark, DE: Disaster Research Center, University of Delaware.

Radford, K. J. (1981). *Modern Managerial Decision Making*. Reston, VA: Reston Publishing Company, Inc.

Russo, J. E. and Schoemaker, P. J. H. (1990). *Decision Traps. Ten Barriers to Brilliant Decision Making and How to Overcome Them*. New York: Simon & Schuster.

Schwab, J., Topping, K. C., Eadie, C. C., Deyle, R. E. and Smith, R. A. (1998). Hazard identification and risk assessment. In *Planning for Post-Disaster Recovery and Reconstruction*. Planning Advisory Service Report No. 483/484. Washington, DC: American Planning Association.

Siegrist, M. and Gutscher, H. (2006). Flooding risks: a comparison of lay people's perceptions and expert's assessments in Switzerland. *Risk Analysis*, 26(4), 971-979.

Siegrist, M. and Gutscher, H. (2008). Natural hazards and motivation for mitigation behavior: People cannot predict the affect evoked by a severe flood. *Risk Analysis*, 28(3), 771-778.

Smith, K. (2004). *Environmental Hazards: Assessing Risk and Reducing Disaster*. London: Routledge Press.

Stoffel, M. and Bollschweiler, M. (2008). Tree-ring analysis in natural hazards research? An overview. *Natural Hazards and Earth System Science*, 8(2), 187-202.

Tierney, K. J., Lindell, M. K., Perry, R. W. (2001). *Facing the Unexpected: Disaster Preparedness and Response in the United States*. Washington, DC: Joseph Henry Press.

United Nations (2002). *Living with Risk: A Global Review of Disaster Reduction Initiatives*. New York, NY: The Inter-Agency Secretariat of the International Strategy for Disaster Reduction.

United States Environmental Protection Agency (2001). *Technical Guidance for Hazards Analysis: Emergency Planning for Extremely Hazardous Substances*. NRT-1. Washington, DC: United States Environmental Protection

Agency.

Wallace, W. A. and De Balogh, F. (1985). Decision support systems for disaster management. *Public Administration Review*, Vol. 45, Special Issue, Emergency Management: A Challenge for Public Administration, pp. 134-146.

3장

재해 모델링

목표

1. 재해 분석에서 재해 모형의 역할을 파악한다.
2. 재해 모형의 특성과 종류를 확인한다.
3. 재해 모형을 평가하는 데 사용되는 기준을 설명한다.
4. 재해 모형의 장·단점을 설명한다.
5. 재해 이력의 목적과 구성요소를 설명한다.

주요 용어

ALOHA(Areal Locations of Hazardous Atmosphere)
HAZUS-MH(Hazard United States Multi Hazard Flood)
HE C-RAS(Hydraulic Engineering Center River Analysis System)
가설(hypothesis)
결정론적 모형(deterministic models)
동역학적 모형(dynamic models)
모형(models)
모형 타당성 및 신뢰도(model validity and reliability)
불확실성(uncertainty)
실험 설계(experimental design)
연역적 추론(deductive reasoning)
재해 위험 취약 지구(hazard risk vulnerability zone)
통계학적 모형(statistical models)
수위 관측소(river gage stations)
홍수량(flood discharge values)

이슈

사회·경제·환경 재해 모형은 이론적 체계와 여러 가지 가정에 근거를 두고 있으며, 시간에 따라 변화할 수 있는 상호 연관된 동역학에 영향을 받는다. 모형의 사용자는 재해 모형의 목적과 한계를 이해하고, 의사결정, 공공정책, 재해 리스크 관리 및 재해 예방 전략의 개발을 위한 모형의 활용 방식을 이해해야 한다.

재해 모델링의 역할

미국 육군공병단(USACE: U. S. Army Corps of Engineers), 미국 환경보호청(U. S. EPA: U. S. Environmental Protection Agency), 미국 국립해양대기청(NOAA: National Oceanographic and Atmospheric Adminstration), 미국 지질조사국(USGC: U. S. Geological Survey), 미국 연방재난관리청(FEMA: Federal Emergency Management Agency), 미국 국방부(DOD: Department of Defence), 미국 국토안보부(DHS: Department of Homeland Security)는 태풍, 제내지 침수, 강풍, 화재, 지진, 폭발, 방사선 및 핵 위험, 산사태, 화학물질 유출, 화산 위험, 전염병 발생 등을 분석하기 위해 수년 동안 재해 모형과 지도를 활용해왔다. 이러한 기관들의 모형은 지역의 취약성 감소를 위한 재해 분석에 사용되었다. 또한 이를 통해 만들어진 지도들은 지역 재해 예방 프로그램의 기초자료가 되고 있다.

모형은 단순화된 표현 또는 물리적 현상이다(Brimicombe, 2003; Drager et al., 1993). 재해 모형으로 재난의 특성과 범위를 모의한다. 자연재난 상황을 재현하고 특정 위험요인이 지역에 영향을 주는 방식을 판단하기 위해 모형을 사용할 수 있다. 정교한 컴퓨터 모형은 복잡한 수학 공식과 가설을 바탕으로 한다. 모형은 정량화되어 있으며 물리적·경제적·자연적·사회적 과정의 동역학을 반영한다. 모형은 결과를 예측하는 회귀직선을 반영하고, 컴퓨터 프로그램 내에서 복잡한 과정의 수학 공식과 입력 변수를 바탕으로 한다.

촐리와 하겟(Chorley and Haggett, 1968)에 따르면 모형은 과학적 맥락에서 다양하게 사용될 수 있으며, 다음과 같은 도움을 제공한다.

- 사회·경제·물리적 재난의 이해를 돕기 위해 복잡한 과정과 상호작용을 시각화한다.
- 교육과 학습을 위한 도구를 제공한다.
- 사회·경제·물리적 현상 또는 과정을 설명한다.
- 복잡한 시스템 사건, 상황, 과정 그리고 동역학을 비교하고 대조한다.
- 자료를 수집하고 처리한다.
- 새로운 이론·개념 또는 동역학을 탐색 또는 개발한다.

오늘날 우리가 사용하는 대부분의 재해 모형은 연역적 추론을 바탕으로 한다. 즉 자연, 사회 또는 경제적 환경에 대한 구체적 관찰로부터 시작하여 가설에 기초한 이론을 제시한다. 실험 설계는 예측 결과와 실제 자료를 바탕으로 결정된다. 이 모형의 결과에 따라 결과가 증명되거

생각하기

모형을 구축하고 결과를 해석하는 직원의 능력을 계발하는 것이 가장 중요하다. 모형은 매우 복잡한 동역학을 시뮬레이션하는 능력을 계속 키워 현재 전문 직원의 역량을 넘어설 수도 있다. 지역 재해 모델을 시뮬레이션하고 결과를 분석할 지역 팀을 모으기 위해 외부 자원이 필요할 수 있다. 지역 대학 또는 자문 기관의 과학적 지원을 받아 관할구역에 대한 모형을 구축하고 다양한 재해 시나리오에 대한 모형 입력자료를 조정할 수 있다. 모형 결과가 지역에 미치는 영향을 알아보기 위해 공공업무, 계획, 지리정보시스템, 공학, 보건, 건강관리, 재난 서비스 같은 지역기관의 여러 부서들이 모인 다부서 팀이 만들어질 수 있다(Pine et al., 2005). 당신의 지역에서는 재해 모형이 어떻게 사용되고 있는가? 재해 모형을 설치하고 사용하는 데 누가 참여하고 있는가?

나 오류를 수정하기 위해 가설이 조정된다.

오늘날 위기관리와 재난 과학 커뮤니티의 일원으로서 우리는 재해 모형을 사용하고 그 결과를 해석할 때 컴퓨터 기술을 활용할 수 있다. 많은 재해 모형들이 광범위한 재난을 다루며 노트북컴퓨터에서도 쉽게 사용될 수 있다.

재해 모형의 사례

테네시 유역관리청(TVA: Tennessee Valley Authority)과 미국 육군공병단은 재해 모형과 지도를 사용하여 위험요인의 특성을 파악하는 데 선구적인 역할을 해왔다. 1968년 미국 의회에서는 주택도시개발부(HUD: Department of Housing and Urban Development)에서 담당하는 전국홍수보험법(National Flood Insurance Act)의 실시와 함께 전국홍수보험프로그램(NFIP: National Flood Insurance Program)을 승인했다(FEMA, 1997). 유역의 수문 모델링을 바탕으로 미국 전역의 지역에 대한 홍수보험률지도(FIRM: Flood Insurance Rate Map)가 준비되어 있다. 또한 미국 육군공병단은 제방과 댐 그리고 지역을 위해 제안된 예방사업의 사회경제적인 효과를 알아보기 위해 여러 가지 모형을 사용한다.

HEC-RAS(Hydrologic Engineering Centers River Analysis System)는 미국 육군공병단이 개발한 하천 해석 모형으로, 홍수를 모의하는 데 사용된다. HEC-RAS는 FEMA 홍수 연구의 일부분으로 하천을 대상으로 사용되어왔다. FEMA 계약자들이 FIRM을 준비하거나 개정할 때 폭넓게 사용되었다. FEMA 또는 보험 계약자로부터 HEC-RAS 파일을 구해 지역 재해 분석에 활용할 수 있다. 전통적으로 FEMA는 현재 상황을 반영하여 지역 홍수지도를 수정할 수 있도록 지역 공무원, 기술자, 전문 자문가가 함께 협력할 것을 요구한다.

FEMA는 홍수 재해를 이해하기 위해 지역이 참여하고, 재해 예방 계획을 수립하기 위해서는 지역 자원이 필요하다는 것을 알게 되었다. FEMA는 홍수 예방 계획과 비상 대응 프로그램을 강화하기 위해 HAZUS-MH Flood(HAZards United States,Multi Hazard Flood) 모듈을 개발했다. HEC-RAS 모형은 홍수 재해를 분석하고, 사회·경제적 영향을 밝히기 위해 HAZUS-MH가 사용될 수 있다.

모형의 종류

재해 모형은 통계학적, 동역학적, 통계와 동역학의 결합 모형 같은 다양한 형태를 가진다. 통계학적 모형은 과거 자료를 활용해 미래 사건을 예상하거나 예측하기 위해 사용된다. 이 모형은 현재 재해 특성과 역사적으로 비슷한 사건의 자료를 비교한다. 이러한 기록은 미국 대부분의 지역에서 100년 이상 된 자료를 포함하고 있다. 시간이 흐르면서 자료 수집방법에도 변화가 생겼으며, 직접 또는 원격 탐사 기술을 사용함에 따라 극한 날씨와 지질 조건에 대해 보다 잘 알 수 있게 되었다.

동역학적 모형

동역학적 모형은 다양한 기능을 가지며 극한 기상을 예측하기 위해 실시간 자료를 사용한다. 예를 들어 특정 폭풍을 예측하기 위해 현재의 바람,

온도, 압력, 습도의 측정값을 사용한다. 이런 유형의 모형은 환경의 특성에 대한 방대한 자료가 있는 경우 매우 유용하다. 미국의 해안 지역과 내륙의 하천 주변 지역은 다양한 자료를 축적하고 있다. 성능이 우수한 컴퓨터로 실시간 재해 자료를 수집해서 분석하면 동역학적 모형의 정확도를 크게 향상시킬 수 있다.

결합 모형은 동역학적 모형과 통계학적 모형의 장점들을 취하고 있다. 결합 모형은 정확한 자료 측정이 어려운 지역에서 더욱 넓은 관점을 가지고 재난을 예측할 수 있다.

결정론적 모형

결정론적 모형은 대상 지역의 특성을 기반으로 한다. 예를 들어 DEM은 지표면 위치를 설명한다. 우리는 등고선 또는 지점 사이의 관계를 공간적으로 조사해 지표면의 유량을 결정할 수 있다. 이런 유형의 결정론적 모형에서 볼 수 있는 재미있는 것은 위치의 중요성이다. 토블러(Tobler, 1970)는 '지리학의 제1 법칙'이란 "모든 것이 다른 모든 것에 관련되어 있지만 근처의 것이 먼 것보다 더욱 밀접하게 관련되어 있다"고 설명했다.

수문 모형은 지표면에서 물의 흐름과 고도와의 관계를 설명하기 위해 DEM을 사용한다. HEC-RAS는 경사, 토양 종류, 토지이용 상태, 표면 거칠기 그리고 하천 특성 등과 같은 여러 요인에 영향을 받는다. 이러한 자료들은 관측을 통해 발견한 지역적 조건을 반영하기 때문에 다른 지역에 그대로 적용하기에는 무리가 있다. 보통은 지역 특성 자료를 모형에 입력해서 입출력 결과의 상관관계를 밝히고 지표면의 복잡한 동역학적·물리적 과정들 간의 관계를 모델링할 수 있다.

확률론적 모형

1967년 미국 수자원위원회(USWRC: U. S. Water Resource Council)는 Bulletin 15, 「홍수량 빈도 결정을 위한 일반 기술(A Uniform Technique for Determining Flood Flow Frequency, USWRC 1967)」을 출판했다. USWRC는 홍수량 빈도 결정을 위해 사용된 이 기술을 수자원 및 관련 토지 자원에 대한 연방 계획 수립에 적용했다. Bulletin 15는 수차례 개정되었는데, 최신 버전은 1982년 판이다. 홍수 지도 작성에 관한 연구를 수행하는 모든 정부기관들은 기초 자료로 홍수량 빈도를 사용한다(IACWD, 1982). 국가 주도로 개발된 홍수량 빈도(IACWD, 1982)는 국가홍수보험 프로그램(NFIP: National Flood Insurance Program)의 홍수 재해 평가에서 홍수량을 결정하는 데 사용된다. 홍수량은 홍수보험률지도(FIRM: Flood Insurance Rate Map)를 작성하는 데 중요한 요소이다. HEC-HMS 같은 육군공병단 모형에서는 홍수량 계산을 위해 이 자료를 사용하고 있다.

NFIP는 수년 동안 HEC-HMS 같은 통계·확률론적 모형을 사용해왔다. 1995년 육군공병단이 개발한 HEC-FFA 모형은 홍수 빈도를 분석하기 위한 것이다. 이 모형은 1982년 수자원 자료에 관한 정부자문위원회(IACWD: Interagency Advisory Committee on Water Data)에서 출간한 Bulletin 17B의 지침에 기초해 홍수 빈도를 분석하고 있다(ICAWD, 1982). 이 모형은 재현기간 또는 확률로 홍수량을 계산한다. 범람원 관리 노력과 수리 구조물 설계를 위해 이러한 계산이 필요하다. 이 프로그램은 2~500년 재현기간의 연 최대 홍수량을 계산하며, 연 최대 홍수량의 규모와 빈도의 특성을 나타낸다.

대부분의 재해 모형은 특정 위험요인에 취약한 구역을 결정하고, 이 위험 지역의 사람들이 피해자가 될 가능성이 있다고 가정한다. 홍수 모형은 주거, 상업, 산업 건물이 하천 근처에 위치해 있을 경우 홍수에 취약할 수 있다는 것을 보여준다. 특정 건물이 실제로 침수될 것인지 결정하기 위해서는 건물의 정확한 위치와 표고에 대한 추가 정보가 필요하다. 이러한 자료를 구할 수 없는 경우 홍수 구역 내 단일 건물의 침수 정도를 결정할 수 없으며, 홍수가 건물의 침수 수위에 도달하지 않을 수도 있다.

재해 분석에 사용되는 모형

일부 재해 모델링 프로그램은 개인 및 자산의 취약성을 결정하는 수준을 넘어선다. FEMA와 국방위협감소국(DTRA: Defense Threat Reduction Agency)은 다중재해 프로그램인 피해평가도구세트(CATS: Consequence Assessment Toot Set)를 개발하는 데 협력했다. 이 프로그램은 지진, 태풍, 위험물질 유출로 인한 위험과 폭발, 방사선, 핵 재해 위험도를 분석하기 위해 재해 모델링을 활용하고 있다. CATS는 건물 피해와 인명 피해 같은 잠재적 위험요인 영향을 이해할 수 있도록 재해 모델링 결과를 위험 구역으로 보여준다. 따라서 피해 평가를 위한 도구로 분류된다.

현실 점검 미국 육군공병단은 뉴올리언스에 위치한 소구역의 홍수 가능성을 보여주기 위한 위험도를 평가했다. 〈그림 3-1〉은 뉴올리언스 지역의 침수심지도이다. 이 그림은 주택 소유주와 기업 대표가 홍수의 특성과 규모를 확인할 수 있게 도와준다.

〈그림 3-1〉 뉴올리언스의 홍수 지도

HAZUS-MH 모형

1997년 FEMA는 미국 지진 모델링을 위해 HAZUS(HAZards United States)를 최초로 출시했다. 2004년 1월에는 HAZUS-MH를 출시하여 지역에서 실행할 수 있는 모델링 유형을 확대했다. 최신판 HAZUS에서는 NOAA와 EPA에서 개발한 확산 모델링 패키지인 ALOHA(Areal Locations Of Hazardous Atmosphere)를 사용하여 지진, 하천 및 해안 홍수, 바람 재해, 유해 물질 유출에 대한 모델링이 가능해졌다.

HAZUS-MH 지도화와 모델링 소프트웨어는 지리정보시스템(GIS: Geographic Information System)과 재해 모델링을 활용해 사회경제적 손실을 측정하고, 홍수, 바람, 해안 재해의 특성과 규모를 결정할 수 있다. HAZUS-MH는 내륙 및 해안 홍수, 태풍, 지진, 화학적 재난으로 인한 잠재적 피해 상황에 대한 판단 능력을 향상시켜 위기관리에 도움을 준다(FEMA, 2001). 또한 지방정부, 주정부, 연방정부 공무원들의 홍수, 바람, 해안 재해의 경제사회적 피해상황을 판단하는 능력을 강화시켜 예방, 대비, 대응, 복구 활동을 향상시킬 수 있다(O'Connor and Costa, 2003).

모든 정부기관 공무원들은 오래전부터 자연재해와 관련된 비용 증가를 보다 정확히 평가할 필요성을 느껴왔다(FEMA, 1997). 2000년 재해예방법(Hazard Mitigation Act)에서는 지역 관할구역에서 FEMA 예방기금을 수령하기 위해 재해 예방 계획의 일부로서 통합 재해분석을 요구했다. HAZUS-MH는 홍수, 바람, 해안 재해의 부정적 경제 효과를 평가하는 데 필요한 도구를 제공하고 있다.

HAZUS-MH는 지역과 정부기관에서 자연재해와 관련된 위험도 분석을 위해 활용할 수 있는 도구 중 하나다. 지역과 정부기관이 자연재해를 모델링하고, 이 과정에서 사용된 재해 시나리오를 지방정부에서 활용하는 모델링도 가능하다. 자연재해의 특성을 분석하기 위한 모델링 프로그램은 대학 연구 기관, 연방 기관 그리고 USGS, EPA, NOAA, FEMA, NASA, 육군공병단과 관련된 연구소에서 구할 수 있다. 1988년 이후 NOAA와 EPA에서 지역 관할구역의 위기 계획 및 대응에 사용할 수 있도록 ALOHA를 개발하고 배포했다. ALOHA는 지역이 예방, 대비, 대응, 복구 활동에서 재해 모델링 활용에 관심을 가지고 있다는 사실을 보여준다.

오늘날 지역과 관련 기관들은 HAZUS-MH와 화재, 산사태, 화산 모델링 프로그램을 사용하며, 연구 기관, 정부 기관, 민간 자문회사 등에 의

지하기보다 자체 모델링 능력을 키우고 있다. 지역에서 자체 재해 모델링 및 지도작성 능력을 키울 수 있는 기회를 가져야 한다.

HAZUS-MH는 홍수와 그 영향에 대한 기본적이면서 구체적인 분석을 제공한다. 이 분석은 USGS 수치표고모형(DEM: Digital Elevation Model)의 표면 그리드와 국가홍수빈도프로그램(National Flood Frequency Program, Jennings et al., 1994)의 홍수량 빈도를 사용하고 있다. 가능한 경우 USGS 관측 지점도 활용한다. 여기서는 USGS DEM 표면 그리드 또는 LIDAR(Light Detection and Ranging)의 고해상도 DEM을 사용한다.

HAZUS-MH에서 최신 홍수 모델링은 USGS HEC-RAS(Hydrologic Engineering Centers River Analysis System)의 수리분석을 활용하고 있다. 분석을 실행하는 사용자는 홍수 대상지역을 확인하고 그 지역의 USGS DEM을 구해야 한다. HAZUS-MH 내의 USGS 웹사이트 링크는 대상지역의 USGS 30m DEM 및 10m 구획 자료를 얻을 수 있도록 도와준다. 이 자료 파일은 그리드 파일 형태로 대상지역 전체의 표고를 보여준다.

HEC-RAS 분석의 결과물은 NFIP의 일반적인 통계 홍수량 측정값 또는 USGS 수문관측소의 값과는 다르게 공학적 수리계산으로 결정된다. 특정 홍수에 대해 흐름 특성에 따른 홍수위를 표고와 비교하여 수심을 결정한다. 서로 다른 흐름 특성이 교차하는 지점의 홍수위는 HECRAS를 사용해서 결정할 수 있다.

지역 재해 예방 또는 위기 대응 프로그램의 초기 입력값은 HAZUS-MH 기본 홍수 분석을 기초로 한다. 이런 유형의 일반적 분석은 대상지역의 홍수 특성과 규모를 평가하는 기초자료를 제공한다. 기본 홍수 분석의 피해 계산을 통해 대상지역들의 일반적 비교가 가능하다. 이러한 분석은 HAZUS-MH와 HEC-RAS의 기능을 이용해서 앞으로 수행할 분석의 우선순위를 정하는 데 활용된다. 이전의 HEC-RAS를 HAZUSMH에 통합하여 HAZUS-MH의 최신 홍수 분석 능력에 활용할 수 있다. HEC-RAS 대상지역을 설정하려면 최고 수위 횡단면을 지리적으로 참조해야 하기 때문에 계산시간이 제약 요인이다. HAZUS-MH에서는 제1수준의 '기본 분석'이 대상지역의 홍수위를 대략적으로 추정하는 것이다. 수리 분석에 국가홍수빈도프로그램을 통해 얻은 결과를 활용할 수 있다. 관측 기록을 이용해서 홍수량 빈도 곡선을 결정하는 데 USGS 회귀 방정식을 사용한다. HAZUS-MH 기본 홍수 분석의 결과는 FIRM에서 제공하는 것보다 더 자세한 홍수의 범위를 제공한다. 제1수준 분석은 사용자에게 최소 입력값을 요구하는 가장 단순한 유형의 분석이다. 그러나 홍수 측정값이 정밀하지 않으므로 초기 손실 측정값이 보다 상세한 분석에 활용될 경우에만 사용할 수 있다. 일부 전문가들은 이런 유형의 분석을 '적격심사(screening)'라 부른다. HAZUS-MH 첨단 제3수준 분석을 이용한 심화 연구에서는 지역 수준의 구체적 의사결정을 요구한다.

재난 대피 모형

위험요인으로부터 위험에 처한 사람들을 대피시키는 계획은 대비 과정의 중요한 부분이고 재해 분석의 결과물이다. 머리-튜이트와 볼숀(Murray-Tuite and Wolshon, 2013)에 따르면 미국에서 1,000명이 넘는 사람들이 대피하는 상황은 보통 3주마다 발생한다. 많은 위험요인과 관련하여 대피는 거의 모든 지역에서 필요하고 선행예경보시간이 거의 없는 경우도 있다. 육상교통을 이용하는 대피 모델링의 주요 구성요소는 대피수요 예측, 도로망에 따른 대피수요의 분포, 선택 가능한 목적지, 교통수단별 대피자 할당, 그리고 대피능력을 평가하기 위해 선택 가능한 관리전략 등이다. 머리-튜이트와 볼숀은 대피명령의 효과적인 전파가 중요하다고 강조한다. 재난경보는 경보를 발효하는 사람과 받는 사람들의 상호작용을 포함하는 사회적 과정이다. 대피가 필요한 사람들이 누구이며 어디로 대피해야 하는지를 파악하는 것은 지역에 따라 다르다. 특정 지역에 경보를 적시에 발령하면 혼란을 줄일 수 있다. 그러므로 대피 모형은 대피해야 하는 가구 수를 먼저 추정해야 하고 그런 다음 출발시간을 추정하는 데 초점을 맞추어야 한다.

대피수요 모형은 크고 작은 시나리오를 개발하기 위해 중요하다. 단순히 누가 언제 떠나야 하는지가 이 복잡한 시뮬레이션의 중요한 부분이다. 머리-튜이트와 볼숀은 개인적인 의사결정에서 사회적 연결망과 휴대폰, 인터넷의 사용이 매우 중요한 역할을 한다고 강조한다. 그러므로 대피 모형은 사회과학과 연계된 의사결정을 교통수단 등의 공학적 기능에 연결하는 것이다. 대피 모형의 주요 결과물은 실제 대피 상황에서 최대 교통흐름이 평상시와 크게 다르다는 것을 보여준다(Wolshon and McArdel, 2009).

사후 대피 조사는 대피 여부와 언제 어떤 경로로 대피할 것인지에 관한 개별적인 선택을 모의하는 데 도움이 된다. 대피 모니터링과 결합된 사후 조사는 모형에 쓰인 가정들을 검증하는 데 큰 도움이 되어왔다. 이러한 조사들은 병원과 노약자, 어린이 그리고 중증 장애인을 위한 특수 시설에 특별한 주의를 기울여야 한다는 것을 보여주었다. 최근에 포함된 고려사항은 반려동물이 가구의 의사결정에 미치는 영향력이 증가하고 있다는 점이다. 머리-튜이트와 볼숀은 미래 대피 모형은 최신 기술의 자동차 기반 정보시스템을 포함해서 개발될 것이라고 예측했다. 사고가 발생하지 않도록 여러 기관들은 대피자와 연락하기 위한 여러 모형과 관측자료를 사용할 수 있을 것이다.

지역사회 회복력 모델링

여러 가지 모형들은 다양한 재난들의 특성과 잠재적인 영향을 보여줄 수 있으며, 지역의 특성을 이해하고 재난에 대한 대응 및 복구에 큰 도움이 될 수 있다. 지역에서 직면할 여러 형태의 도전을 예측하고, 그것을 극복하기 위한 전략을 개발하기 위해 재난에 대한 지역의 경제 회복력을 분석하고 있다(Rose and Liau, 2005). CGE(Computable General Equilibrium) 분석은 입력자료의 부족과 변하는 시장 조건에 유연한 조치를 취할 수 있기 때문에 훌륭한 재난 영향 분석방법이다. 이러한 형태의 모델링이 가진 주요 구성요소는 구명시설의 공급위기가 재난 이후 지역 경제활동에 심각한 영향을 미친다는 사실을 확인하는 것이다.

CGE 모형은 지역의 경제적 관점을 보여주고 선택 가능한 공공정책의 경제적 효과를 분석하는 데 사용된다. 이러한 모형들은 경제적 제약조건과 자원의 제약조건 아래에서 개별적인 소비자와 회사의 행동을 최적화하는 시뮬레이션 모형처럼 운용된다. 로즈와 리아오(Rose and Liao,

2005)는 CGE 모형들이 자연재해의 영향과 공공, 민간 그리고 비영리단체의 정책을 분석하는 데 탁월하다고 강조한다.

파크 등(Park et al., 2011)에 따르면, 재난 영향에 대한 대부분의 연구는 직간접적인 경제적 영향에 초점이 맞추어져 있다. 그러나 경제적 영향은 피해지역의 특성에 따라 매우 폭넓게 변할 수 있다. 중요한 것은 생산자와 소비자를 포함한 주식자본에 대한 피해, 관련된 자본상품과 서비스 생산 흐름에 관한 손실의 이해다.

지역의 복구 특징은 에이전트 기반 모형에 의해 파악될 수 있다. 이것은 재난 이후 주택소유자의 동적 상호작용을 분석하는 것이다. 이러한 형태의 모델링은 재난 이후 복구의 동태와 복구과정에서 주택소유자의 의사결정 거동을 모의한다(Nejat and Damnjanovic, 2012).

모형에서 얻은 위험도 전달

재해 분석에서 얻은 결과는 의사결정자들을 위해 몇 가지 형식으로 작성된다. 작성된 보고서는 명확하고 읽기가 편해야 한다. 그러나 사용자는 위험요인과 위험도에 대해 의문을 제기해야 한다. 분석은 순차적으로 정리되고 재해 예방에 대한 의사결정을 도와주는 형태로 정보를 제시해야 한다. 지방정부 공무원, 기업 관리자, 비영리단체가 위험요인의 특성과 규모를 이해하는 것이 매우 중요하다. GIS는 특정 위험도를 이해하기 위한 도구를 제공한다. 오늘날 많은 재해 모형들이 위험 구역을 보여주거나 위험에 처한 사람들과 인프라(도로, 교량, 기간시설, 산업지역)를 알아볼 수 있도록 GIS 도구에 연결되어 있다.

생각하기

모델링에서 최고 품질의 자료를 사용하면 지역 피해 효과를 더욱 정확히 보여주는 결과물을 얻을 수 있다. 재해 모형 결과를 사용하는 위기 관리자와 기타 관계자는 모형의 사용이 프로그램에서 사용된 자료와 일치하는지 확인하기 위해 모형을 운영하는 사람들과 자료 품질을 논의해야 한다. 모형에서 사용된 자료의 잠재적 한계 때문에 현재의 모델링 기술은 사용자가 실제 사건의 근접한 결과만을 예측하도록 돕는다. http://atlas.lsu.edu/resterdown.htm 사이트에 접속해 메타데이터 파일을 검토하라. DOQQ 이미지를 살펴보고 이미지 세트 중 하나를 선택하라(3개의 날짜가 선택되어 제공되고 있다). 'New Orleans East DOQQ'를 검색해 이미지 형식을 가진 4개의 파일 중 하나를 다운로드하라. 여기에 포함된 '메타데이터' 파일을 검토하고 그 안의 정보를 살펴보라.

번야 등(Bunya et al., 1968)에 의하면, 루이지애나와 미시시피의 해안지역은 멕시코 만의 북쪽지역에 위치하기 때문에 대형 허리케인에 매우 취약하다. 1941년과 2008년 사이에 이 지역은 1957년 오드리, 1965년 벳시, 1992년 앤드루, 2005년 카트리나와 리타, 2008년 구스타프와 아이크를 포함해서 16개의 대형 허리케인에 의해 피해를 입었다. 루에티치와 웨스터잉크가 이끄는 연구팀은 대형 허리케인을 해석하기 위해 복잡한 해안폭풍해일 모형을 개발했다. 루에티치(Luettich et al., 1992)는 허리케인 폭풍해일의 복잡한 구성요소와 고급순환수문모형[ADvanced CIRCulation(ADCIRC) hydrodynamic model]에 대한 설명을 웹사이트(http://www.youtube.com/watch?v=umnchBR3yZQ)에 제공한다.

적용된 모형의 타당성은 시간이 지남에 따라 폭풍이 진행되는 대기조건을 바탕으로 모의된 결과를 실제 관측자료와 비교함으로써 확인할 수 있다. 번야 등(Bunya et al., 1968)은 ADCIRC 모형을 평가하기 위해 2005년 멕시코 만에서 발생한 태풍들(허리케인 카트리나와 리타)을 비교했다. 이 모형은 허리케인을 정확하게 재현하는 것으로 나타났다. 모형의 정확성이 높은 것은 고해상도 지형 및 측량 자료를 사용한 덕분이다. LIDAR(Light Detection and Ranging), 인공위성, 도플러 레이더, 공중 고주파, 공중 라디오미터 같은 관측 시스템의 급속한 발달로 인해 해안 폭풍의 특성을 보여주는 정확한 자료 수집이 가능해졌다. 고성능 병렬 컴퓨터의 발달 또한 빠른 속도의 수치 계산을 가능하게 하고, 공공기관이나 민간 기업에서 결과물을 활용할 수 있게 했다(Dietrich et al., 2011).

〈그림 3-2〉에 ADCIRC 폭풍 모형의 분석 결과물을 나타내었다. ADCIRC 모형은 시간에 따른 최대 폭풍해일의 변화를 보여준다. 2012년 허

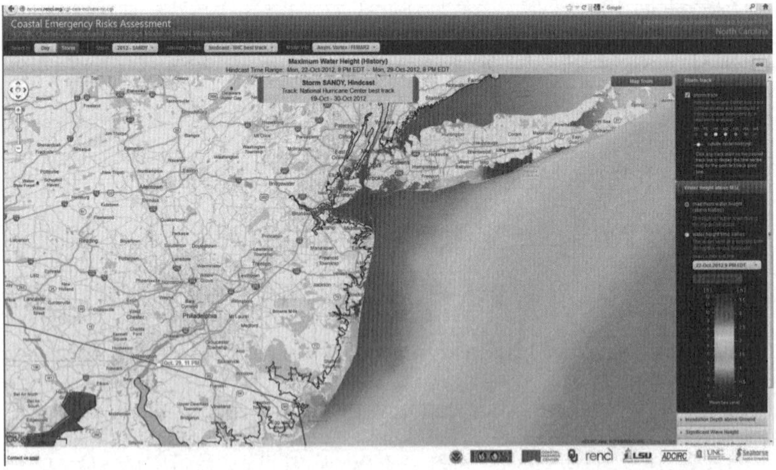

〈그림 3-2〉 ADCIRC에 의해 분석된 허리케인 샌디의 폭풍해일
(해안 비상 위험도 평가 홈페이지에서 제공하는 이미지, http://nc-cera.renci.org)

리케인 샌디에 의해 피해를 입은 지역이 이 그림에 나타나 있으며, 미래 폭풍에 대한 위험도를 알 수 있는 정보와 공공 기관, 기업 그리고 비영리 단체가 함께 표시되어 있다. 폭풍 기간 중의 피해지역을 나타낼 수 있는 ADCIRC 모형의 능력은 예방 및 대응을 담당하는 기관에 많은 도움을 준다. 이러한 자료는 지역의 위험요인을 평가하게 해준다. ADCIRC 모형으로부터 얻은 해안폭풍의 자세한 정보는 미국 동부 해안 대부분 지역에 피해를 준 재난을 정확하게 재현했다.

피해 예측 모형 평가

타당성

피해 예측 모형은 지역의 잠재적 위험도를 파악하는 중요한 도구가 된다. 그러나 모형은 현실을 단순화한 것뿐이므로 어떤 모형도 완벽하지 않다는 사실을 인지해야 한다. 우리의 목표는 모형의 결과와 관측치 사이의 조화를 추구하고 적절한 조치를 취하는 것이다. 일부 사례에서는 실제 재난에 대한 시뮬레이션을 통해 모형을 평가할 수 있다. 그러므로 적절한 결과물은 모형의 성과를 결정하는 중요한 요소다. 모형의 결과물이 같은 입력값에서 같은 결과를 보여주고 있는지 확인하거나, 결과물을 신뢰할 수 있는지 조사하여 모형의 타당성을 판단할 수 있다(Brimicombe, 2003). 특히 이러한 과정은 피해 예측 모형이 위험요인과 그 효과를 분석하는 데 적절한 방법인지를 결정하는 데 유용하다. 이 과정에는 결과의 품질, 모형 기능의 적시성, 모델 결과의 활용성이 포함될 수 있다.

품질

품질은 특정 조건하에서 특정 위험도의 특성과 규모를 설명하는 모델의 전체적인 정확도와 관련이 있다. 이때 중요한 요소 중 하나가 결과물을 통해 재난이 물리적 환경에 미치는 잠재적 피해 상황을 얼마나 정확하게 보여줄 수 있는지의 여부다. 모형이 진짜 정확한지 알아보기 위해 모델링한 시나리오와 실제 재난을 비교할 수도 있다. 차이가 있다면 이유를 설명하고 모형 사용자에게 제공되는 지침서를 확인해야 한다.

또한 유사한 시나리오가 반복될 때 품질은 결과의 반복성과 관련이 있다. 유사한 시나리오가 크고 작은 지역에 발생했을 때 같은 결과를 제공하는가? 시나리오가 반복될 때 같은 현상을 재현하는가? 우리는 유사한 상황에 대한 일관성 있는 결과를 원한다. 즉, 모형에서 같은 변수값이 사용될 때마다 같은 결과물을 얻을 수 있어야 한다. 모형에 대한 시험 중 하나는 결과물이 같은지 결정하기 위해 하나의 입력값 변수를 약간 조정하는 것이다. 모형이 아주 작은 변수에 어떻게 반응하는지, 모형의 결과가 변화하는지 살펴본다.

모형 설명서

품질 모형은 방대한 문서로 되어 있으며 잠재적 사용자에게 강점과 장점을 설명하고 있다. 여기서 중요한 점은 모형의 한계를 분명하고 직설적으로 기술하며, 시스템 사용방법을 배우려는 사용자에게 모형의 한계를 알리는 것이다.

자료의 정확도, 해상도, 이용 가능성

계획, 예방, 의사결정을 위해 정확한 결과를 제공하려면 고품질의 자료가 매우 중요하다. 오늘날 모형에 사용할 보다 고품질의 자료가 이용 가능해지면서 이에 대한 문제가 더욱 중요해지고 있다. 모형들은 복잡한 현상을 재현하는 것이고, 모형의 산출물은 불확실성을 포함할 수밖에 없다. 따라서 100% 정확할 수 없다. 모형 결과물의 사용자는 자료 입력값, 계산, 결과의 도출과정에서 실제와 차이가 있다는 사실을 인정해야 한다.

> **생각하기**
>
> 내재적 불확실성은 자료 수집과 처리방법에서 발생하는 잠재적 오류와 관련이 있다. 내재적 불확실성은 자료의 연차에서 발생하거나 새로운 주택 혹은 상업 개발 또는 수문학적 동역학에 영향을 주는 대상 지역의 변화 또는 인공 환경에 대한 잠재적 피해 효과에 의해 발생할 수 있다. 그러므로 사용자는 환경 모형의 목적 및 한계와 결과물의 사용 방식을 인식해야 한다.

자료의 생성된 날짜가 모형 결과물의 사용에 중요한 역할을 할 수 있다. 급성장하는 대도시 지역의 고해상도 이미지는 개발 과정의 다양한 변화를 보여줄 수 있다. 이런 지역들 중 과거 사람들이 전혀 거주하지 않았던 곳도 있을 수 있다. 이런 곳이 개발될 경우 많은 변화가 일어난다. 우선, 개발업자가 개발 지역의 배수 체계와 유출 특성에 변화를 주기 위해 지형을 변화시켰을 수 있다. 또한 도로를 포장하여 도로와 상업시설을 만드는 것은 범람하는 유량을 증가시킬 수 있다.

자료의 해상도는 모형의 결과에 큰 영향을 미친다. 예를 들어, 많은 수리·수문학적 모형들은 하천 및 하도에서 홍수위를 나타내기 위해

DEM(Digital Elevation Model) 파일을 사용한다. USGS에서 제공하는 DEM 파일의 해상도는 30m 격자이다. 최근에는 레이저 기술(LIDAR; Light Detection and Ranging)을 이용해 보다 해상도가 높은 5m 격자 자료를 얻을 수 있다. 30m DEM을 사용한 결과와 비교할 때, 5m DEM은 홍수 피해를 입은 지역을 좀 더 자세히 나타낼 수 있다. 높은 해상도의 5m DEM은 홍수 분석 모형에서 더 많은 지점의 자료를 사용하기 때문에 등고선과 홍수위의 변화를 더 잘 보여줄 수 있다.

모형의 입력값으로 사용된 자료의 해상도는 결과에 큰 영향을 미칠 수 있다. 〈그림 3-3〉은 LIDAR로부터 얻어낸 고해상 DEM과 오래된 버전의 (USGS) DEM을 비교해서 보여준다. 과거의 USGS 등고선 자료는 대부분 30m 해상도에 기초하고 있었다. LIDAR는 지구 표면의 등고선을 측정하는 새로운 기술이다. 새로운 DEM 버전은 고해상도 격자로 되어 있다. 홍수 재해와 관련해 보다 해상도가 높은 LIDAR DEM은 홍수의 영향을 받을 수 있는 지역을 세밀하게 보여준다. 해상도가 낮은 30m 격자 DEM은 LIDAR DEM만큼 홍수 상황을 구체적으로 보여줄 수 없다. 〈그

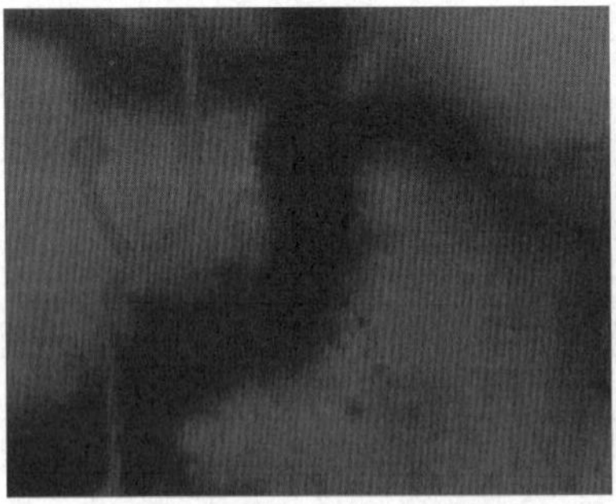

USGS DEM 5-m 해상도

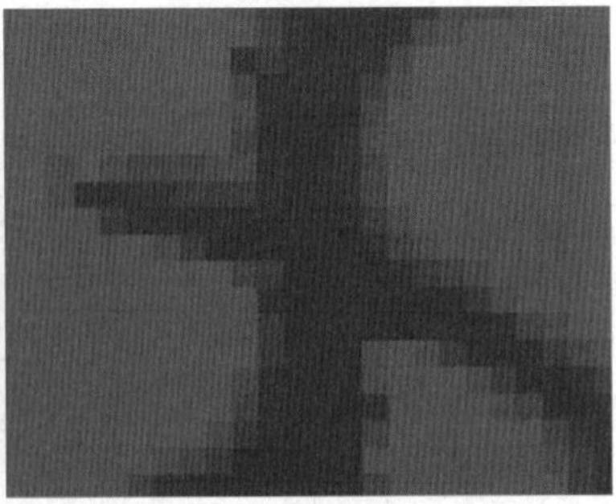

USGS DEM 30-m 해상도

〈그림 3-3〉 5m와 30m 해상도를 가지는 DEM 파일

림 3-3〉의 '5m와 30m 해상도를 가지는 DEM 파일'은 두 자료의 차이를 보여준다. 해상도가 낮은 30m 파일과 비교할 때 해상도가 높은 LIDAR DEM 파일은 큰 변화를 자세히 나타낼 수 있다.

> **생각하기**
>
> 재해 모형에서 선택 가능한 DEM 자료를 비교하면, 고해상도 자료가 모형의 결과에 큰 영향을 준다는 것을 알 수 있다. 재해 모형의 사용자는 사업의 개발, 허가 및 계획을 위해 가장 좋은 결과를 얻기 원한다. 재해 모형에서 사용할 수 있고 비상 계획, 예방 그리고 복구 작업을 이끌 수 있도록 더 정확한 정보를 제공해주는 지역적 자료는 무엇인가?

공공 기관에서는 재난 상황을 정확하게 파악하기 위해 재난 이후에도 모델링을 실행하곤 한다. 재난이 발생할 당시 관측을 통해 수집된 자료는 모델링 수행이 가능한지 여부를 결정하는 데 중요한 역할을 한다. FEMA 같은 연방 기관은 주요 재난의 자료정보센터 구축을 지원해왔다(Warren Mills et al., 2008). 홍수 구역, 지진 재해 구역, 기타 재해 위험 구역을 알릴 때 재해 위험 취약 구역을 정확히 표시하는 것이 중요하다. 7장에서는 위험 정보 전달 문제에 대해 보다 상세하게 다룰 것이다.

GIS 결합 모형

오늘날 DEM 같은 고해상도 자료는 더 많은 컴퓨터 계산을 요구한다. 따라서 처리능력, RAM, 파일 저장 능력들도 과거에 비해 더 많이 필요하다. 더욱 강력한 컴퓨터가 개발되고 보다 복잡한 상황을 모델링하는 슈퍼컴퓨터를 이용하면서 모델 시뮬레이션 분야는 큰 발전을 이루고 있다. 그 결과 이전보다 더 높은 해상도로 더욱 규모가 큰 범위의 범람원, 해안 등을 모델링할 수 있게 되었다.

> **생각하기**
>
> (모형에서) 최고 품질의 자료를 사용하면 지역 피해 상황을 더욱 정확히 보여주는 결과물을 얻을 수 있다. 피해 예측 결과를 사용하는 위기관리자와 기타 관련자는 모형을 프로그램에서 사용된 자료가 일치하는지 확인하기 위해 모형을 운영하는 사람들과 자료 품질을 논의해야 한다. 모형에서 사용된 자료의 잠재적 한계 때문에 현재의 모델링 기술은 사용자가 실제 사건의 비슷한 결과를 예측하도록 돕는다. 사용자의 재해 모형 결과물의 완전한 이해를 가로막는 어떠한 장애물이 모형에 내재되어 있는가?

정적 결과물과 조정 가능한 결과물

많은 모형들이 정적 환경만을 반영할 뿐 기상 조건 같은 변화를 반영하지 못한다는 비판을 받는다. EPA 프로그램인 ALOHA는 수년 동안 기상 조건에 대한 사용자 입력 옵션 또는 기상 센서의 입력값을 직접 제공했다. 바람의 방향, 속도, 온도가 변화하듯이 모형은 변화하는 측정값을 받아 결과를 모델링하며, 유해 화학물질의 확산 등을 문서나 GIS 그림으로 보여준다. 실시간 확산 모델링 프로그램은 위기 대응 상황에서 큰 도움이 된다.

모형 결과물의 사용

모형의 품질을 평가하는 중요한 요소는 의사결정자의 사용 가능 여부와 관련이 있다. 모델링이 종료되었을 때 의사결정자가 사용할 수 있는 결과물이 만들어져야 한다. 모형의 결과물을 사용하는 의사결정자는 의도한 대로 손쉽게 결과물을 활용할 수 있는가? 재해 모형에 정보가 너무 많거나 혼돈스런 결과물이 있는가? 모형에서 너무 많은 결과물들이 만들어지지는 않았는가?

적시성

적시성은 많은 일상적인 결정들이 제한시간 내에 이루어져야 하기 때문에 중요하다. 많은 모형들은 데스크톱 또는 랩톱 컴퓨터에서 운영되며 단지 몇 분 만에 실행된다. 허리케인 해일 모형 같은 프로그램들은 몇 시간 동안 실행되며 강력한 서버가 필요하다. 우리는 상황에 대응하는 방안을 빠르게 결정해야 한다. 적시성을 가진 정보는 몇 가지 구성요소를 가진다. 의사결정에 필요할 때 정보가 제공되는가? 필요한 업데이트를 마친 모형에서 나온 정보인가? 대상 지역의 여러 조건들이 변화할 때 필요한 만큼 자주 혹은 적절한 빈도의 정보가 제공되는가?

모형의 중요한 입력값이 예전 자료인 경우가 많다. 하천의 범람원 개발로 인해 홍수 범람에 변화가 생긴 경우도 많다. 〈그림 3-4〉는 빠르게 성장하는 지역의 개발 상황을 보여준다. 새로운 지역에 저류시설을 설치하려고 시도했지만 결국 범람하고 말았다. 이 이미지들은 2005년 허리케인 카트리나가 발생하기 전의 루이지애나 남부 소도시의 급성장을 비교해서 보여주고 있다.

USGS DOQQ 2004-St. Gabriel　　USGS DOQQ 1998-St. Gabriel

〈그림 3-4〉 급성장하는 지역의 개발

활용성

모형의 결과는 의사결정자에게 도움이 되도록 작성되어야 한다. 의사결정자가 정확한 상황을 평가하고 적절한 결정을 내리기에 정보가 충분한가? 의사결정자가 현재의 정보뿐만 아니라 과거 사례에도 접근할 수 있는가? 의사결정자에게 주어진 모형 결과가 간결한 형태이지만 현재 상황을 충분히 보여줄 수 있는 세부사항들을 담고 있는가? 의사결정자에게 지나치게 많지 않은 적절한 관련 정보를 제공하는가?

모형의 결과물은 의도된 목적에 맞게 작성되어야 한다. 예를 들어 지역 관할 구역에 대한 재해 예방을 위해서는 지역의 위험요인을 반영해야 한다. HAZUS-MH가 제공하는 기본 분석은 의사결정자가 관할구역에 대해 위험 요소를 정확하게 평가하여 적절한 결정을 내릴 수 있도록 충분한 정보를 제공한다. 이 모형의 결과물은 일반적인 위험 구역을 확인하기에 적합하다. HEC-RAS 같은 수리 모형 결과를 이용하는 심층분석은 특정 건물과 기반시설의 기본 홍수위와 범람 위험도를 결정할 때 의사결정자들에게 좀 더 정확한 결과를 제공할 수 있다. 이러한 홍수 분석

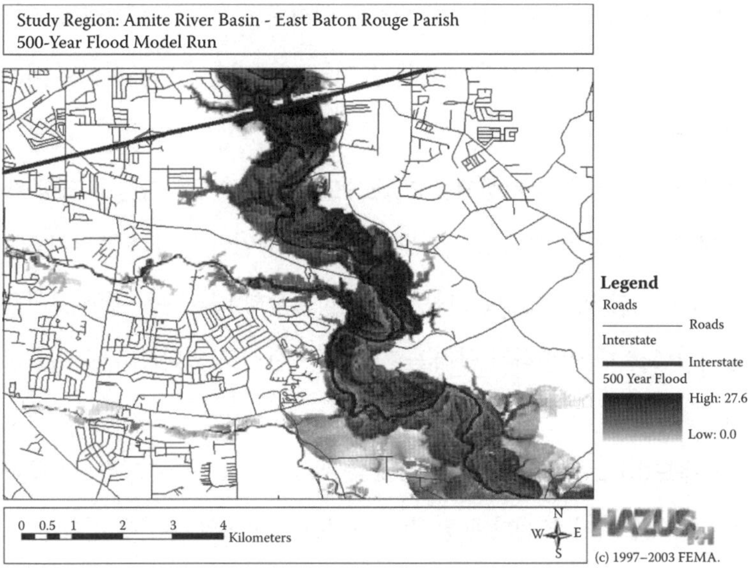

〈그림 3-5〉 모형(HAZUS-MH)으로 파악되는 고위험 지역

에는 상당한 시간과 관할 구역의 모델링 능력이 요구된다. 수리 분석 목적에 따라 상세한 자료들을 HAZUS-HH에 입력해야 한다.

사용자는 간결함과 상세함 사이의 균형을 유지해야 한다. 일반 분석은 잠재적인 피해 범위를 제공하며, 상세한 정보는 광범위한 지역적 자료와 많은 처리 시간이 필요한 모형으로부터 얻을 수 있다. 〈그림 3-5〉는 홍수 위험도의 구체적인 평가 사례를 보여준다.

재해 모형의 장점과 단점

통합 자료를 쓰는 재해 모형은 복잡한 환경을 정확히 나타낸다. 모형 개발자가 최신 자료를 정확하게 사용한다면 모델링 결과물이 더욱 긍정적일 것이다. 하지만 사용자가 재해 모형에 입력되는 자료의 품질에 의구심을 가지고 있다면 이 모형의 결과물을 지역 정책결정에 이용하기는 어려울 것이다.

재해 모형은 일련의 가정에 기초를 두고 있다. 이러한 가정은 모형 개발자에 의해 결정된 것으로 지도에 나타나는 지역이 편평한 농촌지역이고 날씨 조건이 변하지 않는다는 것 등이다. 불행히도 많은 재해 모형은 사용자가 완전히 이해하지 못하는 가정을 포함하고 있다(Goodchild et al., 1993).

커크우드(Kirkwood, 1994)는 피해 예측 모형이 지역 주민에게 정확한 위험도를 제공하지 못한다고 말했다. 이처럼 위험도의 본질을 정확히 전달하지 못할 경우 공무원과 주민 모두 잘못된 안전 의식을 가질 수 있다. 위험도에 너무 민감할 경우 공포를 유발할 수 있다. 따라서 사용자가 피해 예측 모형의 결과를 적절히 해석하려면 오랜 경험과 훈련이 필요하다.

재해 모델링에 사용되는 자료는 메타데이터 파일로 나올 수 있다. 메타데이터는 자료에 대한 정보, 목적, 개발 시기, 개발자, 지리적 변수, 후원기관, 배포 방식, 연락처, 사용 제약 등에 대한 정보를 포함할 수 있다.

생각하기

관련 기관은 피해 예측 모델링에 사용할 메타데이터를 개발하는 데 상당한 시간을 소모한다. 모형을 사용하기 전에 메타데이터 파일을 검토하는 것은 어떤 가치가 있는가?

모형의 한계

대부분의 모형은 한계를 가지고 있으며, 이는 모형의 사용과 적용에 영향을 미친다. 예를 들어, EPA와 NOAA는 지역 비상대응기관에서 광범위하게 쓰이는 공기 확산 모형인 ALOHA를 개발했다. 이 재해 모형의 초기설정 ALOHA(Ariel Locations of Hazardous Substance)에는 유해 물질의 혼합체인 화학물질과 미립자가 사용되어서는 안 되고 운영시간도 1시간을 초과해서는 안 된다고 명시되어 있다. ALOHA의 사용서에는 재산손실, 인명피해를 입을 수 있는 위험 지역을 대략적으로 제공한다고 설명되어 있다. 재해 모형의 사용자는 모형에 포함된 가정이 결과에 어떤 영향을 미치는지, 입력자료의 변화가 결과에 어떤 영향을 미치는지 이해해야 한다. 사용자에 의한 입력자료 오류는 재해 취약지역을 왜곡하며 잠재적인 위험을 반영하지 못할 수 있다. 입력자료에 재해 시나리오가 반영되는 것이 중요하며, 가장 최적의 자료가 모형에 사용되어야 한다.

생각하기

DEM 파일 세트에서는 정확성 문제가 제기된다. 30m 또는 5m 해상도 DEM 파일은 단일 격자 공간 지역에서 고도값이 같다는 것을 보여준다. 그러나 단일 격자에서 지표 고도가 변할 수도 있다. 고해상도 5m 격자 DEM은 30m 해상도에서는 보이지 않는 토지 등고선의 변화를 보여줄 수 있다. 5m DEM은 단일 격자 내의 많은 단일 지점에 기초하고 있지만, 실제 지표 고도는 다양하다. 단일 격자 내에서도 다양한 고도를 가진다. 고해상도 5m DEM을 같은 지역의 고해상도 사진과 비교하면 5m DEM이 경관을 매우 잘 나타내고 있다는 사실을 확인할 수 있을 것이다(그림 3-5). 5m DEM을 사용한 홍수 모델링에서는 하천/수로에 대한 매우 정확한 결과를 제공한다.

재해 이력

위험요인을 확인하고 해당 위치를 파악한 후 지역 또는 기관을 위한 재해 이력을 작성할 수 있다. 재해 이력은 위험요인에 대한 일반적인 현황을 제공할 뿐만 아니라 개별 위험요인의 지역적 특성과 영향력을 분명하게 보여줄 수 있다(FEMA, 2001). 이 정보들은 재해 예방 전략 및 위기대응 계획을 수립하는 데 필요하며, 많은 위험요인이 다양한 이름을 가지고 있으므로 위험도 설명에서 위험요인의 의미를 정확히 표현하는 것이 중요하다. 예를 들어 '폭풍'은 바람폭풍, 눈폭풍, 허리케인, 집중호우, 기타 위험요인을 의미할 수 있다. 위험도를 설명하는 위험요인의 이름과 식별 인자를 제시함으로써 혼란을 막을 수 있다. 시간에 따라 변화하는 위험요인을 측정하고 평가하는 많은 메커니즘이 존재하는데, 특히 위험요인의 지역적 특성을 결정할 때 유용하게 쓰인다. 이런 평가들은 위험요인을 설명하는 데 필요한 정보의 양을 결정한다. 그러나 보고의 일관성을 유지하기 위해 과정을 시작하기 전에 최솟값 및 최댓값을 정하는 것이 중요하다. 일관된 보고는 혼란을 감소시키고 지속적으로 위험도를 인식할 수 있도록 해준다.

재해 정보와 재해 이력의 출처

1. 지역의 재난 및 위기 역사를 연구한다(신문, 지방정부 기록, 인터넷, 공공도서관의 '지역역사' 코너, 지역 역사협회, 지역의 연장자, 지역의 사건 보고서).
2. 기존 계획을 검토한다(지역 운송, FEMA 재해 예방 계획, 환경보고서, 댐 또는 공공사업 보고서, 토지사용 계획, 증자 계획, 건축법, 토지개발 법규, 홍수 법령).
3. 지역 주민, 위험도 관리자, 지역 지도자, 학자, 위험도 관리 업무를 정기적으

로 수행하는 시정부 및 민간 부문 담당자, 범람원 관리자, 공공사업 부서, 기술공학·계획·구획·운송부서, 소방부서, 경찰서, 위기관리사무소 직원, 지역 기업 인력을 인터뷰한다. FEMA 웹사이트에서 지역 재해 예방 담당자를 검색한다.

4. 지역의 위험도를 표기한 것으로 알려진 공공 또는 민간 시설의 현장을 방문한다(화학 처리 운영업체, 운송업체, 기간시설).
5. 관할구역의 지방도를 조사하고 주요 운송 노선(철로, 자동차로, 수로), 의료시설, 학교, 화학 및 산업 시설, 아파트 단지, 주거지역에 주목한다. 습지와 배수지역을 포함한 주요 하천/수로 사이의 관계를 조사한다(그림 3-6). 지역의 중요한 운송 연결지점은 어디이며, 주요 재난에 영향을 받는가? 단일 재해사건(홍수)이 어떻게 2차 효과(화학물질 유출)를 유발할 수 있는가?

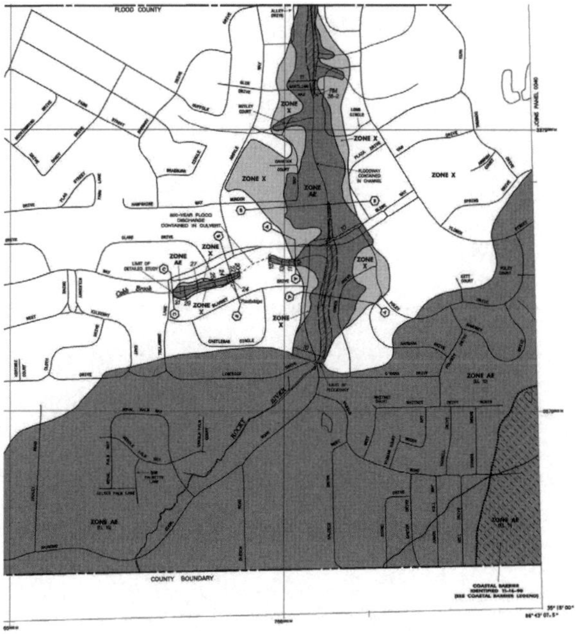

〈그림 3-6〉 FEMA digital FIRM

재해 이력은 잠재적 재해 사건의 특성을 분류하고 지역 재해 예방에 대한 분석 내용을 포함한다. 지역의 위험도를 포함하는 것은 지역에 존재하는 위험도를 밝히는 과정이다. 재해 이력은 다음과 같은 내용들을 포함한다.

1. 지역에 영향을 줄 수 있는 위험요인에 대한 설명
2. 잠재적 재해 규모
3. 발생 빈도
4. 위험요인의 계절적 특성 여부
5. 재해 지속기간
6. 재해의 잠재적 발생 속도
7. 이용 가능한 경고 시스템
8. 잠재적 재해 사건의 위치 및 공간 범위

위험요인 유형

우선 지역 또는 기관에 영향을 줄 수 있는 위험요인의 유형을 확인해서 재해 이력을 정리한다. 재난에는 자연재난과 인적재난이 있다. 자연재난에는 홍수, 가뭄, 폭염, 혹한, 태풍, 폭풍우, 번개, 토네이도, 눈보라, 우박, 지반 침하, 팽창성 토양이 포함되며, 질병과 중독도 자연재난에 포함될 수 있다. 인적재난에는 주요 운송사고, 유해물질 유출, 대규모 정전, 상하수도 문제, 정보통신 문제, 컴퓨터 시스템 다운, 송유관 파열, 의도적 파괴, 생물학적 재해와 관련된 실험실 사고, 건물 붕괴, 화재 등이 포함된다.

계절 특성

계절 특성은 위험요인이 가장 발생하기 쉬운 연중 시기를 설명하는 것이다. 재해 위험 관리 팀이 위험요인의 계절 특성을 알게 되면 발생할 수 있는 위험요인 사이의 상호작용을 심도 있게 분석하여 발생할 가능성이 낮은 위험요인들에는 시간 투자를 줄일 수 있다. 예를 들어 미국 사우스캐롤라이나 주의 한 마을에서는 눈보라와 폭염이 함께 발생할 확률이 거의 없으므로 동시 발생에 대한 계획을 세울 필요가 없다. 이런 유형의 정보는 위기관리 자원들의 적절성을 평가하는 데 많은 도움을 준다. 기타 물류 및 계획 문제에도 도움을 준다.

발생 규모

발생 규모란 앞에서 작성한 재해 지도를 바탕으로 하는 단일 수치 또는 일정 범위의 가능성이다. 분석 단계에서 재해 규모와 잠재적 강도는 중요하다. 이러한 정보는 각 위험요인의 결과와 적합한 예방 조치를 결정하는 데 필수적이다. 위험요인에 대한 일반적 설명에서 위험요인의 특성을 규모 또는 잠재적 강도의 함수로 보여주는 도표가 제공된다. 재해 위험도 관리 팀은 재난의 예상 규모와 잠재적 강도에 대한 정보를 효과적으로 활용하고 있다.

발생 빈도

역사적 재해 사건을 스프레드시트, 도표, 목록 같은 표준화된 형식으로 보여주어야 한다. 재해가 정기적으로 발생한다면 그 사실을 표시하고 대형사건만 나열하는 것이 좋을 수도 있다. 예를 들어 홍수와 눈보라는 그런 경우가 많다. 예상 재해 빈도도 제공해야 한다. 종종 예방 조치, 개발, 환경 변화가 연평균 재해 빈도에 영향을 미칠 수 있다. 또 빈도가 달라진 이유 또는 미래에 변화가 예상되는 이유나 의견을 포함하는 것이 좋다.

지속기간

과거 자주 발생한 위험요인의 경우 과거 대응 노력을 기초로 지속기간을 정확하게 측정할 수 있다. 그러나 핵 사고나 다른 특정 유해물질 유출과 같이 드물게 일어나거나 전혀 일어나지 않는 재해의 경우 발생 가능성을 평가할 필요가 있다. 이때 가능한 재해, 지역의 취약성, 관할구역 위기 대응 기관의 능력, 이웃 지역과의 상호 보조 협약에 따라 제공되는 대응 능력, 주와 연방의 지원 등을 고려해야 한다. 재해 지속기간은 시간이나 분보다는 일수로 측정되며, 발생 가능한 재해 결과를 분석하는 다음 단계의 기초 자료로 쓰인다.

재해 전파 속도

계획자들이 재해 위험도 관리의 예방 단계에서 가능한 대책과 불가능한 대책을 구분할 때 재해 전파 속도를 고려해야 한다. 재해 전파 속도는 재난 발생 전의 시간을 계산하는 데도 중요하다. 예를 들어 허리케인의 경우 사람들이 대피하고 건물과 다른 물체에 보호 조치를 취하는 데 재난 발생 며칠 전의 시간을 가질 수도 있다. 쓰나미의 경우에는 10분에서 서너 시간의 즉각 대피를 위한 사전 경고가 가능하다. 따라서 건물에 대한 보호 조치를 취하기가 어렵다. 지진의 경우 경고를 전혀 하지 못할 수도 있다. 따라서 지진이 발생하는 시기를 전혀 알지 못한 채 대비해야 한다.

각각의 위험요인에 대해 대중 교육 및 정보 전달 시스템을 완전히 다르게 계획할 수 있다. 경보 시스템과 대피 계획에서는 조치가 취해질 수 있는 최소한의 준비시간과 제한시간이 고려되어야 한다. 재난 발생 전에 준비를 한 대응자의 경우 대응 속도가 상당히 빨라진다. 그러므로 계획을 수립할 때 재해 발생 속도는 중요한 고려 항목이다.

재난 경보

이 정보는 재해 전파 속도와 간접적인 관련이 있지만 상황에 따라 다르다. 각 위험요인은 독특하며 기술 또는 기타 수단에 따라 예측하거나 예측하지 못하는 특징을 가진다. 항상은 아닐지라도 화산 폭발처럼 빠르게 발생하는 위험요인도 어느 정도 예측할 수 있다. 반면 생물학적 테러 같이 발생 속도가 상대적으로 느린 일부 위험요인은 정확하게 예측하는 것이 불가능하다. 최근 화학적 사건 같은 위험요인은 사전 경고가 전혀 없었다.

위험요인에 대한 사전 지식이 있더라도 긴급 재난에 대한 적절한 공지는 지역 경보 시스템의 역량에 달려 있다. 지역 경보 시스템은 물리적 알람, 사이렌, 공지에 그치지 않는다. 여기에는 경보를 받고, 이해하며, 행동하는 대중의 역량도 포함될 수 있다. 경보 시스템의 사용 가능성을 결정할 때 이 모든 요인을 고려해야 한다.

발생 위치와 지역적 범위

대부분 위험요인의 경우 재해 지도에 분석 단계에서 필요한 정보가 충분히 담겨 있다. 그러나 특별히 언급하거나 고려해야 할 몇몇 지역이 있다면, 지도에 특별 코멘트를 달아 이후 과정에서도 간과되지 않도록 해야 한다. 이전 단계에서 개발한 지도에서도 이러한 정보들을 발견할 수 있을 것이다. 하지만 몇몇 위험요인은 지도에서 제공하는 시각적 표현과는 완전히 별도로 특별한 추가 설명이 필요할 수 있다.

결론

재해 모형은 사용자에게 재해 분석 과정에서 사용할 수 있는 특별한 도구를 제공한다. 지난 수년간 재해 모형은 사용하기 쉽고 양질의 결과를 제공하도록 개발되어왔다. 이 모형들은 지역 어디에서 손실이 발생하는지에 관한 정보와 손실의 특성에 대한 의미 있는 정보를 제공한다. 사용자가 GIS를 더 능숙하게 다루게 된다면 모형을 사용하는 데 따른 어려움은 극복될 수 있다. 모형을 사용할 때 예상되는 일반적인 문제는 여러 시나리오 훈련을 통해 해결할 수 있다.

재해 모형을 사용하는 데 있어 중요한 것은 비상 대응계획이나 재해예방계획을 수립하는 데 사용되는 모형의 결과물을 검증하는 것이다. 모형의 한계와 사용방법을 사용자가 이해하지 못하는 경우가 상당히 많다.

토론 주제

1) 일반시민은 복잡한 모형들의 상세한 과학적 결과를 이해하지 못하는 경우가 있다. 과학 커뮤니티와 대중 사이의 의사소통이 부족한 이유는 무엇인가?

2) 일부 피해 예측 모형이 지방정부 수준에서 사용하기 어려운 이유는 무엇인가? 지방정부 수준에서 HAZUS-MH 같은 프로그램을 어느 정도 사용하는가?
3) 많은 모형들이 재해 위험 구역과 GIS 같은 시각화 도구를 결합하여 사용한다. 이 도구는 피해 예측 모형을 이해하는 데 어떤 도움을 주는가?
4) 피해 예측 모형을 개발하고 사용하는 사람들은 결과물이 현실세계의 조건을 반영하지 못할 수도 있다고 강조한다. 모형의 결과가 정확한지 완전히 확신할 수 없다면 모형 사용의 이점은 과연 무엇인가?
5) 많은 지역과 조직이 재난관리를 위해 모든 위험요인을 다루는 접근방법을 사용하고 있음에도 불구하고 특정한 위험요인이 공공기관, 기업, 비영리단체에 미치는 영향을 이해하는 것이 중요한 이유는 무엇인가?

웹사이트

CyArk High Definition Heritage Network. Heritage at Risk Map. http://archive.cyark.org/hazards/?gclid=CM-gzY2EzJECFSUsIgodaRVOzg
National Weather Service Climate Prediction Center. Hazards Assessment Maps. http://www.cpc.ncep.noaa.gov/products/predictions/threats/threats.php

눈사태

Avalanche Network. http://www.avalanche.org/http://www.nwac.noaa.gov/nw04012.htm

댐의 안전

FEMA. Dam safety. http://www.fema.gov/plan/prevent/damfailure/ndsp.shtm

가뭄

Drought monitoring site. http://www.drought.unl.edu/dm/index.html National Drought Mitigation Center. http://www.drought.unl.edu/index.htm

USGS. Water use in the United States. http://water.usgs.gov/watuse/

지진

USGS에서는 지진으로 인한 잠재적 지각운동의 힘을 측정하는 최대지반 가속도(PGA: peak ground acceleration)를 보여주는 지도들을 제공하고 있다. 이 지도들은 향후 50년 동안 PGA의 10%와 2% 통계적 가능성을 보여준다.

USGS. Welcome to the U. S. Geological Survey Earthquake Hazards Program. http://earthquake.usgs.gov/

http://earthquake.usgs.gov/

http://geohazards.cr.usgs.gov/eq/

National and regional seismic hazard maps: The USGS provides seismic hazard assessments for the United States and areas around the world.

USGS. United States National Seismic Hazard Maps. http://earthquake.usgs.gov/research/hazmaps/

USGS. Seismic hazards maps. http://earthquake.usgs.gov/research/hazmaps/products_data/

홍수

FEMA NFIP 홍수보험연구(FIS: Flood Insurance Studies)에서는 지역의 홍수 위험성에 관한 방대한 정보를 제공하고 있다. 이 지도들에는 지역 특성과 취약성을 보여주는 고해상도 이미지를 담고 있다. 또한 하천 및 수로의 특성뿐만 아니라 해안선 주택, 사업장, 기타 장소의 기본 홍수량 고도를 바탕으로 한 위험도 정보를 제공한다. 또한 지리적 고도의 기준점과 등고선을 보여준다.

FEMA. FEMA Map Service Center. http://msc.fema.gov/webapp/wcs/stores/servlet/CategoryDisplay?catalogId=10001&storeId=10001&categoryId=12001&langId=&userType=G&type=1
FEMA. FEMA: Maps. http://www.fema.gov/hazard/map/index.shtm National Flood Insurance Program. Flood Smart for understanding your flooding risk. http://www.floodsmart.gov/floodsmart/
USGS. Natural hazards.floods. http://www.usgs.gov/themes/flood.html
USGS. WaterWatch.maps and graphs of current water resources conditions. http://water.usgs.gov/waterwatch/
USGS. National water conditions. http://water.usgs.gov/nwc/

산사태

미래 산사태를 예측하는 가장 좋은 예측 변수는 바로 과거 산사태다. 이는 산사태가 같은 장소에서 발생하는 경향을 가지고 있기 때문이다(FEMA, 2001). 그러나 산사태 위험도를 결정하는 지질학적 요인의 복잡성 때문에 신중히 적용해야 한다. 예측을 위해서는 토양조건, 경사, 배수, 기후, 지진 발생률, 화산 분출, 식물 분포, 침식, 산업으로 인한 진동, 건설, 기타 지형 변화 등의 요인을 조사해야 하므로 관련 분야의 전문성이 요구된다. 산사태를 이해하기 위한 주요 요소로는 (1) 토석류(debris flow)와 충진식 채굴(cut-and-fill)의 실패를 포함하여 산사태로 인해 문제가 발생할 수 있는 지역, (2) 산사태를 야기하는 주요 요인(가파른 경사, 침수 시 약해지는 토양, 배수가 어려운 암반 또는 토양)들과 관련이 있어 산사태의 잠재성을 가진 지역, (3) 과거 산사태가 발생했고, 현재 발생 가능성이 높고, 미래에도 발생할 수 있는 지역 등이다.

http://landslides.usgs.gov/

눈보라

NOAA. NOAA's winter weather Internet references. http://www.noaanews.noaa.gov/stories/s300e.htm

토네이도

일반적으로 토네이도 위험도를 최대 풍속 지수로 측정한다. 토네이도는 예측하기가 매우 어려우며, 역사적으로 자주 발생했던 지역들이 있지만 세계 어느 곳에서도 발생 가능하다. 미국 중서부, 남동부, 남서부 지역은 역사적으로 토네이도가 자주 발생했다. 지역의 대피소를 건설할 때 미국 토목학회(ASCE: American Society of Civil Engineers)에서 정한 풍속과 바람 저항 수준을 적용한다. 토네이도의 정확한 발생 빈도를 확인하기 위해서는 과거의 토네이도 자료를 검토해야 한다.

Texas A&M Meteorology Convective Forcast Center. http://www.met.tamu.edu/weather/

The Tornado Project Online: http://www.tornadoproject.com

쓰나미

쓰나미 재해 지도에서는 위험한 지역 내 침수 구역과 저지대를 확인할 수 있다. 대부분의 재해 지도가 주 수준에서 작성되지만, 소도시 지도로도 만들어지고 있다. 쓰나미 지도는 NOAA/기상청(NWS: National Weather Service) 태평양 쓰나미경고센터(Pacific Tsunami Warning Center) 산하 서해안/알래스카 쓰나미경고센터(West Coast/Alaska

Tsunami Warning Center), 오리건 지질광물산업부(Oregon Department of Geology and Mineral Industries), 워싱턴대학교(University of Washington), 태평양해양환경실험실(Pacific Marine Environment Laboratory)에서 구할 수 있다.

NOAA Center for Tsunami Research. http://www.pmel.noaa.gov/tsunami
NOAA. Pacific Marine Environmental Laboratory. NOAA/PMEL is a leader in developing ocean observational systems. http://www.pmel.noaa.gov
University of Washington. Earth and space sciences (geology and geophysics). http://www.geophys.washington.edu
USGS. Natural hazards.tsunamis. http://www.usgs.gov/hazards/tsunamis/

해안 폭풍

FIRMS에서는 해안 지역을 다루며, 해안 범람뿐만 아니라 해안 폭풍의 위험도에 관한 상세한 정보를 제공하고 있다. 폭풍과 바람을 분류하기 위해 사피르-심슨(Saffir-Simpson) 지수를 사용한다. 예를 들어 해일은 평상시 해수면보다 4~18피트 이상 높을 때를 말한다. NOAA의 내륙 풍속 수치는 폭풍이 내륙으로 이동할 때 가능한 지속 최대 표면풍을 특징짓는 데 활용된다. 허리케인에 대한 과거 자료는 미래 사건을 특징짓는 데 활용될 수 있다. NOAA는 과거 폭풍 자료를 제공하고 있는데, 1927년부터 현재까지 태풍 경로와 관련 풍속에 관한 정보를 보여주고 있다.

FEMA: Hurricane. http://www.fema.gov/hazard/hurricane/index.shtm
National Hurricane Center. http://www.nhc.noaa.gov/
National Hurricane Center. NHC Archive of Hurricane Seasons. http://www.nhc.noaa.gov/pastall.shtml
National Hurricane Center. The inland wind model and the maximum envelope. http://www.nhc.noaa.gov/aboutmeow.html
NOAA. FAQ: hurricanes, typhoons, and tropical cyclones. http://www.aoml.noaa.gov/hrd/tcfaq/G12.html

http://www.nhc.noaa.gov/ (Historical data on hurricanes)
http://www5.ncdc.noaa.gov/

더위

NOAA. 더위지수 예보(3~7일 전)

NOAA. Heat index forecasts (days 3.7).
http://www.hpc.ncep.noaa.gov/heat_index.shtml

번개

http://www.nssl.noaa.gov/

산불

산불은 날씨, 삼림의 화재 가능성, 지형에 영향을 받는다. 삼림의 화재가능성은 Urban Wildland Interface Code(2000)의 Fuel Model Key를 바탕으로 특징지을 수 있다. 경사면이 가파를수록 산불이 더 빠르게 번지므로 지형도를 통해 산불 가능성이 높은 곳을 파악해야 한다. 이러한 정보는 지방 및 주 산림대, 주 산림감독관, MWS, NOAA에서 구할 수 있다.

National Institute of Standards and Technology. BFRL: Fire Modeling Programs. http://www.bfrl.nist.gov/866/fmabbs.html

NOAA Fire Hazard Mapping System.Satellite Services Division. http://www.ssd.noaa.gov/PS/FIRE/hms.html

NOAA. Storm prediction center fire weather forecasts. http://www.spc.noaa.gov/products/fire_wx/

USFS Wildland Fire Assessment System. Observed fire danger class. http://www.fs.fed.us/land/wfas/fd_class.gif

http://www..usgs.gov/hazards/wildfires

참고문헌

Benson, M. A. (1968). Uniform flood-frequency estimating methods for federal agencies. *Water Resources Research,* 4(5), 891-908.

Brandmeyer, J. E. and Karim, H. A. (2000). Coupling methodologies for environmental models. *Environmental Modeling and Software,* 15(5), 479-488.

Brimicombe, A. (2003). *GIS, Environmental Modeling and Engineering.* New York: Taylor & Francis.

Bunya, S., Dietrich, J. C., Westerink, J. J., Ebersole, B. A., Smith, J. M., Atkinson, J. H., Jensen, R., et al. (2010). A high-resolution coupled riverine flow, tide, wind, wind wave, and storm surge model for southern Louisiana and Mississippi. Part I: model development and validation. *Monthly Weather Review,* 138(2), 345-377.

Chorley, R. J. and Haggett, P. (eds.) (2013). *Socio-Economic Models in Geography.* Routledge.

Dietrich, J. C., Zijlema, M., Westerink, J. J., Holthuijsen, L. H., Dawson, C., Luettich, R.A. Jr., Jensen R. E., et al. (2011). Modeling hurricane waves and storm surge using integrally-coupled, scalable computations. *Coastal Engineering,* 58(1), 45-65.

Drager, K. H., Lovas, G. G., Wiklund, J. and Soma, H. (1993). Objectives of modeling evacuation from buildings during accidents: some path-model scenarios. *Journal of Contingencies and Crisis Management,* 1(4), 207-214.

Goodchild, M. F., Parks, B. L. and Steyaert, L. T. (1993). *Environmental Modeling with GIS.* New York: Oxford University Press.

FEMA (1997). *Multi Hazard Identification and Risk Assessment: A Cornerstone of the National Mitigation Strategy.* Washington, DC: FEMA.

FEMA (2001). *Understanding Your Risks: Identifying Hazards and Estimating Losses.* Washington, DC: FEMA.

FEMA (2003). *HAZUS-MH Flood Model: Technical Manual.* Washington, DC: FEMA.

Interagency Advisory Committee on Water Data (1982). *Guidelines for Determining Flood Flow Frequency.* Bulletin No. 17. Bulletin of the Hydrology Subcommittee. Reston, VA: Office of Water Data Coordination, U. S. Geological Survey.

Jennings, M. E., Thomas, W. O. Jr. and Riggs, H. C. (1994). *Nationwide Summary of U. S. Geological Survey Regional Regression Equations for Estimating*

Magnitude and Frequency of Floods for Ungaged Sites, 1993. U. S. Geological Survey Water-Resources Investigations Report 94.4002. Reston, VA: U. S. Geological Survey, p. 196.

Kara-Zaitri, C. (1996). Disaster prevention and limitation: state of the art; tools and technologies. *Disaster Prevention and Management,* 5(1), 30-39.

Kirkwood, A. S. (1994). Why do we worry when scientists say there is no risk? *Disaster Prevention andManagement,* 3(2), 15-22.

Luettich, R. A. Jr., Westerink, J. J. and Scheffner, N. W. (1992). *ADCIRC: An Advanced Three-Dimensional Circulation Model for Shelves, Coasts, and Estuaries.* Report 1. Theory and Methodology of ADCIRC-2DDI and ADCIRC-3DL (No. CERC-TRDRP-92-6). Vicksburg, MS: Coastal Engineering Research Center.

McDonnell, R. A. (1996). Including the spatial dimension: using geographical information systems in hydrology. *Progress in Physical Geography,* 20, 159-177.

Meyer, J. (2004). *Comparative analysis between different flood assessment technologies in HAZUS-MH.* Ph.D. Dissertation, Faculty of the Louisiana State University and Agricultural and Mechanical College in partial fulfillment of the Requirements for the degree of Master of Science in The Department of Environmental Studies by Jennifer Meyer, B. A., Louisiana State University.

Murray-Tuite, P. and Wolshon, B. (2013). Evacuation transportation modeling: an overview of research, development, and practice. *Transportation Research Part C: Emerging Technologies,* 27, 25-45.

Nejat, A. and Damnjanovic, I. (2012). Agent-based modeling of behavioral housing recovery following disasters. *Computer-Aided Civil and Infrastructure Engineering,* 27(10), 748-763.

O'Connor J. E. and Costa J. E. (2003). *Large Floods in the United States: Where They Happen and Why.* Reston, VA: U.S. Department of Interior.

Park, J., Cho, J., and Rose, A. (2011). Modeling a major source of economic resilience to disasters: Recapturing lost production. *Natural Hazards,* 58(1), 163-182.

Parks, B. O. (1993). The need for integration. In Goodchild, M. F., Parks, B. O. and Steyaert, L. T. E. (eds.), *GIS and Environmental Modeling: Progress in Research Issues.* New York: Wiley, pp. 31-34.

Pine, J. C., Mashriqui, H., Pedro, S. and Meyer, J. (2005). Hazard mitigation planning utilizing HAZUS-MH flood and wind hazards. *Journal of Emergency Management,* 3(2), 11-17.

Rose, A. and Liao, S. Y. (2005). Modeling regional economic resilience to disasters: a computable general equilibrium analysis of water service disruptions. *Journal of Regional Science,* 45(1), 75-112.

Tobler, W. R. (1970). A computer movie simulating urban growth in the Detroit region. *Economic Geography,* 46, 234-240.

Warren Mills, J., Curtis, A., Pine, J. C., Kennedy, B., Jones, F., Ramani, R. and Bausch, D. (2008). The clearinghouse concept: a model for geospatial data centralization and dissemination in a disaster. *Disasters,* 32(3), 467-479.

U.S. Water Resources Council, Hydrology Committee (1967). *A Uniform Technique for Determining Flood Flow Frequencies.* Bulletin No. 15. Washington, DC.: USWRC.

Wolshon, B. and McArdle, B. (2009). Temporospatial analysis of Hurricane Katrina regional evacuation traffic patterns. *Journal of Infrastructure Systems,* 15(1), 12-20.

제2부

위험도 분석

4장

재해 분석: 공간 분석

목표

1. 공간 분석을 정의하고 재해 분석에서 어떻게 활용되는지 설명한다.
2. 공간 분석의 종류를 설명한다.
3. 공간 분석의 결과를 이용하여 자료를 시각적으로 보여주는 방법을 설명한다.

주요 용어

가설(hypothesis)
공간 분석(spatial analysis)
단계 구분도(choropleth maps)
메타데이터(metadata)
방법론(methodology)
버퍼링(buffering)
변환(transformations)
수리 분석(hydraulic analysis)
수문 분석(hydrologic analysis)
신뢰도(reliability)
오류(error)
정밀도(precision)
정확성(accuracy)
지리공간 자료(geospatial data)
통계 분석(statistical analysis)

이슈

위험요인과 그 영향의 시공간적 특성을 조사하기 위해 어떤 도구를 이용할 수 있는가?

개요

9세기 중반, 존 스노(John Snow) 박사는 콜레라 발생 지도를 통해 영국에 유행한 콜레라의 원인을 밝혀내려 했다. 그래서 지도를 통해 공동 우물 위치와 콜레라 발생지역 사이에 밀접한 관계가 있다는 사실을 알아냈다. 비록 콜레라의 원인을 밝혀내진 못했지만, 식수와 공중보건 사이의 관계에 의문을 제기할 수 있었다. 식수 공급을 차단하면 콜레라 확산이 진정될 것이라는 그의 주장은 사실로 증명되었다(Gilbert, 1958).

이 사례는 재해 분석 중 공간 분석을 적절하게 사용하기 위한 중요한 시사점을 준다. 스노 박사는 건강에 관한 정확한 자료를 수집하고, 지도에 정확하게 표시했다. 또한 지도에 표시된 공동 우물에 주목했다. 이 지도는 런던 내의 소규모 지역으로 그의 가설을 검증하기에 적합한 크기였다. 더욱이 스노 박사는 공간 자료 분석을 통해 더 조사해야 할 가설들을 제기했다. 그는 가설을 수립하고 주어진 공간 자료와 정보를 활용해서 이를 검증하는 체계를 마련했다. 이러한 목표 지향적인 방법론으로 분석의 범위와 수준을 결정했다. 공간 분석에서는 목표를 명확히 하고 이를 달성하기 위한 적합한 방법론의 선택이 중요하다.

공간 분석의 정의

공간 분석은 사회, 문화, 경제, 생태, 인공 현상 사이의 관계를 조사하기 위한 일련의 도구와 방법들로 이루어져 있다. 베일리와 가렐(Bailey and Gatrell, 1995)은 공간 자료 분석을 공간에 위치한 현상의 정량적인 분석이라고 설명했다. 종종 '관심지역'으로 고려되는 동일한 지역의 범위는 관측 자료의 공간적 관계성, 연계성, 상관성 또는 지속성에 대한 공간 자료 분석을 통해 밝혀진다. 위험요인과 그 영향을 조사할 때 공간 분석은 위험요인의 특성과 사회, 경제, 생태에 미치는 영향을 이해하기 위한 수단을 제공한다. 공간 분석은 지리적 자료의 변환 및 조작을 위해 GIS를 활용해야 한다. 공간 분석은 정부 기관, 기업, 비영리단체의 조직적 의사결정을 지원하는 방법을 제시한다(Longley et al., 2005). 공간 분석에서 제공하는 방법과 도구들은 스노 박사가 수집한 자료 같은 미가공 원 자료를 유용한 정보로 변환시키는 수단이 될 수 있다. 공간 분석을 통해 자연재해의 특성과 영향에 대한 이해를 높일 수 있다. 또한 공간 분석 결과를 가지고 조직 내부의 의사소통 및 대중과의 의사소통을 원활히 할 수 있다. 공간 분석은 우리에게 위험요인과 그 영향을 잘 이해할 수 있도록 의미, 내용, 가치 등을 제공해준다.

공간 분석은 정보처리 능력이 빠른 컴퓨터와 값비싼 디지털 자료보다 더 큰 의미를 가진다. 사회.경제.자연환경과 물리적 환경이 상호 영향을 주고받는 방식을 보다 깊게 이해하기 위해 공간 분석에서 가설을 세우고 지리공간 자료를 활용할 수 있다. 공간 분석 방법으로 통계적인 방법도 사용하고 있으며, 단순한 숫자 이상의 의미를 끄집어낸다. 공간 분석을 통해 관찰이 쉽지 않은 패턴과 과정을 찾아내고, 재해 관련 가설을 검증할 수 있다(Anselin et al., 2006).

재난에 대한 노출 및 취약성 사이의 연계성(Turner et al., 2003)은 공간 자료 분석을 위한 중요한 틀이고, 지속 가능한 체계를 건설하고 유지하는 데 필요한 기본 사항이다. 자연과 인간 시스템 사이의 복잡한 관계도 공간 분석으로 설명될 수 있다. 지역적 자료를 가진 두 가지 현상을 비교하면 이러한 관계를 분석할 수 있다. 수질, 기온 그리고 고도를 반영하는 각종 자료가 분석에 사용되는 기본적인 항목들이며, 추가적으로 지역적 정보뿐만 아니라 건강 정보, 가구 수입 또는 거주 특성 등이 포함된다. 따라서 공간 분석 과정은 일반적인 지역적 관계를 대상으로 속성 자료 사이의 유의한 관계를 파악하는 것이다. 연계성은 복잡할 수도 있고, 분석 규모, 시간에 따른 변동성, 시스템의 다양성, 그리고 서로 다른 사회적 시스템과 자연 시스템에서 잠재적인 인과관계 등에 의해 다양한 분석결과가 나올 수 있다.

피셔(Fisher, 1996)는 공간 자료 분석 기술이 GIS의 다양한 기능을 수행하며 민간, 공공, 비영리단체에서 정책 입안자들이 다양한 사안들을 다룰 때 도움을 줄 수 있다고 설명했다. 또한 지리공간 자료를 이용해서 GIS 내에 분석을 위한 체계를 마련할 수 있다고 말했다. 1960년대 초반 이후 공간 분석은 계량지리학과 점, 선, 면의 공간 관계를 조사하는 통계 처리 응용프로그램의 일부로서 발전했다. 공간 및 시간 관점에 대한 검토를 통해 시간의 변화에 따른 공간 관계도 조사할 수 있다.

대상지역의 분석 자료

위험요인과 관련된 지리공간 자료는 다양한 형태로 존재하며, 재해 사건의 특성과 규모를 특징짓고 위험요인의 요소들을 이해하는 데 도움을 준다. 지리공간 자료는 개인이나 가구의 특성, 식량이나 식수의 배급장소 그리고 인구밀도 등을 보여준다.

홍수의 경우 하천 범람원 또는 배수 지역을 구성하는 광대한 지리적 지역을 설명해줄 수 있는 고해상도 자료가 필요하다. 나아가 하천 범람원을 구성하는 하천의 크기와 모양을 결정하고 주어진 시간에 대한 하천 유량의 변화를 알아볼 필요가 있다. 하천 범람원의 침수에 영향을 주는 다른 요소로는 불투수 시설(포장도로, 주차장, 주거 건물, 상업용 건물, 산업단지)을 들 수 있다. 시간이 흐르면서 하천 근처의 토지가 구역 개발, 상업용 개발, 도로 및 주차 공간의 건설 등으로 변화할 경우 범람 상황도 달라지게 된다. 주변 개발로 인한 토지 이용의 변화 때문에 강우가 더욱 빠르게 하천으로 흘러갈 수 있다.

하천 홍수 모델에서는 하천 범람원 또는 배수 지역의 홍수 사건을 분석하기 위해 유량, 토양형, 토지 이용 자료, 고도 자료를 사용한다. 홍수

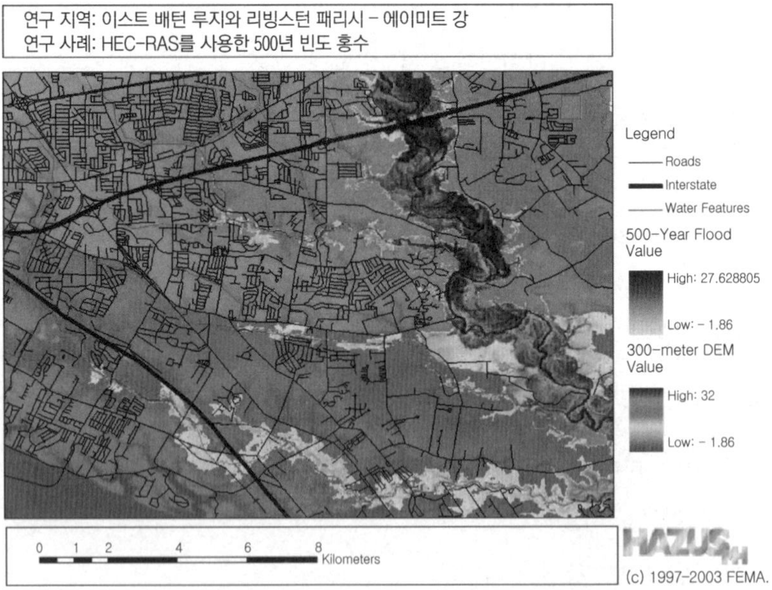

〈그림 4-1〉 HAZUS-MH Flood를 이용한 하천 홍수 모델링 결과

모델링 프로그램에서는 특정 지역 홍수의 특성과 규모를 결정하기 위해 다양한 공간 분석 도구를 활용하고 있다. 모형의 입력값으로 사용되는 자료의 정확도는 모델링 결과에 영향을 미친다.

생각하기

공간 분석에서는 궁극적으로 시간에 따라 홍수가 이동하는 장소와 공간 맥락에서 홍수의 깊이를 보여주기 위해 정확한 자료와 자료 처리를 위한 적절한 도구가 매우 중요하다. 공간 분석 방법론에서는 분석 결과를 지원할 수 있는 적절한 자료를 확인하고 선택해야 한다.

하천 홍수 모델링에서는 주어진 지점의 예상 홍수위를 다룬다. 〈그림 4-1〉의 지도에서는 어떤 배수 지역의 100년 빈도 홍수위를 알아보기 위해 공간 분석을 활용하고 있다. FEMA에서 개발한 HAZUS-MH 홍수 모형은 특정 배수 지역에서 하천 홍수를 분석하는 데 필요한 자료와 사용법을 제공하고 있다. 홍수 해석에는 다음과 같은 정보가 필요하다.

1. 수문 자료는 100년 빈도 홍수에서 하천의 홍수량을 결정해준다. 수문학은 지표, 토양, 암반, 대기상 물의 특성, 분포, 순환을 다루는 과학이다. 또한 하천에서의 물의 흐름과 움직임을 다룬다.
2. 수리 분석은 특정 홍수에 대해 하천의 한 지점의 수위를 결정해준다. 수리 분석 결과에는 예상 범람 지역과 침수심이 반영된다. 이러한 계산은 하천을 따라 '모델링된' 홍수위와 등고선(DEM 고도)을 비교하여 결정된다. FEMA와 미국 육군공병단에서 NFIP를 위해 지역의 홍수 지도를 만들 때 HEC-RAS 같은 수리 모형을 사용한다. 배수 지역에서 물이 어떻게 이동하고 흐르는가? 수심은 어떠한가? 등을 다룬다.
3. LIDAR 같은 원격탐사 도구를 이용해 고해상도 등고선 자료를 구할 수 있다.

4. HEC-RAS 모델링 도구로 하천을 따라 수심을 계산한다. 하천 제방과 저수로의 가장 깊은 지역을 결정하기 위해 GIS 도구를 사용할 수 있다.
5. 하천의 흐름을 제한하거나 방해하는 다리 또는 지하수로에 대한 분석도 가능하다.

GIS 정보센터를 설립해서 잠재적인 위험요인을 조사하는 데 관심이 있는 기업과 비영리단체에게 주정부와 지역 공공기관은 중요한 자료를 제공하고 있다. 정보센터는 인터넷으로 재해 분석을 수행하는 데 필수적인 공공 기관의 지리공간 자료에 접근할 수 있다. 지역에 사용할 수 있는 자료의 위치를 파악하기 위해 인터넷 검색을 실시한다. 이를 통해 하천이나 호수의 정보, 국도나 지방도의 현황 등을 찾아볼 수 있다.

자료의 신뢰성

우리는 어떤 자료도 100% 정확하지 않다는 사실을 인정해야 한다. 공간 자료에는 본질적으로 오류와 불확실성이 내재되어 있고(Openshaw, 1996), 특정 자료와 연계된 정보에도 오류와 불확실성이 있을 수 있다. 지리공간 자료와 관련된 정보는 메타데이터로 알려져 있다. 메타데이터는 자료를 언제 누가 생성했는지, 자료의 목적이 무엇인지, 어떻게 사용할 수 있는지, 그리고 질문이 있을 경우 누구에게 연락해야 하는지 등을 알 수 있게 한다.

생각하기

자료가 (사회, 경제, 생태, 인공) 환경을 어느 정도 정확하게 나타내고 있는가? 자료의 한계를 이해하는 것은 재해 분석의 견고한 방법론을 형성하는 데 매우 중요하다. 자료에 특별한 문제가 나타나는가? 자료의 이용 가능성이 재해 분석에서 사용하는 방법론에 영향을 주는가?

많은 재해 분석가들은 컴퓨터 결과물을 무조건 신뢰한다. 특히 복잡한 재해 분석의 경우에는 더욱 그렇다. 그러나 컴퓨터 모형은 관련된 자료를 이용해서 현상을 비슷하게 계산하는 도구일 뿐이라는 사실을 기억해야 한다. 그러므로 복잡한 재난을 모델링할 때 자료 입력값과 결과물의 한계를 분명히 해야 한다.

재해 분석의 결과물을 사용하는 사람들은 공간 자료와 이를 사용한 분석 결과에 내재되어 있는 불확실성을 인식할 필요가 있다. 재해 분석에 사용되는 모든 자료에는 분명한 한계가 있다. 재해 분석 결과물을 의사결정에 적절히 적용시키기 위해서는 이러한 한계를 명확히 하는 것이 중요하다. 굿차일드(Goodchild, 1993)는 "GIS 정보는 GIS 전문가에게는 명료하지만, 다른 분야 사람들이 이해하기 어려운 내재된 오류가 있다."고 강조했다. 그러므로 지리공간 자료의 내재된 오류를 무시하지 말아야 한다. 오류는 자료의 출처와 GIS 처리 단계에서 발생할 수 있다.

위험요인, 위험도 그리고 잠재적인 재난의 영향을 분석하기 위해 재해 분석은 공간 분석과 환경 모델링을 결합한다. 공간 분석과 환경 모델링 사이의 연결과 통합은 계속 발전하고 있다. 이러한 통합에 대해 재해 분석 방법론에서 명확하게 설명해야 한다. 자료의 출처와 분석 도구를 통합한 분석 방법 설명은 재해 분석 방법론에 반영되어야 한다.

자료와 관련된 메타데이터는 자료 수집의 목적, 자료의 목적, 자료 수집·처리·평가·배포의 일정을 설명해준다. 자료 수집 이유와 방법을 이해하는 것은 재해 분석 방법론의 일부이다. 자료의 범위 및 목적과 자료의 사용에서 확인되는 모든 사항들을 설명해야 한다.

공간 분석 접근방법 또는 방법론에 메타데이터의 조사가 포함되어야 한다. 메타데이터에는 자료 작성자, 사용 목적, 결과물 출력일자가 기록되어 있다. 메타데이터는 선택 자료가 재해 분석 목적에 적합한 이유를 설명한다. 하지만 자료의 정확도에 대해 다루는 경우는 흔치 않다. 자료의 공간 오류 평가에도 비용이 너무 많이 들거나 복잡하기 때문이다.

공간 분석 자료의 품질을 이해하는 데 도움을 주는 주요 용어로는 오류, 정확도, 정밀도, 신뢰도가 있다. 오류는 존재하는 것 또는 진실로 인식되는 것에 대한 관찰 및 계산상의 차이다(Brimicombe, 2003). 정확도는 관찰 또는 계산한 것과 실제와의 일치 정도다. 정밀도는 관찰한 것과 자연, 사회, 인공 환경에 존재하는 것의 일관된 정도다. 신뢰도는 자료와 재해 분석 과정에서 자료가 의도한 적용 사이의 일치에 대한 신뢰성과 관련 있다. 재해 분석 방법론을 설정하는 책임자는 분석에서 사용할 자료와 그것이 사용 적합성을 가진다고 믿는 이유를 명확히 할 책임이 있다. 자료의 신뢰도에 대한 판단은 재해 분석가들이 자신의 결정이 올바르고 방법론도 적절하다고 확신하는 데 중요한 역할을 한다. 불확실성은 자료를 구하고, 사용하고, 저장하고, 조작하는 방식에 내재되어 있는 재해 분석 과정의 요소다. 조직의 결정을 지지하기 위해 분석 결과를 정보로 제시하는 방식에도 불확실성이 내재되어 있다. 재해 분석 결과물은 자료의 품질과 모형(공간, 통계, GIS 도구를 포함한)의 품질에 영향을 받는다(Burrough and Frank, 1996).

자료 사용 목적의 이해가 중요하다는 것은 몇 가지 사례를 통해 확인할 수 있다. 자료를 누가 언제 수집했는지, 그리고 어떤 방법으로 언제 보급되었는지 알아야 한다. 많은 재해 분석에서 인구조사국의 도로, 하천, 지역 경계, 지점 자료 등을 활용하고 있다. USGS는 미국 전역에 대해 수년 동안 이러한 자료를 구축했다. 인구조사국은 USGS와 공동으로 주요 자료에 선(도로, 철로, 하천), 점(학교, 교회, 공공건물 같은 지역 특징), 다각형(호수, 정치적 경계)을 더하여 편집했다. 인구조사국은 미국 전역을 더욱 정확하게 반영하기 위해 수년 동안 이 자료를 갱신해왔다. 이러한 도로와 주소 자료가 갱신되고 있다는 사실은 양질의 재해 분석에 중요한 시사점을 준다.

두 번째 사례는 지방정부의 비상상황 관리부서에서 편집된 도로 관련 자료에서 찾아볼 수 있다. 이러한 부서들은 인구조사국의 도로 자료를 가져와서 고해상도 디지털 이미지에 결합시킨다. 도로 또는 학교 위치가 정확한지 확인하기 위해 고해상도 이미지를 사용한다. 재해 분석에 종종 사용되는 인구조사국 지도 자료는 이름과 위치 측면에서 오류가 많다. 지역의 고해상도 이미지에서 도로나 기타 시설들이 실제보다 30m 이상 떨어져 있는 경우를 흔히 볼 수 있다. 불행히도 GIS 프로그램은 지역 수준에서 사용되기 쉽지 않다. 인구조사국이 전국인구조사의 일부로 지도 자료를 만들었기 때문이다. 그러므로 자료에 반영된 속성의 오류 때문에 대상의 지리적 표현에서도 오류가 생길 수 있다(예를 들어 도로 이름이 틀릴 수 있다).

재해 분석에서 인구조사국 지도 자료를 사용할 때 메타데이터를 검토하고, 도로 또는 하천 자료에 내재된 모든 오류를 완전히 이해하고, 이를 재해 분석 방법론에서 설명해야 한다.

〈그림 4-2〉는 평범한 도로 자료와 고해상도 이미지 위에 편집한 도로 자료를 비교하고 있다. 허리케인 카트리나 이후 2006년 1월 만들어진 이미지다. 이 도로 자료는 허리케인 카트리나가 루이지애나 남부를 습격하기 수년 전 뉴올리언스 계획부서를 위해 뉴올리언스 지역계획위원회 GIS 부서가 편집한 것이다. 이 도로 편집 자료는 오랫동안 뉴올리언스 지역의 공공, 민간, 비영리 부문의 지역 재해 분석에 활용돼왔다. 왼쪽 미편집 상태의 인구조사국 도로 자료는 관할구역에서 기본도로로 널리 사용하고 있는 자료의 유형이다. 이러한 자료는 다양한 곳에서 구할 수 있다. 편집 자료는 고해상도 이미지를 사용해 수정된 것이다. 편집 자료는 공간 분석에 매우 정확한 기반을 제공한다. USGS에서 도로 및 거리 자료를 만들 당시에는 고해상도 사진을 이용할 수 없었다. 나중에 인구조사국 직원이 지역을 조사할 때 USGS 자료를 지침서로 사용했다. 많은 지

Census Roads의
뉴올리언스 고해상도 이미지

Edited Roads의
뉴올리언스 고해상도 이미지

〈그림 4-2〉 인구조사국의 도로 파일과 수정된 파일의 비교.
NOAA에서 제공한 고해상도 이미지(2005)

역에서 지역 환경을 보다 정확하게 반영하기 위해 고해상도 이미지 위에 인구조사국 도로와 거리 자료를 편집하고 있다. 인구조사국 자료 사용자들은 존재하는 오류를 인식하고 지역의 재해 분석에 적절하게 활용할 수 있는지 평가해야 한다.

> **생각하기**
>
> 지역에서 인구조사국의 인구 자료와 함께 도로 및 거리 자료를 편집하지 않고 사용한다면, 분석 결과를 왜곡하는 잠재적 오류 없이 자료를 사용할 수 있는가?

재해 분석에서 사용되는 자료들 속에 내재된 오류들은 대상 지역에서 시간의 흐름에 따라 발생한다. 하천, 토지 이용, 경관의 변화가 자연적으로 또는 인간의 활동으로 인해 발생할 수 있다. 변화가 일어났는지, 그러한 변화가 방법론에 반영되었는지 알아보기 위해 자료의 상태에 대한 세밀한 조사가 필요하다.

자료 품질에 대해 토의한 것처럼 모형 사용자는 모형에 의해 모의된 분석 결과를 실제 상황과 비교하여 정확도를 평가해야 한다. 모의 결과와 실제 상황을 비교·평가하는 것은 모형을 채택하는 기준을 제공하고 향후 예측 능력 향상에 도움을 준다.

다양한 공간 분석의 유형

질문

홍수 또는 해일로 인해 얼마나 많은 사람, 건물, 주택이 영향을 받는가? 가장 깊이 침수된 지역에는 얼마나 많은 도로와 다리가 있는가? 허리케인 강풍 구역에 얼마나 많은 구조물이 있는가? 홍수로 인해 얼마나 많은 주민이 이동해야 하는가? 허리케인으로 직접적인 영향을 받은 지역의 평균 소득은 얼마인가? 얼마나 많은 홍수 지역의 근로자들이 생계에 영향을 받는가?

공간 분석을 통해 주민의 주요 교통수단에 대한 접근성, 빈곤층 가구, 자동차를 소유하지 않은 가구, 대중교통에 대한 접근성, 65세 이상 노약자와 장애인이 있는 가구, 대피소와 관련한 문제 등을 다룰 수 있다. 공

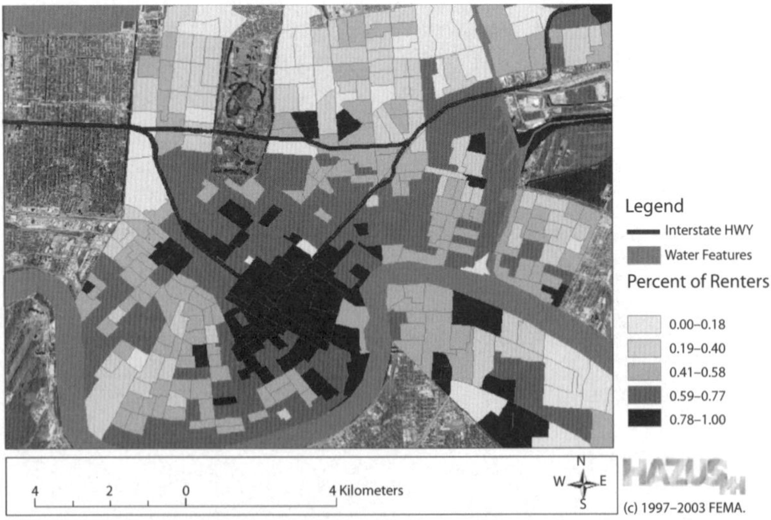

〈그림 4-3〉 인구조사를 통해 나타난 뉴올리언스의 세입자 비율

간 분석은 주민의 현황과 대피로에 대한 접근성, 대피를 위한 접근 지점, 대피소를 비교할 수 있는 수단을 제공한다. 〈그림 4-3〉은 뉴올리언스 인구조사에서 세입자 비율을 보여준다. 이러한 분석을 통해 대피 명령이 떨어질 때 세입자가 주택소유자보다 취약한지 여부를 확인할 수 있다. 나아가 대피로에서 멀리 떨어져 높은 위험도를 보이는 사람들을 집합시키는 장소 또는 대피소를 찾아볼 수 있다. 위기관리 담당자는 이러한 정보를 가지고 특정 지역을 대상으로 위기 발생 시 모든 주민의 안전을 확인할 수 있는 계획을 세울 수 있다.

공간 분석의 활용

허리케인 카트리나는 뉴올리언스의 많은 지역을 침수시켰다. 뉴올리언스의 침수 면적은 어떻게 되는가? 구호 노력이 진행되고 펌핑으로 물을 빼내면서 침수 면적에 어떤 변화가 있었는가? 뉴올리언스 침수 지역의 평균 주거 구획 또는 부지 규모는 어떠한가? 토지 이용 자료를 분석할 때 상업용 또는 산업용 부동산이 얼마나 많이 침수되었는가? 부유한 지역과 비교해 빈민 지역은 얼마나 많이 침수되었는가?

〈그림 4-4〉는 허리케인 카트리나로 인한 뉴올리언스의 침수심을 보여준다. 소득 수준이 낮거나, 자동차를 소유하지 않거나, 장애가 있거나, 임대주택에 살고 있거나, 18세 미만 어린이를 가진 한부모가구 등의 침수 비율을 결정하기 위해 공간 분석을 수행할 수 있다.

페드로(Pedro, 2006)는 논문에서 이러한 문제들을 다루면서 2005년 허리케인 시뮬레이션의 홍수위를 사용했다. 뉴올리언스의 침수 및 비침수 지역을 비교할 때 이러한 특성들을 가진 가구에서 차이점을 발견할 수 없다는 결론을 내렸다. 또한 모의된 홍수가 흑인이거나, 빈곤 수준 이하이거나, 임대주택에 살거나, 자동차를 소유하지 않은 가구 비율 등에 특별한 영향을 미치지 않은 것으로 밝혀졌다. 이 분석을 통해 홍수위가 매우 높고, 자동차를 소유하지 않거나, 빈곤 수준 이하이거나, 18세 이하 어린이를 가진 한부모가구의 비율이 매우 높은 뉴올리언스 지역을 확인할 수 있었다.

코사르 등(Kosar et al., 2011)은 수행 가능한 분석의 형태에 대한 좋은 사례를 제공했다. 지역의 회복력이라는 맥락에서 재난 취약성과 복구 사이의 연계성 조사를 통해 지역의 복구 수준과 회복력을 평가할 수 있는 공간 복구 지표를 개발했다. 이것은 복구에 관한 중요한 공간적 지표를 확인한 것이다.

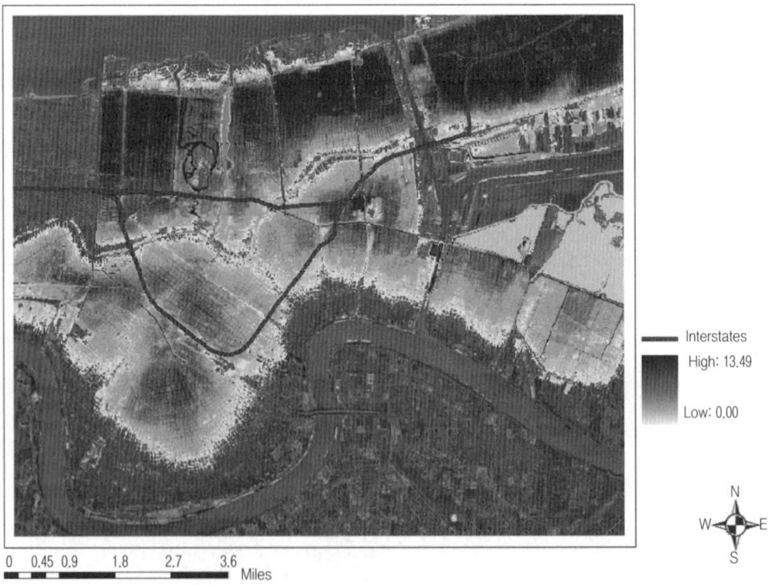

〈그림 4-4〉 허리케인 카트리나에 의한 뉴올리언스의 침수(NOAA)

위험요인의 잠재적 취약성과 피해를 조사할 때 공간 분석은 일련의 도구를 제공해준다. 공간 분석은 보다 취약하고 대피 시 도움이 필요한 구역을 확인하고 예방 조치를 취하는 데 필요한 정보를 제공해준다(Anselin and Getis, 2010).

변환

이러한 분석 도구는 사용자가 물리적 환경의 관계를 나타내기 위해 GIS 자료를 변환시킬 때 유용하다. 예를 들어 잠재적 변화를 강조하기 위해 점, 선, 면을 저장해둔다. 특정 위치에 새로운 학교를 지을 경우 2마일 면적 안에 인구가 얼마나 되는가? 상업지구가 침수된 경우 3마일 떨어진 지역의 어떤 기업들이 비즈니스를 대신 처리할 수 있는가? 지진으로 철로가 손상되었을 경우 10마일 내의 지역에 있는 산업시설들이 얼마나 많은 영향을 받는가?

버퍼링

버퍼링은 파인 등(Pine et al., 2002)이 루이지애나 이버빌 패리시의 13개 대형 화학 처리 공장 가까이에 흑인이 살고 있는지 조사하기 위해 사용한 도구이다. 분산 모델링 프로그램을 사용해 완충 구역을 조사했으며, 2000년 인구조사 자료의 위험 구역별로 흑인 거주민 수를 계산했다. 공간 분석 도구는 지역의 화학물질 유출이 흑인 거주민에게 미치는 영향을 조사하는 데 유용했다. 이 연구에 따르면 흑인은 비흑인보다 13개 화학 처리 공장 가까이에 살고 있을 확률이 컸다.

수문 모델링 프로그램으로 하천을 따라 다양한 위치에서 홍수량과 홍수위를 결정할 때, 공간 삽입법이 하천을 따라 잠재적 홍수를 평가하는 데 도움을 준다. 하천 홍수 모형은 홍수 프로그램의 일부로, 하천을 따라 수위를 측정한다. 조사 지점 사이의 홍수량과 홍수위를 측정하기 위해 공간 삽입법을 사용한다. 다양한 수문학적 노력 중 하나는 홍수위를 결정하기 위해 하천을 따라 횡단면을 측량하는 것이다. 횡단면 사이의 홍수위를 공간적으로 삽입한다. 이 공간 분석 도구를 사용해 홍수 범람 지역의 홍수위를 알아낼 수 있다.

지역 특성 도출

재난의 특별한 상황을 보여주는 자료는 재난과 관련된 인문학적 특성 사이의 잠재적 관계를 이해할 수 있게 해준다. 허리케인 카트리나 이후 발신자의 취약성, 매우 위험한 지역 또는 안전한 대피소의 위치 등을 제시하기 위해 911 긴급전화(지점 위치)를 조사했다. 911 응급전화는 대상 지역과 홍수심 사이에 어떠한 관계가 있는지 알아보는 데 초점을 맞추고 있다. 공간 분석을 사용하여 응급전화 수가 많은 주요 지역을 확인했다. 응급전화 주요 지역과 인구조사에 나타난 사회적 특성과 관련해 홍수위를 더 세밀하게 조사했다.

대피로 선정

비상 대피소, 의료 진료소, 파출소, 다회선 도로와 고속도로의 최단 대피 노선의 이상적인 위치 확인을 위해 공간 분석을 사용한다. 대도시 지역에서 대규모 인구 대피 계획을 세울 때 구체적인 대피 시나리오를 개발한다. 지방정부는 허리케인, 지진, 하천 범람으로 취약 지역 주민을 대피시켜야 할 경우에 대비해 이 방법을 사용해서 주요 대피 노선을 표시해 왔다.

검증

허리케인 카트리나 범람 후 특정 구역의 복귀율을 예상하기 위해 이러한 유형의 공간 분석이 사용되었다. 주거지가 침수된 가구의 복귀 능력과 의지를 판단하기 위한 샘플 조사가 수행되었다. 이 조사에서는 응답자의 주소뿐만 아니라 주택 및 구역의 피해 수준에 대한 거주자의 인식을 알아보았다. FEMA, 뉴올리언스, 루이지애나 도로 주택 프로그램(Louisiana Road Home Program)에서 수행한 주거 구조물에 대한 조사는 개별 부동산 피해에 대한 독자적인 관점을 제공한다. 주민의 복귀에 대한 정서를 주택 피해 수준에 대한 인식 및 독립적인 재산 피해 평가 결과와 비교했다. 주어진 기간 내에 다른 주민이 복귀할지 여부를 평가하기 위한 조사결과의 사용을 위해 공간 분석을 활용했다. 이러한 분석은 특정 시설물과 지역에 복귀할 의지와 관련한 일련의 가설을 검증하는 데 도움이 된다.

허리케인 카트리나 발생 후 사회적 취약성과 홍수심에 대해 공간 분석을 적용했다. 홍수심과 사회적 취약성을 측정한 위험 구역들 사이의 관계에 초점을 맞추었다. 이 연구에서는 홍수심(위험도)과 인구, 소득, 장애 여부, 주택소유 여부, 한부모가구, 자동차에 대한 접근성 등을 포함하는 사회적 인구 특성(취약성)의 관계를 조사했다. 분석 결과 흑인은 다른 인구집단보다 홍수심과 좀 더 관계가 있었다(Curtis et al., 2010).

이 조사에서는 두 개의 다른 자료를 사용하기 때문에 같은 유형과 크기로 변환시켜야 했다. 격자 자료의 홍수심을 선택해 각 인구조사 그룹별로 평균을 낸다. 뉴올리언스의 고도는 약간의 차이밖에 없으므로 이러한 변환을 통해 효과적으로 각 인구조사 그룹별 홍수심을 얻을 수 있다. 재해 분석에서 사용하는 방법론에서는 지리공간 자료를 가지고 잠재적 문제를 완전하게 조사하고 이를 공간 분석에 적용하는 방법을 설명해야 한다(Rosenberg and Anderson, 2011).

공간 자료 시각화

분석 결과를 제시하는 것은 재해 분석 과정의 중요한 부분이다. 분석 결과 제시는 위험요인에 대한 개인, 조직, 지역의 의사결정을 지원하는 중요한 요소다. HAZUS-MH(지진, 홍수, 해안 재해, ALOHA) 같은 모델링 프로그램에서 나온 분석 결과를 바탕으로 공간적인 현황을 제시하는 것은 의사결정자에게 정보를 전달하는 중요한 수단이 된다. 우리는 공간분석 기술을 이용해서 자료를 다루어야 한다. 공간 자료는 지도로 볼 수 있으며, 주변에서 얻은 정보를 다양한 방식으로 나타내기 위해 GIS를 이용해서 이러한 지도를 상호 변화시킬 수 있다. 또한 거주 지역, 운송 노선, 방역 지역, 주요 시설, 인프라처럼 다양한 정보들을 추가하여 대상 지역의 고해상도 이미지로 나타낼 수 있다.

재해 분석 결과의 시각화와 공간 분석 및 지도 작성 도구의 사용을 통해 다음과 같은 도움을 받을 수 있다.

1. 관련 자료 또는 다중 자료에서 경향을 확인한다.

2. 대형 자료를 이해한다.
3. 시간에 따른 지역의 지리공간적 특징 변화를 이해한다.
4. 좀 더 작은 지리적 규모에서는 지리공간 특성들이 유사하거나 빈번히 상호작용한다는 사실을 이해한다.
5. 자료를 지나치게 단순화시키지 않고도 복잡한 정보를 전달할 수 있는 수단을 제공한다.
6. 지역과 주정부 수준의 위기운영센터(EOC: Emergency Operations Center)에 위험요인의 특성과 잠재적 영향에 대한 중요한 정보를 제공한다.

〈그림 4-3〉과 〈그림 4-4〉는 시뮬레이션, 훈련, 실제 재난 대응에서 재해 취약성을 시각화하는 방법을 보여준다. 〈그림 4-3〉의 뉴올리언스 지도를 살펴보면 세입자 인구 비율에 차이가 크다는 것을 알 수 있다. 도시 중앙 지역은 임대 인구 비율이 높고, 도시 가장자리 지역은 임대 인구 비율이 가장 낮은 두 가지 경향이 관찰된다. 공간 분석을 이용해 소득과 임대 비율 사이의 관계를 정량적으로 결정할 수 있다. 〈그림 4-4〉 지도는 광범위한 관점에서 지역에 대한 공간 분석 사용의 기초를 제공해준다.

지역에 대한 광범위한 관점을 활용하고, 위치와 가구 소득 사이의 관계와 관련된 의문을 제기하고, 주택 가격과 지역의 여가활동 지역(공원) 사이의 관련성을 살펴보며 또 다른 가설들을 확인할 수 있다. 〈그림 4-3〉은 도심 공원이 이미지 위에 위치해 있으며, 여가활동 지역 근처에 임대가구가 제한되어 있다는 사실을 보여준다. 공간 분석을 통해 대규모 여가활동 지역과 임대가구 비율이 낮은 구역 사이에 분명한 관계가 있다는 사실을 확인할 수 있다.

허리케인 카트리나 범람 후 지방정부, 주정부, 연방정부의 위기 대응 담당자들이 〈그림 4-4〉를 폭넓게 사용하고 있다. 뉴올리언스 침수 지역의 물을 퍼낸 결과 수위가 변화했다. 주요 운송 노선과 수위에 대한 정보를 위기 대응 담당자에게 제공했다. 뉴올리언스 전체에 최상의 구호 노선을 결정하는 데 공간 분석이 사용되었다.

모든 위험요인에는 공간과 시간 차원이 존재한다. 공간 차원은 위험요인에 따라 (지역에서 전 세계적으로) 규모가 다양하다. 시간 차원도 (분에서 개월까지) 규모가 다양하다.

위험요인 관련 자료를 지도로 나타내려면 많은 자료와 다양한 유형의 지도 작성용 자료를 활용해야 한다. 즉 사진, 지역을 그래픽으로 표현한 시트 그리고 도로(선), 건물(점), 국가 또는 도시 경계선(다각형)을 나타내는 벡터 등을 활용한다. 바람, 홍수, 해일, 지진, 산사태, 가뭄, 기타 재난으로 인한 재해를 가장 잘 보여주는 방법은 무엇인가?

모든 지도는 그래픽 실측 또는 모델링 결과의 그래픽적인 표현이다.

1. 지도는 이웃 또는 시민의 정서, 거주 경향, 정치 및 행정 경계선 같은 경제 문화적 특징을 나타낸다.
2. 지도는 고도, 하천, 토지 피복 같은 물리적 특징을 나타낸다.

또한 지도는 지리적 경관에서 물리적으로 나타나지 않은 정신적 관념도 나타낼 수 있다. 예를 들어 사람들의 태도, 삶의 질, 무기 제재에 대한 정서를 지도 상에 나타낼 수 있다.

단계 구분도

국제지도학회(ICA: International Cartographic Association)에서는 단계 구분도를 "대개의 경우 통계학적 또는 행정적인 지역에 대해 차이를 나타내는 색 또는 음영을 적용한 지리학적 표현 방법"으로 정의한다. 단계 구분도를 만들려면 ① 특정 지역의 자료를 수집해야 한다. ② 자료값에 대한 지역 기호 체계를 고안한다. ③ 지도 상 지역에 기호를 적용한다. ④ 지역 자료의 기호 등급을 정한다. ⑤ 분류방법에 따라 기호 등급을 선택한다.

단계 구분도에서는 절대적 자료에 대한 상대적 자료를 보여주어야 한다. 상대적 자료에는 밀도(예: 인구밀도.제곱마일당 인구), 백분율(예: 65세 이상 인구의 백분율), 비율(예: 10만 명당 살인사건 수)이 포함된다. 단계 구분도를 작성할 때는 다음과 같은 세 가지 결정을 해야 한다.

1. 등급 수: 너무 많거나 너무 적은 등급은 장단점이 있다. 너무 많은 단계 구분도는 복잡하고, 사용자가 이해하기 어렵다. 너무 적으면 정보 손실을 유발한다.
2. 분류방법의 유형: 여기에는 똑같은 단계들이 포함된다. 0~10, >10~20, >20~30 같은 간격들일 수도 있다. 두 번째 분류방법은 분류된 자료에서 볼 수 있는 자료의 자연스러운 변화와 관련 있다. 분위는 각 등급에 똑같은 관찰 수를 사용하는 분류방법으로 사용될 수 있다. 마지막으로 표준편차를 사용할 수 있는데, 표준편차에는 자료의 평균으로부터 자료값들의 평균 편차를 포함한다. 이러한 접근방법은 자료의 가변성을 측정하는 훌륭한 상대적 측정 도구다.
3. 색 또는 지역 상징체계: 다양한 색으로 다양한 지역(우편번호, 편입 지역, 특정 지구)을 나타낼 수 있다.

생각하기

〈그림 4-5〉는 같은 정보를 다양한 분류방법을 이용해 보여주는 방법의 예를 제공하고 있다. 이 지도는 자료를 보는 방식이 우리가 추론한 결론에 영향을 미친다는 사실을 보여준다. 4개의 지도 중 어느 것이 가장 좋은 공간 및 시간 관점을 가지고 있는가?

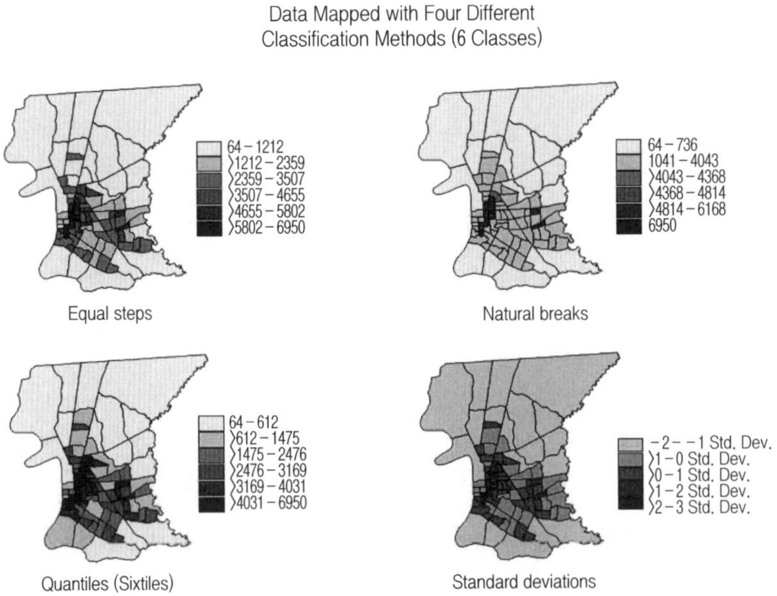

〈그림 4-5〉 다른 분류방법을 사용한 자료의 시각화

비례 기호 지도(proportional symbol map)는 흔히 사용되는 점 지도다. 일반적으로 점 지도를 만들려면 지리적으로 분산된 현상의 각 요소를 보여주는 비례 기호를 선택해야 한다. 기호의 형태는 변하지 않지만 장소별로 표현 대상의 수에 비례하여 기호의 수가 변한다. 디자인을 결정하기 위해 점의 위치, 값, 크기를 고려해야 한다. 〈그림 4-6〉은 공간 데

이터 분석에서 도출한 특정 관할구역의 자료를 보여준다. 점 기호는 특정 지리적 경계에 대한 자료를 반영한다.

비례 기호 지도에서는 여러 형태(원, 사각형, 삼각형)를 사용하며, 장소와 표현하는 수량에 따라 크기가 달라진다. 따라서 다양한 크기의 기호들을 살펴보며 정량적 분포를 이해할 수 있다. 〈그림 4-6〉에서처럼 자료가 어떤 지점에서 나타날 때 또는 어떤 지점에 자료가 모여 있을 때 비례 기호 지도를 선택할 수 있다.

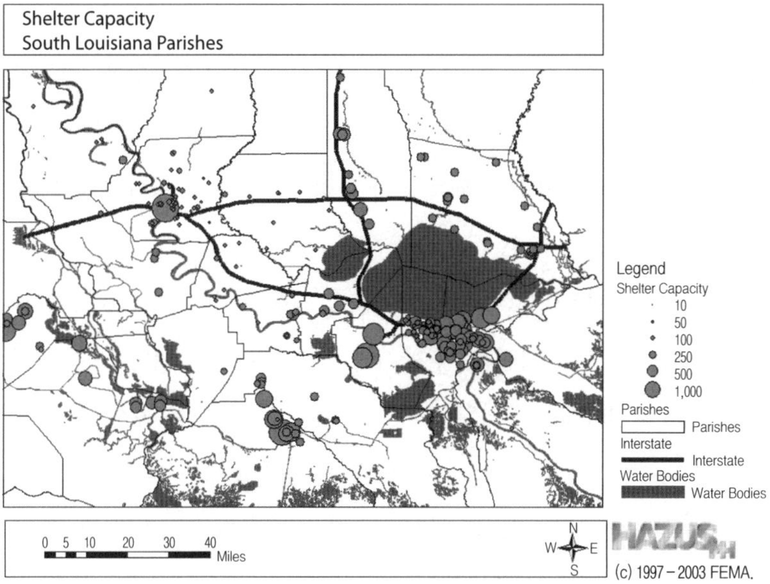

〈그림 4-6〉 비례 기호를 사용한 도표화 자료

결론

브리미콤브(Brimicombe, 2003)는 재해 분석에서 사용할 자료의 적합성은 '사용 적합성'에 초점을 맞추어야 한다고 강조했다. 또한 자료 사용에서 오류에 초점을 맞추기보다는 좀 더 광범위하게 불확실성을 평가해야 한다고 주장했다. 우리는 자료의 품질을 조사해야 하며, 자료를 사용하기에 적절한 응용프로그램인지 살펴보아야 한다. 또한 자료의 품질뿐만 아니라 공간 분석, 전체 재해 분석 방법론과 접근방법에 따른 자료 사용 방법을 조사해야 한다. 그러므로 사용 적합성 검사에는 자료 품질 평가와 함께 재해 모형 또는 공간 분석 기법에서 자료를 사용할 때의 한계점 조사가 포함되어야 한다. 이러한 검사는 자료의 한계점을 설명해주는 것으로 세심히 관리되어야 하는 과정이다. 재해 분석 방법론에서는 자료의 출처와 분석을 포함하는 공간 분석의 단계들을 명확히 설명해주어야 한다.

방법론에는 메타데이터 파일에 대한 조사가 포함되어야 한다. 메타데이터는 선택 자료가 재해 분석 목적에 적합한 이유를 설명하는 정보를 제공해준다. 메타데이터 파일은 자료를 만든 사람, 사용 목적, 결과물의 날짜가 기록되어 있지만 재난의 정확도는 다루고 있지 않다. 이는 비용이 너무 많이 들어서 자료의 공간 오류를 평가하지 못하거나 그러한 평가가 너무 복잡하기 때문일 수 있다.

토론 주제

1) 재해를 조사하기 위한 많은 분석에서 DEM의 사용이 요구된다. USGS에서는 수년 동안 미국의 DEM 자료를 다양한 축척(1 : 30m 또는 1 : 20m)으로 출판해왔다. 좀 더 최근에는 많은 주 기관과 연방 기관들이 LIDAR 원격기술을 이용해 고해상도(1 : 5m 해상도) DEM 자료를 만들어왔다. 고해상도 DEM은 재해 분석에 어떠한 차이를 가져오는가?
2) 어떤 자료도 100% 정확하진 않다. 재해 분석에서 오류를 조사하고 설명하는 것이 왜 그렇게 중요한가?
3) 오류, 정확도, 정밀도, 신뢰도라는 용어들은 무엇을 의미하며, 재해 분석 자료 사용에서 왜 그렇게 중요한가?
4) 재해 분석 결과물을 이해하는 데 도움을 주는 정보를 전달하기 위해 공간 분석의 결과를 어떻게 시각화할 수 있는가?

응용문제

메타데이터는 사용자가 재해 분석 또는 기타 응용프로그램에서 자료를 가장 잘 활용하는 방법을 결정할 수 있도록 지리공간 자료에 대한 정보를 제공해준다. 메타데이터 파일은 루이지애나 주립대학교의 Atlas Internet 사이트(http://atlas.lsu.edu)에서 볼 수 있듯이 많은 자료를 제공한다. 이 사이트에 들어가 LIDAR 자료를 선택해 하나의 지리 지역을 다운로드한다. 파일을 읽고 자료 획득 방법, 수집자, 수집 시기, 공개 시기, 해상도, 의도한 목적 등을 결정한다. 이 자료들은 품질 검사를 받지 않았다. 이것은 사용자에게 어떤 의미가 있을까?

같은 연구 지역에 점 지도(dot map) 접근방법을 사용하여 재난 지도를 만든다. 이때 다양한 크기의 점과 점 값을 사용하여 다양한 점 지도 사이의 차이점을 관찰한다. 이를 위해 지도 작성 프로그램 또는 GIS 소프트웨어 패키지를 사용할 수 있다.

웹사이트

FedStats. Federal Statistics. http://www.fedstats.gov/

Geodata.gov. GOS.Geospatial One Stop. http://gos2.geodata.gov/wps/portal/gos

U. S. Census Bureau. TIGER/Line shapefiles. http://www.census.gov/geo/www/tiger/tgrshp.html

참고문헌

Anselin, L. and Getis, A. (2010). Spatial statistical analysis and geographic information systems, pp. 35-47. In L. Anselin and S. J. Rey (eds.), *Perspectives on Spatial Data Analysis.* Springer-Verlag Berlin Heidelberg.

Anselin, L., Syabri, I. and Kho, Y. (2006). GeoDa: an introduction to spatial data analysis. *Geographical Analysis,* 38(1), 5-22.

Bailey, T. C. and Gatrell, A. C. (1995). *Interactive Spatial Data Analysis* (Vol. 413), Essex: Longman Scientific & Technical.

Brimicombe, A. (2003). *GIS, Environmental Modeling and Engineering.* London: Taylor & Francis.

Burrough, P. A. and Frank, A. U. (eds.) (1996). *Geographical Objects with Indeterminate Boundaries.* London: Taylor & Francis.

Curtis, A., Li, B., Marx, B. D., Mills, J. W. and Pine, J. (2010). A multiple additive regression tree analysis of three exposure measures during Hurricane Katrina. *Disasters,* 35(1), 19-35.

Fekete, A. (2012). Spatial disaster vulnerability and risk assessments: challenges in their quality and acceptance. *Natural Hazards,* 61(3), 1161-1178.

Fischer, M. M. (1996). *Spatial Analytical Perspectives on GIS*. Boca Raton, FL: CRC Press.

Gilbert, E. W. (1958) Pioneer maps of health and disease in England. *Geographical Journal,* 124, 172-183.

Goodchild, M. F. (1993). Data models and data quality: problems and prospects. In M. Goodchild, B. O. Parks and L. T. Steyaert (eds.), *Environmental Modeling with GIS*. New York: Oxford University Press.

Kosar, B., Grochenig, S., Leitner, M., Paulus, G. and Ward, S. (2011). The Application of Geospatial Technology in Hazards and Disaster Research: Developing and Evaluating Spatial Recovery Indices to Assess Flood Hazard Zones and Community Resilience in Austrian Communities. In A. Car, G. Griesebner, and J. Strobl (eds.), Geospatial Crossroads @ GI_Forum '11.

Longley, P. A., Goodchild, M. F., Maguire, D. J. and Rhind, D. W. (2005). *Geographic Information Systems and Science, Second Edition*. Europe: John Wiley & Sons.

Openshaw, S. and Clarke, G. (1996). Developing spatial analysis functions relevant to GIS environments. *Spatial analytical perspectives on GIS*, 21-37.

Pedro, S. (2006). *Delineating Hurricane Vulnerable Populations in Orleans Parish, Louisiana*. Master's Thesis, Department of Environmental Sciences, Louisiana State University.

Pine, J. C., Brian D. M. and Lakshmanan, A. (2002). An examination of accidental release scenarios from chemical processing sites: the relation of race to distance. *Social Sciences Quarterly,* 83(1), 317-331.

Rosenberg, M. S. and Anderson, C. D. (2011). PASSAGE: pattern analysis, spatial statistics and geographic exegesis. Version 2. *Methods in Ecology and Evolution,* 2(3), 229-232.

Turner, B. L., Kasperson, R. E., Matson, P. A., McCarthy, J. J., Corell, R. W., Christensen, L. and Eckley, N., et al. (2003). A framework for vulnerability analysis in sustain-ability science. *Proceedings of the National Academy of Sciences,* 100(14), 8074-8079.

5장

재해 분석: 위험도 분석

목표

1. 위험도 분석 과정을 설명한다.
2. 위험도의 정의를 설명한다.
3. 위험도 분석의 정량적 접근방법과 정성적 접근방법을 비교 분석한다.
4. 위험도를 결정하기 위해 과거 자료를 사용하는 방법에 대해 토의한다.
5. 불확실성에 대한 개념을 설명하고 위험도 분석에 미치는 영향을 파악한다.
6. 허용 위험도의 개념과 결정방법을 설명한다.
7. 위험도의 발생 가능성과 결과를 설명한다.

주요 용어

논리 나무(logic tree)
몬테카를로 방법(Monte Carlo method)
불확실성(uncertainty)
비자발적 리스크(involuntary risks)
위험도(risk)
자발적 리스크(voluntary risks)
정량적 분석(quantitative analyses)
정성적 분석(qualitative analyses)
취약성(vulnerability)
허용 위험도(acceptable risk)
홍수량 빈도(flood flow frequency)
홍수량(flood discharge)

개요

위험도 분석은 재난의 발생 가능성과 재난으로 인해 발생 가능한 결과를 평가하는 것이다. 이러한 분석을 위해 지역에 영향을 주는 위험요인을 먼저 파악해야 한다. 위험요인을 파악한 후 자료를 수집해서 위험요인의 특성과 규모를 특징짓는 지역의 재해 이력을 작성한다. 마지막으로 위험도에 대한 분석을 수행한다. 이러한 분석은 지역의 취약성 지표들을 확인하고 재해 발생 확률을 계산하는 과정을 포함한다. 이러한 정보로 지역에 미치는 위험요인의 영향을 분석할 수 있다. 재해 모형이나 GIS 같은 소프트웨어를 사용하여 분석을 수행하고, 위험도 관리나 지역 재해 예방에 책임이 있는 의사결정자들에게 유용하고 정확한 정보를 제공해야 한다. 우리의 목적은 적절한 정보를 적절한 수준으로 적절한 시간에 의사결정자에게 제공하는 것이다.

위험도 분석 과정

우리는 여러 가지 위험요인에 취약하다. 해안지역에 위치한 지역은 허리케인이나 폭풍해일에 취약하다. 산악지역에 위치한 또 다른 지역은 산불이나 홍수에 취약할 수 있다. 일부 기관들은 입지에 제한을 받을 수도 있다. 예를 들어 업무상 주요 교통로 주변에 위치할 필요가 있는 경우에는 범람이 잦은 지역과 해안가 주변에 위치할 수 있다. 위험도 분석을 사용하여 해당 지역이나 주요 기관들은 위험요인에 대한 노출성을 이해한 후 결정을 내릴 수 있다. 위험도 분석 과정은 이러한 취약성에 접근하는 데 사용된다.

위험도 분석 과정에서는 위험요인으로 인한 위험도의 특성, 발생 가능 시기와 장소, 잠재적 강도, 사람과 재산에 대한 잠재적인 영향을 조사한다. 재난 위험 수준은 발생 가능성 또는 빈도와 결과의 곱으로 나타낼 수 있다. 그러므로 위험도 분석은 위험요인을 파악하는 것으로 시작해야 한다. 위험요인이 파악되면, 재난의 발생 확률이나 빈도 그리고 발생 피해 등이 분석된다. 피해는 재난에 의한 인명손실, 사회문화적 충격 또는 경제·환경적 비용 등이 될 것이다. 분석이 완료되면 위험도 분석의 결과는 조직이나 지역의 취약성을 줄이는 전략을 채택하기 위한 문제 해결과 의사결정 과정에 사용될 수 있다.

위험을 피할 수 없다면 일반 가정, 기관, 지역사회는 '허용 위험도'가 무엇인지 신중히 선택해야 한다. 재해 예방 정책을 위해 가능한 선택과 그 결과를 이해해야 한다. 위험도는 매우 한정되어 있어서 다른 위험요인이 더 자주 발생하고, 더욱 광범위한 피해를 야기할 수도 있다. 일부 기관과 지역은 기꺼이 특정 위험도를 안고 살아가려 하며, 위험으로 인한 부정적인 결과를 줄이기 위해 필요한 자원을 확대하려 하지 않는다. 필요한 의사결정 과정을 지원하기 위해서는 적절한 분석이 수행되어야 한다. 이러한 분석은 가스나 위험물질 누출 같은 위험도의 공간적인 배분을 결정하기 위한 재해 지도 작성을 포함한다. 산사태에 취약한 지역의 경우, 과거 산사태의 빈도와 강도에 대한 자료를 수집하고 앞으로 발생할 산사태에 가장 취약한 지역에 대한 정보를 파악해야 한다. 많은 경우, 특히 자료가 부족하거나 설명이 필요한 경우에는 특정 위험도 요인들(예: 재난의 위험도를 현저하게 증가시키거나 감소시키는 요인 또는 생명과 재산을 위협할 수 있는 요인들)과 위험 지역 내 사람과 재산의 취약성을 고려한 판단이 이루어져야 한다. 이용 가능한 자료와 전문지식으로 얻은 분석은 경험적 판단과 함께 재해 분석 과정의 구성요소가 된다.

위험 관리자들은 관할구역이 직면한 모든 위험요인의 가능성과 결과를 고려해서 우선순위를 정한다. 하지만 위험도 분석에서 발생 가능성(likelihood)을 파악하기 위해서는 확률(probability)을 이해해야 한다. 확률은 위험 관리자에게 위험요인이 지역에 영향을 미칠 수 있는지의 여부를 알려준다. 자딘과 허들리(Jardin and Hurdley, 1997)는 별개의 사건에 초점을 맞추기 위해 확률 개념의 사용을 제안하여 모든 가능한 결과물을 살펴보고 결과물과 가능성 사이의 양적 관계를 조사했다. 하지만 실제 세계에서 완벽한 정보는 거의 존재하지 않는다. 그러므로 재해 분석에는 상세한 과거 정보와 함께 주관적인 정보도 포함되어 있다.

위험도란?

위험도는 재해의 발생 가능성 또는 재해가 발생할 확률과 사건에 따른 부정적인 결과의 곱이다. 많은 사람들이 위험도를 단순히 위험요인에 대한 노출로 간주한다. 위험도를 간단히 설명하면 〈그림 5-1〉과 같다.

이런 접근방법은 영국 왕립학술원(Royal Society Study Group, 1993)의 "일정 기간 동안 특별한 부정적 사건이 발생할 확률 또는 특정 변화에 대한 결과"라는 위험도 정의를 바탕으로 한다. 왕립학술원은 지역의

위험도 = (발생 가능성 또는 확률) × 결과

〈그림 5-1〉 위험도

재해 발생 가능성과 결과를 측정하여 위험요인과 연관된 위험도 분석의 기초를 마련했다. 위험도를 인식하는 방식과 분석 과정은 개인과 기관이 위험도를 고려하는 방식에 영향을 미친다. 이 책에서는 개인, 조직, 공공의 다양한 관점을 인정하고 있다. 재해 분석 결과의 공개는 재해위험 관리와 지역 재해 예방에 많은 도움이 된다.

과속 운전을 하거나 위험도가 높은 스포츠 대회에 참여하는 것처럼 피해를 입거나 다칠 확률이 높은 활동에 참여하는 것은 자발적인 위험도라 할 수 있다. 반면 참여하지 않는 위험도들은 비자발적인 위험도로서 사전에 피해 노출을 원치 않거나 그 자체를 알지 못한다. 비자발적인 위험도의 경우 단순히 산불이나 유해물질 유출처럼 위험도의 특성이 변하면서 위험도에 노출된다. 불행히도 우리는 여러 가지 위험요인으로부터의 실제 위험도를 파악할 수 없다. 우리는 위험요인의 위협에 적응하면서 살아왔고, 취약성을 줄일 수 있는 대안들에 대해 준비하지 않았다.

영국 왕립학술원(1992)은 위험도 관리를 위험도를 고려하는 의사결정이라는 개념으로 인식했다. 위험도 관리는 위험요인 식별과 위험도 분석을 모두 포함한다. 위험도 분석이라는 용어는 지역과 조직의 잠재적 재난과 그로 인한 피해를 이해하기 위한 과정들을 반영한다. 이러한 위험도 분석의 정의는 피해의 확인, 피해 규모 평가, 피해 발생 가능성을 포함한다. 마지막으로 기관들은 위험도 분석의 결과물을 사용해 허용수준 위험도를 결정하고 특정 위험요인의 부정적 효과를 감소시키는 방법을 선택하고 있다. 기관의 위험도 감소 노력은 재해 위험도 관리로 간주된다. 이는 재해 예방과 지역의 회복성 구축을 위한 좀 더 광범위한 지역 접근방법과는 대조적이다.

위험도의 정량적 분석

분석은 대개 정량적 분석과 정성적 분석의 두 가지로 분류한다. 정량적 분석은 위험도의 양적인 특성을 도출하기 위해 통계학적 방법을 사용한다. 정성적인 분석은 위험의 발생 가능성과 결과들을 묘사하기 위해 범주형 변수를 사용한다. 정량적 분석은 측정 가능한 특정 지표들(금액, 확률, 빈도, 부상자나 사망자의 수)을 사용하지만, 정성적 분석은 확률범위를 나타내는 수식어를 사용한다.

발생 가능성의 정량적 분석

위험도의 발생 가능성에 관한 정량적 분석은 재난을 유발하는 위험요인의 통계학적 발생 확률을 찾는 것이다. 이러한 분석은 과거 자료를 바탕으로 하며, 반드시 사건의 발생 확률을 숫자로 표시하는 기준을 만들어야 한다. 발생 가능성에 대한 정량적인 척도로 가장 많이 사용되는 것 중 하나는 재난을 일으키는 특정 위험요인의 연간 발생 횟수이다. 예를 들어, 재난 발생의 빈도가 연 3회(3/년)라고 한다면, 이것은 재난이 1년에 평균적으로 3회 발생한다는 것이다. 1/10년 또는 10/주 같은 시간 단위가 사용될 수도 있다. 발생 가능성을 정량적으로 표현하는 또 다른 방법은 확률처럼 빈도를 표현하는 것이다. 예를 들어, 100년 빈도의 홍수는 어떤 주어진 연도에 발생할 확률이 1/100이며, 발생 가능성이 1% 또는 0.01이다. 이러한 확률이 0%, 50% 또는 100%에 얼마나 가까운지에 따라 확률을 해석한다. 예를 들어, 발생 확률이 0%라면 재난은 발생하지 않을 것이고, 100%라면 특정 시간에 재난이 발생하는 것은 확실하다. 100%에 가까울수록 사건이 발생할 가능성은 더 높은 것이고, 50%

라면 재난이 일어날 수도 있고 일어나지 않을 수도 있다.

결과의 정량적 분석

위험도의 발생 가능성과 마찬가지로 위험도의 결과 또한 정량적 방법이나 정성적 방법으로 설명할 수 있다. 결과의 정량적 표현은 사망자와 부상자 수 또는 피해액으로 나타낼 수 있다. 예를 들어 허리케인 카트리나의 최종 사망자 집계는 1,836명이고 재산피해액은 819억 달러였다(Zimmermann, 2012). 이러한 정량적 값은 가장 치명적이거나 피해가 큰 재난 사건의 순위를 매기거나 비교하는 데 종종 사용된다. 〈그림 5-2〉는 미국을 강타한 가장 치명적인 허리케인의 기록을 보여준다.

허리케인	연도	카테고리	사망자 수(명)
갈베스톤	1900	4	8,000~12,000
오키초비	1928	4	2,500~3,000
카트리나	2005	3	1,500+
루이지애나	1893	4	1,100~1,400
사우스캐롤라이나/조지아	1893	3	1,000~2,000

〈그림 5-2〉 가장 치명적이었던 미국의 허리케인

위험도의 정성적 분석

발생 가능성의 정성적 분석

발생 가능성의 정성적인 표시는 발생 확률을 설명하는 단어로 나타낸다. 각 단어 혹은 문구는 〈그림 5-3〉의 분류에서 볼 수 있듯이 정해진

확률 범위를 가진다.

우리는 이에 대해 판단하여 특정 위험요인의 위험도를 결정한다. 최근 경험, 위험요인이 영향을 주는 방식, 미디어에서 제공하는 정보, 잠재적 위험요인을 다루는 지역사회 회의 등 많은 요인을 기초로 판단을 내린다. 또한 계산된 정량적 측정값을 정성적 변수로 바꿀 수 있다. 예를 들어, 특정 지역에서 산불 발생 확률이 1.5%라고 계산되었다면, 이는 〈그림 5-3〉에 의해 '드문' 사건으로 분류될 수 있다.

	발생 확률(%)
확실한	>99
가망 있는	50~99
가능한	5~49
가망 없는	2~5
드문	1~2
매우 드문	<1

〈그림 5-3〉 발생 확률의 정성적 표현

결과의 정성적 분석

발생 가능성의 정량적 표현과 마찬가지로 관련된 의미를 가진 단어와 문구를 사용해 과거 재난의 피해나 미래 재난의 예상 피해를 나타낼 수

	부상자	사망자
사소한	없음	없음
심각하지 않은	적음 구급처치 필요	없음
보통	의학치료 필요 짧은 입원 필요	없음
심각한	대규모 부상자	다수 상당수의 사망자
재앙의	다수의 중상자*	다수

*EMA, 2000

〈그림 5-4〉 결과의 정성적 지표

있다. 예를 들어 사망, 부상, 비용(종종 사망자와 부상자의 정성적 측정을 결합시킨다)에 대해 정성적으로 분석 가능하다. 〈그림 5-4〉에서는 측정 지표의 정량화를 도와주는 주관적인 범위들을 설명하고 있다.

생각하기

정성적 및 정량적 도구를 사용해 위험도를 이해하고자 한다. 이런 도구들은 물리학과 사회학을 모두 적용하여 위험요인과 그 효과를 조사하는 데 도움을 준다. 위험도는 개인의 지역 위험요인에 대한 친밀함에 따라 개인적으로 형성(Slovic, 1991)될 뿐만 아니라 오랫동안 지역에서위험요인을 바라보는 관점을 포함한 지역 문화 요소에 따라 형성될 수 있다. 예를 들어, 2012년 허리케인 샌디가 북동부 지역을 강타했을 때, 북동부에 사는 사람들은 허리케인에 대한 대비를 거의 하고 있지 않았다. 그러나 샌디가 강타한 지 겨우 1년 후 뉴욕과 뉴저지에 사는 주민은 허리케인 샌디의 영향으로 더 철두철미하게 준비하고 있던 것으로 조사되었다. 위험도에 대한 당신의 관점은 무엇에 영향을 받았는가?

위험 지역 결정

레세스키(Rejeski, 1993)는 위험도에 대한 논의에 세 가지 주요 그룹을 포함시켰다. 즉, 이성적인 과정을 통해 자신의 의견을 형성하는 과학자들, 정량적 및 정성적 자료를 포함한 복합적인 정보를 바탕으로 자신의 입장을 정하는 정책 입안자들, 다른 두 개의 주요 그룹으로부터 자료를 제공받지만 특정 상황에서 자신만의 입장으로 위험도에 대한 인식과 판단을 하는 일반 시민이다. 레제스키는 재난으로 인한 위험들은 해결되지 않는 애매모호함으로 가득 차 있으며, 특히 문제에 대해 서로 확연히 다른 견해를 가지고 있는 그룹들의 경우 더욱 그러하다고 설명했다. 그러므로 그룹들이 인식과 입장에 대한 기반을 공유하기로 동의한 경우에만 위험도에 대한 공통된 관점이 생길 수 있다. 레제스키는 불확실함(uncertainty)과 애매모호함(ambiguity) 사이에는 커다란 차이가 있다고 강조했다. 애매모호함은 위험도 관리 전략과 위험도 분석 과정을 분리하고자 하는 공공정책의 본질적인 요소다. 위험도와 불확실성에 대한 논의에서 중요한 요소 중 하나는 과학자, 정책 입안자, 일반 시민이라는 3개의 그룹 사이에 형성된 신뢰의 상대적 수준이다. 합의를 가능하게 해주는 가장 중요한 요소는 참여적인 과정과 열린 대화의 촉진이다. 위험요인과 관련된 자료와 과학적 결과의 시각화는 의미 있는 결론에 접근할 수 있게 해준다. 예를 들어, GIS는 위험요인과 위험도를 조사하는 도구를 제공한다. 즉, 〈그림 5-5〉와 같이 위험 구역의 특성과 규모를 시각화하는 데 사용될 수 있다. 위험물질 방출 시뮬레이션에서는 3개의 위험 구역과 위험발생 가능 구역을 나타낸다. 이를 통해 의견 차이 문제를 완전히 해결

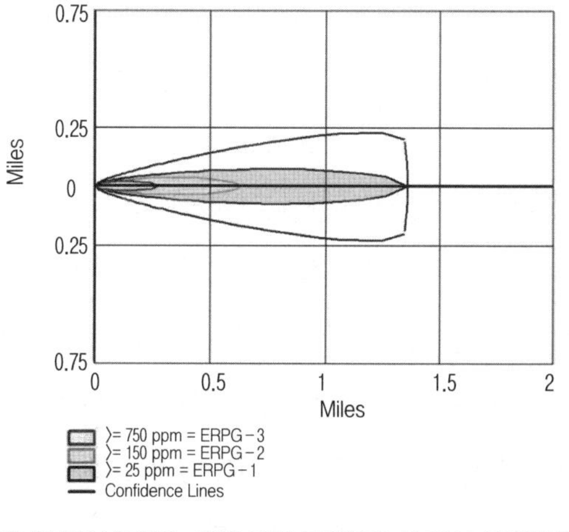

〈그림 5-5〉 노출 한계를 나타내는 재해 위험 구역(EPA ALOHA 모델링 프로그램 사용)

해주지는 못하지만, 위험요인의 위험도에 관심을 가지고 있는 사람들에게 합의를 끌어낼 수 있는 기본적인 정보를 제공할 수는 있다.

재해 모형과 공간 분석 도구가 여러 문제들을 어떻게 설명하는지 조사하기 위해 GIS 적용 사례를 좀 더 자세히 알아보자. 〈그림 5-5〉는 동풍이 10 mph로 부는 춥고 흐린 2월 어느 날 오전 10시에 사고로 유출된 암모니아를 측정한 것이다. 유출 사고는 병원과 가까운 곳에서 다양한 실린더를 하역하던 트럭으로부터 600 lb의 가스통이 떨어지면서 발생했다. 모델링에서는 25 ppm, 150 ppm, 750 ppm의 노출 한계를 사용하여 세 가지 위험도를 추정했다. 이 모형은 가장 취약한 지역을 보여주고 이 지역의 한계 노출 추정량을 제공한다. 이러한 구역 설정은 이와 같은 재난의 공간적 불확실성을 명확히 하는 데 도움이 된다. 이를 통해 재해모형의 한계와 공간 분석에 사용되는 자료들을 더욱 분명하게 이해할 수 있다.

〈그림 5-5〉의 시나리오에서는 독성 가스 농도가 사람에게 피해를 줄 만큼 높은 지역을 예측하기 위해 ALOHA(Areal Locations of Hazardous Atmospheres) 화학 분산 모형에서 사용한 위기대응계획가이드라인(ERPG: Emergency Response Planning Guideline)의 세 가지 노출 한계를 활용하고 있다. 미국 산업위생협회(American Industrial Hygiene)의 한 위원회에서 독성 화학물질 노출이 인체에 미치는 부정적인 영향을 예측하는 지침으로 사용하기 위해 이 세 가지 노출 한계를 개발했다. 이 3단계 지침은 1시간의 직접 노출시간을 사용한다. 각 지침은 물질, 화학적·구조적 특성, 동물 독성 자료, 인체 실험, 기존 노출 지침, 선택값의 근거, 참고문헌 목록 등을 제시한다.

ERPG 1

건강상 약간의 일시적인 부작용이 있거나
불쾌한 냄새를 심하게 맡지 않고
모든 사람이 1시간 정도 노출될 수 있는
최대 공기 중 농도

ERPG 2

회복할 수 없는 건강상 심각한 손상을 입거나
보호작용을 불러일으키지 않으면서
모든 사람이 1시간 정도 노출될 수 있는 최대 공기 중 농도

ERPG 3

생명을 위협하는 건강상의 영향 없이
모든 사람이 1시간 정도
노출될 수 있는 최대 공기 중 농도

〈그림 5-6〉 비상계획 안내 노출성 설명 지침

모형과 지침을 적용하기 위해서는 모형에 내재된 한계와 위에서 설명한 지침을 이해하는 것이 필요하다. 우선 지침에 있는 항목들은 모든 사람을 보호하지는 않는다. 어린이와 노인을 포함하는 매우 민감한 사람들은 지침에 제시된 것보다 훨씬 낮은 수치에서도 더 큰 고통을 받을 수 있다. 더욱이 노출 한계는 대개 인체 실험이 아닌 동물 연구를 바탕으로 하고 있다. 그리고 1시간 노출을 기준으로 하며, 노출 감소를 위한 개인적인 안전 조치를 고려하지 않는다. 사실 1시간 이상 노출될 수 있지만, 초기 경고를 인지하고 대피처를 찾을 수도 있다.

이 경우 지침에서 가정한 독성이나 위험에 덜 노출될 수 있다.

〈그림 5-7〉 NFPA HAZMAT Diamond

생각하기

암모니아 누출 사고의 시나리오가 보여주는 문제는 화학물질의 특정 노출 한계에 대한 위험도에 집중된다. 이 경우 위험도에 대한 질문은 단순하지 않으며, 위험 구역 내 위치(실제 유출 장소로부터의 거리), 건물 외부 또는 내부, 개인적인 건강 상태(천식, 호흡장애, 연령, 신체 크기 등) 등 다양한 요인에 영향을 받는다. 〈그림 5-7〉에 나타낸 표시는 주변 건물 벽에 있는 NFPA의 위험물질 다이아몬드이다. 어떻게 해석할 수 있는가? 누구에게 알려주는 것인가? http://www.compli-ancesigns.com/nfpadia monds.shtml을 참고하라.

분석 자료

재해 모형의 매개변수를 결정하거나 특정 위험요인에 대한 지역의 취약성을 확인하기 위해 위험도 전문가는 과거 자료에 의지해야 한다. 자료 수집방법이 시간에 따라 달라지기 때문에 완벽한 자료를 얻을 수는 없다. 설사 자료가 정확한 경우에도 사용 시에는 조심할 필요가 있다. 예를 들어, 미화 1달러의 가치가 나라마다 다르기 때문에 국가 간의 비교에도 문제가 발생할 수 있다.

시간이 지나면서 재난을 측정할 수 있는 능력이 발전했고, 전 세계 재난빈도를 수집하는 방법에도 변화가 생겼다. 과학적인 관측장비들은 과거보다 더 세밀해지고 정확해지고 있다. 인공위성 같은 첨단 기술을 사용하면서 재난을 감지하고 정확히 분류하는 능력이 향상되었으며, 1960년대 이후 자료보다 20세기 초의 자료가 훨씬 더 정확해졌다. 예를 들어 지진이나 태풍을 정확하게 감지하고 분류하는 능력이 예전에 비해 훨씬 좋아졌다. 그 결과 우리는 지난 20년 동안 재난의 발생 횟수가 증가하고 있음을 확인할 수 있다.

전 세계적으로 발생하는 재난의 발생 빈도와 피해를 보여주는 자료는 매우 많다. 이러한 자료들은 유엔 같은 국제기구나 뮌헨보험회사 같은 민간 기업으로부터 얻을 수 있다. 벨기에 루벵 대학교(University of Louvain)의 재난역학연구소(CRED: Centre for Research on the Epidemiology of Disasters)에서는 재난 관련 초대형 자료 중 하나인 EMDAT(Emergency Event Datavase)를 관리하고 있다. EM-DAT는 1990년 이후부터 발생한 자연재난과 인적재난을 다루고 있다. 이러한 자료는 특정 유형의 위험요인을 벤치마킹하는 데 유용하고, 특정 유형의 위험요인을 세계의 특정 부분에 맞춰 조정할 수 있다. 예를 들어 중앙 유럽의 지역에서 얻은 산사태 자료로 추정된 매개변수는 아프리카 산사태에 적용할 때 토양층과 건물 기준에 맞게 조정되어야 한다. NWS와 NOAA 같은 정부기관에서 얻은 날씨 관련 자료들은 미국의 특정 지역에서 특정 재해 위험도를 보다 정확하게 결정하는 데 도움을 준다.

〈그림 5-8〉은 자연재해 자료의 주요 출처를 보여준다. 미국의 국립기후자료센터(NCDC: National Climatic Data Center)는 기후 정보와 관련한 국가 차원의 역할을 하고 있다. NCDC는 과거의 기후 정보 기록을 돕기 위해 과거 자료를 제공한다. 또한 NCDC는 기후에 대해 전 세계의

재해	기관	기간
토네이도	태풍예측센터	1959~현재
뇌우, 바람	태풍예측센터	1959~현재
해일	태풍예측센터	1959~현재
번개	국립기후자료센터	1959~현재
폭풍 자료*	국립기후자료센터	1959~현재
허리케인	미국허리케인센터 콜로라도주립대학교	1886~1996
홍수	미국기상청	1903~현재
지진	국립지구물리학자료센터 지진연구소 일본 동경대학교	1970~현재 2150 B.C.~1994 3000 B.C.~1994
화산	세계 화산 프로그램 스미스소니언협회	8000 B.C.~현재

*바람, 해일, 번개, 풍수해, 토네이도, 홍수, 가뭄, 산사태, 허리케인, 산불, 뇌우를 포함한 기상 현상

〈그림 5-8〉 자연재해 자료의 출처

과학자 및 연구원들과 협력하며, 기상 및 기후 정보와 관련한 국내외 자료를 제공한다. NCDC와 더불어 USGS의 자연재난정보종합센터(Center for the Integration of Natural Disaster Information)는 재난정보센터로, 다른 기관이 배포한 재난 자료들을 연결해주고 있다(Thomas, 2001). EPA와 DOT는 유해 화학물질의 유출 사고에 대한 정보를 제공한다. DOT는 교통사고와 관련된 유출 자료에 초점을 맞추는 반면, EPA는 고정된 장소의 유출에 초점을 맞추고 있다.

토머스(Thomas, 2001)는 NWS 같은 기관에서 재해사고 자료를 통합하는 것이 어느 정도 이루어져왔지만, "현재 다양한 종류의 재해 자료에 대해 진정한 의미의 체계적인 통합은 이루어지지 않고 있다"고 주장했다.

정확한 자료의 중요성

재난 피해 감소를 위해 재해 분석 과정에서 사용되는 정보들은 효과적인 의사결정을 도울 수 있도록 정확하고 가장 최신의 정보들이어야 한다. 재해 모델링으로 얻은 정보는 의사결정을 돕는다. 정보의 투명성은 일반적으로 정보와 제공자에 대한 신뢰도를 높인다. 자료의 출처, 자료에서 발견된 오류, 전문가가 생략한 자료와 그 이유, 그리고 자료의 완전성을 밝히는 것 등이 투명성에 해당한다.

자료는 재해 모형에서 입력자료로 쓰이거나 모형의 매개변수를 검증하는 데 사용되기 때문에 자료의 품질과 정확성을 높이는 것이 중요하다. 부정확한 자료나 불확실성이 매우 큰 자료들은 부정확한 모델링 결과를 낳을 것이다. 전문가들 사이에는 "쓰레기를 넣으면 쓰레기가 나온다"는 속담이 있다. 그러므로 의사결정자인 최종 사용자가 주어진 정보에 얼마나 의존하는지 아는 것이 중요하다. 결국, 기술 보고서나 복잡한 재해 모형으로부터 나온 정보는 위험요인을 다루는 체계에 들어맞아야 한다. 위기 및 재난관리 과정을 지원하기 위해 요구되는 자료는 의사결정을 위해 결과물을 활용하는 방식뿐만 아니라, 위험요인의 유형에 따라 다양하다(Cutter, 2001). 예를 들어 마을을 괴롭히는 빈번한 산사태를 예방하고 관리하고자 한다면 고위험지역을 찾아야 하고, 과거 산사태가 발생한 지역을 보여주기 위해서는 정확한 해발 높이, 토양과 수문 자료가 필요하다. 지자체 장은 건물을 지으면 안 되는 곳을 지정하거나 건축기준 같은 규제를 만들기 위해 이러한 자료를 사용할 수 있다. 부정확한 자료는 이러한 규제가 충분한 보호 방안을 제공하지 못하도록 하거나 과도한 규제를 만들어 오히려 경제발전을 어렵게 한다.

분석 자료의 활용

위험 지역, 주요 인프라, 재난 구역의 묘사와 분류가 지리공간 기술과 피해 예측 모형의 활용으로 인해 더욱 용이해졌다. 피해 예측 모형과 위험도 분석에서 도출된 과학적 자료를 사용할 때 의사결정자들은 이러한 도구의 한계와 정보 전달 방식을 완전하게 이해하고 있어야 한다. 사용자는 법적 문제와 소송을 최소화하기 위해 복잡한 정보를 이해해야 한다. 피해 예측 모형은 입력값을 조금만 바꾸어도 다른 결과를 제공할 수 있다. 모형의 민감도와 입력값의 한계를 명확히 해야 위기 모형을 위기관리에 활용할 때 문제가 발생하지 않는다.

재해 분석팀과 일반 시민의 객관적 위험도 평가는 다를 수 있다(Kirkwood, 1994). 재해 모델링의 특성과 한계, 표현 방식을 이해하는 학식 있는 전문가들이 가지고 있는 위험도에 대한 객관적 관점은 일반 시민과 공유되기 어렵다. 위험도의 객관적인 평가는 개인적인 기준에 의한 판단을 지양하며, 일반 시민이나 다른 투자자가 이해할 수 있는 방식으로 설명되어야 한다.

위험도 전문가와 일반 시민 사이에서 많은 위험요인의 위험도에 관한 관점은 변해왔다. 예를 들어 인공위성 영상을 사용하면 폭풍의 이동시간과 거리를 추적할 수 있고, 폭풍 경로에 있는 사람들에게 충분한 경보를 내릴 수 있다. 폭풍의 레이더 영상과 시간에 따른 움직임은 전문가가 일반 시민에게 재해 정보를 알리는 데 사용될 수 있는 구체적인 방법을 제공한다. 그러나 화산 분출과 같이 드물게 발생하는 재난의 경우, 전문가와 일반 시민 모두 방심할 수 있다(USGS, Hawaiian Volcano Observatory, 2012). 1982년 멕시코의 엘치촌(El Chichon) 화산 분출은 반경이

10km였고, 2,000명의 사망자를 냈으며, 북미에서 가장 치명적인 화산 사고로 기록되었다. 이 화산의 마지막 분출은 500년 전이었다. 오랜 기간 동안 이 산의 정상은 서리로 뒤덮여 있었고 조용했다. 마르조치와 우(Marzocchi and Woo, 2009)에 따르면, 화산 위험도는 1982년 이후에야 정량적으로 정의되었지만 효과적으로 측정되지는 않았다. 그들의 논문은 화산 위험도를 관리하는 지역 당국에 필요한 프레임워크를 제안했다. 효과적인 화산 위험도 관리방법을 개발하는 것보다 관리 당국과 지역 주민에게 이러한 위험도를 알리는 것이 더 어렵다. 월리스와 발로(Wallace and Balogh, 1985)는 기술적 자료를 사용하는 의사결정지원 시스템(DSS: Decision Support System)의 필요성을 강조한다.

- 의사결정자와 이해당사자에게 지원을 제공한다.
- 사용자들이 기술에 좀 더 친숙해지도록 돕는다.
- 상호작용과 통제가 가능하게 한다.
- 일상적이지 않지만 중요하게 사용된다는 것을 인식하게 한다.
- 인간의 의사결정에 내재된 본질적인 특성을 고려해야 한다.

직접 및 간접 손실의 지표

재난 효과 지표를 사용해 재난 결과를 측정할 수 있다. 여기에는 사회적 분열, 경제적 붕괴, 환경적 영향 등이 포함된다. 사회적 분열에는 이재민 수, 노숙자 수, 일시적 범죄율(살인, 무질서한 시민 체포, 폭력)이 포함되며, 경제적 붕괴에는 실업률, 작업 손실 일수, 생산량 손실, 매출 감소, 세수 감소 등이 포함될 수 있다. 환경적 영향에는 총 정화비용, 상수도 혹은 하수도 보수 및 복구비용, 유해 대기 일수, 수산물 소비 또는 수상 레저 활동의 금지 및 경고 일수 등이 포함된다. 사망 또는 부상, 보수비용, 재고 손실, 기업 또는 지역의 대응 비용, 이전 비용 같은 직접적이고 명확한 손실은 1차적인 결과로서 사건 발생 직후에 나타난다(Smith, 2004). 재난과 관련된 간접 손실은 사건 발생 이후에 나타나며 이재민직원들로 인한 수입 감소, 판매 부진, 숙련 직원들의 임금 상승, 직원의 생산성 감소, 직원의 질병, 학교에서의 파괴적 행동(폭력)의 증가, 주변지역의 범죄 증가 등이 포함된다.

사회적·경제적·환경적 영향의 지표들은 과거 자료와 재난 사건 이후에 수집된 자료 또는 모델링 기술을 바탕으로 한다. 과거 자료를 활용하여 사상자 수를 추정하기 위해 과거 재난의 사상자 수, 이재민 수, 보호 수용된 사람 수, 실업자 수 등을 조사한다. 사건 당시 지역의 인구수를 파악하고 과거 유사한 재난 이후의 자료를 수집한다. 예를 들어 전체 인구 중 부상자 비율은 시간에 따른 인구 변화를 반영하는 동시에 다양한 재난의 부상자 수를 비교할 수 있는 지표를 제공한다.

시간 경과에 따른 인구 변화를 고려하면서 사상자 수나 재난 효과 지표에 영향을 줄 수 있는 다른 관련 변화들은 고려하지 않는다. 과거 재난의 결과를 미래 재난 결과로 그대로 적용하면 상당한 오차가 발생할 것이다. 관련 법의 개정(법규 요구사항이나 범람원 관리 프로그램), 개발방식의 변화, 인구밀집 지역의 이동을 야기하는 사회문화적 변화를 최근 재난의 효과로 설명하기는 어렵다.

모든 지표가 같은 참고 지점을 사용한다면 위험도 이해를 돕기 위해 측정 가능한 지표를 보다 효과적으로 사용할 수 있다. 예를 들어 사망,

부상, 피해를 미국 달러 같은 공통의 측정단위로 수량화할 수 있다. 반면 몇몇 지표들은 달러로 나타내는 것이 불가능하다. 대안은 시간의 흐름에 따라 비교할 수 있는 측량 가능한 지표를 사용하는 것이다. 예를 들어 재난에 대한 인구의 취약성을 평가할 때 사용되는 지표를 생각해보라. 높은 빈곤율을 가진 나라들은 자연재해 취약성이 증가할 것이다. 이러한 취약성의 증가는 알맞은 대처 계획을 위한 자원이 부족하고, 기준 및 규제를 집행하는 공권력이 약하기 때문이다. 세계은행은 저소득·중소득·고소득 국가를 밝히기 위해 각 국가를 국민총소득(GNI)으로 분류했다(ISDR Secetatiat, 2003). 유엔의 인류개발지표(HDI: Human Development Index)에서는 좀 더 복잡한 취약성 순위를 제공하고 있다. HDI에서는 지속 가능성 지표로 기대수명, 교육수준, 소득을 사용한다.

무형의 손실은 보편적으로 수용되는 금융 용어로 표현할 수 없으며, 일반적으로 피해 평가나 예측에 포함되지 않는다. 몇몇 무형 손실은 특정 지표와 연관 짓는 것이 어렵지만 문화적 변화, 개인과 가정 부담, 정신적인 질환, 감성적 가치, 환경적인 손실과 관련된 손실들을 반영하는 지표를 확인할 필요가 있다. 재난과 관련하여 유형의 손실과 무형의 손실을 모두 적절하게 측정할 수 있는 방법이 필요하다. 한 지역에 미친 전체적인 영향을 고려해볼 때 무형의 손실이 유형의 손실을 초과하는 경우가 종종 있다(UNDP, 2006).

재난의 잠재적인 손실을 조사하면서 지역 또는 기업이 실질적인 혜택을 얻는 경우를 발견할 때가 있다. 비록 과거 재난의 평가나 미래 재난의 예측에서 이익이 포함되는 경우가 매우 드물기는 하지만, 재난 사건의 여파로 인한 이익이 존재할 수도 있다는 사실을 완전히 부정할 수는 없다.

이익은 총 고용 수, 사업 규모, 세금 징수, 거주자 수, 교통량, 범죄수 등으로 확인될 수 있다. 허리케인 카트리나 이후 자료를 살펴보면 뉴올리언스에서 100마일 이내 거리의 많은 도시들이 대도시 뉴올리언스 인구의 이주로 인해 긍정적인 이익을 얻었다. 대부분 그 효과가 일시적이었으나, 일부는 재난 이후 수년 동안 지속되었다.

생각하기

사고로 25%의 학생이 증가한 교육 체계에 대한 재난 효과와 관련된 무형의 손실을 어떻게 측정할 것인가? 이재민 유입으로 주민이 40% 이상 증가한 지역의 교통량 증가와 관련된 무형의 손실은 어떻게 측정할 것인가?

위험도 분석에서의 쟁점 사안

발생 빈도의 변화

재난 발생 빈도의 변화는 오랜 기간에 걸친 기후 변화에 따른 자연스러운 결과일 수도 있고, 이미 위험요인이 존재하는 지역에 인간 활동이 증가하는 것처럼 환경 변화의 빈도 및 강도에 영향을 주는 변수가 변화하면서 발생할 수도 있다. 멕시코 만으로 들어오는 허리케인의 횟수는 오랜 기간에 걸쳐 확실히 변하고 있다. 특히 해수면 온도의 변화와 엘니뇨에 따른 바람의 변화에 영향을 받아왔다. 홍수나 허리케인 해일은 물리적으로 더 큰 피해를 야기한다. 왜냐하면 해안 지역 개발이 증가하고 있기 때문이다(Smith, 2004). 재해 위험도가 높은 해안 지역으로 인구가 이동하는 추세는 태풍으로 인한 피해를 증가시키고 있다. 또한 자연 생태계의 환경적 변화들도 재해 강도를 증가시킨다. 인프라가 추가되고 더 많은 건물이 건설되면서 잠재적 위험요인의 영향이 증가하고 있다. 기술 변화에 따라 수도, 전기, 편리한 장거리 이동 수단을 포함한 일정 수준 이상의 공공 서비스를 기대하게 된다. 이러한 시스템들이 확장되고 개발되면서 위험요인에 더욱 취약해진다. 대규모 정전, 컴퓨터 바이러스의 확산, 테러리스트 위협 같은 사건들이 과거에도 전 세계적으로 발생했고 미래에도 마찬가지일 것이다. 국제사회의 상호 의존성은 유행병과 질병에 대한 취약성과 경제적인 변동성을 증가시킨다. 예를 들어 2012년 그리스가 채무 불이행을 선언했을 때, 유럽연합 안팎에서 거대한 정치·경제적 파문이 일었다. 석유, 수자원, 대기 환경 같은 자연자원은 인간의 활동에 의해 위협을 받는 것으로 알려져 있다. 재난의 강도와 빈도 그리고 그 영향의 변화를 이해하기 위해서는 오랜 기간에 걸친 조사가 필요하다. 그러므로 위험도 전문가가 특정 위험요인의 자연 변동과 점차 복잡하고 상호 의존적인 사회에서 미치게 되는 영향을 파악하기 위해서는 자료의 장기적이고 연속적인 관측과 수집이 필요하다.

필수 자료

위험요인을 모델링하고 발생 빈도를 결정하기 위한 필수 자료를 확보하는 것은 효과적인 위험도 분석을 위해 반드시 필요하다. 앞에서 논의한 것처럼 이러한 필수 자료들은 과거 자료와 관측 자료에서 나온다. 홍수를 분석하는 것은 자연재해 위험도의 특성을 파악할 때 과거 자료와 실시간 자료가 어떻게 사용되는지를 보여준다.

국가홍수보험 프로그램(NFIP: National Flood Insurance Program)은 1968년에 설립되어 시, 군, 읍, 동 같은 지역의 참여를 통해 개인이 이용 가능한 저렴한 홍수보험요율을 만들어왔다. 1983년 연방기관들은 홍수 위험도 평가와 관리를 위한 공통 표준을 채택했는데, 100년 빈도 혹은 연간 1% 확률로 알려진 홍수를 범람원 관리의 기준으로 삼았다. 이 기준은 보호받을 가치가 있는 위험도와 피해 정도를 나타내지만, 재산 소유주에게 엄격한 요구조건이나 심한 비용 부담을 부과하지는 않았다. 100년 빈도 홍수의 기준은 주어진 지역 내의 사소한 홍수와 예상되는 가장 심각한 홍수 사이의 절충점을 나타낸다. 대개 100년 빈도 홍수 수위는 최고 홍수 기록보다 다소 낮다.

홍수터 관리의 일환으로, 연간 1% 확률의 홍수는 홍수보험에 대한 수요를 결정하는 데 사용된다. 게다가 NFIP는 홍수 재해를 줄이는 주요 수단으로서 홍수 모형과 홍수 지도를 개발해왔다. 홍수 지도는 홍수 가능성이 높은 지역의 개발 및 사용을 위한 기초가 되며, 대규모 홍수의 규모와 가능성을 이해하는 데 도움을 준다. 홍수량 빈도에 대한 정보는 연방정부가 NFIP와 연계하여 지역사회를 위한 지도를 만드는 데 중요한 역할을 하고 있다. 2002년 미국 수자원위원회(USWRC: U. S. Water Resources Council)는 국가홍수빈도(NFF: National Flood Frequency)에 사용되는 지역홍수기법을 설명하는 보고서를 출판했다(Benson, 1967; Ries and Crouse, 2002). USWRC에서는 이 기술을 수자원 및 관련 토양 자원에 대한 연방 계획을 세우는 데 사용하고 있다.

홍수 지도를 작성하는 데 사용되는 모든 모델링 프로그램은 하천, 수로, 호수 또는 저수지에서의 유출량을 필요로 한다. 이러한 유출량은 수

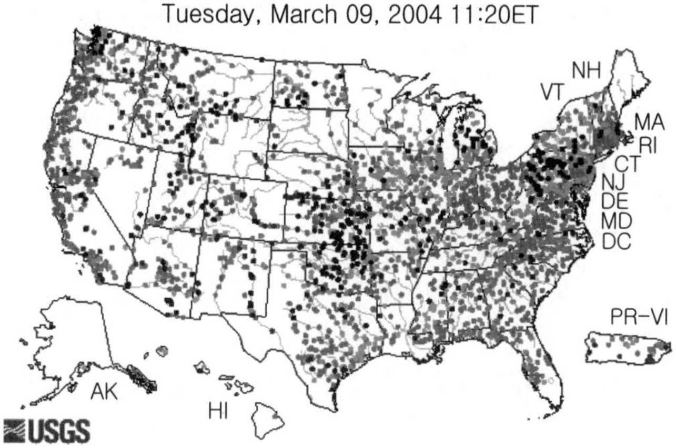

〈그림 5-9〉 미국의 USGS 수문 관측망
(운영 중인 계측소 확인 http://water.usgs.gov/waterwatch)

문 관측소에서 USGS가 직접 유량을 관측하여 결정하거나 통계적인 방법을 통해 간접적으로 결정된다. USGS 수문 관측소는 특정 지점에서 유출량을 관측한다. 〈그림 5-9〉는 관측소의 위치를 보여준다.

이러한 관측소 자료들은 자동관측장비에 의해 실시간으로 수집되고 모니터링 시스템에 의해 빠르게 해석된다. 관측소에서 관측된 유량은 관측소 지점을 통과하는 물의 양을 의미하며 보통 ft^3/s, m^3/s 등과 같은 단위시간당 수문 단위로 표현된다.

특정 기간의 유량 변화를 표와 그래프로 표현한 것이 수문곡선이다. 수문곡선은 실시간 또는 과거 자료를 제공한다. 〈그림 5-10〉은 USGS 수문 관측 지점의 수문곡선의 예이다. 실시간 수문곡선은 USGS 인터넷 사이트(http://cfpub.epa.gov/surf/locate/index.cfm)에서 확인할 수 있다. NFF 프로그램은 미계측 지역에서는 회귀방정식을 사용하는 통계학적

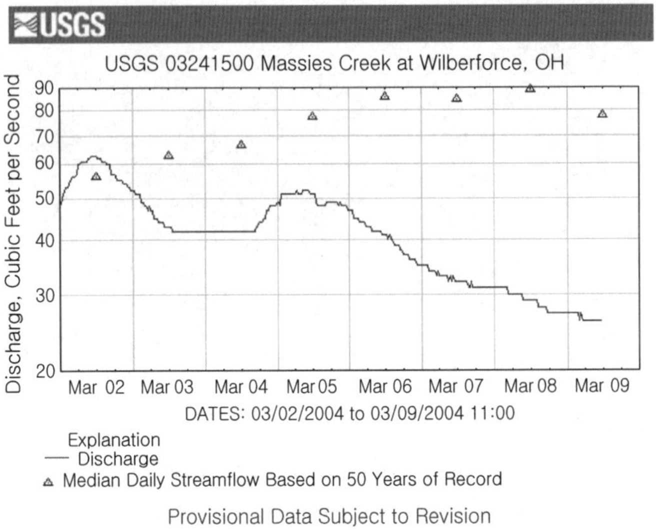

〈그림 5-10〉 USGS 수문곡선

방법을 바탕으로 첨두홍수량의 크기와 빈도 그리고 홍수 유출 수문곡선을 추정하여 제공한다. 이러한 추정량은 홍수터 관리, 홍수 조절 그리고 수리 구조물의 설계 등에 사용된다(Ries and Crouse, 2002).

분석 범위

각 위험요인을 가능한 강도의 범위에 따라 고려해야 한다. 위험요인의 발생 빈도가 너무 낮을 경우 강도를 바탕으로 위험요인을 조사할 필요가 있다.

일반적으로 허리케인이나 지진처럼 강도가 강한 위험요인보다 강도가 낮은 위험요인이 더 자주 일어날 것이라 생각한다. 더 많은 재난은 더 많은 등급으로 구분할 수 있는 더 많은 자료를 제공한다. 이같이 늘어나는 자료는 더욱 포괄적인 평가를 가능하게 한다. 그러므로 규모 또는 강도로 구분되어 측정된 위험요인의 발생확률을 계산함으로써 광범위한 빈도를 결정할 수 있다. 이와 비슷하게, 발생할 것으로 예상되는 결과를 계산할 수 있고 규모와 강도를 이용하여 구분할 수 있다. 마지막으로 지역을 위협한다고 확인된 각 위험요인에 대해 지역 맞춤형 정성적 분석체계를 개발할 수 있다. 위에서 설명한 바와 같이 정성적 척도는 정량적인 계산으로 결정될 수 있다.

앞에서 설명한 것처럼 결과를 계산하는 과정에서 주요 과거 재난의 피해가 미래 발생할 재난의 영향을 분석하는 데 기초 정보를 제공할 수 있다. 1993년의 대규모 홍수나 허리케인 앤드루(1992) 또는 카트리나(2005)는 미래 일어날 피해들을 예측하는 데 기초자료를 제공한다. 그러나 추정량은 지역적 특성을 반영하여 조정되어야 한다. 예를 들어 허리케인 카트리나로 인해 뉴올리언스에서 발생한 홍수의 대부분은 제방 붕괴 때문이었다. 따라서 보강된 제방과 바뀐 구조물의 위치를 고려하여 과거 자료로 얻은 피해 추정량은 미래 예측을 위해 일부 조정되어야 한다. 또한 미래 산사태 추정 피해액도 상당히 달라질 수 있다. 왜냐하면 비슷한 위치라고 하더라도 지역이 달라지면 산사태 위험도와 관련된 구조물의 위치, 지역적 건축기준, 지역 계획 등이 달라지기 때문이다. 어떤 시기의 피해를 다른 시기의 피해와 비교하기 위해 인플레이션을 고려할 수도 있다.

구조물 손실은 대체값의 총액을 기초로 추정한다. 건물 내부 손실에 대해서도 마찬가지다. 중요한 건축물에 대해 구조물 사용 및 기능상 손실과 이주비용 등이 추정될 것이다. 비록 각 위험요인이 구조물과 그 내용물에 다양한 방식으로 영향을 주지만, 잠재적인 피해 수준, 대체 규모, 위험요인으로 인한 구조물의 운영 이전비용을 추정할 수 있다.

날씨와 관련된 심각한 재난의 경우, 작은 지역에 대한 세밀한 자료를 얻기 어렵다. 대부분의 자료는 작은 지역보다는 넓은 지역에 대한 것이 많다. 불행하게도 대부분 위험요인은 미래 재난 발생 가능성을 정확하게 수량화하기에 충분한 정보가 존재하지 않는다. 특히 지진, 가뭄, 테러, 원자력 사고와 같이 드물게 발생하거나 일정한 규칙 없이 발생하는 위험요인에 대해서는 더욱 그렇다.

위험도 등급

정량적 자료

정량적인 자료가 있으면 수치적 계산을 통해 위험도의 등급을 매길 수 있다. '확률×결과' 공식을 이용하여 위험도를 정량적으로 나타낼 수 있다. 그러므로 수치적으로 정량화될 수 있는 지역적 위험요인 목록이 있으면 상대적인 등급을 매기고 비교할 수 있다. EPA는 이러한 형태의 상대적인 위험도 등급을 하천의 기름 유출 재해를 평가하는 데 사용한다. 에트킨(Etkin, 2006)에 따르면, 기름의 종류, EPA 지역 그리고 교통수단에 따라 위험도가 합쳐지고 상대적으로 평가된다. 예를 들어 〈그림 5-11〉에 주어진 바와 같이 기름 종류에 따른 내륙 수로 유출 위험도의 평가를 살펴보자.

기름 종류	유출량	유출 확률	평균 유출량(갤런)	갤런당 비용	상대 위험도
원유	11,809	0.2581	11,445	384	1,133,412
경유	21,220	0.3754	2,152	533	430,569
휘발유	7,417	0.1256	7,661	423	406,724

〈그림 5-11〉 기름 종류에 따른 내륙 수로 기름 유출 위험도

이러한 평가를 통해 기름 종류와 EPA 지역에 따른 가장 큰 위험도는 원유라는 것을 알 수 있다. 원유는 갤런당 비용이 작지만 상대적인 유출량이 크다. 경유는 유출 확률이 높고 갤런당 평균 비용도 비싸지만, 평균 유출량은 원유보다 5배 정도 적다. 이것은 경유 유출로 인한 피해액을 원유 유출보다 상대적으로 작게 만든다. 그러므로 이러한 분석 결과를 통해 전체적인 위험도를 낮추기 위해서는 원유의 유출량을 줄이는 데 노력해야 한다는 사실을 알 수 있다. 그러나 에트킨이 수행한 경향 분석은 경유가 차지하는 비율이 다른 형태의 기름보다 급격히 증가하고 있다는 것을 보여준다. 이것은 미래의 전체 위험도를 줄이기 위해서는 경유의 유출량도 줄일 필요가 있다는 것을 의미한다.

발생 가능성 - 결과 매트릭스

위험도 평가는 조직이나 지역에 영향을 미칠 수 있는 재해 위험도의 상대적 중요성을 결정하는 것과 관련이 있다. 조직과 지역은 다양한 유형의 재난에 직면하고 있다. 각각의 재난은 발생 가능성이나 결과의 위험 요소들을 줄이기 위해 서로 다른 전략을 요구한다. 조직에서는 위험도의 상대적인 순위를 매기기 위해 어떤 위험도가 다른 기관에서 다루어질 수 있는지 결정하고, 어떤 위험도가 즉각적인 관심을 요구하는지를 확인

해야 한다. 또한 좀 더 평가가 필요한 위험요인과 관련된 위험도를 명확히 해야 한다(Cameron, 2002).

조직이나 지역이 직면한 위험요인과 관련된 위험도의 상대적인 순위를 다음과 같은 요소들을 고려하여 결정할 수 있다.

- 재해의 발생 가능성과 결과
- 위험도의 자발적이거나 비자발적인 특성(Smith, 2004)
- 위험도를 예방하는 '비용 대 혜택'의 비율
- 예방 대책 결정의 정치적·사회적 효과

위험도 평가의 최종 결과물은 위험도 우선순위 목록이다. 이를 위험도 예방법을 만들 때 사용한다.

위험도 평가 과정에서 첫 번째 단계는 관심이 필요한 위험요인을 식별하는 것이다. 그런 다음에 발생 가능성과 결과의 크기나 강도를 평가한다. 가능하다면 정량적인 값들을 사용해야 한다. 그러나 위험도의 순위를 매기기 위한 위험도 평가 매트릭스 방법을 적용하기 위해서는 발생 가능성과 결과의 범주를 결정해야 한다. 그러므로 발생 가능성과 강도의 범위를 수치적으로 표현할 수 있는 위험요인은 넓은 범위의 가능성에 범주형 값을 할당해야 한다. 발생 가능성과 결과에 이러한 값을 할당하는 것은 지역이 직면한 위험도를 직접 비교할 수 있게 해준다.

발생 확률에 대해서는 보통 4~5가지 범주를 사용한다. 학군단(ROTC: Army Reserve Officers' Training Corps) 위험도 관리에서 제시하는 다섯 가지 범주와 이에 대한 설명은 아래와 같다(Army ROTC, 1997).

- 빈번한: 자주 발생하는, 연속적으로 경험되는
- 발생할 것 같은: 여러 번 발생하는
- 가끔 발생하는(가능한): 산발적으로 발생하는
- 거의 발생하지 않은: 발생할 것 같지는 않지만 언젠가는 발생할지 모를
- 발생할 것 같지 않은: 발생하지 않을 것이라고 가정할 수 있는

사망자, 재산피해 또는 조직 및 지역의 마비와 같이 재난으로 예상되는 결과의 심각성 정도를 표현할 때 숫자를 이용한다. 아래의 설명은 학군단에서 사용되는 용어를 정리한 것이다.

- 재앙적인: 사망 또는 영구 장애, 시스템의 완전한 파괴, 대형 피해 또는 심각한 재산 손실 그리고 지역의 기능 마비(또는 완전한 지역의 붕괴)
- 심각한(대형): 영구적인 부분 장애, 3개월을 초과하는 일시적인 장애, 중대한 시스템 피해 또는 심각한 재산 피해 그리고 상당한 지역의 기능 마비
- 보통의(중간의): 경미한 부상, 결근, 경미한 시스템 피해, 경미한 재산 피해, 그리고 지역의 약간의 기능 마비
- 미미한(가벼운): 응급조치나 가벼운 치료, 경미한 시스템 고장 그리고 지역의 기능에 영향이 없거나 거의 없는

〈그림 5-12〉와 같이 확인된 위험요인에 수치를 할당하고 나면, 위험도 분류 항목을 이용하여 각 위험요인과 관련된 위험도의 발생 가능성과 결과를 첫 번째 열에 설명한다.

위험요인을 비교하기 위해 네 번째 열에 있는 값들은 위험도 매트릭스를 이용하여 결정한다. 위험도 매트릭스는 다양한 결합의 발생 가능성과 재해 결과를 하나는 x축에, 또 다른 하나는 y축에 도시한다. 매트릭스에

이러한 값들을 도시하면 개별적인 상자는 발생 가능성과 결과의 특정 결합을 보여주게 된다. 발생 가능성-결과 매트릭스에 있는 각 위험요인은 위험도 매트릭스에 놓일 수 있게 된다.

〈그림 5-13〉은 자연재해로 인한 위험도의 가능성과 결과를 보여주는 위험도 매트릭스를 제공한다. 각 상자는 위험도 범주에 따라 극도의 위험도, 고위험도, 중위험도, 저위험도의 표식이 붙는다. 이 그림에서는 호

재해	가능성	결과	위험
홍수	가능한	심각한	매우 높음
가뭄	가망 있는	심각한	낮음
폭염	가능한	심각한	높음
한파	가능한	보통	높음
뇌우/번개	거의 확실한	사소한	높음
토네이도	가망 있는	심각한	매우 높음
폭설	가망 있는	심각한	높음
결빙성 폭풍	가망 없는	심각한	높음
지반 침하	드문	심각한	낮음
지진	드문	심각한	높음
교통사고	가능한	재앙의	매우 높음
위험물 수송 경로	가망 없는	보통	보통
주요 운송로 폐쇄	가망 없는	보통	보통
정전	가망 없는	보통	높음
상수/하수관 고장	가망 없는	보통	보통
통신 고장	가망 없는	심각하지 않은	낮음
컴퓨터 시스템 고장	가능한	심각하지 않은	보통
가스관 파열	가망 없는	심각하지 않은	낮음
화학물질 누출/사고	가망 없는	보통	보통
사보타주/국제적 파괴	가능한	심각한	매우 높음
생물학적 감염성 질병(전염병)	가능한	심각한	높음
실험실 사고	가능한	심각한	매우 높음
건물 붕괴	드문	재앙의	높음
건물 화재	가망 없는	재앙의	매우 높음
유행성 전염병	가망 없는	심각한	높음
광범위한 중독	가망 없는	심각한	높음

〈그림 5-12〉 발생 가능성-결과 매트릭스

주 위기관리청(EMA: Emergency Management Australia)이 정의한 분류가 사용되었다. 대각선의 바로 위는 고위험도이고, 대각선의 바로 아래는 중위험도를 나타낸다. 맨 윗줄 오른쪽 상자는 높은 발생 가능성과 재앙적인 결과를 가져오기 때문에 극도의 위험도 표식이 붙는다. 맨 아랫줄 왼쪽은 저위험도이다. 그림의 위험도 분류는 위험 예방 우선순위를 보여준다. 아래의 정의는 위험도를 설명하는 범주를 나타낸다.

- 극도: 예방 및 비상 계획(즉각적인 행동)에 대해 가장 높은 우선순위를 가진 고위험 상황
- 고: 예방 및 비상 계획(신속한 행동)이 필요한 중간에서 높은 정도의 위험 상황
- 중: 예방 및 비상 계획(계획된 행동)을 좀 더 고려하기에 충분한 높은 위험 상황
- 저: 추가적인 예방 및 비상 계획(사실상 권고 수준)을 가진 위험 상황

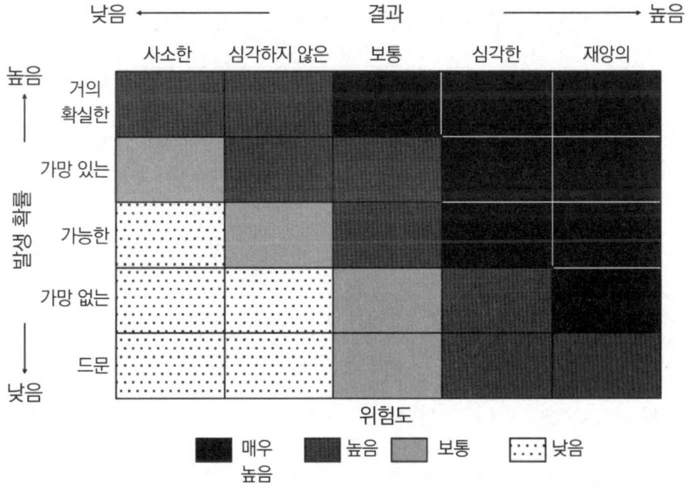

〈그림 5-13〉 위험도 매트릭스

FEMA는 위험도를 '다중재해 식별 및 위험도 평가(Multi-hazard Identification and Risk Assessment)'를 활용하여 다음과 같이 분류한다.

- A등급: 예방 및 비상 계획(즉각적인 행동)에 대해 가장 높은 우선순위를 가진 고위험 상황. 발생 가능성이 거의 확실하고, 대재난 결과
- B등급: 위험도의 발생 가능성이 높지만 결과가 심각하지 않은 상황. 예방 및 위기대비 계획(신속한 행동)이 즉각 다루어져야 하는 위험도
- C등급: 위험도의 발생 가능성이 낮지만 결과가 심각한 상황. 예방 및 대비에 대한 신중한 고려가 중요함
- D등급: 추가적인 예방 계획(본질적으로 권고 수준)을 가진 낮은 위험 상황. 발생 가능성이 낮고, 미미한 피해

'위험도 수준'이 하나 이상의 매트릭스 상자에 해당될 수 있기 때문에 위험도 우선순위 목록을 만들지 않고 각 분류 그룹 내의 서너 개 위험요인을 가지고 위험도 분류 항목을 만들었다. 예를 들어 50년 홍수가 C등급 위험도로 결정되고 위험물질을 운반하는 트럭 사건이 C등급 위험도로 결정되었다면, 이 두 사건은 위험도 매트릭스에서 같은 위험도로 다루어질 것이다.

이러한 분류 항목들은 다음과 같은 내용을 반영하기 위해 하나의 스프레드시트로 통합된다(Lunn, 2003).

- 가능성: 위험요인이 발생할 가능성이 있는가?
- 결과: 위험요인이 미치는 영향의 심각성은 어떠한가?
- 위험도 매트릭스의 평가로 결정된 위험도 수준(극도의 위험도, 고위

험도, 중위험도, 저위험도)

- 추가적인 고려사항
  - 위험요인에 의해 영향받는 다른 조직 또는 실체들(잠재적인 파트너십, 자원, 위험도 관리의 상호 의존성, 재해 예방 정책들)
  - 관리 가능성: 기존 또는 잠재적인 위험도 관리와 재해 예방 조치 또는 조정의 적합성
  - 수용 가능성: 위험도가 사회, 정치, 경제, 환경적 영향들로부터 수용될 수 있는가?
  - 위험요인으로 인한 위험도의 변화: 위험도가 같은 상태로 남아 있을 것인가?

위험도 전략

위험도를 예방하거나 제거하기 위해 사용하는 전략은 처리할 위험도, 비용을 감수해서라도 예방할 위험도, 사소한 결과 또는 낮은 빈도로 인해 무시할 수 있는 위험도로 구분되어야 한다. 허용 가능한 위험도와 그렇지 못한 위험도를 결정할 때 영향을 미치는 정치·사회·경제 시스템 등 많은 요인들이 존재하기 때문에 위험도 분석 과정은 결코 단순하게 진행될 수 없다.

위험요인을 확인, 분석, 평가한 후 처리를 위해 고려해야 하는 위험도 우선순위 목록을 마련한다. 이상적으로는 지역에서 다시는 위험도를 걱정할 필요가 없을 만큼 낮춰야겠지만, 현대 기술과 공학으로도 위험도가 아예 없는 세상을 만들 수는 없다. 대부분의 위험도는 어느 정도 예방될 수 있지만 완전히 제거되기는 어려우며, 지역의 모든 사람이 인정할 수

있을 정도의 위험도 예방 예산이 존재하는 경우도 극히 드물다.

위험도 허용 가능성 문제의 또 다른 요인은 거의 모든 위험도와 관련된 편익이다. 위험도를 어느 정도 허용하여 얻게 되는 편익은 거의 대부분 환영받는다. 수상 구조물 근처에 살면 침수 위험도가 있고, 숲속에 있는 집은 산불 위험도가 있다. 위험도를 완벽하게 제거하면 언제나 관련 이익들도 사라진다.

위험도의 허용 가능성을 결정할 때 어떤 위험도를 제거함으로써 직접적으로나 간접적으로 새로운 위험도를 만들어낼 수도 있다. 예를 들면 원자력발전소의 위험도를 제거하기 위해 발전소를 해체하고 가동을 중단시킨 경우 전력 부족으로 인해 화석연료를 사용하는 발전소에 대한 새로운 요구가 생겨나게 된다. 그 결과 건강 위험도와 환경 위험도를 증가시키는 탄소 관련 공해가 증가하게 된다.

위험도 채택

주어진 상황과 지역의 자원을 고려하여 단순하게 위험도를 허용하는 것도 하나의 옵션이다. 특정 위험요인은 발생 가능성이 낮을 것으로 판단되므로 비용을 지출하는 것이 오히려 비생산적일 수 있다. 차라리 좀 더 심각한 위험요인을 다루는 데 비용을 지출하는 것이 나을 수 있다.

결과와 가능성 면에서 모두 가장 아래쪽 분류 항목에 위치한 위험도들은 일반적으로 허용 가능하다고 여겨진다. 지역 구성원들도 최악의 결과를 예방할 수 있다면 위험도 수준을 허용할 수도 있을 것이다. 예를 들어 거주지와 사업장의 취약성을 줄이기 위해 투자한 건물 소유자들은 재난 발생 시 한정된 재산 피해만 입을 것이라고 믿을 것이다. 그러므로 자신이 경험하는 위험도의 수준을 허용할 것이다.

필수 위험도

이 유형의 위험도는 너무나 규모가 커서 의무적인 조치를 취해야 한다. 무시할 수 없는 '불쾌한 위험도'로 여겨지며, 의무적으로 취약성을 줄이기 위한 전략들이 요구된다. 실제로 이러한 수준은 1만 분의 1의 확률로 일어난다. 간접흡연 노출이나 안전도 측정 또는 절차가 요구되는 작업장에서의 사고에 대해 이러한 위험도 수준이 자주 언급된다.

극도로 낮은 위험도

'매우 사소한(de minimis)' 위험도 수준은 위험요인에 의한 위험도의 통계적 확률이 너무나 낮아서 고려할 필요도 없는 경우를 말한다. 종종 이런 수준은 1년이나 평생(70년) 또는 10만 분의 1이나 100만 분의 1의 확률로 일어나는 경우다. 'de minimis'는 라틴어 'de minimis non curat lex(법률은 매우 사소한 일을 돌보지 않는다)'에서 유래된 말이다. 이 개념은 항공기 충돌이나 열차 탈선으로 인한 부상 가능성처럼 일반 사람들에게 노출될 수 있는 위험도의 수준이나 처방전 없이 살 수 있는 약의 부작용 위험도의 수준에 대한 지침을 정할 때 사용된다. 예를 들면 EPA는 매우 사소한 위험도 수준을 인간의 평생인 70년 동안 100만 분의 1의 확률로 발생하는 경우로 정하고 있다. FDA와 USDA도 식품 안전 위험도에 대해 비슷한 기준을 적용하고 있다.

허용 위험도의 결정

허용 위험도를 결정하는 데 영향을 미치는 다양한 요인들이 있다. 즉 개인, 사회, 경제적 요인들이다. 이 세 가지는 밀접하게 관련되어 있지만, 서로 다른 과정을 통해 형성된다.

개인

본질적으로 자발적이거나 비자발적인 위험도 사이에서 개인적인 허용은 무엇을 위험도의 이익으로 보느냐에 따라 달라진다. 기대되는 이익이 큰 경우 자발적인 위험도를 좀 더 쉽게 허용하는 경향이 있다. 다수의 취미활동과 스포츠 활동은 일정한 자발적인 개인 위험도를 수반한다. 사실 위험도에 대한 스릴이 이러한 활동의 즐거움 중 하나일 것이다. 위험도 이익이 비용을 초과할 경우, 위험도에 대한 인식이 줄어들게 된다. 이러한 경우 위협 수준은 수용할 만한 것으로 여겨진다. 외부의 강요나 비자발적인 위험도와 비교하여 고위험도조차 자발적일 때 좀 더 허용하기 쉽다. 스카이다이버들은 자신들의 활동에 대한 위험도를 잘 알고 있지만 경험은 상당히 큰 보상을 준다. 2007년 미국 공중낙하협회의 자료에 의하면 1만 번의 점프에서 4회의 부상 그리고 10만 번의 점프에서 1회의 사망사고가 있는 것으로 나타났다(Hsu, 2009). 이러한 사망비율은 분만 중에 산모가 사망하는 비율과 거의 같다. 산모는 1년에 한 번 분만하지만 스카이다이버들은 하루에 무려 10회나 점프하는 경우도 있다. 그러므로 사고 확률은 상당히 올라가고 위험도는 증가한다. 이러한 경우 스카이다이버는 분명히 자발적 위험도를 용납하고 있는 것이다.

반면에 위험도나 위험요인에 대한 우리의 개인적인 경험이나 지식이 자발적인 위험도를 거부하기도 한다. 자발적 위험도에서 나오는 잠재적인 결과물을 경험하고 피해 가능성이 너무 크거나 결과가 너무 심각해서 다 같이 위험도를 회피하는 것을 본 적이 있을 것이다. 잔잔한 바다에서 수영하고 있을 때 상어를 본 적이 있는 사람을 생각해보자. 상어 공격의 위험도를 인식한 사람은 그것과 관련된 자발적인 위험도를 수용하지 않을 것이다.

위험도를 자발적으로 허용하려는 의지와 더불어 개인적 가치관, 교육 경험, 위험도에 대한 언론 노출, 위험도에 대한 개인적 내성이 위험도와 관련 있을 수 있다.

사회

서로 다른 지역적인 특성 때문에 모든 지역이나 문화에서 공통된 허용 위험도를 가지지는 않는다. 허용 위험도는 장소, 시간, 위험요인에 따라 변화한다(Alesch et al., 2001). 한 지역 내에서도 시간에 따라 지역의 특성이 변화하면서 허용 위험도는 변화할 수 있다. 따라서 재해 분석 과정에서 폭넓은 일반 시민의 참여가 매우 중요하다. 최근 재난의 효과를 직접 경험했던 지역들은 재해로부터 더 많은 것을 배우고 조치를 취하기를 원할 것이다.

경제

위험도에 대한 경제적 고려와 관련해 미국 육군공병단 같은 연방기관들은 비용 효과 관점에서 접근한다. 위험도를 줄이기 위한 비용을 이익(실질적 위험도 감소)과 비교할 필요가 있다. 대부분의 경우 일반 회사들이 직접적으로 위험 물질을 다루고 미국 에너지부, 교통부, 환경보호청 같은 규제 기관들이 간접적으로 위험도를 평가한다. 이때 비용이라는 요인도 고려되지만 전체적인 공공보건과 환경보전이 우선시된다. 지방정부에는 건축 법규와 안전을 허가하고 조사하는 부서가 있다. 법규를 처음 채택할 때는 비용 대비 효과를 고려하지만, 허리케인 같은 극한 재난들은 위험요인으로부터 재산을 보호하기 위해 법규를 강화시키는 계기가 된다. 따라서 새로운 기준을 만들 때 비용이 가장 큰 구심점은 아니다.

생각하기

비용을 포함하여 위험도를 다룰 대안을 조사할 때 위험도의 의미를 이해하는 데 유용한 도구가 비용 편익 분석이다. 자금을 투자하여 얻게 되는 편익들을 조사한다. 비용 편익 분석은 비용 효과 평가와 관련되어 있다. 비용 효과 평가에서는 최대 수준의 위험도를 감소시키기 위한 최소 단위 비용을 조사한다. 홍수위험지구에 지어진 집의 홍수와 관련된 위험도를 생각해보자. 경사진 땅에 슬래브로 지어진 집이 있다면, 교각을 이용하여 집의 고도를 올린다면 단가가 얼마나 될까? 기름운반탱크를 개조한다면 기름유출로 인한 비용을 얼마나 줄일 수 있을까? 이러한 개조가 비용 편익 분석 측면에서 타당할까?

재해 모형

1994년 FEMA는 「지진피해예측에 관한 최신 평가 방법」(FEMA, 249)이라는 보고서에서 지진피해의 예측에 사용되는 최신 방법들을 정리하여 출판했다. 이 보고서를 바탕으로 Hazard U. S. 또는 HAZUS라고 알려진 재해 모형이 개발되었다. 이 모형은 재해 손실이 어떻게 평가되는지에 대한 표준을 제시했고, 현재는 강풍과 홍수로 확장되었다(Grossi et al., 2005).

재해 모형의 최종 결과는 잠재적 피해를 GIS 지도로 나타내거나 초과 확률(EP) 그래프로 만든다. 초과 확률 그래프는 특정 수준의 피해를 초과하는 확률을 보여준다. 예를 들어 보험에 가입된 건물이 있다면, 초과 확률 그래프는 "500만 달러를 초과하는 손실이 발생할 확률은 2% 정도이다"라고 보여줄 수 있다. 그러면 보험회사는 불합리한 위험도를 부담할지 부담하지 않을지를 결정하는 데 이 정보를 사용한다.

그로시 등(Grossi et al., 2005)은 위험요인, 지역 현황, 취약성, 피해라는 재해 모형을 정량화하는 네 가지 구성항목을 제안한다. 위험요인 항목은 위험요인의 발생확률과 특성을 포함한다. 지역 현황 항목은 평가되는 지역의 물리적 구조물과 자산 현황을 포함한다. 취약성 항목은 위험요인과 지역 현황을 입력자료로 활용하여 위험요인의 영향을 정량적으로 나타낸다. 이것은 건물 피해, 자산 피해, 내용물 피해 또는 사업 정지 비용에 대한 피해곡선을 포함한다. 취약성 결과로부터 잠재적인 피해가 평가되고 위험도 범위가 정해진다.

불확실성

위험도를 평가하는 데 어떠한 방법을 사용하더라도 고려해야 할 불확실성은 남아 있다. 불확실성은 두 가지 형태가 있다. 첫 번째는 자연 위험요인 자체에 내재된 불확실성이다. 이러한 형태의 불확실성은 자체적으로 사건의 발생 확률과 심각성에 무작위성이 나타난다. 이것은 위험도 평가에서 사용되는 확률분포함수를 작성하면 쉽게 파악할 수 있다. 이러한 형태의 불확실성을 줄일 수는 없지만 정량화하여 더 잘 알아볼 수 있다. 두 번째 형태의 불확실성은 위험요인과 관련된 부족하고 제한된 자료와 과학지식이다. 이러한 형태의 불확실성은 더 철저한 자료 수집, 오랜 기간 동안 축적된 자료, 과학의 발전 등을 통해 줄일 수 있다. 불확실성이 위험도 평가에 결합되는 세 가지 방법은 논리 나무, 시뮬레이션 그리고 확률분포의 사용이다.

논리 나무

재해 위험 평가에 사용되는 논리 나무 분석방법은 사건 나무 분석법(ETA: Event Tree Analysis)의 특별한 경우이다. ETA에서 시스템 실패의 위험도를 연구하는 엔지니어는 시스템을 구성사건으로 분류할 것이다. 시스템의 특정 부분은 실패 또는 성공의 특정 발생확률을 가진 상태 중 하나일 것이다(그림 5-14). 따라서 논리 나무는 모든 가능한 결과를 보여줄 수 있도록 만들어진다(그림 5-15). 발생확률은 경로에 있는 개별 사건의 확률들을 곱하여 얻을 수 있다. 예를 들어 엔지니어가 A와 B라는 구성요소를 가지는 시스템의 실패를 연구하다면, 구성요소는 다음과 같은 특성을 가진다.

구성요소	실패(F)	성공(S)
A	0.03	0.97
B	0.05	0.95

〈그림 5-14〉 구성요소의 실패와 성공

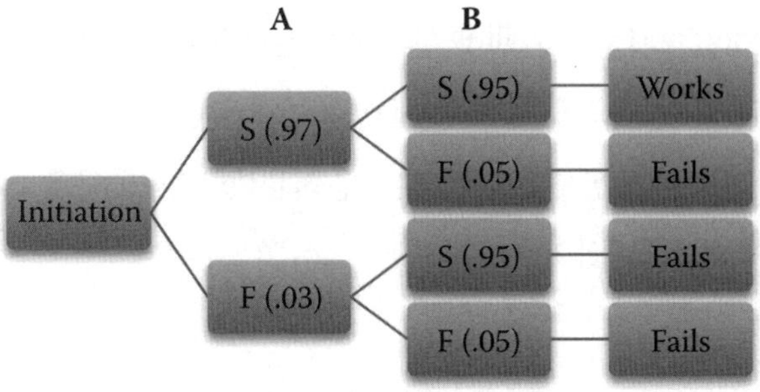

〈그림 5-15〉 시스템 성공에 대한 논리 나무

논리 나무 다이어그램을 만들기 위한 첫 번째 단계는 구성요소 A의 상태를 나타내는 것이고, 두 번째 단계는 구성요소 B의 상태를 나타내는 것이다. 시스템은 위의 논리 나무 다이어그램에서 두 개의 구성요소가 기능을 제대로 수행할 때 작동한다. 그러므로 맨 위의 가지가 기능을 할 때 시스템이 작동한다. 시스템이 작동할 확률은 0.97×0.95=0.9215, 즉 92.15%이다. 다른 3개의 가지, 즉 SF, FS, FF는 시스템이 실패하는 세 가지 경우를 보여준다.

논리 나무를 위험도 평가에 적용하기 위해 중간단계 사건 같은 구성요소 사건, 재해 사건의 최종 결과를 만드는 절차, 최종 모형 결과를 만드는 모형 매개변수 등을 정의해야 한다. 예를 들어, 핵 테러 사건에 대한 위험도를 평가한다고 하자. 사건 A는 공격의 형태(핵 폭발 또는 핵 확산)를 나타내고, 사건 B는 재료의 형태(높은 반감기, 낮은 반감기), 사건 C는 피해 지역의 인구밀도를 나타낸다.

3등급보다 더 강한 허리케인이 멕시코 만의 특정 지역을 강타했을 때의 사망 위험도를 평가한다고 하자. 논리 나무 모형에 대한 간단한 사례는 존 개릭(John Garrick, 2008)이 지은 『재앙적 위험도의 평가 및 통제

(Quantifying and Controlling Catastrophic Risks)』의 제3장에서 찾아 볼 수 있다. 또한 그로시 등(Grossi et al., 2005)은 논리 나무 모형을 불확실성과 산사태 위험도를 결합하는 데 적용했다. 논리 나무 다이어그램의 매개변수는 다음과 같다.

A – 허리케인이 상륙하기 전에 멕시코 만에 머무는 시간
(<48시간, 48~72시간, >72시간)
B – 허리케인이 대상 지역을 지나는지 여부(예, 아니오)
C – 허리케인의 등급(3, 4, 5)
D – 상륙 이전의 대피 형태(최소, 중간, 최대)

논리 나무를 위험도에 대한 수치적 값을 얻는 데 최대한 사용하기 위해서는 논리 나무의 각 가지에 대한 피해 예측 결과를 결정해야 한다. 개릭(Garrick, 2008)은 뉴올리언스에 영향을 주는 허리케인 피해에 대해 논리 나무를 적용하는 데 6개의 상태를 사용하여 나타냈다. 즉 1부터 6까지의 범주를 사용하는데, 1이 가장 심각한 상태를 나타낸다. 만약 5등급의 허리케인이 멕시코 만에서 48시간보다 짧은 시간에 뉴올리언스에 상륙하여 최소의 대피만이 이루어진다면, 피해 상태는 1이 될 것이다. 반면에 3등급의 허리케인이 멕시코 만에 72시간보다 더 긴 시간 동안 머무른 다음에 뉴올리언스에 상륙하여 최대의 대피가 이루어진다면 피해 상태는 6이 될 것이다. 여기서 피해 상태는 충격 상태(IS: Impact State)라고 할 수 있다.

수치적 사례를 제공하기 위해 여러 가지 가정 값들이 사용된다.

A – 허리케인이 상륙하기 전에 멕시코 만에 머무는 시간
[<48시간(0.2), 48~72시간(0.8)]

B – 3~5등급 허리케인이 뉴올리언스에 영향을 주는지 여부
[예(0.05), 아니오(0.95)]

C – 허리케인의 등급[3(0.6), 4(0.4), 5(0)]

D – 상륙 이전의 대피 형태(최소, 중간, 최대)

E – 충격 상태(0, 0명 생존; 1, 50명 생존; 2, 750명 생존; 3, 1,500명 생존; 4, 10,000명 생존)

괄호 안의 숫자는 확률을 나타낸다. 이 예제를 간단히 만들기 위해 5등급 폭풍에 0의 확률을 할당했기 때문에 논리 다이어그램에는 나타나지 않는다. 간편성을 위해 대피 형태에 대한 확률 또한 허리케인이 상륙하기 전에 멕시코 만에 머무는 시간의 함수로 나타냈다. 물론 실제 확률은 폭풍의 크기, 지역 공무원의 조치 같은 많은 상황에 영향을 받을 것이다. 예를 들어 〈그림 5-16〉과 같은 값을 사용할 수 있다. 충격 상태는 〈그림 5-17〉과 같이 폭풍의 크기와 대피 형태의 함수일 것이다.

머무는 시간	최소	중간	최대
< 48시간	0.8	0.2	0
> 48시간	0.2	0.8	0

〈그림 5-16〉 허리케인이 멕시코 만에 머무는 시간에 대한 대피 성공확률

허리케인 등급	최소	중간	최대
3	3	2	1
4	4	3	2

〈그림 5-17〉 대피 형태에 따른 충격 상태(IS)

최종적으로 초기 사건은 대형 허리케인이 멕시코 만에 나타났다는 보도이다. 이러한 사건을 나타내는 논리 나무는 〈그림 5-18〉에 제시되었다. 왼쪽에서 오른쪽으로 표현되어 있는 초기 사건 이후 논리 나무 모형의 단계는 멕시코 만에서 보낸 시간(TIME), 뉴올리언스에 영향을 미칠지 여부(IMPACT), 등급(CAT), 대피 성공(EVAC) 그리고 충격 상태(IS)이다.

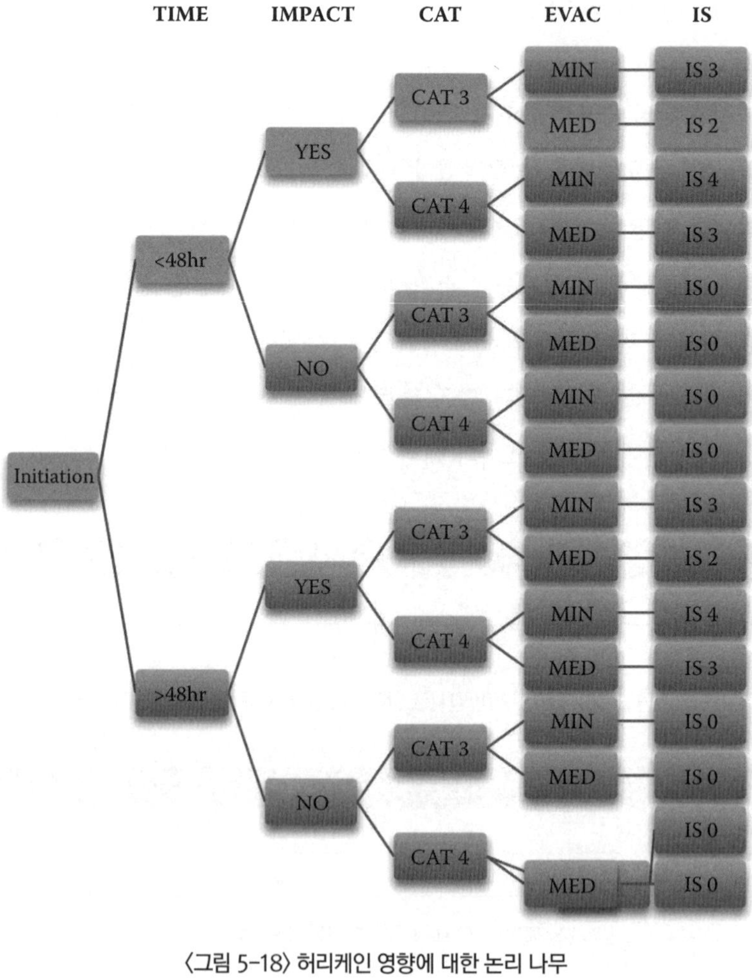

〈그림 5-18〉 허리케인 영향에 대한 논리 나무

확률을 계산하고 위험도를 산정하기 위해 논리 다이어그램을 사용할 수 있다. 예를 들어 다이어그램에 있는 가지를 따라가면, 등급 3(0.6)의 대형 허리케인이 멕시코 만에 나타난 이후, 48시간 이전에 상륙하여(0.2) 뉴올리언스에 영향을 미치고(0.05), 중간 규모의 대피(0.2)가 이루어질 확률은 0.6×0.2×0.05×0.2=0.0012이다.

등급 3의 폭풍으로 중간 규모의 대피가 성공하는 시나리오는 영향 상태 2를 만들기 때문에 이 시나리오의 사망 위험도는 0.0012×750=0.9이다. 16개의 가능한 시나리오에 대한 위험도를 계산하고 전체 위험도를 계산하기 위해서는 16개 경로에 대한 모든 위험도를 더한다.

논리 나무로부터 충격 상태(IS)에 대한 확률분포를 계산할 수도 있다. 예를 들어, IS 2를 만드는 2개의 경로가 있다.

1. < 48hr, Yes, CAT3, MED: 0.2×0.05×0.6×0.2=0.0012
2. > 48hr, Yes, CAT3, MED: 0.8×0.05×0.6×0.8=0.0192

그러므로 폭풍이 멕시코 만에 들어와서 뉴올리언스에 IS 2를 야기할 확률은 0.0012+0.0192=0.0204이다. 이러한 계산은 각 IS에 대해 이루어질 수 있고, 그 분포는 〈그림 5-19〉와 같다.

생각하기

IS 3을 야기하는 논리 나무의 4개 경로를 설명하라. 폭풍이 멕시코만에 들어와서 IS 3을 야기하는 확률을 계산하고 〈그림 5-19〉의 확률과 비교하라.

충격 상태에 대한 분포	
0	0.950
1	0.000
2	0.024
3	0.023
4	0.006

〈그림 5-19〉 허리케인 모형의 충격 상태 정의

몬테카를로 방법 또는 시뮬레이션

확률분포와 모형의 계산 형식, 범주형 분류에 대한 확률 등 재해 분석에 필요한 모든 입력자료를 가지고 모형을 구축한 후 위험요인의 위험도에 대한 결정을 내릴 수 있다. 논리 다이어그램을 구성하기 위해 간략한 가정을 함으로써 불확실성을 간소화할 수 있다. 현대 기술은 확률적으로 재난을 모의할 수 있다. 모형 또는 매개변수 값의 모의에 확률변량을 사용하는 것을 '몬테카를로 방법'이라 한다.

예를 들어 앞에서 설명한 허리케인 모형에서 폭풍이 멕시코 만에 들어오기 이전이나 들어왔을 때, 폭풍이 뉴올리언스에 영향을 미칠 확률을 계산하기 위해 과거 자료를 이용할 수 있다. 현대 허리케인 모형은 확률분포를 이용하여 폭풍이 어디에 상륙할지에 대해 추산할 수 있다. 폭풍이 뉴올리언스에 영향을 미칠 확률은 고정되어 있지 않다. 그것은 폭풍이 멕시코 만을 지나가면서 변할 것이다. 어느 한 시점에서 컴퓨터 모형은 폭풍이 뉴올리언스에 영향을 미칠 확률을 계산할 것이다. 수치적 사례를 들기 위해 〈그림 5-20〉의 분포를 생각해보자.

〈그림 5-20〉을 보면, 폭풍이 뉴올리언스에 상륙하지 않을 확률은 0.75,

확률	누적확률	뉴올리언스에 상륙할 확률(%)
0.75	0.75	0
0.13	0.88	5
0.07	0.95	30
0.05	1.0	50

〈그림 5-20〉 폭풍 상륙에 관한 확률

5%의 폭풍이 상륙할 확률은 0.13 등이다. 두 번째 열은 누적확률을 나타낸다. 모의를 위해서는 누적확률이 사용된다. 이 경우, 컴퓨터 프로그램은 1에서 100까지 범위에서 무작위로 정수를 선택할 것이다. 만약 무작위 정수가 1에서 75 사이라면 0%가 뉴올리언스에 허리케인이 상륙할 확률로 사용된다. 만약 이 정수가 76에서 88 사이라면 5%의 폭풍이 상륙할 것이다. 만약 89에서 95 사이라면 30%가 사용되고, 96에서 100 사이라면 50%가 사용될 것이다. 폭풍에 의한 위험도를 결정하는 과정에서 상륙확률을 계산하기 위해 이러한 무작위 숫자가 사용될 것이다. 예를 들어, 23이라는 숫자가 발생되었다고 가정하자. 그러면 뉴올리언스에 상륙할 폭풍은 5%가 아니라 0%이다. 이러한 경우 관련 IS는 0이다. 그러나 만약 90이 발생한다면, 5%가 아니라 30%의 폭풍이 뉴올리언스에 영향을 미칠 것이다. 이를 위해 1만 개 정도로 많은 수의 시나리오가 사용될 수 있고, 각 시나리오마다 위험도가 계산된다. 최종 결과는 피해 상태 또는 위험도를 나타내는 값의 분포이다.

앞의 예는 불확실성을 가지는 단일 입력 모의를 어떻게 실행할 것인지 보여준다. 이 방법은 더 많은 매개변수와 입력자료를 필요로 하는 모형으로 확장될 수 있다.

확률분포에서의 불확실성

DS	1	2	3	4	5	6	7	8	9
확률	0	0.04	0.06	0.07	0.11	0.18	0.25	0.19	0.1
비용(100만 달러)	0	1.25M	2.5M	3.75M	5M	6.25M	7.5M	8.75M	10M

〈그림 5-21〉 허리케인 모형의 피해액 분포

허리케인 모형의 피해 상태가 인명 피해보다는 구조물의 피해, 복구비용, 그리고 다른 경제적 비용으로 표현되는 결과를 나타낸다고 하자. 0달러는 1이고 천만 달러는 9로 나타내는 피해 상태를 사용하여 특정 도시를 강타하는 등급 3의 허리케인에 의한 피해액 분포(그림 5-21)를 얻을 수 있다.

이러한 분포는 주상도 같은 형태의 그래프로 나타낼 수 있다(그림 5-22). 이러한 그래프에서 피해 상태는 x축, 확률은 y축에 나타낸다. 막대의 높이는 피해 상태가 발생할 확률을 의미한다. 예를 들어 피해 상태

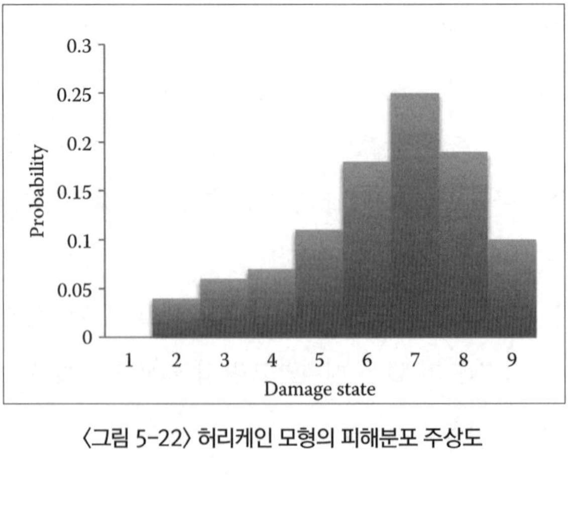

〈그림 5-22〉 허리케인 모형의 피해분포 주상도

7의 막대 높이는 0.25인데, 이는 등급 3의 폭풍이 이 도시를 강타하여 750만 달러의 피해를 일으킬 확률이 0.25라는 것을 의미한다. 주상도의 각 막대의 폭은 1이기 때문에 각 막대의 넓이를 피해 상태의 발생확률로 보면 편리하다.

각 피해액에 발생확률을 곱하고 모든 피해 상태에 대해 더하면 예상 피해액이 계산된다. 위의 분포로부터 계산된 예상 피해액은 1.25×0.04+2.50×0.06+3.75×0.07+5.00×0.11+6.25×0.18+7.50×0.25+8.75×0.19+10.00×0.10=6.675백만 달러이다.

6.675백만 달러는 위험도 계산에서 결과로 사용될 수 있다. 피해액 분포는 예상 피해액뿐만 아니라 더 많은 정보를 제공한다. 이것은 추정량에서의 불확실성을 표현하는 데 사용될 수 있다. 예를 들어, 3등급의 허리케인이 [$5M, $7.5M] 구간의 피해를 일으킬 확률은 0.54이다. 피해 상태 5, 6, 7의 확률을 더함으로써 이러한 확률을 얻을 수 있다. 〈그림 5-23〉에 나타난 바와 같이 이것은 주상도에서 피해 상태 5, 6, 7 위의 막

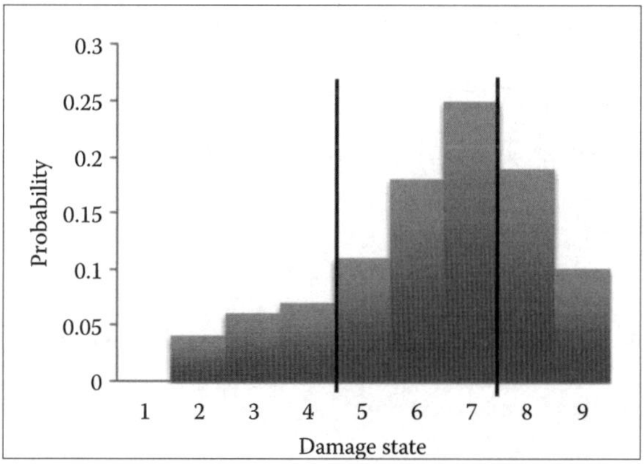

〈그림 5-23〉 ($5M, $7.5M) 구간의 피해액을 보여주는 주상도

대 넓이를 더한 것과 같다. 이러한 분포를 이용하여 피해액이 천만 달러일 확률은 10%라고 결론지을 수 있다. 그러므로 이 예제에서 피해액이 8.75백만 달러보다 작거나 같을 확률이 0.9이기 때문에, 8.75백만 달러(피해 상태 8)는 90 백분위에 해당한다.

과거 자료로부터 매개변수를 계산할 때, 매개변수의 실제 평균에 대한 점 추정량으로 표본평균을 사용하고 구간 추정량으로는 95% 신뢰구간을 사용하는 것이 일반적이다. 이러한 경우, 자료가 많다면 표본평균은 구간 추정과 같이 사용할 수 있는 근사적인 정규분포를 가진다. 일반적으로 $\bar{x}$가 표본평균이고 σ가 표본표준편차를 나타낸다면 이러한 통계량은 n개의 자료에서 계산될 수 있고, 매개변수에 대한 95% 신뢰구간은 다음과 같이 주어진다.

$$\bar{x} - 1.96\frac{\sigma}{\sqrt{n}},\ \bar{x} + 1.96\frac{\sigma}{\sqrt{n}}$$

예를 들어 지진 재해 모형에서 모형의 매개변수는 특정 단층에서 진도 3.0 지진이 지속되는 평균시간이라고 가정해보자. 그러한 지진이 역사적으로 60회 기록되었고 평균 지속시간은 45초이며 표본표준편차는 12.4초라고 한다면, 진도 3.0 지진의 평균 지속시간에 대한 95% 신뢰구간은 다음과 같다.

$$45 - 1.96\frac{12.4}{\sqrt{60}},\ 45 + 1.96\frac{12.4}{\sqrt{60}} = [41.9,\ 48.1]$$

이 추정구간은 다음과 같이 해석된다. 우리는 이 단층에서 진도 3.0

지진의 실제 평균 지속시간은 41.9~48.1초 사이에 있다고 95% 확신한다. 만약 더 적은 자료를 바탕으로 이것을 추정한다면, 더 넓은 범위를 가질 것이고 점 추정량은 덜 정확할 것이다. 즉, 25회의 측정 자료를 가지고 위의 추정을 다시 한다면 다음과 같은데, 이는 실제 매개변수 값의 더 많은 불확실성을 의미한다.

$$45-1.96\frac{12.4}{\sqrt{25}},\ 45+1.96\frac{12.4}{\sqrt{25}} = [40.1,\ 49.9]$$

산사태는 복잡한 시나리오를 분석해야 한다. 글레이드(Glade, 2003)와 우지엘리 등(Uzielli et al., 2008)이 확인한 복잡성 중에 현상의 지점 특성과 위험요인의 공간적 측면을 정량화하는 것이 어렵다. 산사태 재해 분석 실무에서는 이러한 어려움을 극복하기 위해 결과를 두 가지 성분으로 구분해서 사용한다. 취약성(V)과 위험한 항목의 비용(CI)이다. 그러므로 위험도 공식은 P·C = P·V·CI이다. 취약성은 산사태 강도와 위험에 처한 항목의 민감성으로 정의된다. 즉, V = I·S(Uzielle et al., 2008). 이것은 산사태 강도와 지역 구조물의 민감성에 대한 독자적이고 분리된 모형을 개발하게 한다. 지역 구조물의 민감성은 노후연수에 따라 변하며, 지역 건축기준과 건축기술에 따라서도 달라진다. 후속 논문을 살펴보면, 취약성의 구간 추정이 되는 상한값과 하한값을 제공하는 취약성 구성요소에 포함된 불확실성을 확인할 수 있다(Kanyia et al., 2008).

요약

다양한 재난에 대해 전문가가 어떻게 위험도를 분석하는지 살펴보았다. 전문가들은 지역에 영향이 줄 가능성이 있는 위험요인을 확인한다. 그 지역에 있는 구조물과 주민이 가지고 있는 취약성은 각 위험도를 통해 평가된다. 이러한 평가는 과거 자료, 현재 자료, 사회경제적 자료, 지역 인구 현황 그리고 전문적인 판단 등에 의존한다. 여러 경우에서 평가에 과학적인 지식과 통계학적 정보를 반영하기 위해 재해 모형이 구성된다. GIS 같은 소프트웨어는 위험도의 공간적 분포에 대한 통찰력을 제공한다. 자료의 크기, 품질 그리고 깊이는 매개변수, 재해 모형의 입력자료 그리고 위험도 전략에 대한 결정 근거 등을 구축하는 데 중요한 요소이다.

위험도 분석 과정에서는 정량적인 분석과 정성적인 분석이 모두 사용된다. 재난의 발생확률과 결과가 수치적으로 정해진다면, 재난의 위험도는 확률에 결과를 곱해서 계산할 수 있다. 위험도 매트릭스 같은 도구는 각 위험도를 낮음, 중간, 높음, 극도로 높음 같은 범주로 구분할 수 있다. 위험도 관리자는 위험도의 상대적인 순위를 사용하여 각 재해요인에 적절한 위험도 전략을 구성할 수 있다. 이러한 전략은 낮거나 중간 정도의 위험도에 대해서는 간단한 위험도 예방 수단을, 어떤 위험도에는 허용 위험도를, 더 큰 위험도에 대해서는 예방이나 규제 권고 같은 즉각적인 조치를 포함할 수 있다. 위험도 관리자와 전문가는 이러한 기술적인 정보와 해석을 일반 시민이나 정책 입안자에게 전달할 책임이 있다. 초반부에서 설명한 바와 같이 의사결정자에게 적절한 시기에 적절한 수준의 적절한 정보를 제공하는 것이 중요한 목적이다.

자료 구축을 위한 첨단 장비와 과학적 지식 그리고 기술의 발달은 위험도의 더 정확한 평가와 의사결정자 간의 의사소통을 가능하게 한다.

재난은 반복적으로 우리를 방심하게 하고, 인명손실뿐만 아니라 많은 재산 피해를 야기한다. 어떤 사건이 발생할 확률을 아는 것은 그 사건이 언제 어디서 다시 발생할지 알려주는 것은 아님을 알게 해준다. 현재와 미래에 대한 우리의 예상은 과거 사건과 경향에 근거한다. 그러나 과거 경향이 계속될 것인지 변할 것인지에 대해서는 철저한 조사와 분석이 필요하다.

세계 인구의 대부분에 영향을 주는 주요 위험요인은 가뭄, 홍수, 파괴적인 폭풍, 해수면 상승, 장기간의 온도 변화, 병해충, 식수의 부족 등과 같은 기후와 관련된 것들이다. 지구의 기후는 역동적인 시스템이기에 모의하기 어렵고, 변화를 예측하기는 더욱 어렵다. 이것은 인간 활동의 영향뿐만 아니라 자연적인 원인 때문에도 변한다. 기후에 미치는 인간의 영향이 증가함에 따라 어떤 변화는 가속화될 수 있고, 예상과는 다를 수도 있다. 탄소 기반 원료 소비가 꾸준히 증가하기 때문에 온실가스의 방출과 환경에 미치는 영향은 지속적인 관심을 끌고 있다. 기후 변화가 위험요인에 대한 지식에 어떤 영향을 미치는지의 사례로 해수면의 변화와 관련된 해안 홍수 재해를 생각해보자.

2010년 NOAA의 해양백서(NOAA, 2013)에 따르면 미국 인구의 30%가 해안 지역에 살고 있으며, 내륙보다 인구밀도가 6배나 높다. 이것은 세계인구의 40%가 해안선에서 100㎞ 이내에 살고 있다는 사실과 일치한다. 이런 사람들에게 해수면 상승은 걱정스러운 문제이다. 이러한 문제의 원인은 따뜻한 바닷물의 팽창과 빙하가 녹는 것에 있다. IPCC(Intergovernmental Panel on Climate Change)는 빙하가 녹는 것을 미래 해수면 상승을 예측하기 위한 중요하지만 알려지지 않은 요인으로 여긴다(Quaile, 2013). 한 세대 이전만 하더라도 얼음이 없는 북극의 여름은 상상하기 어려웠다. 이제 과학자들은 인공위성 자료를 사용하여 수십 년 이내에 얼음이 없는 북극의 여름이 올 것으로 예상하고 있다. 융빙에 관한 NASA(National Aeronautics and Space Administration)의 새로운 연구팀을 구성한 에릭 아이빈스에 따르면, 그린란드 빙하의 감소율은 1990년 중반 이후 5배나 증가했고, 양극지방의 융빙이 전 세계 해수면 상승의 1/5을 책임진다(Quaile, 2013).

해안 홍수의 과거 경향과 원인은 미래의 위험도를 평가하는 데 크게 유용하지는 않다. 그러므로 위험도 평가자와 관리자가 직면한 도전은 자료수집과 분석 같은 과거의 도전, 모형과 새로운 기술의 구축과 적용, 그리고 의사결정자와 일반 시민과의 효과적인 의사소통을 포함한다. 변화하는 기후에 대한 지식을 어떻게 사용할 것인지에 대한 새로운 도전 또한 포함된다.

토론 주제

1) 지역의 홍수 빈도와 강도에 영향을 미치는 요인들이 지역에서 모르게 변화한 경우 자발적 위험도로 분류할 것인가? 비자발적 위험도로 분류할 것인가?
2) 의무적인 대책수립을 요구하는 불쾌한 위험도에는 무엇이 포함되는가?
3) 다른 사람들이 위험요인과 더불어 살 수 있다고 결정한다 해도 당신은 어떤 수준의 위험도들을 허용할 수 없는가? 어떠한 개인적 관점,

가치, 믿음, 인격이 위험도와 관련하여 그와 같은 결론에 도달하게 만들었는가?

응용문제

〈그림 5-12〉와 〈그림 5-13〉에 포함된 위험도 매트릭스 분류 항목들을 사용하여 당신이 거주하는 지역의 위험요인을 조사하고, 발생 가능성과 피해 결과를 '적음'에서 '매우 많음'까지 분류해보라.

웹사이트

AIHA. Emergency Response Information. The ERPG guidelines are clearly defined and are based on extensive, current data. The rationale for selecting each value is explained, and other pertinent information is also provided. http://www.aiha.org

National Climatic Data Center (NCDC). http://www.ncdc.noaa.gov/oa/about/ncdcwelcome.html

Storm Prediction Center. Storm Prediction Center product and report archive page. NOAA/National Weather Service, Storm Prediction Center. http://www.spc.noaa.gov/archive/index.html

National Hurricane Center, See Hurricane History at http://www.nhc.noaa.gov/pastall.html.

Advanced National Seismic System. ANSS Composite Earthquake Catalog.

Advanced National Seismic System, Northern California Earthquake Data Center. http://quake.geo.berkeley.edu/cnss/

Catalog of Significant Earthquakes. National Geophysical Data Center: http://wwwngdc.noaa.gov/seg/hazard/eqint.html

Earthquakes. Earthquake Research Institute, the University of Tokyo, Japan. http://www.eri.u-tokyo.ac.jp/index.html

U. S. EPA. Surf your watershed. Watershed flood monitoring program. http://cfpub.epa.gov/surf/locate/index.cfm

USGS. WaterWatch.Maps and graphs of current water resources conditions.

River gauges in the United States for active stations. http://water.usgs.gov/waterwatch

참고문헌

Alesch, D. J., Holly, J., Mittler, E. and Nagy, R. (2001). *Organizations at Risk: What Happens When Small Businesses and Not-for-Profits Encounter Natural Disasters?* Fairfax, VA: Public Entity Risk Institute.

Army ROTC (1997). Sample Risk Management Worksheet. http://www.google.com/#q=ro tc+risk+management+worksheet. Accessed November 4, 2013.

Benson, M. A. (1967). Uniform flood-frequency estimating methods for federal agencies. *Water Resources Research,* 4(5), 891-908.

Breslin, S. (2013). Many Coastal Residents Still Unprepared for Hurricanes. The Weather Channel, Hurricane Central. http://www.weather.com/news/weather-hurricanes/few-coastal-residents-prepared-hurricane-season-studyfinds-20130618. Accessed November 4, 2013.

Cameron, G. (2002). *Emergency Risk Management: What Does It Mean?* AT-EMAAPPA 2002 Conference, Brisbane, Australia.

Cutter, S. L. (2001). Charting a course for the next two decades. In S. L. Cutter (ed.), *American Hazardscapes: The Regionalization of Hazards and Disasters.* Washington, DC: Joseph Henry Press.

De, M. B. and Ravetz, J. R. (1999). Risk management and governance: a postnormal science approach. *Futures,* 31(7), 743-757.

Derby, S. L. and Keeney, R. L. (1981). Risk analysis: understanding "How Safe Is Safe Enough?" *Risk Analysis,* 1(3), 217-224.

Emergency Management Australia (2001). *Decision Making Under Uncertainty in the Emergency Management Context.* Mount Macedon Paper 2001. Workshop held at the Australian Emergency Management Institute, August 27-28.

Etkin, D. S. (2006). Risk Assessment of Oil Spills to US Inland Waterways. Proceedings of 2006 Freshwater Spills Symposium. http://www.environmental-research.com/erc _papers/ERC_paper_16.pdf. Accessed September 15, 2013.

Federal Emergency Management Agency (1994). Assessment of the State of the Art Earthquake Loss Estimation Methodologies. FEMA 249: Washington, DC: FEMA.

Garrick, J. B. (2008). *Quantifying and Controlling Catastrophic Risks. Burlington,* MA: Academic Press.

Glade, T. (2003). Vulnerability assessment in landslide risk analysis. *Die Erde,* 134(2), 123-146.

Grossi, P., Kunreuther, H. and Windeler, D. (2005). An introduction to catastrophe models and insurance. In P. Grossi, P. Grossi, and H. Kunreuther (eds.), *Catastrophe Modeling: A New Approach to Managing Risk.* New York: Springer.

Hsu, J. (2009). *The Truth about Skydiving Risks.* http://www.livescience.com/5350-truthskydiving-risks.html. Accessed March 26, 2009.

ISDR Secretariat (2003). *Living with Risk: Turning the Tide on Disasters towards Sustainable Development.* Geneva: United Nations.

Jardine, C. G. and Hrudley, S. E. (1997). Mixed messages in risk communication. *Risk Analysis,* 17(4), 489-498.

Kanyia, A. M., Papathoma-Kohle, M., Neuhauser, B., Ratzinger, K., Wenzel, H. and Medina-Cetina, Z. (2008). Probabilistic assessment to vulnerability to landslide: application to the Village of Lichtenstein, Baden-Wurttemberg, Germany. *Engineering Geology,* 101, 33-48.

Kirkwood, A. S. (1994). Why do we worry when scientists say there is no risk? *Disaster Prevention and Management,* 3(2), 15-22.

Lunn, J. (2003). Community consultation: the foundation of effective risk management. *Journal of Emergency Management,* 1(1), 39-48.

Marzocchi, W. and Woo, G. (2009). Principles of volcanic risk metrics: Theory and the case study of Mount Vesuvius and Campi Flegrei, Italy. *Journal of Geophysical Research,* 114 B03213, doi:10.1029/2008JB005908.

NOAA (2013). National Coastal Population Report: Population Trends from 1970 to 2020. http://stateofthecoast.noaa.gov/features/coastal-population-report.pdf. Accessed November 4, 2013.

Quaile, I. (2013). Polar Ice Sheets Melting Faster Than Ever. Deutsche Welle. N. Conrad (ed.). http:// www.dw.de/polar-ice-sheets-melting-faster-than-ever/a-16432199. Accessed November 4, 2013.

Rejeski, D. (1993). GIS and risk: a three-culture problem. In M. F. Goodchild, B. O. Parks, and L. T. Steyaert (eds.), *Environmental Modeling with GIS*. New York: Oxford University Press.

Ries, K. G., III and Crouse, M. Y. (2002). The National Flood Frequency Program, Version 3: A Computer Program for Estimating Magnitude and Frequency of Floods for Ungauged Sites, 2002: U. S. Geological Survey Water-Resources Investigations Report 02-4168.

Royal Society Study Group (1992). *Risk Assessment, Report of a Royal Society Study Group*. London, United Kingdom: The Royal Society.

Slovic, P., Fischhoff, B. and Lichtenstein, S. (1979). Rating the risks. *Environment,* 21(3), 14-20, 36-39.

Smith, K. (2004). *Environmental Hazards: Assessing Risk and Reducing Vulnerability*. NewRoutledge.

Thomas, D. S. K. (2001). Data, data everywhere, but can we really use them? In S. L. Cutter (ed.), *American Hazardscapes: The Regionalization of Hazards and Disasters*. Washington, DC: Joseph Henry Press.

United Nations (2006). *The Millennium Development Goals Report*. New York, NY: Department of Economic and Social Affairs, United Nations. http://mdgs.un.org/unsd/mdg/Default.aspx. Accessed November 4, 2013.

USGS, Hawaiian Volcano Observatory (2012). *Volcano Watch*. http://hvo.wr.usgs.gov/volcanowatch/view.php?id=155. Accessed December 20, 2012.

Uzielli, M., Farrokh, N., Suzanne, L. and Kanyia, A. (2008). A conceptual framework for quantitative estimation of physical vulnerability to landslides. *Engineering Geology*, 102, 251-256.

Wallace, W. A. and De Balogh, F. (1985). Decision support systems for disaster management. *Public Administration Review*, 134-146.

6장

사회적 · 경제적 · 생태학적 취약성

목표

1. 취약성과 극한사상에 대해 정의한다.
2. 사회·문화적, 경제적 그리고 생태학적 취약성을 이해하는 접근방법을 설명한다.
3. 취약성의 여러 측면을 조사한다.
4. 취약성의 여러 측면을 조사하는 방법을 설명한다.
5. 사회·문화적, 환경적 그리고 경제적 시스템이 서로 어떻게 의존하는지 설명한다.

주요 용어

경제 시스템(economic system)
극한사상(extreme events)
사회·문화적 시스템(sociocultural system)
스마트 성장(smart growth)
위험요인(hazards)
인프라 시스템(infrastructural system)
자연·생태적 시스템(natural or ecological system)
취약성(vulnerability)
해안 스프롤(coastal sprawl)
(※ urban sprawl: 도시 개발이 인근 미개발 지역으로 확산되는 현상 – 옮긴이)
회복력(resiliency)

생각하기

어떤 지역은 재난상황을 빠르게 회복하고 심지어 번영하지만, 어떤 지역은 회복하는 데 오랜 시간이 걸리고 생태학적·사회적·경제적 시스템 복구가 지연되는 이유는 무엇인가? 사회문화적·경제적·생태학적 시스템에 대한 자연재해의 잠재적 영향을 어떻게 측정할 수 있는가? 지역 내의 상호 연결된 이런 시스템들이 영향을 받는 방식을 어떻게 좀 더 잘 이해할 수 있는가?

개요

취약성은 재난 피해의 민감성이나 잠재성을 의미하고, 사회적·경제적·생태학적 시스템에 대한 영향을 포함한다(Turner II et al., 2003). 취약성은 재난이나 극한 사건이 사회적, 경제적 그리고 생태학적 시스템에 영향을 미치는 조건과 과정으로 인해 발생한다. 취약성은 자연재난 연구를 기반으로 하지만 현재는 위험도 관리, 생태학, 공공복지, 개발, 지속 가능 과학과 계획 등에서도 활용되고 있다(Kumpulainen, 2006). 취약성은회복력과 밀접한 관계가 있고 사회적·경제적·생태학적 시스템이 재난으로부터 회복하거나 극한 사건에 대응, 적응 또는 대처하는 능력을 포함한다(Fussel, 2007). 오브라이언 등(O'Brien et al., 2004)은 노출성, 민감성 그리고 적응능력을 포함하는 IPCC의 정의를 사용하여 취약성을 정의했다.

앞에서 위험도가 재해 가능성, 시간, 취약성의 결과라고 설명했다. 그러므로 취약성은 지역의 재난 관련 위험도를 고려하는 데 매우 중요하다. 다양한 형태의 취약성은 위험요인에 노출된 결과이고, 지속 가능한 방식으로 극복 및 회복하는 능력이다.

드와이어 등(Dwyer et al., 2004)은 다른 관점에서 취약성을 바라보면서 재난관리는 노출성뿐만 아니라 해당 지역의 지원, 자원에 대한 접근성, 정부의 관리 등에 영향을 받는다고 말했다. 개별적인 속성도 중요하지만 재난에 대응하는 해당 지역의 능력이 가장 필수적인 요소다. 이것은 지역의 구조, 자원, 경제 그리고 사회적 자본을 포함하는 복잡한 환경이다. 드와이어는 취약성을 다음과 같은 네 가지로 정의했다.

1. (개인적인 속성과 관련이 있는) 가정 내의 개별 취약성
2. (개인과 지역 사이의 상호작용과 관련이 있는) 지역의 취약성
3. (서비스로부터 얼마나 떨어져 있는지와 관련이 있는) 지역적·지리적 취약성
4. (재난 자본과 예방 연구와 관련이 있는) 행정기관의 취약성

생각하기

개인, 가정 또는 지역의 취약성을 야기하는 요인은 무엇인가? 취약성을 결정할 때 나이 또는 장애 같은 개인의 신체적 속성이 개인의 재정적 속성(수입, 주택 소유 또는 대출)보다 더 중요한가? 지역이나 지리적인 요인들은 취약성에 어느 정도 영향을 미치는가? 하나의 개인 속성이 취약성을 결정할 수 있는가? 아니면 취약성은 여러 요인들의 결합에 의해 결정되는가?(Dwyer et al., 2004).

통합적인 취약성을 설명할 수 있는 독자적인 방법은 없다. 그러나 정량적인 취약성 지표를 개발 및 적용하여 취약성의 여러 측면을 조사하고 표현할 수는 있다(Dwyer et al., 2004).

취약성에 대한 접근방법

최근 연구에 따르면 다양한 형태의 취약성을 이해하는 데 도움을 주는 다양한 접근방법이 개발되어왔다. 노출 모형은 재난에 취약한 사람과 장소에 대한 확인 필요성을 강조하고 위험요인, 위험도 또는 위협의 상대적인 빈도 및 강도와 관련된다(Bruneau et al., 2003; Fussel, 2007). 허프슈미트(Hufschmidt, 2011)는 취약성을 이해하는 도구로서 위험도 사용을 추천했다. "위험도는 사회적이고 환경적인 시스템에서 운영되는 과정 중 상호작용에 대한 전체적인 관점을 제공하며, 재난의 전조현상을 만드는 것은 이러한 상호작용 때문이다." 특히 사람과 장소가 위험 상황에 취약한 조건과 위험요인, 위험도, 위협의 상대적 빈도 및 강도와 관련된 조건들을 노출 모형에 포함하고 있다.

노출 모형은 위험한 사건의 영향에 대한 중요한 기반시설과 설비의 취약성을 조사할 때도 사용된다. 공학의 정량적인 접근방법에서는 예방계획, 사후 복구 전략의 수준을 높이는 첨단 기술의 연구 및 적용을 통해 손실을 감소시키는 기반시설의 회복력을 평가한다(Bruneau et al., 2003). 재해 노출로서 취약성에는 위험한 상황의 사람, 경제, 환경의 분포를 포함한다. 여기서는 재난에 쉽게 영향을 받을 수 있는 지역의 물리적 점유를 강조한다. 이런 관점에서 취약성은 장소와 관련된 물리적 조건의 결과다(Cutter, 1996).

두 번째 접근방법에서는 취약성을 위험요인에 대한 사회의 저항력이나 회복력을 측정하는 사회적 조건으로 본다(Hewitt, 1997; Klisner et al., 2004). 이러한 관점에서 취약성은 긍정적인 방식의 반응 및 대처 능력을 포함하는 위험요인과 사회 조건의 관계에서 도출된 결과물이다. 허프슈미트(Hufschmidt, 2011)는 조정과 적응을 포함하는 개별적인 대응 체계를 강조하는 관점을 제공한다. 조정은 위험요인을 줄이도록 제방을 건설하거나 집을 설계하는 것과 같은 조치들이다. 반면에 적응은 집의 전반적인 품질을 높이는 것과 같은 잠재적인 손실을 줄이는 장기적인 조치이다. 조정은 기본적으로 가족, 집단 그리고 지역의 노출성 내에서 이루어진다. 이런 대처 능력은 위험한 사건이 일어난 지역 공동체의 회복력에 내재되어 있다. 마지막 요소는 지리적 영역 안에서 지역의 반응 및 대응 능력이다. 재난에 맞서 지역은 어떤 자원들을 다루어야 하는가?

세 번째는 잠재적인 노출과 사회적 회복력을 조사하는 통합 접근방법이다(Cutter, 1996; Cutter et al., 2000; Kasperson et al., 1988). 이러한 통합적 관점은 위험도와 관련된 취약성을 사회적 대응과 지리적 특성을 지닌 노출성과 결합시킨다. 커터(Cutter, 1996)는 이러한 통합적인 접근방법이 사회적 취약성의 근본 원인과 시간의 흐름에 따라 달라질 수 있는 공간 결과물을 고려하지 못한다고 지적했다. 지리적인 영역에서 위험도의 변동성은 커터가 제안한 재해 모형의 핵심을 이룬다(Cutter et al., 2008). 사회적·생물물리학적 조건들이 상호작용하여 전체적인 취약성을 만들어낸다. 카자이 등(Khazai et al., 2013)은 취약성 이해를 위한 통합접근방식을 제안했다.

버크만(Birkmann, 2007)은 위험도를 위험요인에 대한 노출성, 빈도 또는 심도, 그리고 취약성의 제곱이라고 주장한다. 취약성을 측정하는 버크만의 주요 관점은 분석의 규모이다. 소구역 수준의 조건을 반영하는 지표들은 지역적, 국가적 또는 국제적 규모에는 적절하지 않을 것이다. 해수면 상승이나 가뭄 같은 위험요인들은 서서히 진행되어 취약성 지표들을 통해 잘 나타나지 않기 때문에 위험도의 형태가 중요하다. 또한 취약성은 위험도와 관련된 과거, 현재 그리고 미래 위험지역과 대상을 평가하는 방법이라고 볼 수 있다. 취약성을 이해하기 위해서는 국가적·국제적 접근방법과 지역적인 접근방법 사이의 연계성을 강화해야 한다.

취약성의 통합 관점은 에드거의 관점과 일치한다. 에드거는 사회적이고 생태적인 시스템은 많은 상호작용을 가지고 있고, 이러한 관계 분석은 외부 스트레스 요인이 시스템에 주는 영향을 이해하기 위해 필요하다고 강조한다. 베르케스와 폴크(Berkes and Folke, 1998)는 복잡한 시스템 사이의 연결성을 강조한다. 특히 사회적 시스템과 생태적 시스템 사이의 상호 의존성에 초점을 맞추어 취약성을 조사했다. 이러한 관점은 자연 시스템 내에서 사람의 행동과 사회적 구조 사이의 상호작용을 강조한다. 사회적 시스템은 자원의 인위적 사용을 조절하는 법칙과 제도로 구성된 반면, 자연 시스템은 생물학적인 과정 및 생물물리학적 과정과 관계가 있다. 회복력은 사회적 시스템과 생태적 시스템 사이의 관계 내에서 보이며, 다른 상황이나 새롭게 발생하는 상황들에 적응하는 능력을 파악하여 조사가 가능하다(Adger, 2006; Berkes et al., 2003; Carpenter et al., 2001; Folke, 2006).

버크만(Birkmann, 2007)은 물리적, 사회적, 경제적, 환경적 그리고 제도적 수용력뿐만 아니라 취약성 이해를 위해 노출성과 대응능력을 결합한 통합 접근방법을 강조한다. 취약성에 대한 이러한 관점은 〈그림 6-1〉에 반영되어 있다. 대응 전략은 통합 취약성 접근방법에 반드시 포함되어야 한다. 그러므로 취약성은 실행될 수 있는 대응 조치 및 대응 전략의 개발과 일맥상통한다. 이러한 전략은 개인, 가정, 기업 그리고 공공기관의 선택이나 공공정책 그리고 그것을 토대로 한 시험 모형을 반영한다. 우리의 관심은 누가 어디에 살고 있는지에 있지만, 실제로 취약성을 가져오는 것은 개인적 또는 집단적인 이유로 사람들이 내리는 결정이다. 이것은 재난이 외부 발생 요인(홍수나 토네이도)뿐만 아니라 내부적인 사회적 시스템에 의해서도 발생한다는 커터의 접근방법과 일치한다(Wisner et al., 2004, p. 11). 취약성에 영향을 미치는 요인들은 개별적인 특성에서부터 경제, 인공 환경 그리고 자연적 경관을 포함하는 전체 지역 또는 지역의 속성까지 포함한다(Holand et al., 2011).

취약성의 통합 관점은 지역의 사회적 연결망, 주요 인프라의 위험요인에 대한 내구성, 재난의 지역적 위험도, 그리고 잠재적인 손실을 줄이고 노출을 예방하려는 지역의 노력 등을 강조한다. 그러므로 지역의 취약성은 사회구조, 인프라를 강화하려는 노력, 노출성을 줄이려는 기업 장려책, 재난에 대처하는 능력(위험도 관리)을 통해 보완된다.

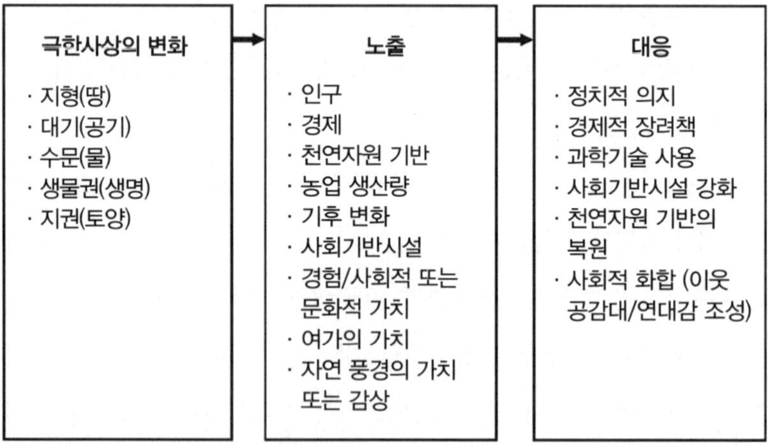

〈그림 6-1〉 취약성의 개념적 도식화

지역의 예방 조치와 제도적 위험도 관리 정책은 위험요인에 대한 사회적, 경제적 그리고 생태적 노출에 영향을 준다. 사람들의 노력이 재난사건에 대응하는 지역의 역량에 대한 정책과 함께하기 때문에 취약성은 위험요인에 대한 사람의 노출성보다 더 복잡하다. 여러 지역, 사람 그리고 자연적인 환경에 대한 이해가 고려되어야 한다는 점에서 자연적, 경제적 그리고 사회적 시스템은 상당 수준 통합되어 있고 상호 의존적이다. 버크만(Birkmann, 2007)은 재난 위험도를 "위험요인에 대한 노출성, 빈도와 심도 그리고 취약성의 제곱"이라고 강조했다.

생각하기

취약성의 조사 범위는 대도시 같은 대규모 지역에서 소규모 지역에 이르기까지 다양하다. 소규모 도시의 취약성 분석은 고립된 재난 사례 연구에서 활용되며, 미국이나 국제사회의 대규모 재난 평가에는 적합하지 않다. 작은 지역 또는 소규모 지역에 영향을 주는 토네이도는 허리케인 또는 대형 홍수 같은 재난과 비교할 때 규모 면에서 완전히 다르다. 또 다른 소규모 재난의 예는 무엇인가?

취약성의 여러 가지 측면

취약성은 지역의 사회적, 경제적 그리고 생태적 측면을 반영한다. 지역의 취약성 이해를 위해 각각의 지표를 확인해야 한다. 이러한 지표들은 지역이 입는 재난 피해 방식을 측정한다.

사회적·경제적·생태적 지표들은 1960년대와 1970년대에 노출지수와 환경건강지수를 제공하기 위해 구체적으로 작성되었다(Cutter et al., 2003). 펠링 등(Pelling et al., 2004)은 지역협력의 사회적·경제적 영향을 조사하기 위해 사회경제적인 지표를 활용했다. 해안지역 위험도 지도(Coastal Risk Atlas)는 물리적인 위험요인과 사회적 취약성을 연결 짓는 흔치 않은 시도였다(Boyd et al., 2005). 리치먼드 등(Richmond et al., 2001)은 "해안 지역의 위험한 특성을 결정하는 확정된 방법론은 없다"고 결론지었고, 커터 등(Cutter et al., 2003)도 재난의 취약성을 평가하기 위한 측정 기준들이 존재하지 않는다고 확인했다.

비록 위험 조건을 결정하는 것은 거의 합의되지 않았지만, 나카가와와 쇼(Nakagawa and Shaw, 2004)는 어떤 지역이 다른 지역보다 회복력이 강한 이유를 설명해주는 몇 가지 공통된 특징이 있다고 주장했다. 또 지역의 재난 회복력에 영향을 주는 사회적·경제적·종교적·정치적 요인들은 복잡하게 얽혀 있다고 설명했다.

환경적 저하는 건강, 경제적 손실, 가난, 지적 재산권의 손실, 자연 유산 손실, 극한 사건들에 대한 결과일 수 있다. 또한 질병 같은 위험요인의 근본적인 원인과 연관되어 있을 수 있다. 예를 들어 물 공급, 실내 공기오염, 위생 설비는 가장 높은 수준의 질병 위험도와 관련이 있다. 즉, 어떤 지표들은 특정 위험요인과 관련이 있으며, 일부 위협에 대해서는 보다 강력한 상관관계를 보인다.

생각하기

사회적 취약성은 정치적 표현, 풍부한 사회적 네트워크, 문화, 기반시설, 연령, 성별, 인종, 사회경제적 지위, 언어, 장애 등에 대한 정보 부족에 영향을 받는다(Cutter et al., 2003). 위험요인 잠재성, 지형, 기반시설 조건은 위험도에 영향을 주는 지역의 사회경제적 구조와 상호작용한다(Cutter et al., 2009).

사회적 취약성

사회적 차원의 취약성은 사람, 이웃, 도시 인구, 농촌 인구의 노출과 재난 회복력으로부터 제기된다. 기존 연구에 따르면 빈민, 실직자, 한부모 가장(single head of a household), 노인, 장애인, 자동차 무소유 가구는 다른 가구들에 비해 자원이 적고, 극심한 사건을 겪을 확률이 높으며, 재난 후 삶을 복구하는 데 어려움을 겪는다(Wisner et al., 2004; Yohe and Tol, 2001). 재난에 취약한 사람들은 재난 후 회복에 더 많은 시간이 필요하고, 더 큰 고통을 받는다. 취약성은 개인이 스스로를 보호하기 위한 행동과 정치적 네트워크 및 기관에 접근하는 데 영향을 미친다(Cannon et al., 2003).

커터 등(Cutter et al., 2003)은 이런 요인을 인정하지만 장소의 중요성에 주목하며 취약성의 지리적 차원을 강조했다. 가난하고 재난에 가장 취약한 사람들은 가장 위험한 지역에 거주하는 경우가 많다.

사회적 취약성은 개인과 단체가 사회 공동체 내에서 지위를 바탕으로 한 위험요인의 부정적 효과를 다루는 능력에 차이가 있기 때문에 발생한다(Dow, 1992). 역사적·문화적·사회적·경제적 과정을 통해 개인이나 사회 그룹의 대응 능력이 형성된다(Klisner et al., 1994). 연구 결과에 따르면 특정 집단의 사람들이 재난에 훨씬 더 취약한 것으로 밝혀졌다(Cutter et al., 2003). 또한 사회경제적 취약성과 재난 사이에는 강한 연관성이 존재하며, 재난의 사회경제적 비용은 동등하게 부과되지 않는다(Bolin and Stanford, 1991; Cutter et al., 1997; Heinz III Center for Science, Economics and the Environment, 2000; Mileti, 1999; Cutter et al., 2000; Morrow, 1999; Wisner et al., 2004; Pelling et al., 2004).

> 생각하기
>
> 연구 결과에 의하면 사회적 자본을 나타내는 지표들은 취약성을 이해하는 데 매우 중요하다. 이러한 지표들은 가난한 사람, 실직한 사람, 가장, 노약자, 장애인이 사회적 취약성에 대한 적절한 척도라는 것을 보여준다.

사회적 취약성이 정보 부족, 정치적 대표성, 풍부한 사회적 네트워크, 문화, 기반시설, 연령, 성별, 인종, 사회경제적 상황, 영어(또는 모국어) 사용 여부, 장애 등에 영향을 받는다는 사실이 널리 인정받고 있다(Cutter et al., 2003). 부유한 세대들은 재해에 대한 위험도가 낮고 회복력 또한 좋다. 재해 잠재성, 지형, 기반시설 조건은 위험도에 영향을 미치는 지역의 사회경제 구조와 관계가 있다. 많은 연구들은 일부 그룹이 다른 그룹보다 위험도가 크다는 점에 주목하고 있다.

아다토 등(Adato et al., 2006)은 사회적 취약성에 대한 다른 관점을 가지고 있다. 이들은 전 세계 많은 지역에서 가뭄, 허리케인 등 기타 재난이 가난하고 재난에 취약한 대상들을 강타하여 그들을 가난, 절망, 의존성의 굴레에 가두어 버린다고 주장했다. 그리고 전 세계의 다양한 조사들을 통해 가난한 사람들이 재난 또는 절망적인 상황을 극복하기 위해 애쓰고 있다는 사실을 알게 되었다. 이들의 단기 및 장기 복지 상태와 지속 가능성 수준을 고려할 때 좀 더 부유한 가구를 따라잡는 것은 불가능해 보인다. 이러한 현상은 지역뿐만 아니라 전 세계적으로 관찰된다(UNCTAD, 1997).

2005년 GIS 기반 위험도 지도와 허리케인 시뮬레이션을 결합한 미시시피 만 해안지도를 만들기 위해 허리케인 재해 취약성 평가가 이루어졌다(Boyd, 2005). 위험도의 순위를 매기고, 나아가 위험도 인구와 허리케인 재해를 확인하기 위해 소득, 연령, 한부모, 교육, 영어(또는 모국어) 사용, 자동차 소유, 주택 소유, 주택 유형을 이용해 취약성을 조사했다.

나카가와와 쇼(Nakagawa and Shaw, 2004)는 어떤 지역이 다른 지역보다 회복력이 있는 이유에는 공통된 특징이 있다는 점을 강조했다. 또한 재난에 대한 지역의 회복력에 영향을 미치는 사회·경제·종교·정치 요인들이 복잡하게 얽혀 있다고 설명했다. 재난 극복을 위한 지역의 회복력은 사회적 자본, 신뢰 수준, 사회 규범, 참여 정도, 강력한 네트워크 존재 여부 등과 같은 사회경제적 활동들을 기반으로 한다.

> **생각하기**
>
> 호프먼(Hoffman, 2003)은 재난의 감춰진 희생자를 조사한 후 일부 취약한 사람들이 필요한 유형의 구호를 받지 못하고 재난 극복 중에도 계속되는 고통을 견뎌야 한다고 설명했다. 그리고 재난에 대한 대비 또는 대처가 부족한 사람들은 빈민 혹은 노동자 계층이며, 재난 상황에서 가장 보호받지 못하는 사람들이라고 설명했다. 대참사의 결과로 어떤 사람들은 영구적인 고통에 빠지게 된다. 감춰진 희생자 중에는 취업 증명서가 없는 노동자, 주거지를 잃은 사람들(주택 소유자 또는 세입자), 무보험자, 정신질환자, 만성 질환자, 무능력자뿐만 아니라 거지, 부랑자, 사기꾼, 노숙자 같이 사회적 기생자로 여겨지는 사람들이 포함될 수 있다. 사회의 밑바닥에 있는 감춰진 희생자들이 도움을 받지 못한다면 어떻게 될 것인가? 나머지 사회에 어떤 일이 발생할 것인가?

기후 변화를 포함하는 위험요인에 대한 광범위한 논의는 다음과 같은 여러 가지 부가적인 관점의 취약성을 보여준다.

1. 기후 변화 – 지구 온난화와 관련이 있는 CO2와 온실가스의 배출(IPCC, 2007)
2. 해양 산성화 – 저지대 산호 환초에 사는 사람들의 지속 가능성과 관련된 산호초의 백화 현상과 산호 생태계에 미치는 악영향(Veron et al., 2009)
3. 성층권 오존 – O3 감소는 증가하는 암 발생과 관련이 있다(Ni–Bin et al., 2010).
4. 생화학적 질소(N)와 인(P)의 순환 – 세계 빈곤층이 국제 농약산업에 의존하게 만드는 식량생산 감소에 대한 균형(Erenstein and Thorpe, 2010)
5. 세계 담수의 사용 – 2030년까지 세계 인구의 절반 이상이 물 부족에 직면할 것으로 예상된다(Ridoutt and Pfister, 2010).
6. 토지 시스템 변화, 토지이용과 피복 변화(LULCC) – LULCC의 현재 비율, 범위 그리고 강도는 과거 어느 때보다도 높다. 이것은 생태계와 지역적이고 세계적인 규모의 환경 과정에 전례없는 변화를 일으킬 것이다(McAlpine et al., 2009).
7. 생물 다양성의 감소 – 인간 사회에 도움을 주고 안정화시키는 자연 생태계 과정과 서비스에 대한 부정적 효과(Xi, 2011)
8. 화학적 오염 – 인간의 건강은 대개 토양 그리고 물의 화학적 오염에 직접적으로 영향을 받는다(Kampa and Castanas, 2008).
9. 대기 에어로졸의 부하량 – 대기 미세먼지 에어로졸의 증가는 중요한 건강 지표이다(Goudie, 2009).

경제적 취약성

경제적 취약성을 검토할 때 재화의 생산·분배·소비 과정과 민간 상업 부문, 공공 부문, 민간 부문 서비스의 변화에 대한 위험도를 조사한다. 지역 경제의 건강 및 활력은 지역, 국가, 세계와 상호 의존적인 관계를 가진다. 지역의 임금, 제품, 수출량, 실업률, 직업의 종류와 개수에 영향을 주는 지역, 국가, 세계적 요인을 확인한다. 지역 경제의 견고한 기반을 형성해주는 많은 외부 요소들이 있다. 생산성이 높은 경제를 확립하는 방법을 정확하게 예측할 수 있다는 것과 해당 지역의 자연재해를 견디고 회복하는 일련의 경제 지표를 조사하는 것은 매우 다르다. 그러므로 우리가 할 일은 지역의 재난 회복 능력을 위해 경제가 얼마나 건실한지 제시해주는 지표를 확인하고 조사하는 것이다. 경제적 취약성에는 질병이나 전염병 유행과 같이 노동력에 피해를 줄 수 있는 요인들도 포함된다. UNDP의 「세계 취약성 보고서(United Nations World Vulnerability Report)」에서는 재난의 잠재성을 분류하고 감시하기 위한 지표들을 기술하고 있다(Pelling et al., 2004).

경제적 취약성을 평가할 때 직업과 지역 경제의 특성뿐만 아니라 도로, 다리, 공항, 철도, 병원, 교도소, 제조 공장, 쇼핑몰, 설비, 통신 시스템이 재난을 견디는 능력도 다룬다. 경제적 취약성은 지역의 재난상황 회복력에 영향을 주는 노동자 임금, 고용 그리고 전기, 천연가스, 통신 부문 같은 기반시설에 대한 잠재적 영향력이다. 컴포트 등(Comfort et al., 1999)에 따르면 농촌과 도시 지역에 대한 광범위한 서비스는 상업과 삶의 표준에 중요한 근간이 되고 있다. 이런 시스템의 규모가 경제적 안정에 큰 영향을 미치는 의존성과 손실을 만들어낸다.

생각하기

지역 경제적 자본의 취약성을 나타내는 경제적 지표들은 다양한 경제적 기반과 재난을 견디는 중요한 인프라의 기능을 포함한다. 한 종류의 산업에 의존하는 지역은 다양한 산업을 가지는 지역보다 더 취약하다. 강력한 교통, 통신, 전력망을 가지는 지역은 견고한 인프라를 갖추지 못한 지역보다 재난을 더 잘 극복한다.

인프라와 경제적 취약성은 긴밀하게 연결되어 있지만, 두 가지 측면을 고려한다면 명확하게 분리될 수도 있다. 즉, 물질적 측면과 빗물질적인 측면이다. 인공 환경과 극한 상황에 대한 물리적 회복력은 위험요인의 물리적 힘에 영향을 받는 반면, 경제적 회복력은 국제 경제의 압력과 영향을 받는다. 오늘날의 글로벌 경제에서는 세계 각지의 금융·무역·정책 결정이 지역 경제에 커다란 영향을 미친다.

국제기관들은 차관이나 원조 프로그램의 타당성을 갖추기 위해 극한의 자연재해뿐만 아니라 경제 및 세계 무역 쇼크에 노출되는 경제의 규모와 구조를 평가하고 있다. 미국 AID는 재난의 빈도 및 강도, 에너지 의존도, 수출 특성과 목적지, 외부 금융에 대한 의존도를 측정하여 경제적 취약성을 조사한다(Crowards, 1999). 뮌헨레그룹(Munich Re Group, 2002)은 구매력을 반영하는 1인당 연소득 같은 경제적 관점에서 재난을 바라본다. 농업 분야에서는 다양한 제품의 생산을 측정할 수 있다. 하지만 농산품 생산은 토양의 수분, 기상 상태, 지질학적 변수들 같은 외부요인에 크게 영향을 받는다.

생태학적 취약성

취약성의 생태학적 측면은 시스템의 재난 회복 능력과 허약함을 반영한다. 이는 자연 시스템들이 시간과 공간에 걸쳐 발생할 수 있는 스트레스를 다루는 데 무능력함을 뜻한다(Williams and Kaputska, 2000). 바닷물이 민물 습지에 침범하면 피해가 발생할 수 있고 물고기, 다른 수생물, 새, 기타 해안 동물들이 번식하지 못할 수도 있다. 늪지대에 바닷물이 장기간 침범하면 지역의 지표수 시스템에 영향을 미칠 수 있다. 홍수, 바람,

해일로 인해 발생한 유해물질 오염은 연약한 해안 환경의 즉각적 또는 장기적 저하를 유발할 수 있다. 2010년 멕시코 만 원유 유출 사고는 재난의 규모가 매우 넓고 다양하며 가정과 지역에 상당한 영향을 미칠 수 있다는 사실을 보여준다. 버넷 등(Barnett et al., 2008)은 환경 변화에 대한 취약성 지표들은 넓은 규모의 시스템에 적용하면 의미가 없고 작은 규모에 초점을 맞추어야 한다고 결론지었다.

환경적 지속 가능성과 취약성에 대한 지표 개발은 1990년대 후반에 발달했다(Birkmann, 2006, 2007; Esty et al., 2005; Polsky et al., 2007; Kaly et al., 1999). 환경적 조건을 평가하는 것은 매우 어렵기 때문에 복잡한 상호작용을 고려한 광범위한 지표 개발은 쉽지 않다.

환경 시스템은 지역의 지속 가능성뿐만 아니라 삶의 질과 생산성에도 매우 중요한 요소다. 삼림 벌채 비율, 전체 수자원 대비 연간 물 사용량의 비율, 인구밀도, 가구별 연간 물 사용량, 가구별 재활용 양, 해안지역과 내륙 지역의 관계를 살펴보아야 한다. 내륙 지역 멸종 위기종의 숫자와 내륙 지역 자연재난의 비율 사이에 연관성이 있을 수 있다(Atkins et al., 2000). 예일 환경법과 정책센터(YCELP: The Yale Center for Environmental Law and Policy)에서는 환경 지속 가능성을 위한 다섯 가지 구성요소를 제시했다.

(1) 환경 시스템의 건전성

(2) 환경적 스트레스와 위험도

(3) 환경 영향에 대한 취약성

(4) 사회적·제도적 능력

(5) 국제적 관리(World Economic Forum, 2000)

환경 변화를 모니터링하는 오랜 노력은 현재도 진행 중이고 위험요인에 대한 우리의 사고를 넓혀준다. 장기 기후 변화 평가에서는 에너지 사용과 생산, 공공 위생, 교통, 농업, 수자원 그리고 생태 서비스에 상당한 영향을 미치는 대기 조건 변화를 예상한다(Karl et al., 2009).

로빈스 등(Lovins et al., 1999)은 생태계가 생명 유지에 필요한 서비스와 생물학적 자원을 풍부하게 생산할 수 있도록 기업들이 생태계를 회복, 유지 및 확장시켜야 한다고 주장했다. 또한 에너지 비용을 감소시키고 쓰레기 양을 줄일 수 있는 시스템을 제안했다. 에너지 절약은 생산성을 높일 수 있다. 이러한 접근방법에서는 1인당 에너지와 물 소비량이 자연자원 배분과 소비의 효율성을 나타내는 유효한 지표가 될 수 있다. 나아가 쓰레기를 최소로 줄이는 것은 이런 모형에 대해서도 적합하므로 1인당 쓰레기 생성 양과 재활용 양이 자연 시스템의 지속 가능성에 대한 좋은 지표가 될 수 있다. 쓰레기 최소화와 오염 예방은 EPA에서도 권고하는 위험도 관리 전략이다. 마지막으로 자연환경을 자연자원으로 바라보고 투자한다면 긍정적인 보상이 따를 수 있다.

호킨스 등(Hawkins et al., 1999)에 따르면, 건전한 환경은 우리에게 깨끗한 공기와 물, 비, 생산적인 바다와 하천, 비옥한 토양, 지속 가능한 하천 유역을 제공해줄 수 있다. 사회경제적 또는 환경적 지속 가능성은 상호 의존적이기 때문에 둘 중 하나만 취할 수는 없다.

호사인(Hossain, 2001)은 환경적 지속 가능성을 이해하기 위해 연방사무국(Commonwealth Secretariat)이 연간 삼림 벌채 비율, 인구밀도,

총 수자원 대비 연간 물 소비량 등을 포함하는 지표들을 활용해야 한다고 강조했다(Pantin, 1997). 환경 분석에 대한 세계은행(1999)의 접근방법은 기후, 물, 숲, 오염을 바탕으로 한다. 환경 악화는 건강 손실, 경제적 손실, 가난, 지적 재산권의 손실, 자연유산의 손실, 극한사상에 대한 노출 등의 결과를 야기할 수 있다. 또한 질병 같은 재해의 근본 원인이 되기도 한다. 예를 들어 물 공급, 실내 공기 오염, 위생 설비는 가장 높은 질병 위험도와 관련이 있다. 즉, 어떤 지표들은 특정 위험요인과 관련이 있으며, 일부 위협에 대해서는 보다 강력한 상관관계를 보인다.

취약성의 측정

하나의 지표는 하나의 현상에 대해 수량화 및 측정이 가능한 반영물이다. 해당 지역이 재난에 견디고, 대응하고, 회복하는 능력을 이해하기 위해 지표를 사용할 수 있다. 또한 지역 내에서 이런 지표들을 장기간 관찰하는 것은 중요한 자원들을 이해하는 데 도움이 될 수 있다. 관찰을 통해 지역이 개선되고 있는지, 쇠퇴하고 있는지, 아니면 그냥 머물러 있는지 알 수 있다.

어떠한 측정법도 우리가 원하는 모든 것을 알려주지는 못한다. 다우존스(Dow Jones)지수에 모든 주가가 포함되어 있지는 않으며, 소비자물가 지수에서도 모든 제품을 조사하지는 않는다. 우리는 어떤 방법이 얼마만큼 효과가 있는지 알기 위해 지표를 활용한다. 품질 지표는 기존의 자료와 잘 알려진 출처에서 나온 객관적인 자료를 반영한다. 지표는 지역 상황이나 지역에서 가치 있게 생각하는 자원을 측정한다.

피해 측정에서는 대개 교량, 주택, 상업용 혹은 산업용 건물, 자동차, 트럭, 통신 타워와 같이 구체적인 시설물을 측정한다. 대응 지표들은 대피하거나 이주한 사람들 수처럼 지역의 재난 대응 능력을 보여준다. 대피한 사람이나 보호소에 있는 사람의 수는 사람들을 위험한 곳으로부터 피할 수 있도록 해주는 효과적인 경보 시스템이나 과정들을 반영한다. 이런 지표들은 한 지역의 준비성, 재해 예방 효율성, 대응 정책을 반영하며 어떤 지역이 다른 지역보다 신속하게 회복할 수 있는 이유를 설명해준다.

어떠한 지표도 우리가 원하는 모든 것을 알려주지는 못한다. 주식시장의 지표로 널리 사용되는 다우존스지수에 뉴욕주식시장에서 거래되는 모든 주식이 포함되어 있지는 않다. 소비자물가지수도 모든 소비재 가격을 확인하지는 않는다. 두 개의 지표는 시에라네바다 복지 지표(Sierra Nevada Welfare Index)처럼 표본 지표의 개발과 감시에 기초하며, 전반적인 성과를 측정한다. 다음과 같은 이유로 60개의 지표가 하나의 지수로 선택된다.

- 측정 가능하고, 기존 자료와 객관적인 자료를 가지고 갱신이 가능하다.
- 시에라네바다 복지와 관련해 물질적 중요성을 가진 자원의 상태를 측정한다.
- 일반 시민의 적극적 관심이 존재하는 곳의 자원 상태를 측정한다.

재해 분석에 가장 적절한 지표를 산정하는 것이 가장 중요한 단계이다. 드와이어 등(Dwyer et al., 2004)은 적절한 취약성 측정방법을 선택할 수 있는 기준을 제시한다.

- 지원 개념: 지역의 취약성을 조사하려는 노력은 전반적인 목적에 도움이 되어야 한다. 이러한 지표들은 전반적인 목표나 질문에 대해 설명하는 데 도움이 된다.
- 타당성: 지표들은 정확하고 시의적절한 자료를 반영하고, 검증되었어야 한다.
- 자료 품질: 자료는 신뢰성 있는 출처에서 나와야 하고, 신뢰할 만하고, 재생산이 가능해야 한다.
- 민감성: 좋은 지표는 시스템이나 과정의 변화를 측정해야 한다. 따라서 지표들은 시간에 민감하게 변화를 포착해야 한다. 또한 자료는 일, 월, 분기 또는 연 단위로 측정될 수 있어야 한다.
- 간편성: 지표들은 사회적·경제적·환경적 조건을 분명히 반영해야 한다.
- 정량성/객관성: 지표들은 반드시 측정 가능해야 하고 경제적·사회적·자연적인 조건을 분명히 반영해야 한다.

사회적 조건의 지표들

사회경제적 인구 특성이 취약성과 긴밀한 관계가 있다는 사실은 많은 연구에서 확인되었다(Cutter et al., 2003; Peacock et al., 2000). 저소득층, 노약자, 장애인, 혼자 사는 여성, 여성이 가장인 가구, 피부양자 대 성인의 비율이 낮은 가족, 소수민족, 세입자, 최근 이주자, 여행객, 노숙자 같은 고위험 그룹들은 위험도에 대한 사회적 취약성의 좋은 지표가 된다.

이러한 지표들에 의하면 "재난의 사회적·경제적 비용은 다양한 계층의 희생자와 이해당사자에게 불공평하게 전가된다"(Bolin and Stanford, 1991; Cutter et al., 2000; Heinz III Center for Science, Economics and the Environment, 2000; Wisner et al., 2004; Morrow, 1999). 경제적 수입의 한계는 많은 사람들에게 영향을 미치고, 재난 대응과 회복에 대한 준비를 어렵게 만든다(Mileti, 1999). 연령(18세 미만; 65세 초과), 성별(여성), 인종, 수입(평균 가구 가치)은 사회 취약성의 중요한 지표이다(Cutter et al., 2000).

취약성의 또 다른 지표에는 유색인종 인구, 소득이 25,000달러 미만인 세입자 가구, 65세 이상인 인구, 장애인(고용 장애 제외), 고교 졸업을 하지 못한 25세 이상 인구, 자동차를 소유하지 않은 가구, 세입자, 18세 이하의 자녀가 있는 한부모가정, 전화가 없는 가구 등이 포함된다. 이러한 지표들은 가구수 또는 인구수로 나누어져 사용되어왔다. 취약성 평가에 사용된 지표들의 사례와 이러한 지표들이 선택된 이유에 관한 간단한 설명은 다음과 같다.

- **소득이 25,000달러 미만인 가구**: 소득이 25,000달러 미만인 가구의 비율은 대상 그룹에서 소득이 25,000달러 미만인 가구 수를 총 거주 주택의 수로 나눈 값을 의미한다. 이 지표는 빈곤선 이하 가구를 대신할 소득 기준선을 반영하기 위해 선택되었다. 이 소득 값은 주택 대출 자격을 얻기 위해 요구되는 최소 금액이다.
- **자동차를 소유하지 않은 가구**: 대상 그룹에서 자동차(승용차, 트럭, 승합차)가 없는 가구의 비율이 사회적 취약성 지표 중 하나로 선택되

었다. 인구조사국에서는 주택 단위를 주택, 아파트, 이동식 주택, 일련의 방들, 거주 공간이 분리된 원룸으로 정의한다.

- **유색인종:** 많은 재해 취약성 연구들에 따르면 유색인종은 대개 고위험 지역에 거주한다(Bolin, 1986; Peacock et al., 2000; Pulido, 2000). 뉴올리언스 대상 그룹에서 유색인종의 인구 비율은 사회적 취약성 지표로 선택되었으며, 흑인뿐만 아니라 아시아계와 라틴계 구역으로 구성된다. 하월(Howell, 2005)은 흑인이 허리케인 조지가 발생했을 때 더 안전한 곳으로 대피하거나 철수하는 것을 원하지 않았다고 지적했다. 따라서 허리케인 카트리나가 발생했을 때는 훨씬 더 큰 위험에 놓였다. FEMA는 취약성의 우선순위를 다음과 같이 매겼다. (1) 소득 분배, (2) 고령자, (3) 장애인, (4) 어린이, (5) 소수 인종, (6) 언어나 문화 장벽. FEMA는 특정 위험요인에 피해를 입기 쉬운 인구를 제시했으며, 취약한 사람들은 비슷한 특성을 공유한다고 가정할 수 있다.
- **고령자:** 대상 그룹 안에서 65세 이상인 사람들의 비율을 사회적 취약성 지표로 선택했다. 수많은 연구에서 고령자가 위험요인에 특히 취약하다고 지적했다. 또 신체적·정신적·감각적 능력은 나이가 들수록 약해진다고 강조했다. 이동성의 제약, 친인척에 대한 의존, 빈번한 호흡장애, 재난 이후 낮은 회복력 등으로 인해 노인은 사회적 취약성의 지표로 간주된다(Cutter et al., 2000; Hewitt, 1997; Mileti, 1999; O'Brien et al., 1992). 하월(Howell, 2005)은 65세 이상의 사람들이 1998년 여름 뉴올리언스를 위협한 허리케인 조지가 발생했을 때 대피하거나 대피하려는 계획을 세우려 하지 않았다고 지적했다.

- **장애인**: 장애가 있으면서 보호시설에서 생활하지 않는 사람들의 비율로서, 감각적·신체적·정신적 제약과 외부 활동을 제약하는 자기관리에 제약을 가진 사람들을 포함한다. 이 범주에서 고용 장애는 포함하지 않는다. 또한 가구 수를 측정값으로 사용하는 다른 지표들과 달리 주어진 그룹 내의 장애인 수를 바탕으로 한다.
- **교육 수준**: 이 지표는 25세 이상의 고교 졸업장이 없는 사람의 비율을 나타낸다. 낮은 교육 수준은 재난 경보를 이해하는 데 방해요소가 된다(Heinz III Center for Science, Economics and the Environment, 2000). 이 지표는 가구 수보다는 25세 이상의 사람들 수를 반영하고 있다.
- **임대주택**: 임대주택의 비율은 대상 그룹에서 세입자 가구 수를 총 거주 가구 수로 나눈 것이다. 일련의 연구들에 따르면 세입자들은 금융자산의 부족과 이동의 제약에 더 취약하다(Heinz III Center for Science, Economics and the Environment, 2000; Morrow, 1999).
- **전화가 없는 가구**: 전화가 없는 가구의 비율은 전화가 없는 가구 수를 전체 거주 가구 수로 나눈 것이다. 전화는 사람들에게 즉각적인 대피를 경보할 수 있는 중요한 통신 수단이다. 위기 관리자는 사람들에게 대피 경보를 알리기 위해 전화를 사용할 수 있다. 또 전화에 응답하는 사람들의 위치와 대피 수단의 유무를 파악할 수 있다. 비록 통신 수단인 전화 통화가 경보 도구로서 기록되고 있진 않지만, 전화에 대한 접근성은 중요한 취약성 기준이 될 수 있다. 초기 재난 경보를 위한 자동화 시스템에서도 전화 능력을 활용하고 있다(Burby, 1998).
- **한부모가정**: 한부모 가장을 가진 가구의 비율이 사회적 취약성 지표

로 선택되었다. 이 지표는 18세 이하의 아이가 있는 한부모가정을 나타낸다.

경제적 조건을 나타내는 지표

전통적인 경제 상황 지표들은 고용, 주거, 영업 매출, 영업세, 건설에 초점을 맞춘다. 실업률은 경제 각 부문뿐만 아니라 공공 및 민간 고용까지 반영하므로 훌륭한 경제 지표가 된다. 건설은 산업적 또는 상업적 운영 허가를 임대용 혹은 주거용 건축과 분리하여 지방 경제의 활력을 판단할 때 사용할 수 있다. 장기간에 걸쳐 주택 건축 착공 수를 조사하면 현재 조건이 보다 빠른 속도로 실행되고 있는지 판단할 때 도움을 받을 수 있다. 영업세는 지역 경제의 건강을, 자동차 판매 수는 지역 경제상황을 보여주는 좋은 지표다.

경제 지표들을 선택할 때 측정값에는 광범위한 경제 기반을 반영하는데, 하나의 부문에 지나치게 치우쳐서는 안 된다. 장기간에 걸친 주요 경제 분야별 일자리 수는 좋은 경제 지표가 된다. 실업률 또한 경제에 대한 광범위한 시각을 제공해준다. 비슷한 시각을 가진 지표들로 산업 부문별 고용주와 고용인 숫자, 전반적인 실업률(특히 고용인이 1~5명인 소규모 사업장), 폐업률, 가구 수, 학교나 대학 종류별 학생 수를 들 수 있다. 〈그림 6-2〉에서 보듯이 고용 평가는 2005년 허리케인 카트리나와 리타가 몰아친 이후 뉴올리언스 지역의 고용을 반영하는 훌륭한 지역 경제 지표를 제공해준다.

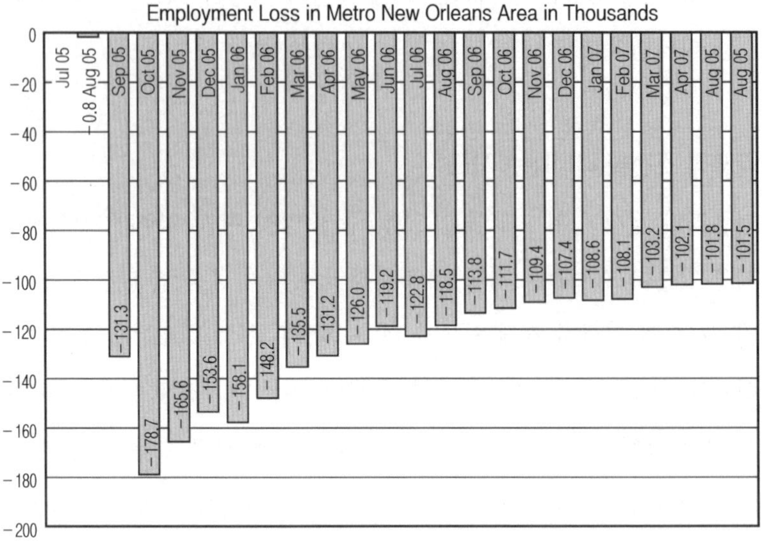

〈그림 6-2〉 뉴올리언스의 실직 손실

잰디 등(Zandi et al., 2006)은 어업, 화학 생산, 소매업, 주택비용 및 임대비용(평균 주택 매매 금액과 방 2개 아파트의 적정한 시장 임대가)을 포함하여 생산량의 와해를 재난 회복의 주요 지표로 제공했다. 다년간에 걸친 생산량의 비교는 지역 경제의 변화를 나타내는 훌륭한 지표다. 취약성 평가에 사용되는 또 다른 경제적 지표들은 다음과 같다.

- 파괴된 주택의 수(세입자와 주택 소유자의 비교)
- 다시 사용할 수 있도록 주택을 복구하는 데 걸리는 기간(주 또는 일); 전기 시스템의 정전 비율
- 설비 재가동까지 걸린 기간; 재난으로 인해 문을 닫은 기업의 비율; 재난 후 한 달 혹은 6개월 내(회복 기간) 문을 연 기업의 비율; 월별

가공된 농업 상품 또는 단위의 생산 수준; 재해 이전과 이후의 평균 주당(또는 월별) 임금; 1992년 이전에 지어진 주택의 비율; 침수지역 거주자들 중 홍수보험 가입자의 비율

- 홍수보험 가입 주택, 임대 건물, 사업장의 비율

환경적 조건을 나타내는 지표

환경 자원은 지역의 지속 가능성과 복지에 큰 역할을 한다. 〈그림 6-3〉은 멕시코 만 연안의 자연 숲을 보여준다. 숲, 습지, 하천 그리고 녹지 등은 어업, 산림, 농업 같은 상업적 레크리에이션 산업에 큰 기여를 한다.

〈그림 6-3〉 자연의 자산: 물고기와 야생동물을 부양하는 건강한 숲, 물, 흙

도시 설계가 미국 수중 생태계에 미치는 영향에 대한 연구에서 비치(Beach, 2004)는 토지 사용과 스프롤(sprawl)이 공기와 수질에 미치는 영향에 대해 조사했다. 해안 지역에서 불투수층 면적의 비율이 증가하기 때문에 질소, 인, 유기 탄소, 구리·아연·납 같은 미량의 금속, 농약 농도 등이 증가하고, 하천에서 범람하는 물의 성분이 변하고 있다는 사실이 밝혀졌다(Schueler and Holland, 2000). 이러한 현상을 '해안 스프롤(coastal sprawl)'이라 한다. 이는 주택 및 상업용 개발이 드문 넓은 해안 지역에서 확산되고 있는 현상이다. 도시 성장 패턴이 변화하면서 서식지의 질, 수온, 오염, 수상 생물에 영향을 미친다. 해안 지역이 전통적인 스프롤 개발 패턴으로 확장됨에 따라 직장, 여가활동, 일상적인 쇼핑 등을 위해 운전하는 시간이 길어졌다. 이 연구는 개발 패턴과 대기 오염의 관계를 보여주는 지역의 지표를 사용했다. 비치는 개발이 공기와 물의 오염에 미치는 영향을 알아보기 위해 생태계 서비스 지표를 사용했다.

비치의 연구는 해안 지역 개발 패턴의 국내외적 문제에 집중하고 있다. 해안 지역은 미국 토지의 17%를 차지하지만, 재배 면적으로는 13% 밖에 되지 않는다. 불행히도 해안 지역에 미국 인구의 절반 이상이 살고 있다. 또한 해안 지역 인구가 계속 증가하고 있다. 규모가 작은 지역에 지속적으로 많은 사람이 유입되고 있다. 이런 패턴이 야기하는 결과는 오염과 생태계 저하다. 지역의 인구밀도는 사람들이 환경에 주는 부담을 결정하는 데 도움을 준다. 그러나 이 지표만으로 인간이 환경에 미치는 막대한 영향을 반영할 수는 없으므로 또 다른 지표들이 필요하다.

비치가 인용한 연구들에 따르면 불투수층 면적이 유역, 하천, 강어귀를 10% 이상 덮으면 생물학적으로 퇴화가 일어난다. 불투수층으로 구성된 유역의 비율은 지역을 위한 중요한 지표다. 비치에 따르면 그 값이 10%를 초과할 때 문제가 발생한다. 개발에 영향을 받는 개울, 늪, 하천을 포함한 생태계는 다양성, 안정성, 생산성이 떨어진다. 불투수성 표면의 증가로 인해 퇴적물에 질소, 인, 유기 탄소, 구리·아연·납 같은 금속들, 석유 탄화수소, 농약 등의 농도가 높아진다(Schueler and Holland, 2000). 하천 침식뿐만 아니라 유역의 환경에도 차이가 발견되었다. 질소 농도의 증가는 녹조와 어류의 떼죽음을 야기한다. 강 유역의 비료 사용 증가는 물의 투명도를 떨어뜨리고, 수면 아래로 빛이 침투하지 못하게 만들며, 생물학적 서식지와 수중 서식지 환경에 영향을 미친다.

도시 개발 패턴과 관련된 이슈들은 하천 유역의 생산성에 한정되지 않고 하천의 유출도 변화시킨다. 유역이 개발되고 불투수층이 증가함에 따라 범람의 위협이 커지고 있다(Booth, 1991; Booth and Reinelt, 1993). 유역 유출량의 변화는 개발 패턴을 반영하고, 지역의 잠재적 범람 문제에 대한 명확한 지표를 제공해준다.

불투수층 면적의 변화는 수온을 상승시킨다. 하천 유역에서 불투수층 지역이 증가함에 따라 수온도 상승했다(Galli, 1991). 그 결과 산소 농도가 낮아지고 수상 생물과 환경이 변화한다.

또 다른 연구(Jacob and Blake, 2010)는 생태 서비스에 영향을 미치는 환경조건의 변수를 조사했다. 평균 온도, 특정 온도보다 높은 일수, 총 강우량, 비가 온 일수, 가뭄 기간 등을 측정치로 사용하여 지역 농업 생산과 관광 수입을 조사했다. 또한 정전, 응급전화, 수질, 비행기 연착 그리고 다양한 서비스 지연 등의 빈도와 범위 같은 위험요인의 효과를 모니터링할 것을 제안했다. 이러한 위해 조건의 영향을 측정하는 것은 환경 자체보다는 지역 경제와 관련된 환경의 영향을 결정하는 실질적인 방법이다. 고버와 커크우드(Gober and Kirkwood, 2010)는 기후에 의한 물 부족과 지역 경제 수단 사이의 연관성을 보여주는 사례를 제공한다.

개발 패턴과 환경 사이의 연관성을 이해하는 것은 하이퍼스프롤(hypersprawl)을 다루는 연구에서 중요하다. 거주지역의 개발 확대를 반영하는 척도는 지역의 물 사용량 또는 통근 시간과 관련이 있다. 주택 단위 밀도를 측정하면 토지 이용 양상이 물 사용량, 수질 또는 공기 오염에 미치는 영향을 보여줄 수 있다.

〈그림 6-4〉 레크리에이션을 위한 건강한 자연환경

거주자들이 운전하는 차량 이동 거리는 환경에 영향을 미친다. 가구당 차량 이동 거리가 증가함에 따라 공기의 질이 영향을 받고 있다. 도시 성장 패턴을 살펴보면 사람들은 더 많은 거리를 운전하게 되고, 매년 평균 통근거리가 증가한다. 〈그림 6-4〉와 같은 자전거 길은 환경 조건을 개선하고 복지를 증진시킬 수 있는 지역의 교통 대안이 될 수 있다.

EPA는 하천이 농업 또는 관련 작업(상업용 혹은 주거용 자산들에 비료를 사용하는 것)으로 인해 부정적인 영향을 받을 수 있는 시기를 결정하는 측정법을 채택했다. EPA와 주정부의 규제기관에서는 수질 저하 없이 얼마나 많은 오염물질을 수용할 수 있는지 결정할 때 일 오염총량(TMDL: Total Maximum Daily Loads)을 사용한다.

이러한 환경 지표는 대상 지역에서 어떤 변화가 일어나는지 결정할 수 있는 환경 평가 수단을 제공한다.

방법론적 이슈들

분석 규모

재해 분석의 일부분으로 지역 조건을 평가할 때, 지표를 같은 규모로 볼 필요가 있다. 즉, 국가 수준이나 도시 혹은 지역 수준에서 지표를 측정해야 한다. 비교가 타당하다는 것을 보장하기 위해 자료들이 같은 규모를 반영하는지 확인해야 한다. 예를 들어 어떤 지역의 재난 대처 능력을 평가한다면 대상 지역의 인구 자료, 범죄율, 교육성과 자료, 지방 공중보건 정보를 살펴본다. 그리고 다른 주변 지역을 미국 전체의 결과와 비교한다.

서로 다른 범위를 사용하면 분석이 쉽지 않고 지역사회가 직면할 문제들을 결정하기도 어려울 것이다. 따라서 수집한 정보들이 같은 수준(행정구역, 인구조사 구역, 우편번호 등의 수준)인지 확인하는 것이 중요하다.

가중치, 자료 수립 가능성, 정확도

다중 지표들이 분석에 사용될 때, 각 지표가 동일한지 또는 다른 지표와 어울리는지 검토할 필요가 있다. 지표들은 같은 가중치를 가지는가? 지역의 재난 대처 능력과 관련하여 일부 지표가 다른 지표들보다 더 큰 연관성을 가지는가? 대부분의 재해 분석 연구에서는 모든 지표들을 동등하게 다루기 위해 동등한 가중치를 준다. 반면 일부 연구에서는 다양한 변수에 특정 가중치를 할당한다(SOPAC, 2000).

이 책에서는 재해 분석에 사용하는 자료가 정확한 최신 자료이며 이용 가능해야 한다고 강조하고 있다. 지역의 취약성 지표들을 조사할 때에도 자료 품질에 관한 동일한 문제가 대두된다. 동일한 자료 품질은 해당 지역이 재난에 대처하는 능력을 판단하는 데 영향을 미친다.

자료의 형태 및 범위

트위그와 바트(Twigg and Bhatt, 1998)는 취약성이 모형이나 프레임워크로 표현되기에 너무 복잡하다고 주장했다. 경제·사회·인구·정치·심리적 요소들은 지역이 재난에 영향을 받는 방식을 말해준다. 취약성은 사회 조정을 유발하는 많은 요인들을 설명하기에 너무나 역동적이고 복잡하다.

지역 회복력에 대한 정량적 지표의 적용은 취약성 감소를 위한 재해 위험도 관리 전략과 재해 예방 대안들을 확인하는 기초를 제공한다. 또한 취약성의 원인과 잠재적인 해결책에 대한 지역 구성원들의 관점과 인상을 반영하는 정량적 위험도를 구할 수도 있다. 지역 구성원에 대한 조사를 통해 일부 시민이 재난 경보가 내려진 곳에서 보호 조치를 취하지 않은 이유를 알아낼 수 있다. 즉, 시민이 특정 재난에 가능한 결과라고 생각하는 것과 철수, 대피, 홍수보험 가입, 주택 고도 상승, 기타 보호 조치를 거부하는 이유를 명확히 할 수 있다. 한 지역의 통계학적 측정을 통해 취약성의 원인을 밝힐 단서를 얻을 수 있지만 오직 사람만이 특정 대처 방안을 채택하고, 다른 방안은 거부한 이유를 설명해줄 수 있다.

지역에 대한 재난의 영향을 평가하고, 사회적 취약성과 위험도, 경제적 취약성과 위험도 사이의 관계를 조사하는 연구는 수행되지 못하다가 허리케인 카트리나로 제방, 기업 재산, 개인 재산이 참혹하게 파괴되면서 이에 대해 조사할 필요성을 느끼게 되었다. 허리케인 카트리나로 발생한 홍수는 뉴올리언스 가구에 동등하게 영향을 주었는가? 허리케인 카트리나가 사회적으로 좀 더 취약하다고 여겨지는 가구에 더 큰 물리적인 피해를 입혔는가?

사회적·경제적·생태학적 자원의 상호 의존성

사회·경제·생태 시스템은 독립적으로 존재할 수 없고 서로 연관되어 있다. 하나의 자본에 대한 지표 중 일부는 다른 시스템에도 적용할 수 있다. 예를 들어 실업률은 인간과 경제 차원 모두에 포함된다. 교육적 성과는 사회적·경제적 차원 모두에 영향을 준다. 수질은 환경 지표이지만, 수상 스포츠와 여가활동이 중요한 생계 수단인 지역에서는 경제 자원으로도 적용된다. 물은 여행과 관련된 중요한 경제적 척도이다. 이러한 시스템의 상호작용으로 인해 우리는 세심한 지표 측정을 해야 한다.

만일 세 가지 유형의 자원을 원으로 표현하면, 자원의 크기는 재난 대처 능력과 비례할 것이다. 또한 한 유형의 자원이 다른 유형의 자원보다 강력하다는 것을 보여줄 수도 있다. 석유화학산업의 경우 높은 임금을 자랑하지만 자연환경 면에서는 높은 수준의 오염을 유발하는 낮은 지표 값을 보일 수 있다.

사회·경제·생태 환경 사이의 관계에 대한 두 번째 관점은 상호 의존성이다. 자연 명소에 생계를 의존하는 지역은 산불, 태풍, 홍수, 지진, 기타 재난에 많은 영향을 받을 것이다. 각 지역은 독특한 자연·문화·경제 자원들이 다양한 방식으로 중첩되어 있으며, 지역의 회복력과 지속 가능성에 영향을 준다. 지역의 지도자들은 사회·경제·생태 시스템을 조사하면서 견고함뿐만 아니라 상호 관련성도 고려해야 한다. 모든 지역은 독특하고, 사회·문화·자연 자원의 상호 관련성은 재난에 대처하는 자원의 견고함을 보여준다.

토론 주제

취약성 지표들을 특정 위험요인에 대해서만 활용하는가, 아니면 모든 위험요인에 대해 활용하는가? 특정 지리적 지역을 위해 지표를 선택해야 하는가? 지표들이 취약성을 잘 표현해주는지 여부를 결정하기 위해 어떤 기준을 사용해야 하는가? 재해 평가를 위해서는 분석의 규모가 얼마가 되어야 하는가? 다양한 시·공간 규모에서 수집된 자료를 사용할 수 있는가?

응용문제

지역을 위해 자원의 출처(사회, 경제, 생태) 중 하나를 사용하여 지역의 회복력을 광범위하게 반영한다고 생각되는 여섯 개의 지표를 선택한다. 여섯 개 지표의 자료 수집 기간과 적합한 범위를 결정한다. 예를 들어 범위는 군 또는 시 수준일 수 있고, 자료 수집 기간은 분기 또는 년이 될 수 있다. 나아가 지표를 가구, 인구, 노동력 비율 등으로 표현할지 결정한다. 당신이 거주하는 지역에 대해 이러한 지표들을 조사하고, 지역의 지속 가능성 평가에 타당한 결과를 제공하는지 확인한다.

웹사이트

American Planning Association. APA represents practicing planners, elected and appointed officials, and citizens involved in planning issues. http://www.planning.org

Indicators Sustainable Development. http://www.sdi.gov/

Johns Hopkins Bloomberg School of Public Health. Chesapeake Bay Indicators Project. Report Highlights Importance of Chesapeake Bay Health to Human Health. http://www.jhsph.edu/publichealthnews/press_releases/PR_2004/Burke_Bay_indicators.html

National Academy of Sciences (2004). Key National Indicators Initiative. National Academy of Sciences. http://www.keyindicators.org/

NOAA Coastal Services Center. Living on the coast: smart growth tools on the Internet. http://www.csc.noaa.gov/smartgrowth/text/resources.html

Pacific Disaster Center. World natural hazards Website. http://www.pdc.org/iweb/pdchome.html;jsessionid=B8324F79D2423AABC5BF595F8DCDC8CD

Partnership for Sustainable Development. Children's Environmental Health Indicators. http://webapps01.un.org/dsd/partnerships/public/partnerships/206.html

Sierra Business Council. Sierra Nevada Wealth Index 3rd Edition (2006). The Sierra Business Council (SBC) developed the Sierra Nevada Wealth Index to help business leaders and policy makers understand the assets that sustain our region. The Index describes the social, natural and financial capital, which are the foundation of the Sierra Nevada's economy and thereby provides an integrated understanding of our region's wealth. http://www.sbcouncil.org/2006-Wealth-Index

SOPAC (2002). Towards Managing Environmental Vulnerability in Small Island Developing States (SIDS). South Pacific Applied Geoscience Commission. http://www.un.org/special-rep/ohrlls/sid/sid2004/SOPAC-concept%20paper.pdf

Sustainable Communities Network. Smart Growth Online The Smart Growth Network is a coalition of organizations working together to promote smart growth. The Web site features a calendar of events, legislative news, reports, links to partner organizations, and more. NOAA is a partner of the Smart Growth Network. http://www.smartgrowth.org/Default.asp?res=1024

United Nations Department of Economic and Social Affairs, Division for Sustainable Development. http://www.un.org/esa/sustdev/

United States Government Accountability Office (2004). Environmental Indicators: Better Coordination Is Needed to Develop Environmental Indicator Sets That Inform Decisions. GAO, United States Government Accountability Office, Accountability Integrity Reliability, Highlights of GAO-05.52, a report to congressional requesters, November 2004. http://www.sdi.gov/lp-Bin22/lpext.dll/Folder4/Infobase1/1?fn=main-j.htm&f=templates&2.0

U. S. Environmental Protection Agency (2003). America's Children: Key National Indicators of Well-Being, America's Children and the Environment: Measures of Contaminants, Body Burdens, and Illnesses, Second Edition.

US Environmental Protection Agency, Office of Children's Health Protection, National Center for Environmental Economics, EPA 240-R-03.001. http://www.sdi.gov/lpBin22/lpext.dll/Folder4/Infobase2/5?fn=main-j.htm&f=templates&2.0

World Bank (2000). World Development Indicators 2000. The World Bank, Washington, DC. http://www.worldbank.org/data/wdi2000/index.htm
World Resource Institute. Environmental Risks to Human Health: New indicators. The indicators rank countries according to potential environmental threats to human health. http://www.wri.org/publication/content/8349

참고문헌

Adger, W. N. (2006). Vulnerability. *Global Environmental Change,* 16(3), 268-281.
Adato, M., Carter, M. R. and May, J. (2006). Exploring poverty traps and social exclusion in South Africa using qualitative and quantitative data. *The Journal of Development Studies,* 42(2), 226-247.
Atkins, J. P., Mazzi, S. and Easter, C. D. (2000). *A Commonwealth Vulnerability Index for Developing Countries: The Position of Small States.* Commonwealth Secretariat, Economic Paper 40.
Barnett, J., Lambert, S. and Fry, I. (2008). The hazards of indicators: insights from the environmental vulnerability index. *Annals of the Association of American Geographers,* 98(1), 102-119.
Beach, D. (2003). Coastal sprawl: The effects of urban design on aquatic ecosystems. *In of the United States, Pew Oceans Commission 2002.*
Berkes, F. and Folke, C. (1998). Linking social and ecological systems for resilience and sustainability. *Linking social and ecological systems: management practices and social mechanisms for building resilience,* 1, 13-20.
Birkmann, J. (2006) *Measuring Vulnerability to Natural Hazards: Towards Disaster Resilient Societies.* New York: United Nations Publications.
Birkmann, J. (2007). Risk and vulnerability indicators at different scales: applicability, usefulness and policy implications. *Environmental Hazards,* 7(1), 20-31.
Bolin, R. and Stanford, L. (1991). Shelter, housing and recovery: a comparison of US Disasters. *Disasters,* 15, 24-34.
Booth, D. B. (1991). Urbanization and the natural drainage system.impacts, solutions, and prognoses. *Northwest Environmental Journal,* 7(1), 93-118.
Booth, D. B. and Reinelt, L. E. (1993). *Consequences of Urbanization on Aquatic*

Systems: Measured Effects, Degradation Thresholds, and Corrective Strategies. Proceedings of Watershed '93, A National Conference on Watershed Management, Alexandria, VA.

Boyd, K. A. (2005, March). Assessing storm vulnerability using the Coastal Risk Atlas. In *Geological Society of America Abstracts with Programs,* (Vol. 37, No. 2, p. 50).

Bruneau, M., Chang, S. E., Eguchi, R. T., Lee, G. C., O'Rourke, T. D., Reinhorn, A. M., Shinozuka, M., Tierney, K., Wallace, W. A. and von Winterfeldt, D. (2003). A frame-work to quantitatively assess and enhance the seismic resilience of communities. *Earthquake Spectra,* 19(4), 733-752.

Burby, R. J. (1998). *Cooperating With Nature.* Washington, DC: Joseph Henry Press.

Cannon, T., Twigg, J. and Rowell, J. (2003). Social vulnerability, sustainable livelihoods and disasters. Report to DFID Conflict and Humanitarian Assistance Department (CHAD) and Sustainable Livelihoods Support Office.

Comfort, L., Wisner, B., Cutter, S., Pulwarty, R., Hewitt, K., Oliver-Smith, A., Wiener, J., Fordham, M., Peacock, W. and Krimgold, F. (1999). Reframing disaster policy: the global evolution of vulnerable communities. *Environmental Hazards,* 1(1), 39-44.

Crowards, T. (1999). An Economic Vulnerability Index for Developing Countries, with Special Reference to the Caribbean. Barbados: Caribbean Development Bank.

Cutter, S. L. (1996). Vulnerability to environmental hazards. *Progress in Human Geography,* 20(4), 529-539.

Cutter, S. L., Mitchell, J. T. and Scott, M. S. (1997). *Handbook for Conducting a GISBased Hazards Assessment at the County Level.* Columbia, SC: University of South Carolina.

Cutter, S. L., Barnes, L., Berry, M., Burton, C., Evans, E., Tate, E. and Webb, J. (2008). Amodel for understanding community resilience to natural disasters. *Global Environmental Change,* 18(4), 598-606.

Cutter, S. L., Boruff, B. J. and Shirley W. L. (2003). Social vulnerability to environmental hazards. *Social Science Quarterly,* 84(2), 242-261.

Cutter, S. L., Burton, C. G. and Emrich, C. T. (2010). Disaster resilience indicators for benchmarking baseline conditions. *Journal of Homeland Security and Emergency Management,* 7(1).

Cutter, S. L., Emrich, C. T., Webb, J. J. and Morath, D. (2009). *Social Vulnerability to Climate Variability Hazards: A Review of the Literature*. Final Report to Oxfam America, pp. 1.44.

Cutter, S. L., Mitchell, J. T. and Scott, M. S. (2000). Revealing the vulnerability of people and places: a case study of Georgetown County, South Carolina. *Annals of the Association of American Geographers,* 90(4), 713-737.

Dow, K. (1992). Exploring differences in our common future(s): the meaning of vulnerability to global environmental change. *Geoforum 23,* 417-436.

Dwyer, A., Zoppou, C., Nielsen, O., Day, S. and Roberts, S. (2004). *Quantifying Social Vulnerability: A Methodology for Identifying Those at Risk to Natural Hazards*. Canberra, Australia: Geoscience Australia.

Erenstein, O. and Thorpe, W. (2010). Livelihoods and agro-ecological gradients: a mesolevel analysis in the Indo-Gangetic Plains, India. *Agricultural Systems,* 104(1): 42-53.

Esty, D. C., Levy, M., Srebotnjak, T. and deSherbinin, A. (2005). *2005 Environmental Sustainability Index: Benchmarking National Environmental Stewardship*. New Haven, CT: Yale Center for Environmental Law and Policy.

Fussel, H. M. (2007). Vulnerability: a generally applicable conceptual framework for climate change research. *Global Environmental Change,* 17(2), 155-167.

Galli, J. (1991). *Thermal Impacts Associated with Urbanization and Storm Water Management Best Management Practices*. Washington, DC: Metropolitan Washington Council of Governments, Maryland Department of Environment.

Gober, P. and Kirkwood, C. W. (2010). Vulnerability assessment of climate-induced water shortage in Phoenix. *Proceedings of the National Academy of Sciences,* 107(50), 21295-21299.

Goudie, A. S. (2009). Dust storms: recent developments. *Journal of Environmental Management,* 90, 89-94.

Heinz III Center for Science, Economics and the Environment (2000). *The Hidden Costs of Coastal Hazards: Implications for Risk Assessment and Mitigation*. Washington, DC: Islands Press.

Hewitt, K. (1997). *Regions of Risk: A Geographical Introduction to Hazards*. Harlow, Essex: Addison Wesley, Longman.

Hoffman, S. M. (2003). *The Hidden Victims of Disaster*. Hazard Workshop Presentation, Boulder, CO.

Holand, I. S., Lujala, P. and Rød, J. K. (2011). Social vulnerability assessment for Norway: a quantitative approach. *Norsk Geografisk Tidsskrift-Norwegian*

Journal of Geography, 65(1), 1-17.

Hossain, S. M. N. (2001). *Assessing human vulnerability due to environmental change: concepts and assessment methodologies.* Master of Science Degree Thesis, Royal Institute of Technology, KTH, Stockholm, Sweden.

Howell, S. E. (2005). *Citizen Hurricane Evacuation Behavior in Southeastern Louisiana: ATwelve Parish Survey.* New Orleans, LA: Survey Research Center, University of New Orleans.

Hufschmidt, G. (2011). A comparative analysis of several vulnerability concepts. *Natural Hazards,* 58(2), 621-643.

IPCC (2007). Climate change 2007: the physical science basis. In S. Solomon, M. Qin, M. Manning, Z. Chen, K. B. Marquis, K. B. Averyt, M. Tignor, and H. L. Miller. (eds.), *Contribution of Working Group 1 to the Fourth Assessment Report of the Intergovernmental Panel on Climate Change.* Cambridge: Cambridge University Press.

Jacob, K. and Blake, R. (2010). Chapter 7: indicators and monitoring. *Annals of the New York Academy of Sciences,* 1196, 127-142.

Rosenzweig, C., Solecki, W. D., Blake, R., Bowman, M., Faris, C., Gornitz, V., Jacob, K. and Zimmerman, R. (2011). Developing coastal adaptation to climate change in the New York City infrastructure-shed: process, approach, tools, and strategies. *Climatic Change,* 106(1), 93-127.

Kaly, U., Briguglio, L., McLeod, H., Schmall, S., Pratt, C. and Pal, R. (1999). *Environmental Vulnerability Index (EVI) to Summarize National Environmental Vulnerability Profiles.* SOPAC Technical Report 275. Suva. Fifi. South Pacific Applied Geoscience Commission.

Kampa, M. and Castanas, E. (2008). Human health effects of air pollution. *Environmental Pollution,* 151(2), 362-367.

Karl, T. R., Melillo, J. M. and Peterson, T. C. (eds.) (2009). *Global Climate Change Impacts in the United States.* Cambridge: Cambridge University Press.

Kasperson, R. E., Renn, O., Slovic, P., Brown, H. S., Emel, J., Goble, R., Kasperson, J. X. and Ratick, S. (1988). The social amplification of risk: a conceptual framework. *Risk Analysis,* 8, 177-187.

Kasperson, J. X., Kasperson, R. E. and Turner, B. L. (1995). *Regions at Risk.* Tokyo: United Nations University Press.

Khazai, B., Merz, M., Schulz, C. and Borst, D. (2013). An integrated indicator framework for spatial assessment of industrial and social vulnerability to indirect disaster losses. *Natural Hazards,* 67, 1-23.

Kumpulainen, S. (2006). Vulnerability concepts in hazard and risk assessment. In: Philipp Schmidt-Thorne (ed.), Natural and Technological Hazards and Risks Affecting the Spatial Development of European Regions. *Geological Survey of Finland, Special Paper 42,* pp. 65-74.

McAlpine, C. A., Etter, A., Fearnside, P. M., Seabrook, L. and Laurance, W. F. (2009). Increasing world consumption of beef as a driver of regional and global change: a call for policy action based on evidence from Queensland (Australia), Colombia and Brazil. *Global Environmental Change,* 19(1), 21-33.

Morrow, B. H. (1999). Identifying and mapping community vulnerability. *Disasters,* 23(1), 1-18.

Munich Re Group (2002). *Topics 2002.* Report of the Geo-science Research Group, Munich Reinsurance Company, Munich.

Nakagawa, Y. and Shaw, R. (2004). Social capital: a missing link to disaster recovery. *International Journal of Mass Emergencies and Disasters,* 22(1), 5-34.

National Research Council (2000). *Ecological Indicators for the Nation (2000), Commission on Geosciences, Environment and Resources.* Washington, DC: National Academic Press.

Ni-Bin, C., Rui, F., Zhiqiang, G. and Wei, G. (2010). Skin cancer incidence is highly associated with ultraviolet-B radiation history. *International Journal of Hygiene and Environmental Health,* 213(5), 359-368.

O'Brien, K., Leichenko, R., Kelkar, U., Venema, H., Aandahl, G., Tompkins, H., Javed, A., Bhadwal, S., Barg, S., Nygaard, L. and West, J. (2004). Mapping vulnerability to multiple stressors: climate change and globalization in India. *Global Environmental Change,* 14(4), 303-313.

O'Brien, P. W. and Mileti, D. S. (1992). Citizen participation in emergency response following the Loma Prieta earthquake. *International Journal of Mass Emergencies and Disasters,* 10(1), 71-89.

Pantin, D. (1997). *Alternative Ecological Vulnerability Indicators for Developing Countries with Special Reference to SIDS.* Report prepared for the Expert Group on Vulnerability Index. UN DESA, December 17-19, 1997.

Peacock, W. G., Betty H. M. and Gladwin, H. (eds.) (2000). *Hurricane Andrew and the Reshaping of Miami: Ethnicity, Gender, and the Socio-Political Ecology of Disasters.* Miami, FL: International Hurricane Center, Florida International University.

Peacock, W. G., Morrow, B. H. and Gladwin, H. (eds.) (1997). *Hurricane Andrew: Ethnicity, Gender, and the Sociology of Disasters*. New York: Psychology Press.

Pelling, M., Maskrey, A., Ruiz, P., Hall, L., Peduzzi, P., Dao, Q. H. and Kluser, S. (2004). *Reducing Disaster Risk: A Challenge for Development*. New York: United Nations Development Program, Bureau for Crisis and Recovery.

Polsky, C., Neff, R. and Yarnal, B. (2007). Building comparable global change vulnerability assessments: the vulnerability scoping diagram. *Global Environmental Change*, 17(3-4), 472-485.

Popovski, V. and Mundy, K. G. (2012). Defining climate-change victims. *Sustainability Science*, 7(1), 5-16.

Pulido, L. (2000). Rethinking environmental racism: white privilege and urban development in Southern California. *Annals of the Association of American Geographers*, 90, 12-40.

Richmond, B. M., Fletcher, C. H., Grossman, E. E. and Gibbs, A. E. (2001). Islands at risk: coastal hazard assessment and mapping in the Hawaiian Islands. *Environmental Geosciences*, 8(1), 21-37.

Ridoutt, B. G. and Pfister, S. (2010). A revised approach to water foot printing to make transparent the impacts of consumption and production on global freshwater scarcity. *Global Environmental Change*, 20(1), 113-120.

Schueler, T. and Holland, H. K. (2000). *The Practice of Watershed Protection*. Ellicott City, MD: Center for Watershed Protection.

SOPAC (2000). *Environmental Vulnerability Index: Development and Provisional Indices and Profiles for Fiji, Samoa, Tuvalu and Vanuatu*, EVI Phase II Report.

Turner II, B. L., Kasperson, R. E., Matson, P. A., McCarthy, J. J., Corell, R. W., Christensen, L., Eckley, N., et al. (2003). A framework for vulnerability analysis in sustainability science. *Proceedings of the National Academy of Sciences of the United States of America*, 100, 8074-8079.

Turvey, R. A. (2000). *Methodology for Vulnerability Assessment of Developing Countries with Relevance to Small Islands and Least Developed Countries*. Tokyo: United Nations University Institute of Advanced Studies.

Twigg, J. and Bhatt, M. (1998). *Understanding Vulnerability: South Asian Perspectives*. London: Intermediate Technology Publications on behalf of Duryog Nivaran.

United Nations (1997). *Report of the Secretary-General on the Development of a*

Vulnerability Index for Small Island Developing States. New York: Commission for Sustainable Development.

UNCTAD (1997). *The Vulnerability of Small Island Developing States in the Context of Globalisation: Common Issues and Remedies.* Report prepared for the Expert Group on Vulnerability Index, New York.

Veron J. E., Hoegh-Guldberg, O., Lenton, T. M., Lough, J. M., Obura, D. O., Pearce-Kelly, P., Sheppard, C. R., Spalding, M., Stafford-Smith, M. G. and Roger, A. D. (2009). The coral reef crisis: the critical importance of < 350 ppm CO2. *Marine Pollution Bulletin,* 58(10), 1428-1436.

Villa, F. and McLeod, H. (2002). Environmental vulnerability indicators for environmental planning and decision-making: guidelines and applications. *Environmental Management,* 29(3), 335-348.

Wallis, A. D., Aguelles, E., Lampe, D. and Meehan, M. (2001). *Imaging the Region: South Florida via Indicators and Public Opinions.* Miami, Florida: Florida Atlantic University/ Florida International University Joint Center for Urban and Environmental Problems.

Wells, J. (1997). *Composite Vulnerability Index: A Revised Report.* London: Commonwealth Secretariat.

Williams, L. and Kaputska, L. (2000). Ecosystem vulnerability: a complex interface with technical components. *Environmental Toxicology and Chemistry,* 19(4), 1055-1058.

Wisner, B., Blaikie, P., Cannon, T. and Davis, I. (2004). *At Risk: Natural Hazards. People's Vulnerability and Disasters.* London: Routledge.

World Bank (1999). *Environment Matters, Annual Review.* Washington, DC: The World Bank.

World Economic Forum (2000). *Pilot Environmental Sustainability Index: An Initiative of the Global Leaders Tomorrow Environment Task Force,* Annual Meeting 2000, Davos, Switzerland, in collaboration with Yale University and Columbia University.

Xi, J. (2011). Ecological accounting and evaluation of urban economy: taking Beijing city as the case. *Communications in Nonlinear Science and Numerical Simulation,* 16(3), 1650-1669.

Yohe, G. and Tol, R. S. (2001). Indicators for social and economic coping capacity. moving toward a working definition of adaptive capacity. *Global Environmental Change,* 12(1), 25-40.

Zandi, M. S., Cochrane, R., Ksiazkiewicz, R. and Sweet, R. (2006). Restarting the economy. In E. Birch and S. Wachter (eds.), *Rebuilding Urban Places after Disaster: Lessons from Hurricane Katrina*. Philadelphia, PA: University of Pennsylvania Press.

제3부

재난 관리

7장

재난관리를 위한 협력

목표

1. 위험 정보 전달 과정을 이해한다.
2. 일반 시민과 이해당사자가 위험도에 관해 토론할 때 의사소통의 장애물이 무엇인지 조사한다.
3. 위험 정보 전달의 대상은 누구인지 조사한다.
4. 지도, 계산 결과 그리고 지역의 참여를 포함하는 재난관리를 위한 도구는 무엇인지 토의한다.
5. 지역의 참여, 윤리, 의사결정 그리고 법률적 문제 등을 포함한 재난관리를 위한 전략을 조사한다.
6. 위험 정보 전달을 통해 어떻게 학습하는지 조사한다.

주요 용어

대화(dialogue)
대중매체(social media)
사회적 증폭(social amplification)
신뢰(trust)
신뢰성(credibility)
예방적 조치(precautionary actions)
위험도(risk)
위험 정보 전달(risk communication)
적응 행동(adaptive behavior)

이슈

재난 대처 능력에 대한 의심, 회의, 불확실성이 개인적 관점의 일부분이 되어왔다. 2005년 허리케인 카트리나에 대한 대응으로 자연재해와 관련된 위험도들에 대해 많은 질문들이 제기되었다. 기업들과 지역의 중심기관의 우선순위뿐만 아니라 정부의 정책들과 과정들에 대해서도 의구심이 일었다. 기관의 대표로서 우리는 더 이상 무엇이 최선인지 알고 있다고 말할 수 없다. 위험도에 대한 정보를 전달하는 방식과 다른 사람들이 위험도정보 전달 전략을 받아들이는 방식에 관심을 가져야 한다. 재해 취약성을 줄이기 위해 개인이 위험요인에 대한위험도를 인지하는 방식과 위험도 정보 전달이 개인과 기관의 행동에 영향을 주는 방식을 이해해야 한다. 더 이상 사람들은 위험요인과 그에 대한 취약성이 인간이 조정할 수 없는 요소와 우연성에 관련되어 있다고 믿지않는다. 그리고 시스템이 완벽하지 않고, 한계를 가지고 있으며, 인간적·조직적 문제에 취약할 수 있다고 인식한다. 위험도 정보 전달을 증가시켜 위험요인과 위험도에 대한 대중의 이해를 강화시키고 조직의 적응 수단을 향상시킬 수 있다. 우리는 개인과 지역, 조직의 회복력을 강화시키기 위해 무엇을 할 수 있는가?

개요

사전 분석과 위험도 분석은 우리에게 영향을 줄 수 있는 위험요인에 관한 정보를 제공한다. 이 정보를 통해 재난이 발생하는 시기, 장소, 영향 등을 파악할 수 있다. 분석 과정에서 나온 정보들은 위험에 적응하는 데 많은 도움을 준다. 예를 들어 단기 재난 경보 또는 재난관리를 위한 장기 예방 전략의 개발을 들 수 있다. 지역의 대피나 철수 같은 보호 조치뿐만 아니라 적절한 예방조치 수립 전략을 세울 수 있다. 위험요인과 관련된 많은 결정은 개인, 가족, 지역, 국가를 기초로 하여 만들어진다. 재해 분석을 통해 위험도 분석과 취약성 감소 방안이 수립되며, 개인과 지역의 재난복구능력 강화에 도움을 줄 수 있다. 개인과 조직의 의사결정 과정에서 위험 정보 전달은 지역이 재난 회복력을 갖추는 데 있어 중요한 역할을 한다. 우리의 목표는 모든 상황에서 실행 가능한 정보 전달 방법들을 통해 재난상황에 대한 의사결정 능력을 강화하는 것이다.

위험 정보 전달

위험 정보 전달은 위험요인, 위험도, 취약성, 자산, 조직 내부나 대중의 적응 메커니즘에 대한 정보 공유 과정을 수반한다. 즉, 위험요인에 관한 정보를 공유하거나 특정 위험요인에 대한 취약성 감소를 위한 적절한 전략들의 확인을 포함하며, 의도적이고 목표 지향적이다. 위험 정보 전달은 단순히 위험요인에 대해 설명하는 것을 넘어 재해 이해 능력을 높이고, 지속 가능성과 회복력 향상을 위해 개인, 지역, 조직 등이 건설적인 전략을 수립하도록 도움을 준다.

개인은 안전과 보안에 대해 염려하며, 행복을 지킬 능력을 가지고 있다. 공공, 민간, 비영리기관은 의사결정에 전문적 기술을 사용할 것이라는 믿음과 신뢰의 문화를 만들어내는 능력을 가지고 있다. 하지만 실패는 언제든지 발생할 수 있고, 우리는 조직이 완벽할 수 없다는 사실을 잘 알고 있다. 합리적인 의사결정은 개인과 조직의 의도적인 행위라는 사실을 깨닫는 것이 중요하다. 위험 정보 전달 과정은 합리적인 의사결정과 재해 대책 방안 수립에 중요한 역할을 한다.

> 대도시 뉴올리언스를 폭풍으로부터 방어하기 위해 수백 마일의 제방이 건설되었다. 그러나 제방이 뉴올리언스를 카테고리 4나 5의 대형 허리케인으로부터 보호하도록 설계되진 않았으며, 모든 핵심 관계자들이 그 사실을 알고 있었다. 이 제방은 원래 설계상 평범한 허리케인을 견디는 제한적인 보호만 할 수 있었다. 이 제방은 건설된 후 지역정부에서 운영하도록 인계되었고, 육군공병단이 뉴올리언스의 배수에 대한 상세계획을 수립했지만 결국 범람할 수밖에 없었다(U. S. House of Representatives, 2006).
>
> (제방 및 상하수도의) 지역위원회는 담당 제방 부분에만 책임을 지고 있었고 연방정부, 주정부, 지방정부는 전체 시스템을 완전하게 감독하지 못하고 있었다. 전체적 감독이 있었다면 허리케인의 영향을 어느 정도 감소시킬 수 있었을 것이다. 허리케인 카트리나가 발생하자 일부 제방들이 붕괴되었고(많은 부분이 그럴 것으로 예상되었다), 뉴올리언스의 대부분이 침수되어 막대한 고통을 겪게 되었다(U.S. House of Representatives, 2006).

위험 정보 전달은 단순히 사람들과 이야기하는 것 이상을 의미한다. 의사결정 과정에 입력값을 제공하고 위험요인과 재난의 특성과 범위를 좀 더 잘 설명하기 위해 정보를 모으는 의도적인 과정이다. 그러므로 위험 정보 전달은 재해 위험도 관리라는 광범위한 맥락에서 보아야 한다. 위험 정보 전달은 조직과 지역을 돕고, 위험도를 처리하며, 위험요인과 재난의 취약성을 감소시킨다.

재난관리를 위한 협력 과정

맥과이어(McGuire, 1969)는 정보 전달 과정의 이해를 위한 지속적인 접근방법을 제공한다. 이는 매체를 통해 설득력 있게 누가 누구에게 어떤 의도를 가지고 무엇을 말하는가에 기초한다. 〈그림 7-1〉에서는 사람과 사람 사이의 정보 전달에 대한 맥과이어의 접근방법을 보여주고 있다. 신뢰성, 믿음 그리고 권위를 가지고 정보 전달의 출처를 평가하는 것이 핵심이다. 메시지의 본질은 하드웨어와 소프트웨어의 특징을 포함한다. 즉 문체, 단어, 속도, 복잡성, 내용의 과학기술적 본질을 포함한다. 미디어는 인터넷, 라디오, 텔레비전, 화상회의, 전화, 대면 방식을 통해 글이나 말로 정보를 전달하는 것처럼 메시지를 전달하는 방식을 포함한다. 정보를 전달할 때 전달받는 사람의 연령, 교육수준, 문화, 인종적 배경, 언어가 다를 수 있으며, 대화 주제에 대한 관심도 다를 수 있다. 마지막으로 정보 전달과정에서 우리의 목적은 단순히 정보를 전달하거나, 공식적인 명령을 따르거나, 미래의 행동에 대한 합의를 하거나, 논의하고 탐구할 질문을 이끌어내거나, 진행 중인 대화의 기초를 형성하는 것일 수도 있다.

위험 정보 전달 내용은 홍수, 지진, 화재, 가뭄 같은 자연재해와 질병을 포함할 수 있으며, 직원, 시민, 입법자, 기업 대표를 대상으로 할 수 있다. 정보 전달 메시지에는 위험요인에 대한 단기적인 경고, 장기적인 인식

확립, 법규나 재해 예방 프로그램을 변화시키기 위한 노력이 포함될 수 있다.

> **생각하기**
>
> 위험 정보 전달은 사회, 문화, 환경적 맥락에서 개인 중심적이다. 위험요인, 재난, 위험도에 대해 이야기할 때 복합적인 문제들을 다루므로 삶의 방식과 사회가 영향을 받을 수 있다는 사실을 인식해야 한다. 위험 정보 전달은 당사자 사이의 갈등을 야기할 수 있기 때문에 지역과 조직 내 갈등을 다루는 방식을 인식해야 한다.

위험 정보 전달을 위험도 관리의 맥락에서 바라보면, 정보 전달 과정은 설득 과정이며 원하는 행동을 이끌어내려는 노력이다. 하지만 위험 정보 전달에 대한 이러한 관점은 계획된 결과를 이끌어내는 일방적 정보 전달을 강조한다. 위험도 관리 맥락에서 위험 정보 전달은 일방적 의사소통에서부터 정보의 개방적 교환과 복잡한 문제에 대한 상호이해로 원하는 결과물을 변화시킨다. 이러한 방식으로 정보 전달 과정은 쌍방향 정보 교환에 가까워지고, 위험요인의 영향을 감소시킬 수 있는 대안을

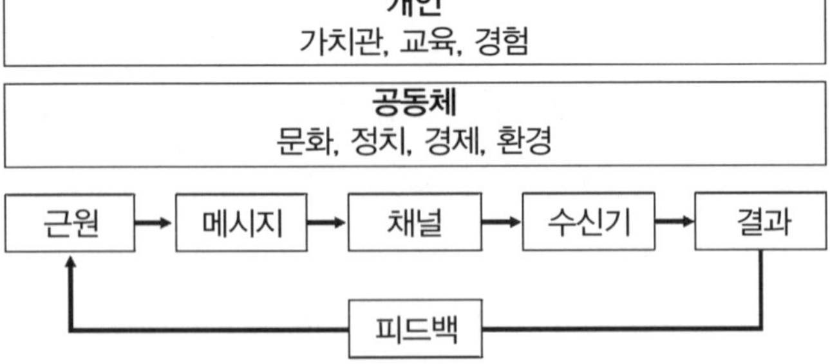

〈그림 7-1〉 맥과이어의 전통적 설득 모형

보다 명확하게 확인해주며, 개인, 가족, 조직, 지역의 회복력 강화 전략들을 이끌어낸다.

블레이키 등(Blaikie et al., 1994)은 재난을 단순한 자연 현상이 아니라고 강조한다. 재난은 사회적·정치적·경제적 요인들의 산물이다. 해안지역을 강타하는 허리케인은 해안지역의 개발 행위와 해안지역에 건물을 지어 살고, 휴가를 가고 싶어 하는 욕구 때문에 더욱 큰 피해를 야기한다. 2005년 허리케인 카트리나는 홍수가 단순한 물리적 현상 이상임을 보여주었다. 그것은 인간에게 영향을 미치는 정치적·경제적·사회적·환경적 위기였다. 그러므로 위험도는 객관적인 현상 이상으로, 사회적이고 감정적인 사람들의 반응까지 포함하는 것이다. 개인적인 위험도 인식은 위험 정보 전달 과정의 중요한 부분이다. 재난 및 사회적·경제적·환경적 노출에 대해 다른 사람들과 진정한 의사소통을 원한다면 개인적인 인식에까지 민감해야 한다. 사람들이 위험요인과 재난을 고려하고 정보를 해석하는 방식을 위험 정보 전달의 중요한 부분으로 인정해야 한다. 또한 위험도의 사회적 측면들을 조사하고 그것을 위험 정보 전달 과정에 포함했는지 확인해야 한다.

협력의 장애요인

위험요인을 보는 방식은 가치관, 권력 역학, 갈등, 조직에 대한 신뢰에 영향을 받는다. 그러므로 위험도는 매우 주관적이고 시민, 공무원, 다른 기관의 관계자에 따라 매우 다르게 인식될 수 있다. 위험도는 삶의 위험과 불확실성을 이해하고 대처하는 방법에 영향을 받는 개념이다. 과학자들은 위험도를 모형 결과, 자료 한계, 가정을 통해 바라보지만, 일반 시민은 자신들만의 직관적인 의사결정 규칙들을 가지고 있다(Kraus et al., 1992; Morgan et al., 2002).

위험도에 대한 인식은 즉각적이고 직접적인 효과와 장기적이고 간접적인 효과에 따라 각기 다른 영향을 받는다. 예를 들어 어떤 사람이 작은 규모의 즉각적인 피해를 입었을지라도 장기적인 금전적 영향이나 복구 비용을 포함한 소송이 있을 수 있다. 재난 사고의 파급 효과로 장기적이고 광범위한 영향이 나타날 수 있다. 재난의 잠재적인 파급 효과를 인식하는 과정은 재난의 영향을 인식하는 방식에 영향을 미친다. 사회적 증폭 개념에 따르면 정보 전달 과정은 재난 위험도와 관련된 정보를 증폭시키거나 희석시킨다. 또한 이 과정은 정신적 스트레스, 기업 영업과 자산 가치에 미치는 영향, 지역의 갈등 등과 같은 사회적·경제적 파급효과를 가진다. 버튼(Button, 2013)은 기후 변화를 우려하는 사람들은 자신들이 선호하는 메시지에 좀 더 주의를 기울인다는 것을 제시함으로써 선택적 지각의 사례를 보여준다.

터프스트라(Terpstra, 2011)에 따르면 감정, 공공기관에 대한 신뢰 그리고 위험도에 대한 인지는 홍수 예방 행동에 영향을 미친다. 개인적인 감정, 신뢰, 감지된 위험도는 사후 행동에 영향을 준다는 것이다. 특히, 과거 재난 사건과 관련된 부정적인 감정은 사후 행동에 큰 영향을 미친다. 최근 발생하는 재난 상황과 미약한 위험도에 대한 정서적 대응에 영향을 준다. 게다가 만약 환경적인 문제를 인식하고 위협을 느낀다면 기후 변화 문제에 더욱 주의를 기울일 것이다. 자신의 위험에 처했다고 생각하는 재산 소유자는 어떤 대처를 할지는 모르지만 기꺼이 위험상황에 대비하려고 할 것이다(Botton, 2013).

린델과 황(Lindell and Hwang, 2008)은 위험도의 인지와 대응 조치에 대한 개인적 경험의 중요성을 강조한다. 재해 경험, 성별 그리고 소득은 개인의 위험도 인식에 영향을 미치는 주요 요소들이다. 재해 관리자는 대상자를 파악하여 적절한 메시지가 적절한 경로를 통해 전달되어 예방조치들이 거부감 없이 받아들여질 수 있도록 해야 한다.

그로스만과 로스윅(Grothmann and Reusswig, 2006)은 잠재적인 위험요인의 노출 특성에 대한 위험 정보 전달은 취약성 감소를 위한 개인의 행동과 재난 사건 후 대응을 유발한다고 판단했다. 사람들이 정보를 통해 위험요소들을 인식하면 위험 취약성 감소를 위한 적응 행동을 시작할 것이다. 재해 위험도가 높은 지역에 살고 있는 사람들은 취약성을 줄이기 위한 조치를 취하지 못하는 경우가 있다(Peek and Mileti, 2002). 반면에 피해를 예방하고 취약성을 줄이는 조치를 취하는 사람들도 있다(Rogers and Prentice-Dun, 1997). 이것은 예방 조치를 취하기 전에 위협의 수준을 인식하는 차이로 인해 발생한다. 지역에서는 위험 정보 전달 장려책을 통해 개인이나 가정에 영향을 주는 것이 중요하다.

생각하기

그렇다면 우리는 무엇을 그리고 누구를 믿어야 하는가? 어떻게 누구를 믿을지 결정하는가? 솔빅과 웨버(Solvic and Weber, 2002)는 사람들이 자신들의 인식에 따라 위험요인에 대응하기 때문에 만일 이런 인식이 불완전하다면, 잘못된 방향으로 행동할 수 있다고 말했다. 만일 사람들이 잘 이해하지 못하는 통계학을 사용한다면 결과는 불신, 혼란, 비효율적인 행동일 것이다.

과거 재난으로부터 일반 시민을 보호하는 것에 초점을 맞추는 정부 간 협력 프레임워크 안에서 위험도를 정의해야 한다는 것을 배웠다. 더욱이 위험도를 조사하는 과정에서 위험 정보 전달 과정에 일반 시민을 참여시켜야 한다. “위험 관리 당국은 재난에 취약한 사람들이 자신의 상황에 대해 충분하고 시의적절한 정보를 얻도록 해야 한다. 특히 안전 비용과 관련하여 사전 동의를 요청하는 것에 응답하는지를 확인해야 한다. 일반 시민은 적극적이고 현명하게 지역 개발계획에 협력해야 한다” (Moteff, 2005).

커크우드(Kirkwood, 1994)는 위험도의 객관적 평가와 대중의 인식 사이에 종종 차이가 발생한다고 주장한다. 이런 차이에 관해 ‘전문가들’은 대중이 위험도 평가를 위한 복잡한 과학 지식을 이해하지 못하기 때문이라고 설명한다. 불행히도 과학자들은 자신의 위험도 조사가 이성적이고 객관적이고 숨김없다고 생각하며, 위험도는 기술적인 바탕 위에서 설명되어야 한다고 믿는다. 그렇지 않으면 지나치게 단순한 위험도로 이어질 수 있다는 것이다. 커크우드는 불행히도 전문가들의 이런 관점에 대해 같은 문제를 조사한 두 명의 전문가가 다른 위험도 평가를 내리는 상황에 모순된다고 지적했다. 또한 전문가와 일반 시민은 위험도를 매우 다르게 바라본다. 전문가는 정확한 증거 입증 과정을 기초로 위험도를 조사하지만, 일반 시민은 잠재적인 피해, 사망자, 손실을 예상하며 조사한다. 일반 시민은 복잡한 자료를 분석하기보다는 위험도를 피하기 위한 주먹구구식 방법과 주관적인 판단에 따라 결정을 내린다.

피시호프 등(Fischhoff et al., 1982)의 관찰에 따르면 많은 전문가들은 일반 시민이 정확한 정보에 근거하지 않은 주관적 예방대책을 원하는 경우가 많으며, 이런 이유로 전문가들에게 결정권한을 넘기는 것이 더 낫다고 믿는다. 그리고 일부 전문가들은 복잡한 위험도에 대해 비전문가들과 논의하는 것을 원하지 않는 이유에 대해 "일반인들에게 정보를 주면 불안해하고 정보를 현명하게 사용하지 못하기 때문"이라고 자신들의 의견을 정당화한다. 피시호프는 사람들은 모두 다양하므로 일반화의 오류를 피해야 한다고 강조한다. 어떤 사람들은 위험도를 감수하는 반면, 어떤 사람들은 회피한다. 어떤 사람들은 다른 사람들이 몰려가는 곳에 가기를 조심스러워한다. 그것은 단지 개인의 성격일 뿐이다. 또 위험도에 대한 사람들의 인식이 종종 틀릴 수도 있지만, 어리석거나 비이성적인 경우는 드물다. 시민은 다양한 방식으로 피해와 손실의 가능성에 대처한다.

생각하기

티어니 등(Tierney et al., 2006)에 의하면 대중매체는 재난의 일부인 약탈과 무법 같은 행동에 대한 잘못된 믿음을 전파하는 데 중요한 역할을 한다. 허리케인 카트리나에 의한 뉴올리언스 홍수 이후에 대중매체는 광범위한 사회 불안과 '시가전' 같은 상황에 대해 확인되지 않은 보도를 했다. 재난에서 일반 시민이나 공무원이 취할 수 있는 조치에 관한 확인되지 않은 보도에서 당신이 볼 수 있는 부정적인 결과는 무엇인가?

전문가와 비전문가는 교육수준이 다르고 지식수준도 다르지만 사고방식은 다르지 않다. 전문가와 일반 시민 사이의 의사소통을 존중하고 균형 잡힌 시각으로 바라보아야 한다. 효과적인 재해 위험도 관리는 많은 비전문가들의 협력을 요구한다. 우리의 최종 목표는 정보를 가진 시민이다. 우리는 정량적이고 정성적인 요소들을 포함하며, 신중하게 검토된 판단으로 이익을 얻을 수 있다. 자신의 인식의 한계를 인정하고, 위험도 평가에서 일반 시민의 시각을 존중하며, 다른 사람들의 시각을 무시하지 말아야 한다.

위험도 평가를 하는 가장 좋은 방법은 다양하고 독립적인 시각에서 비롯된다. 제한된 관점에서 결정을 내리면 종종 예상치 못한 많은 결과가 나타난다. 공공기관에 대한 일반적인 불신을 감소시키기 위해 다양한 관점에서 폭넓은 토론을 벌일 필요가 있다.

쿡 등(Cook et al., 2004)은 전문가와 일반 시민 사이의 대화를 조사하면서 과학자들이 위험도 관련 대화 그룹을 지식 있는 전문가(과학자 자신들), 일반 시민, 반대자(기자 포함)의 세 부류로 나눌 수 있다고 결론 내렸다. 이런 체계에서 일반 시민은 지식을 갖추지 못하고(무지한), 이성적이기보다는 감정적이며, 위험도에 대한 이해가 없는 그룹으로 분류된다. 이러한 관점에서 정보가 없는 사람들은 의사결정 과정에 기여할 수 없으므로 과학자들은 일반 시민과 요점 없는 대화에 참여할 필요가 없게 된다. 반대자 그룹은 이해관계는 있지만 진실과 관계없고, 대화를 통해 아무것도 얻지 못한다.

배스터만(Vasterman, 2005)에 의하면 대중 매체는 일반 시민이 위험요인과 관련된 위험도를 인식하는 방법에 영향을 줄 수 있다고 한다. 배스터만은 다양한 형태의 대중매체가 보도되는 동안 과장 또는 왜곡하는 자체 확장 보도 형태를 '미디어 하이퍼(media-hyper)'의 개념이라고 한다. 이러한 형태의 재난 보도와 위험요인에 의해 형성된 위협은 문제를 만들고 보도 요소를 증폭시킨다. 또한 배스터만은 또한 국제적인 관점에서 이러한 형태의 자체 확장 보도와 대중매체가 사회에서 하는 역할을 조사했다.

배스터만에 의해 제공된 매체의 분석과 대조적으로 넬슨 등(Nelson et al., 2009)은 미니애폴리스 교량 붕괴 사고에서 대중매체의 역할을 조사했다. 위기 사건의 부정적인 감정 피해를 줄이기 위해서는 매체에 의한 학습이 중요하다. 이 연구는 미시시피 강을 지나는 35번 고속도로 교량의 붕괴 사고와 매체로 학습하는 개인의 능력을 기록했다. 그들의 관점에서 위기는 미래에 적절한 대응조치를 취할 수 있게 하는 지식을 배우고 습득하는 기회를 제공한다. 넬슨은 위기 사건이 잠재적인 위험도에 대한 예방의 가치, 기술에 대한 과도한 의존 또는 선견지명의 부족을 강조하는 중요한 교훈을 제공한다고 주장한다. 개인은 삶을 위협하는 모든 사건을 예방할 수는 없지만 이러한 사건은 독특한 학습 기회를 제공한다. 라디오, 텔레비전 그리고 케이블 TV와 인터넷 뉴스가 방송되는 방법에 대한 넬슨의 연구는 위기 사건으로부터 학습하고 심리적인 피해를 줄이는 데 기여할 수 있다.

생각하기

대화에서는 어떻게 위치를 잡느냐가 가장 중요하다. 과학자들은 아마도 상황을 객관적으로 바라볼 것이고, 이것이 유일하게 이치에 맞는 관점이라고 여길 것이다. 하지만 많은 이슈들은 도덕적이거나 경제적·사회적·정치적·심미적 혹은 과학적 방법 등 여러 가지 다른 방식으로 틀을 형성할 것이다. 객관적으로 상황을 판단하는 것은 이치에 맞는 것일까? 그 비용은 얼마나 되는가? 누가 이익을 얻는가? 누가 그것을 조정하는가? 그것으로 만족하는가? 그것은 안전한가? 많은 비과학자들은 이런 관점들 중 많은 것들을 매우 이치에 합당한 것으로 본다.

협력 방안

자연재난 및 인적재난과 관련된 위험 정보 전달에서 위험요인과 재난의 복잡한 과학적 요소를 설명하는 것은 어렵다. 기후 변화와 잠재적인 극한 사건 및 기후 변화와 관련된 정보 전달은 발생할 위험이 있는 부정적인 사건뿐만 아니라 확률이 희박한 사건을 이해하는 것이 어렵다는 것을 보여준다. 복잡한 현상을 설명하기 위해 위험도를 표현하는 지도나 도표 같은 도구가 종종 도움이 된다.

재해지도 활용

재해지도는 재난에 대한 위험도의 특성과 규모의 정보를 전달하는 데 가장 유용한 도구 중 하나다. 홍수보험 프로그램에서는 홍수보험지도를 홍수 재해와 관련된 위험도 정보 전달의 수단으로 이용한다. 이런 지도들은 지역 내 위험도에 대한 상세한 분석결과를 제공하고, 100년 빈도로 홍수에 취약한 지역과 침수 지역의 신축이나 개축을 위한 건축 기준을 명확히 해준다.

재해지도는 다양한 형태와 규모를 가진다. 이런 지도들은 특정 위험요인(풍속, 폭풍의 크기, 강도 등)의 특성을 기술하는 데 유용하다. 또 거주인구와 취약성을 조사하는 데도 이용된다.

지도는 위험 정보 전달의 훌륭한 도구로서 제목·영역·범례·저작권을 포함하고, 방위·기호·축척을 표시해야 한다. 지도의 제목은 짧고 간결해야 한다. 제목으로 지도가 나타내는 바를 정확히 표현해야 한다. 지도 제목은 보통 지도의 위쪽에 위치한다. 하나의 긴 제목보다 중제목과 소제목을 나누어 쓰는 편이 낫다. 지도 제목은 지도의 다른 글자들보다 크게 적어야 한다. 제목을 모두 대문자로 쓸 수도 있고, 대문자와 소문자를 섞어 쓸 수도 있다.

지도로 표현된 영역은 각종 현황을 시각적으로 보여줘야 한다. 위험요인이나 취약성에 대한 시각적 정보도 포함해야 한다. 지도에서 표현된 것은 다른 사람이 알기 원하는 정보를 전달한다.

지도는 정보의 출처, 지도 제작자, 제작일, 자료 수집 방식, 투영법에 대한 정보 및 기타 주석 설명을 포함한다. 이런 정보는 메타데이터에 참조된다. 범례는 지도에 나타난 모든 시각적 표시들을 설명해준다. 범례에 표시한 기호와 지도에 표시된 기호가 동일해야 한다(같은 크기, 색 등). 또한 지도에는 방위를 나타내는 기호가 포함된다. 보통 북쪽이 위를 향하도록 방위를 잡는다. 지도의 일부로 다음과 같은 기호를 사용한다.

1. 점 객체: 취약 인구 지역, 원자력발전소 같은 고위험 시설물, 피해 지역 등
2. 선형 객체: 고속도로, 교량, 운하, 허리케인 궤도 등
3. 면 객체: 산불 피해 지역, 침수 지역, 산사태 지역 등

마지막으로 지도 상의 거리와 실제 거리 사이의 관계를 보여주는 축척을 포함한다. 이는 보통 지도 상의 한 단위가 나타내는 것과 지상의 단위가 나타내는 것의 비율 형태로 표현된다. 대축척 지도는 더 작은 영역을 보다 상세하게 다룬다. 대개 대축척 지도는 구체적인 물리적·문화적 환경을 표현한다. 반면 지도의 축척이 작아지면 더 넓은 영역을 표현하며, 상세함이 줄어든다. 따라서 보다 일반적인 물리적·문화적 환경들을 다루게 된다.

〈그림 7-2〉는 2005년 허리케인 리타 이후 루이지애나 해안지역 거주자, 기업 소유주, 지역 공무원에게 위험 정보를 전달하기 위해 준비한 지도다. 이 지도는 지역 도서관에 전시되었고, 지역의 위험도에 대한 정보를 전달하기 위한 소규모 회의도 개최되었다. 재난에 대한 대응계획 및 기타 지도에서 표현된 것들은 지자체 위기관리 담당 공무원들과 루이지애나 주립대학교 재해 연구소의 전문가들이 작성했으며, 이들이 지도 전시 및 회의 개최도 담당했다. 이 지도는 주요 시설물, 토지의 고도, 지역경제, 위험 구역 등을 포함한 해안의 각종 상황을 시각적으로 보여주었다. 따라서 관심 있는 부동산, 위험도에 영향을 줄 수 있는 지리적 특징들, 과거 허리케인이 덮친 지역 등을 쉽게 찾아볼 수 있다.

주제도로 일반적으로 언급되는 지도는 도해 지도로, 지리학적 기본도와 다양한 주제의 오버레이로 구성된다. 이런 종류의 지도는 도로, 공공

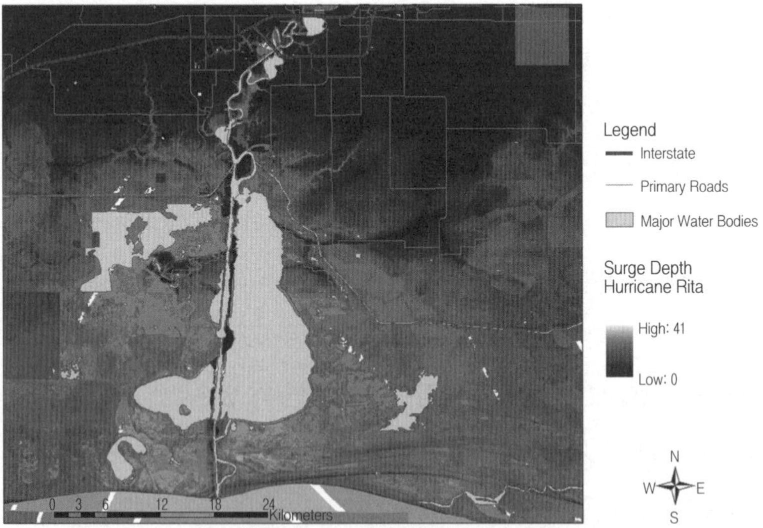

〈그림 7-2〉 주제도를 사용한 위험 정보 전달

건물, 공원, 하천과 같이 잘 알려진 시설물들과 위험요인 사이의 관계에 대한 정보를 전달할 때 이상적이다. 세인트 메리 교구의 지도는 정성적 주제의 지도로서 무엇이 어디에 위치하는지 보여준다.

〈그림 7-3〉과 같은 참고도는 지리적 환경에서 자연과 인간이 만든 물체들을 보여준다. 위치를 강조하며, 이 지도 상의 해안 고도와 같이 다양한 특징을 보여주는 것을 목표로 한다(Robinson and Petchenik, 1976).

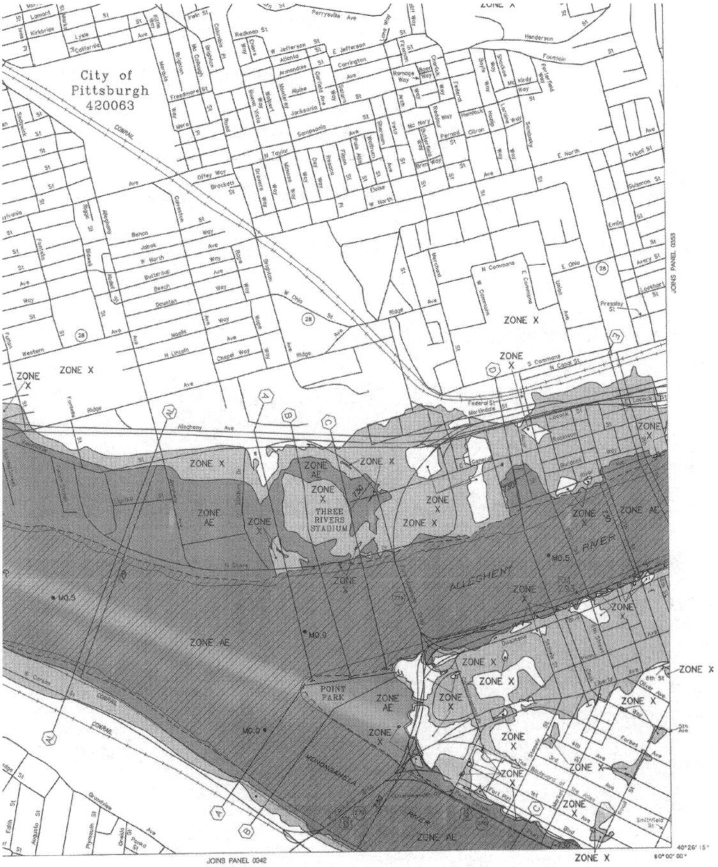

〈그림 7-3〉 FEMA 홍수보험지도 - 하천범람구역

〈그림 7-3〉에서는 홍수보험지도를 도시했다. 이 지도의 목적은 침수구역에 대한 정보를 제공하고, 하천의 기본 고도를 보여주는 것이다. 지도에는 지역에 대한 정보를 제공하기 위한 교통 시설들이 보인다. 모든 주제도에서 중요한 것은 "특정 지리적 분포의 구조적인 특성을 보여주는것이다"(Robinson, 1975).

정량적 주제도는 한 장소에서 무엇이 얼마나 많이 발견되는지 보여주기 위해 사용된다. 인구조사국의 자료는 정량적 주제도를 사용해 인구조사 구역, 인구 집단, 표준 지역, 행정 경계선 내의 인구를 보여준다. 변수가 2개인 정량적 재난 지도에서는 같은 지역에 대해 화학 사고의 연기 기둥 분산 모형과 야간 인구밀도를 보여주고 있다.

언어로 전달되지 않는 재해 관련 정보가 지도를 통해 전달될 수 있다. 〈그림 7-4〉는 야간 인구의 수와 더불어 100년 빈도 홍수 지역의 위치

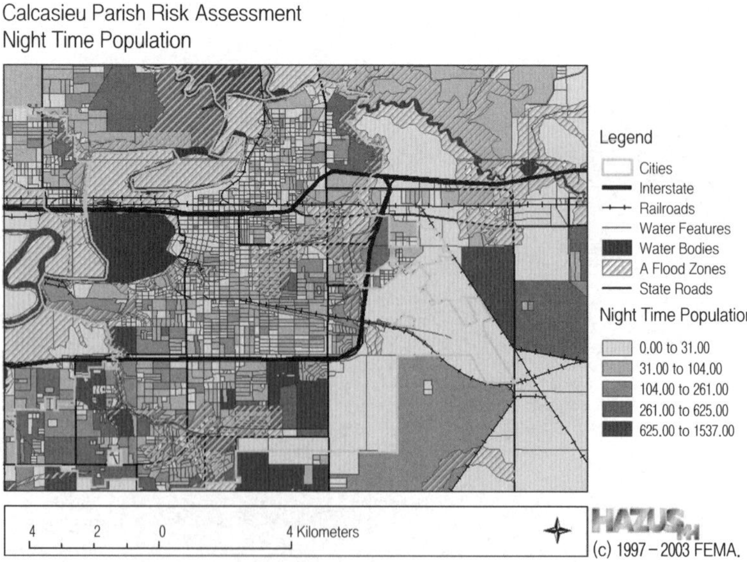

〈그림 7-4〉 하천범람구역의 야간 인구

를 보여준다. 사람들은 이 지도를 통해 해당 지역이 광범위한 재산 피해를 야기할 수 있는 매우 강한 폭풍이나 지속적인 강풍에 취약하다는 사실을 확인할 수 있다. 지도를 보며 잠재적인 재난위험요인의 특성을 논의하여 특정 위험도의 특성과 규모를 좀 더 잘 이해할 수 있다.

수치 정보

위험도 노출에 대한 설명과 그 근거를 제공하기 위해 숫자가 사용될 수 있다. FEMA는 위험요인의 확률과 피해를 조사할 때 다양한 조건들을 명확히 하여 시민이 위험도를 평가할 수 있도록 돕고 있다.

〈그림 7-5〉는 국가홍수보험 프로그램(NIFP)에서 제공하는 홍수보험

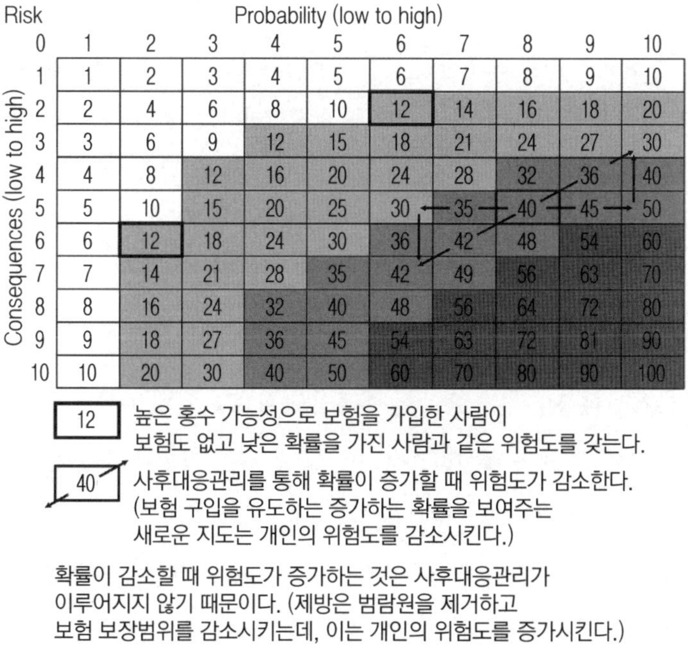

〈그림 7-5〉 위험 확률 결과 도표(그림: 마리 리 에거트)

을 구입할 때 얻을 수 있는 이점을 조사하기 위해 FEMA가 활용하는 것이다. 만일 자주 침수되는 하천 근처의 저지대에 땅을 소유하고 있는데, 거기에 아무런 구조물도 없다면 높은 위험성(10)을 가지지만 적은 피해(1)를 야기할 것이다. 이 경우 보험이 필요하지 않을 수도 있다. 그러나 만일 여기에 구조물이 설치되어 있고 자주 범람한다면, 홍수보험이 필요할 것이다.

이러한 수치는 위험도를 판단하는 데 유용하다. 가능성은 높지만 피해가 적은 사람이 가능성은 낮지만 피해가 큰 사람과 같은 위험도(12)를 가질 수도 있다. 만일 위험도 값이 40인데 홍수보험을 구입한다면 피해관리를 통해 홍수 피해를 감소시킬 수 있다. 〈그림 7-5〉의 마지막 예에서는 제방 작업으로 제방을 더 높여 주택 소유자가 홍수보험을 탈퇴한 경우를 보여주고 있다.

수치 정보는 기업 소유주, 자산가, 세입자들이 다양한 상황을 탐색하는 데 기반을 제공하여 정보 전달을 촉진시킨다. 이 도표는 복잡한 정보에 대한 이해를 높이는 문제해결 도구로 사용될 수 있다.

사회 매체

스마트폰과 태블릿 같은 초소형 컴퓨터의 확대로 인해 재난 사건 이전이나 사건 동안 정보를 실시간으로 전달할 수 있는 기회가 생겼다. 리우 등(Liu et al., 2008)은 재난 시에 온라인 사진 공유의 역할을 조사했다. 사진과 파일 공유 기술의 발전은 재난 대응과 복구 과정에서 현장 사진의 사용을 증가시켰다(Kaigo, 2012). 플리커(Flickr) 같은 사진 공유 웹사이트는 재난 관련 기초 활동을 위한 각종 토론의 장을 제공한다.

재난에서 소셜미디어의 역할에 관한 여러 연구가 있어왔다(Abbasi et al., 2012; Yates and Paquette, 2011). 블로그, 토론 포럼, 채팅방, 위키스, 유튜브, 링크드인, 페이스북, 트위터 등이 재난 현장에서 사용되었다. 이러한 도구들은 안전하지 않은 지역의 사람들에게 경고를 주거나 재난 복구를 위한 기금 마련을 위해 개인적으로도 사용되고 지역 차원에서도 이용되었다. 비상사태와 재난 상황에서 소셜미디어의 두 가지 구분이 있다(Yates and Paquette, 2011). 첫 번째는 수동적인 접근방법으로 언론 성명, 벽보 또는 여론조사 등을 통해 정보를 전파하고 반응을 조사하는 것이다. 두 번째 방법은 경보 발령, 도움을 요청하는 소셜미디어 활용, 상황 파악을 위한 특파원 파견, 피해지역의 영상 확보 등과 시스템적 전략을 이용하는 것이다. 소셜미디어는 시민, 최초 대응자, 자원봉사자, 민간 부문 그리고 모든 정부 기관 사이에서 정보를 전달하는 데 매우 큰 잠재력을 가지고 있다.

메르찬트 등(Merchant et al., 2011)에 의하면 소셜미디어는 사람들의 일상적인 의사소통 방법과 재난 이전과 이후의 의사소통 방법을 변화시켰다. 특히, 소셜미디어의 활용은 개인의 상황 파악 능력을 향상시킨다. 개인은 핸드폰의 GPS(Global Positioning System)를 사용하여 안전 지역을 찾을 수 있고, 가족의 위치를 확인할 수 있다. 코틀(Cottle, 2011)에 의하면 소셜미디어는 2011년 아랍의 봄 사태에서 소통의 도구로 사용되었으며, 사태를 촉진시키고, 전 세계에 알리는 수단이 되었다.

협력 대상

재난 이전의 시민이나 재난 이후 피해자 등 위험 정보 전달 과정에 관련된 많은 사람들이 존재한다. 또한 다양한 공공기관, 비영리단체, 기업, 최초 대응 요원, 자원봉사자들도 관계된다. 이들에 대한 정보 전달의 전략은 목표로 하는 대상에 따라 달라진다. 위험도와 관련하여 정보 전달 대상을 명확히 하는 것은 정보 전달 내용과 과정을 결정할 때 매우 중요하다. 일부는 위기 대비와 관련 있지만, 다른 일부는 위기 대응과 관련이 있을 수 있다. 위기관리 과정에서 협력하는 대상들은 위험도를 이해하고 대처하기 위한 과정에 참여하여 전략에 영향을 미친다.

- 일반 시민: 가장 큰 협력대상으로 노년층, 장애인, 소수집단, 저소득층, 청소년 등 많은 하위 그룹들로 구성되며, 모두 잠재적 고객이다.
- 재난 피해자들: 특정 재난 사고에 의해 피해를 입은 개인
- 경제계: 위기관리에서 자주 무시되지만 재난 복구, 대비, 예방 활동에서 매우 중요한 역할을 하는 그룹
- 언론: 협력대상인 동시에 대중에게 효과적인 정보 전달을 하는 데 매우 중요한 파트너
- 선출직 공무원들: 주지사, 시장, 군수, 주의회(또는 지방의회) 의원, 국회의원
- 지역 공무원: 시/군 관리자들, 공무원들, 부서장들
- 긴급 대응 요원: 경찰, 소방관, 응급 구조대원
- 자원봉사자 그룹: 적십자, 구세군 등 사건의 최초 대응에 중요한 역할을 하는 사람들

생각하기

당신의 지역에서 위험요인과 위험도에 대해 의논하고 싶은 그룹을 확인해보라. 그들이 재해 위험 정보 전달 과정에 참여하는 방법을 결정한다. 그들의 역할은 어떻게 다른가? 위험도를 이해하고 재난의 부정적 효과를 최소화하거나 피할 수 있는 적절한 행동 전략을 채택할 때 어떻게 이런 다양한 그룹과 연관되고 소통할 수 있는가?

위험 정보 전달의 오해와 진실

신화는 널리 알려진 이야기지만 사실에 근거한 것인지는 알 수 없다. 불행히도 널리 믿어지는 위험 정보 전달의 신화들은 다른 사람들을 다루는 방식(Covello, 2002)과 위험요인 및 위험도에 대한 정보 전달을 돕기 위한 시도에 영향을 미친다.

1. 열린 마음으로 직접 사람들과 의사소통을 하는 것은 사람들을 진정시키기보다는 흥분시키기 쉽다.
   진실: 재난과 관계된 위험요인과 위험도에 대한 정보가 적절하게 전달된다고 하더라도 사람들이 진정되는 것은 아니다. 단순히 경고만 하지 말고 사람들을 교육하고 정보를 전달할 필요가 있다. 사람들에게 침수된 지역의 이미지만 보여주지 말고 그들이 우려하는 것을 표현 및 질문하고 정확한 대답을 들을 수 있는 기회를 준다.
2. 위험요인과 위험도에 관계된 많은 사건들이 너무 기술적이고 어려워 일반 시민은 이해할 수 없다.
   진실: 사실 일반 시민이 아무리 똑똑할지라도 위험요인에 대한 기술적인 설명은 사람들을 혼란스럽게 만들 수 있다. 사건이 복잡하더라도 정보를 전달해야 하지만, 정보를 전달하는 방식과 피드백, 질문을 수용하려는 의지에 주

목해야 한다. 일반 시민은 기술적인 결정을 내리지는 않겠지만, 기술적인 결정을 내리는 사람들은 일반 시민의 의견을 고려해야 한다.

3. 위험 정보 전달은 나의 일이 아니다.
   진실: 우리는 다른 사람들에게 위험도에 관한 정보를 전달할 기회가 많이 있고, 다른 사람들이 위험도를 이해하도록 도울 의무가 있다.
4. 만일 일반 시민에게 귀를 기울인다면, 중요하지 않은 사항에 한정된 자원이 분산될 것이다.
   진실: 일반 시민의 의견을 듣고 소통하면 사람들이 조직 정책 결정에 입력자료를 넣을 기회를 제공할 수 있다. 그러나 우리는 일반 시민의 우려를 바탕으로 우선순위를 정하지 않는다. 조직이 이슈와 기대를 관리하도록 도와야 한다. 일반 시민의 관심을 무시해서는 안 되지만, 그렇다고 정책을 지시해서도 안 된다. 더 많은 정보를 가지고 있는 사람들이 일반 시민보다 우선순위에 대한 의견을 잘 정렬시키는 것 같다. 일반 시민이 정책에 기여할 기회를 주는 것은 시간 낭비가 아니라 의사결정 과정에 긍정적인 요소가 될 수 있다.

슬로비치와 웨버(Slovic and Weber, 2002)는 대부분의 개인이 재난과 비상사태에 대처하는 자신의 능력을 과대평가하고 있다고 주장했다. 예를 들어 많은 사람이 다음과 같은 믿음을 가지고 있다. "나는 평균적인 운전자보다 운전을 잘하고, 평균수명보다 많은 80세 넘어서까지 살 수 있으며, 도구를 사용하다가 부상을 입을 확률이 평균보다 낮다(Svenson, 1979)." 그런 믿음은 분명히 비현실적이지만, 사람들은 여전히 자신의 경험을 바탕으로 위험도를 하찮게 여긴다. 사람들은 여전히 과속하고, 빨간 신호를 무시하고, 앞차에 바짝 붙어 주행한다. 위험한 운전 행위임에도 불구하고 개인적인 경험을 통해 자신이 안전하다고 학습하게 된다. 매일 뉴스를 통해 사고를 접해도 그것을 다른 사람의 이야기라고 생각한다. 불행히도 사람들은 자신의 인식, 정보, 경험 이상을 보지 못한다.

일부 과학자들이 가지는 또 다른 일반적인 착각은 사람들이 과학에 무지하고, 위험도에 대해 아무런 이해도 없다는 것이다. 사람들이 위험도에 '전혀' 노출되지 않을 것을 요구하면서 많은 과학자들이 이런 착각을 가지게 되었다. 하지만 이는 증거를 통해 뒷받침되지 않은 주장일 뿐이다. 연구에 따르면 대부분의 사람들이 위험도가 전혀 없는 것은 아무것도 없다고 이해하고 있으며, 그에 따른 불확실성, 통제력 부족과 '더불어 살아갈 수 있다'고 한다(Wynne, 2002).

쿡 등(Cook et al., 2004)은 많은 과학자들의 이런 인식에도 불구하고 사람들의 인생에서 위험도를 제거할 수 없으며, 우리 일상의 삶이 위험도와 함께한다고 말했다. 기관을 대표하는 개인으로서 우리는 사람들이 위험도가 전혀 없는 것은 아무것도 없지만, 그래도 꽤나 안전하다고 인식하도록 돕기 위해 위험 정보 전달을 활용할 수 있다. 작은 실수가 있을 수 있고, 그것을 피하고자 최선의 노력을 했음에도 사고가 발생할 수 있다.

재해 모형에 따르면 재해 발생 가능성이 매우 낮지만, 그렇다고 위험도가 전혀 없다고는 말할 수 없다. 이 모형에서 우리가 걱정해야 할 것은 아무것도 없어 보인다. 쿡 등(Cook et al., 2004)은 사람들이 이런 언급에 대해 우려한다고 지적했다. 불행히도 많은 과학자들이 사람들은 위험도를 이해하지 못하며, 재난이 발생할 가능성이 있다 해도 영향을 받지 않는다고 믿고 있다.

코벨로(Covello, 2002)는 일반 시민으로부터 신뢰를 쌓고 신용을 얻어야 한다고 강조한다. 청중의 신뢰를 바탕으로 건설적인 의사소통을 확립해야 한다. 정직하고 개방적이며 공동의 목적에 대해 헌신적인 모습을 보여준다면 우리는 배려심 깊고 유능한 이미지로 기억될 것이다. 코벨로는 다음과 같이 제안하고 있다.

- 다른 사람들을 파트너로 여기며, 정보를 전달하고, 오보를 없애고, 공포와 걱정을 진정시키기 위해 협력한다.
- 다른 사람들의 우려사항을 조사한다. 통계학과 확률이 모든 질문에 답을 줄 수는 없다. 인간적인 수준의 공포와 걱정에 민감해져야 한다.
- 정직하게 공개한다. 신뢰와 신용은 한 번 잃으면 다시 얻기 어렵다.
- 신뢰할 수 있는 다른 기관과 협력한다. 동맹을 맺고 공통 관심사를 정한다.
- 조직 사이의 갈등과 이견이 혼란과 불신을 야기한다는 사실을 인식한다.
- 미디어의 필요성을 강조한다. 미디어의 역할은 일반 시민에게 정보를 전달하는 것이고, 당신의 도움이 있든 없든 행해질 것이다.

생각하기

위험요인과 위험도를 다루는 데 있어 갈등은 정상적인 부분이다. 갈등을 예측하고 긍정적인 방식으로 극복하는 방법을 발견해야 한다. 갈등을 부정적인 태도로 보아서는 안 되며, 재난 및 지역과 연관된 이슈의 복잡한 특성을 들여다보는 기회로 삼아야 한다. 왜 갈등이 우리 삶에서 계속되는 것인가?

코벨로(Covello, 2002)는 긍정적인 접근방법을 활용해 갈등을 극복하고 잠재적인 혼란을 처리하는 방법을 제공한다. 코벨로는 우선 공통적인 문제들을 확인하고 갈등을 다루는 방법을 제안한다(그림 7-6).

위험에 관한 논의는 매우 추상적일 수 있다.	예시, 이야기, 비유를 사용하여 요점의 체계를 잡아야 한다.
재난과 위험에 관련된 논쟁은 공격을 야기할 수 있다.	사람이 아니라 쟁점에 응답한다. 논쟁을 키우지 않도록 한다.
비언어적 신호와 메시지를 통해 분노가 전달될 수 있다.	차분하고, 상대방을 배려하며, 예의바른 행동을 유지해야 한다. 안정되고 중립적인 자세를 취한다. 분노를 표현하지 않을 때, 분쟁을 잘 처리할 수 있다.
방어적인 태도로는 분쟁을 해결할 수 없으며, 상대방을 비난하는 것은 스스로를 방어하는 것을 보여줄 뿐이다.	최고의 답안은 문제에 대한 스스로의 책임을 받아들이는 것이다.
방어적 태도는 여러 가지 형태가 있으며 상대방을 비난하는 것은 하나의 예시일 뿐이다. 두 번째는 스스로의 입장을 정당화하며 비용을 지불해 분쟁을 해결하려고 하는 것이다.	얻어낼 수 있는 이점에 집중한다. 비용이 쟁점이 된다면, 공적 자금의 책임 있는 관리의 필요성에 대한 존중을 표현한다.
압박을 받는 상황에서는 보장할 수 없는 약속을 제시할 유혹에 빠질 수 있다.	무엇을 성취하고 싶은가에 대해 그 의도를 설명해야 한다. 어떤 것을 해왔는지, 어떤 것을 끝냈는지, 어떤 것을 할 것인지에 관련된 사실에 집중한다.
조직을 대표하는 사람들은 종종 자신들의 메시지를 전달하기 위해 전문용어 사용에 의존한다.	전문용어를 피하고, 기술 용어를 정의하고, 약어를 사용하지 않는다.
스스로 말하는 것이 공식기록의 일부가 아니라고 가정한다.	공표를 목적으로 하지 않는 서술을 하지 않는다.
통계는 혼란스러울 수 있다.	메시지를 전달할 때는 영상, 유인물 또는 시각자료를 사용하고 복잡한 정보를 단지 말로만 설명하지 않는다.
기술적인 세부사항과 정보를 알릴 수는 있지만, 그것은 강조하고 싶은 지점에 대해 사람들을 혼란스럽게 만든다.	모든 정보를 제공하거나 문제의 사소한 점까지 설명하려고 하지 않는다.

〈그림 7-6〉 분쟁 상황과 대응 전략

위험도 관리

이 책에서는 위험도를 어떤 일이 일어날 가능성과 일어난 후의 결과라는 두 가지 관점에서 볼 수 있다고 강조했다(Beer and Ziolkowski, 1995). 이런 관점은 위험도를 개인이 통제할 수 있는 현상이 아니며, 무의식과 예상치 못한 결과와 관련되어 있다고 강조한다. 잉글레스(Ingles)는 나아가 위험도가 자발성과 연관이 있다고 강조했다. 왜냐하면 기회를 잡으려는 개인의 결정으로 위험도가 야기되기 때문이다. 만약 우리가 위험요인의 특성 그리고 경제적·정치적·사회적·환경적으로 영향받는 방식을 인식한다면 위험도를 관리할 수 있을 것이다(Young, 1998). 예를 들어 어떤 사람이 재난을 극복하고자 할 때 위험 정보 전달과 교육을 통해 공공, 민간, 비영리단체에 의해 제공되는 정보가 매우 중요하다. 위험요인 및 위험도에 대한 이해를 바탕으로 한 일은 개인, 조직, 지역의 재난 대처 능력에 영향을 미친다. 그러므로 우리는 이해하지 못하는 위험도들을 관리할 수 없다.

사회적·경제적·생태적 취약성에 대한 평가는 재난의 피해를 줄이기 위한 전략 선택과 적용에 매우 중요하다. 취약성은 위험요인을 견디는 능력과 개인, 가족, 지역의 위험요인을 극복하는 능력과 관계있다. 재해위험 관리는 지역의 건축 법규 시행 강화, 계획 지침 채택, 홍수보험 구입, 기존 또는 신축 구조물 고도를 예상 침수 수위보다 높이기 위한 투자, 중요한 저장장소의 이전, 운송노선이 폐쇄될 경우 운영계획을 개발하는 전략 등을 포함한다. 위험도 관리를 통해 취약성을 줄이고 재난 회복력을 강화할 수 있는 조치를 취할 수 있다. 재난 상황에는 다급해져서 피해를 줄이거나 피할 방법을 찾기 어렵다.

의사결정

우리의 결정과 행동이 반드시 피해를 줄여줄 것이라는 보장이 없다는 것을 깨달아야 한다. 불행히도 항상 실패 가능성이 있고, 위험도는 완전히 제거될 수 없다(Barnes, 2002). 우리는 위험도에 대한 이해를 높이기 위한 방법을 찾아야 한다. 위험요인과 그 영향에 대한 정보가 취약성과 위험도를 인정하는 단기적·장기적 의사결정에 영향을 줄 수 있다.

조직은 위험요인의 특성을 이해하기 위한 전략으로서 위험도 관리에 대한 입장을 결정해야 한다. 위험 정보 전달은 지역의 자산, 자원, 영향을 주는 위험요인의 특성을 공유하는 사전 분석의 일부분이 되어야 한다. 그러므로 위험도 분석은 의사결정의 기초가 된다.

조직 내부 또는 일반 시민에게 하는 위험 정보 전달은 위험요인을 관리하고 위험도를 처리하려는 노력의 필수적인 부분이다. 위험 정보 전달의 의도는 모두가 위험요인을 이해하여 경보 시스템 또는 위기 의사결정 과정에 이르기까지 개인, 지역, 국가 수준에서 취약성을 감소시키기 위해 할 수 있는 일을 확인하는 것이다(Plate, 2002). 그러므로 지역에서 진행 중인 정책에 최고의 과학기술과 의사결정 지원 시스템을 결합시켜야 한다.

지역의 참여

우리는 위험도가 행동 또는 무행동, 자연 현상, 기술 사용과 연관되어 있다고 강조했다. 각각의 재난 상황은 독특하지만, 재난은 취약성을 늘리거나 줄이려고 하는 인간의 결정과 관계있다. 재해 분석 과정 전반에서 위험도에 대한 정보 전달은 위험도를 관리하기 위한 알맞은 전략을 세우고, 이를 실행하는 능력을 강화시킨다.

재해 분석 과정과 의사결정에 누가 참여하느냐는 매우 중요한 문제다. 재해 분석의 목적과 양질의 노력을 제공하는 데 필요한 사람을 찾아야 최선의 해결책을 찾을 수 있을 것이다. 목적 달성을 위해 조직이나 외부의 다양한 사람들과 협력할 필요가 있을 수 있다.

〈그림 7-7〉에서 보여주는 재해 분석 과정의 또 다른 관점은 사전 분석, 위험도 분석, 재난관리 등의 과정에서 위험 정보 전달과 지역의 참여를 강조한다. 이해당사자들을 처음부터 참여시켜 지역의 독특한 인문 및 문화, 경제, 인프라, 특히 지역을 독특하게 만들어주는 생태계의 요소들에 대해 설명하도록 한다.

공공 위험 정보 전달에 있어 핵심 요소는 지역의 참여다. 홍수보험 가입, 가족 대피 계획 채택, 지진 재해로부터 주택 난방 시스템 보호, 생수와 잘 부패하지 않는 식품 저장과 같이 일반 시민에게 좋은 무언가를 '판매' 또는 '설득'하려는 공공 프로그램을 너무나 쉽게 발견할 수 있다. 여기에는 정보를 제공하는 브로셔, 아이들을 위한 색칠공부 책, 주거용 가스·수도·난방을 확보하기 위한 기반시설회사의 장려금, 특정 위험상황 대비책이나 이를 홍보하는 신문 전단지 등이 포함된다. 대부분의 경우 이런 프로그램의 성과는 보잘것없는데, 왜 사람들이 현명한 행동을 하도록 돕지 않는지 의문이다. 이에 대한 대안적인 접근방법은 지역을 다양한 수준의 대화에 참여하게 하고, 가족이 재해 예방에 노력하도록 정보를 주고, 판매·교육·설득하는 것이다. 많은 지역 계획에서 참여와 협력이 가장 중요하며, 일반 시민의 참여는 단지 정보 제공뿐만 아니라 예방, 대비, 대응, 복구 활동이 될 수 있다.

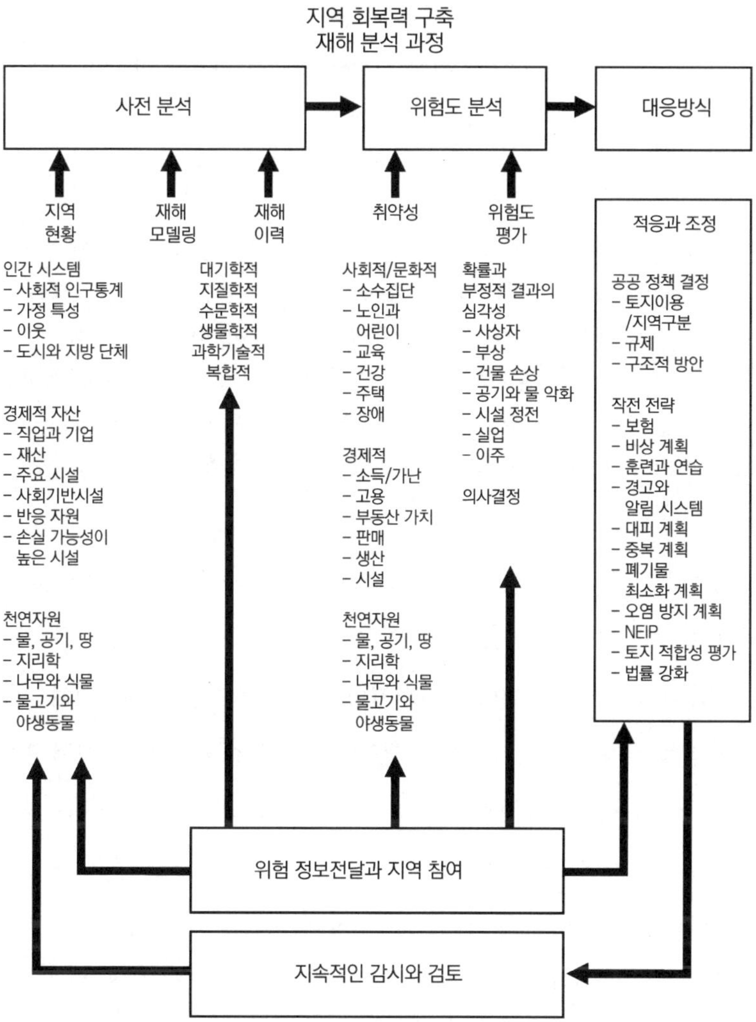

〈그림 7-7〉 재해 분석 과정에서 지역의 참여

지역의 계획가(planners)들은 이웃과 이해관계가 있는 시민에게 도움을 요청하면 문제 해결을 위해 공무원과 협력하고 복잡한 문제의 해결책을 확인하는 데 참여할 것이라 믿는다. 이러한 협력은 문제를 확인하고 잠재적 해결책을 조사하는 쌍방향 대화를 통해 이루어진다. 과거에는 참여하지 않았지만, 지역 전체 계획 실행에 반드시 필요한 다양한 지역 이해당사자들이 참여하도록 격려해야 한다.

> **생각하기**
>
> 지역의 지지는 모든 공공정책을 실행하는 데 매우 중요하다. 왜 정책 및 프로그램의 개발에 많은 시간과 노력을 쏟으면서도 정책 및 프로그램에 대한 대화를 통해 지역과 협의하는 시간은 거의 투자하지 않는 것인가? 이해당사자들을 성공적으로 참여시킨 지역의 예를 들고 성공 이유를 설명하라. 지역 계획과 복구대책을 위한 자료를 요청하기 위해 공공기관은 인터넷과 사회매체를 어떻게 사용할 수 있는가?

지역의 이해당사자에는 소규모 사업주, 금융기관, 교육청, 의료인, 지역기관 및 지방 단체, 제조업자, 주택 소유자 또는 세입자, 폭넓은 서비스 산업의 대표들이 포함된다. 이해당사자들은 그들 고유의 관심사와 위험도 관점을 가지고 있다. 광범위한 지역의 협력을 위해 이해당사자를 확인하고 참여를 독려해야 한다. 공공의 역할은 이해당사자들이 지속적으로 참여할 수 있도록 돕는 것이다.

의사결정에 있어 가장 중요한 요소 중 하나는 과정에 참여하는 사람을 선정하는 것이다. 우리가 개방적인 사회에 살고 있고 재해 분석에 관심을 가진 당사자들이 많다는 사실을 고려하면 이해당사자가 분석 과정에 참여하는 것은 흔한 일이다. 문제는 누가 참여하며, 조직 또는 지역의 재해 위험도를 처리하는 그들의 역할 및 가장 적절한 과정이 무엇인가다. 어떤 규모와 방식으로 주민, 기업체 대표, 비영리단체들을 위험도 분석, 문제 해결, 의사결정에 참여시킬 것인가?

생각하기

지역의 재해 이력을 작성하는 데 지역의 참여 전략은 지역의 자산 확인과 동일한 것인가? 지역의 위험요인을 확인하고 설명하기 위해서는 지역이나 주정부 수준의 위기관리 담당자뿐만 아니라 훈련받은 지역 계획자, GIS 전문가, 지역 대학의 모형 개발자, 현장 전문가 등이 필요하다. 지리학, 수문학, 기후, 유해물질에 전문 지식을 가지고 도움을 줄 수 있는 이해당사자가 있는가? 지역 학교 시스템도 과학 프로젝트의 일환으로 위험요인의 특성과 규모를 설명하기 위해 사용될 수 있다. 이러한 참여는 지역 언론에서 완전히 다루어지지 않은 위험요인에 대한 교육청의 이해를 높일 것이다.

위험도와 위험요인에 관한 모든 조사는 여러 가지 특별한 관심사를 다룬다. 이를 어떻게 고려해야 하는가? 어떤 수준까지 공개적으로 논의해야 하는가? 분석 결과의 채택과 이해가 우선일 경우 이해당사자들을 재해 분석 과정과 문제 해결 과정에 포함시키는 방법이 매우 중요하다. 자연위험요인과 연관된 위험도들은 다차원적이고, 많은 공공·민간·비영리단체들의 이해당사자들에게 영향을 미친다. 의사결정 과정은 분석의 최종결과로서 중요하다.

불행히도 우리는 재난의 피해를 줄이는 과정 중에 발생하는 갈등의 정도를 예상하지 못한다. 그러므로 동요하는 갈등 세력을 관리하는 것이 매우 중요하다. 의사결정에서 갈등에 직면하는 이유는 다양하다. 예를 들어 목적, 우선순위, 해결책의 필수 요소들에 대한 합의에 도달하지 못해 갈등이 발생하기도 한다. 대안을 조사하고 알려지지 않은 재난 상황의 특성을 적절하게 설명하기 위해 시간을 투자해야 다양한 결과가 예측 가능하다.

페택(Petak, 1985)은 수용할 수 있는 예방 대책이나 위험도 관리 해결책을 결정할 때, 갈등이 생기면 기존의 상황과 잠재적인 미래 결과들에 대해 가능한 많은 정보들을 검색하고 이를 통합하는 데 초점을 맞추어 해결해야 한다고 주장했다. 또한 현재의 문제 해결 접근방법들은 너무 많은 권력을 기술 전문가와 전문 관리자에게 부여하고 있다고 설명했다. 나아가 선출직 관료들이 반드시 참여하여 공공의 이익을 수호해야 한다고 제안했다. 모든 자연위험요인은 위험도를 가지므로 위험도를 완전히 배제하는 것은 불가능하다. 위험도를 다루는 데는 두 가지 측면이 있다. 첫 번째는 경험에 의해 증명할 수 있으며, 이는 사실과 관련 있다. 두 번째는 개인의 판단을 기초로 한다. 이 두 가지 측면을 고려하면 보다 균형 잡힌 위험도 논의가 가능하며, 재난 상황에 실현 가능한 해결책 도출에 도움이 된다.

이해당사자의 참여

위험도 분석에 있어 중요한 이슈 중 하나는 누가 문제 상황과 문제 해결 과정에 관여하는가이다. 기술적 접근방식과 민주적 접근방식은 위험도 수준을 결정하는 매우 다른 두 가지 방식을 제공한다. 하나는 전문가와 과학적 사실을 바탕으로 하는 것이고, 다른 하나는 전문가와 함께 비전문가나 일반인이 참여하는 보다 민주적이고 참여적인 방식이다. 일반 시민에게 영향을 주는 위험도를 분석하는 것이 목적일 경우 후자의 접근방법이 고려되어야 한다. 조직이나 지역의 이해당사자들을 포함하는 것은 복잡한 문제를 조사하고 다양한 관점에서 얻을 수 있는 추가 이익을 생각할 때 마땅히 지불해야 할 작은 노력일 뿐이다. 대안으로는 전문가들의 발표 이후 일반 시민이 반응하고, 대응하고, 입력값을 제공할 기회를 제공하는 대립 모형(adversarial model)이 있다.

예방 비용과 규제 시행을 포함하는 허용 위험도의 결정 과정은 다양한 이해관계에 영향을 받기 때문에 지역이나 조직의 허용 위험도를 결정하는 데 다양한 그룹의 참여를 포함시킬 수 있다. 일반 시민의 참여가 증가하면서 무엇이 허용 위험도를 구성하는지에 대한 논의를 확대할 수 있게 된다. 불행히도 오늘날 조직과 지역에서 위험요인 및 취약성과 관련된 결정을 내리는 것이 점점 더 어려워지고 있다. 얼마나 안전해야 충분히 안전하다고 할 수 있는지가 가장 중요한 문제다. 허용 위험도를 결정하는 것은 쉽지 않은 일이다. 왜냐하면 지역과 조직의 이해 그룹들이 자신들만의 우선순위, 편견, 사회적 가치, 자산을 가지고 있기 때문이다. 더욱 중요한 점은 허용 위험도에 대한 갈등이 종종 복잡한 문제와 관련되어 있다는 것이다. 전문가들이 위험요인에 대한 위험도 정도에 합의하지 못하는 경우 문제는 더욱 복잡해진다. 허용 위험도와 관련된 갈등을 극복하기 위한 기술들이 위험도 관리의 일반적인 접근방법을 만들어낼 수 있다. 자연재해와 관련된 위험도의 본질을 검토하는 과정을 갖는 것이 매우 중요하다.

기요(Guillot, 2013)는 비상경계와 경보 시스템의 연구에서 지역 내에 있는 사람들의 다양한 측면을 수용하기 위해서는 메시지가 수정되어야 한다고 주장했다. 적절한 보호조치들이 실행될 수 있도록 분명하고 간결한 메시지를 만들고 전달하는 것이 중요하다. 지역에서는 자원봉사와 예방교육프로그램을 통해 효과적인 위험 정보 전달을 할 수 있다. 방송 매체, 기상 예측 전문가 그리고 비상 관리 사이의 협력은 필수적이다. 지역에서는 악천후(severe weather)에 대비한 광범위한 봉사와 교육을 해야 한다.

피시호프(Fischhoff, 1984)는 허용 위험도를 다룰 때 다음과 같은 고려사항을 강조했다.

- 발생할 가능성이 있는 위험도의 복잡성을 인식한다.
- 위험도를 다루는 다양한 접근방법과 관점을 인정한다.
- 위험도와 허용 위험도를 조사하여 하나 이상의 접근방법을 활용한다.
- 위험도를 정량화해야 한다.
- 관계자의 기대에 부응하는 의사결정 과정을 개발한다.
- 위험도에 대한 정부의 역할을 확인한다.

발생 가능한 위험도를 다루는 데 있어 근본적인 장애물 중 하나는 대안책이 생명, 건강, 복지 등 다른 사람의 재산에 위협이 될 수 있다는 것이다.

문제 상황에 더욱 심도 있게 접근할 수 있도록 우리의 생각을 정리해야 한다. 대안을 비교하기 위한 구조를 개발하여 선택의 비용과 혜택을 조사한다. 이러한 비용 편익 분석은 미래 가치와 해결책의 예상비용을 계산해준다. 이 과정은 하나의 접근방법을 다른 접근방법과 비교하는 건설적이고 정량적인 수단들을 제공한다. 가치관과 우선순위의 관점에서 선택한 접근 방식과 이 해결책이 환영받지 못하는 선례 등 많은 것을 고려할 필요가 있다.

지역의 이해당사자들은 다양한 관점으로 재난 발생 가능성과 피해의 심각성을 바라볼 수 있기 때문에 위험도 분석과정에 참여해야 한다. 이 과정에 이해당사자들을 참여시키면, 분석의 질을 향상시킬 뿐만 아니라 위험도와 잠재적인 전략을 좀 더 잘 이해할 수 있다.

1986년에 제정된 지역 계획 및 알 권리 법률(Community Planning and Right-to-Know)에 따라 재해 분석 과정에 이해당사자들이 참여할 수 있게 되었다. 이 법률은 인간에 의해 유발되거나 유해한 화학물질에 의해 발생한 위협과 관련된 기술적 위험요인을 다루는 계획을 강화시키려는 국가적인 노력에서 비롯되었다. 이 법률에 따라 주정부위기대비위원회와 지역계획위원회(LEPC: Local Community Planning Committee)가 설치되었다. 지역 LEPC 위원에는 공공·민간·비영리 부문의 이해당사자 대표가 포함된다. LEPC 위원들은 보다 광범위한 지역에 연결되어 사회에 기여한다. LEPC 위원에는 경찰관, 소방관, 응급의료진, 보건, 언론, 화학 처리 기업 직원, 교육을 대표하는 위기 대응 담당자들이 포함된다. LEPC는 자연재난과 인적재난에 대한 재해 분석 과정에 이해당사자들을 참여시키는 자연스러운 방법을 제공한다.

반즈(Barnes, 2002)에 의하면 많은 지역에서 화학 위험요인이 건강에 미치는 영향에 대해 유사한 갈등상황을 경험한다. 공무원 또는 기업 대표가 유해물질의 위험도가 미세하다고 말해도 사람들은 믿지 않는다.

반즈는 사람들이 지역 내에서 대규모 산업 재난 또는 위험 물질 노출에 공포를 느끼고 있다고 설명했다. 일상생활에서 건강과 복지에 위협을 느낀 사람들은 당국의 주장을 믿지 못한다. 반즈는 많은 지역에서 피해 노출이 (특히 저소득층에) 불공평하다는 것을 인식하고 있다고 말했다. 신뢰와 신용은 지역의 위험도에 대한 인식과 위험요인에 따른 위험도 전략 및 정책에 영향을 주는 중요한 이슈들이다. 반즈는 지역 내 문화적 위험도 인식과 함께 다루지 않을 경우 더 큰 갈등을 유발할 수 있는 기술적 논리가 있을 수 있다고 강조했다.

크림스키와 플로(Krimsky and Plough, 1998)는 갈등의 잠재성을 위험도에 대한 기술적·문화적 관점의 차이에서 찾았다. 예를 들어 기술적 관점은 위험도를 과학적 방법, 증거, 해석을 통해 보지만, 문화적 관점은 위험도를 정치적으로 본다. 기술적인 관점은 조직의 권력과 전문 지식을 활용하는 반면, 문화적 관점은 개인의 지식이나 문화적 전통에 의지한다. 기술적 관점은 정량적인 방법을 활용하지만, 문화적 관점은 개인 인터뷰나 경험을 활용한다. 어떤 사람은 건강과 관련된 위험도 결정과 규제가 전문가와 감독기관의 역할 및 책임이라고 말한다. 이는 전문화된 공무원과 기술자가 가장 잘 안다는 생각이다. 반면 시민의 위험도에 대한 관점은 문화적 영향, 개인적 지식, 위험요인에 대한 불명확한 관점에 의해 형성된다.

의사소통과 신뢰를 촉진하는 열린 환경에서 사람들이 위험도에 대한 인식 차이를 드러내고 명확히 하지 못한다면 지역의 갈등이나 분열이 심화될 수 있다. 화학 물질로 인한 건강 위험도에 대해 플로(Plough)와 크림스키(Krimsky)가 제시한 이슈들을 홍수, 화재, 지진, 기타 기술적 복합 위험요인으로 인한 위험도에서도 쉽게 찾아볼 수 있다. 광범위한 지역에서 위험도에 관한 열린 대화에 참여하지 않는다면 전문가와 지역 관계자 사이에 갈등이 일어나기 쉽다.

위험도 관리를 위한 시도는 위험도에 대한 개방적인 의사소통과 그것을 포함하는 조치들로 발전할 것이다. 과거의 사례를 통해 실패 원인을 알아보고 새로운 문제와 위협을 다루기 위한 교훈을 얻을 수 있다. 현재 상황에서 같은 일이 발생한다면 어떻게 될 것인가라는 의문에 자극을 받아 가능한 시나리오를 상상할 수 있다. 이런 의문은 우리에게 선택사항과 가능성을 찾아보고, 위험도를 다루는 대안을 확인하는 데 도움을 준다. 그러므로 위험 정보 전달은 우리에게 미래를 대비하고 문제상황을 다루는 방법에 대한 시각을 넓혀준다.

윤리와 의사결정

윤리는 우리가 어떻게 행동하고 어떤 기준을 결정의 기초로 삼아야 하는지에 대한 문제를 제기한다. 의사결정을 할 때 옳거나 그르다고 믿는 것과 이러한 판단들의 기초가 되는 기준들을 반영하게 된다. 결정과 결정방식은 우리가 중요하다고 믿는 것과 우리가 무시하는 단체, 이슈, 사실을 반영한다. 그러므로 윤리는 우리가 옳다고 채택하거나 적절하다고 여기는 기준에 관한 연구이다(Velasquez et al., 1987).

의사결정 과정에서 윤리를 고려할 때, 다른 사람들이 영향을 받는 방식 또는 환경(부동산, 동물, 공기, 물을 포함한)이 영향을 받는 방식을 개인적 수준이나 기관 혹은 사회적 수준에서 살펴보아야 한다.

윤리적인 고려사항은 법률적으로 옳고 그른 것에 한정되지 않으며, 기관들뿐만 아니라 시민, 직원, 투자가의 권리도 살펴야 한다. 의사결정과 윤리에서 가장 중요한 문제는 판단을 내릴 때 포함시키는 옳고 그름의 기준이다. 이 기준은 의무, 결과에 따른 이익들, 결정과 관계있는 당사자에 대한 공정함과 관련이 있을 것이다.

생각하기

재해 분석 과정의 일부분인 의사결정에 따른 잠재적 영향을 살펴보고, 누가 이익을 보고 누가 손해를 볼지 결정한다. 모든 이해당사자가 동등하게 대우를 받는가? 아니면 일부만 재해 평가와 관련 위험도로부터 혜택을 받는가? 재해 분석의 결과물을 살펴보고, 모든 관심사가 동등하게 반영될 기회를 가졌는지 결정한다. 권고사항과 결정이 공익을 반영하는가? 재해 분석 과정의 많은 이해당사자들은 다양한 입장과 관심을 가지고 있다. 선택된 위험도 관리 전략이나 재해 예방 계획이 일부 당사자들에게 다른 사람들의 희생을 통해 이익을 가져다주는가? 어떻게 결론, 권고사항, 결정이 공익에 보탬이 되며 공평해 보일 수 있는가?

분석 과정을 통해 무엇을 고려할지 정하는 것부터 언제 지역의 특징을 규정할지, 무엇이 위기에 처해 있는지, 언제 재해가 일어날 수 있을지에 대한 윤리적인 판단을 내리게 된다. 우리의 접근방법이 어떤 형태의 피해를 야기할 때 둘 중 더 적합한 하나의 방법론을 선택해야 한다. 옳고 그름의 기준은 다양한 환경, 사회단체, 상업 부문의 분석으로 사람들에게 영향을 미친다. 윤리적 의사결정의 핵심은 옳고 그름의 기준이 우리의 판단뿐만 아니라 사람, 기업, 사회, 환경에 영향을 주는 경우를 결정한다.

의사결정의 법적 문제

위기관리는 고착상태에 있지는 않으나 광범위한 정부 법령, 법원 판결, 행정 규칙, 헌법 규정의 일부분이다. 또한 지역 관할구역에서는 조례와 행정 절차를 채택한다. 법규 또는 규칙에서는 위기 계획이나 재해 예방 노력의 일부분으로서 포괄적인 재해 분석을 요구할 수 있다. 지역이나 기관의 포괄적인 재해 분석이 토지 구획, 건축 법규의 변화, 기타 공공정책을 지지해줄 수 있다.

주정부의 법률에 따라 공공기관들은 정부기관, 공무원, 자원봉사자의 과실에 대해 금전적 배상 면책특권을 부여했다. 통치자의 면책권으로 알려진 이러한 보호조치는 왕이나 그의 대리인들이 어떠한 잘못도 하지 않을 것이라는 믿음을 바탕으로 했다. 이런 원칙하에서는 면책권을 가진 공공단체에 의해 피해를 입은 개인이나 기업이 피해를 회복하기가 어려웠다(Reynolds, 1982). 통치자의 면책권으로 보호받는 공공기관은 배상을 할 수 있지만 누구도 이에 대해 요구하지 않는다.

지난 40년 동안 공공기관과 지방정부가 자신들의 행위에 보다 많은 책임을 지는 방향으로 법이 변화했다(Pine, 2005). 대부분의 주에서 공공기관과 공무원, 직원, 자원봉사자에게 약간의 면책권을 주고 있지만 더 이상 전적인 보호를 제공하지 않으며, 불법행위에 대한 배상청구법을 채택하고 있다. 지역 공무원들이 재해 분석에 참여하는 경우 주법에서 그들의 잠재적인 책임을 결정한다. 거의 모든 주에서 위기관리 행동에 대해 법령으로 면책권을 제공하고 있다. 이 법령으로 인한 면책권은 재해 분석 같은 위기관리 행동을 돕는 자원봉사자에게도 주어진다.

공공기관이나 직원(자원봉사자를 포함하는)에 대해 책임을 묻고자 하는 시민은 재해 분석 책임 기관에 불법행위에 대한 배상 청구를 할 수 있다. 그리고 재해 분석에 참여했거나 그 분석을 바탕으로 결정을 내린 공무원이나 직원의 과실로 인한 피해를 지적할 것이다. 과실에 대한 배상 청구에서는 공무원이나 직원이 비슷한 상황에서 이성적이고 분별력 있는 사람이 행했을법한 적절한 수준의 관리, 기술, 노력을 하지 않았다는 것을 지적할 수 있다. 피해를 입은 당사자는 재해 분석을 바탕으로 한 결정과 재해 분석을 하는 도중의 과실로 인해 재산피해나 인명 피해를 입은 사실을 지적할 것이다.

정부기관과 그들을 대신해서 행동하는 사람들(자원봉사자들)에게 적용되는 이 규칙에서는 과실의 필수 요소들을 이해해야 한다. 모든 과실에 대한 주장에는 다음의 내용을 포함한다.

1. 의무: 법령, (법원의 판결을 바탕으로 한) 영미법, 정부기관의 정책에서 정한 관리 기준에 부합하지 못하는 경우
2. 위반: 관리 기준에 부합하지 못하거나 요구받은 의무를 수행하지 못하는 경우
3. 피해: 피해자의 실제 손실이나 피해
4. 인과관계: 정부 직원, 공무원, 기관의 행동과 제3자의 손상 사이에는 반드시 연결점이 존재한다.

모든 과실에는 공통적으로 이런 요소들이 있으며, 어느 한 요소라도 증명하지 못할 경우 책임을 물을 수 없다(American Law Institute, 1965).

많은 주의 위기관리법에서 지역 관할구역이 포괄적인 위기 대응 계획을 준비하도록 요구하고 있다. 주법으로 지역 단체들에게 계획 의무를 부과하고 있으므로 준비계획에 실패한 지역은 과실 혐의를 받게 된다. 위기 대처 방안이 시대에 뒤떨어지거나, 실질적인 가설을 바탕으로 하지 않거나, 대처 능력을 과장하거나, 정부 기구의 운영 지역과 기능을 포괄하지 않거나, 완전히 준비되지 않았다면 과실 혐의를 받을 수 있다. 지역

관할구역이 계획에 대한 법적 의무를 이행했는지 여부는 법원에서 결정해야 한다.

주법의 면책 조항은 지역 공무원들이 자신들의 일을 할 수 있도록 격려하기 위한 것이다. 지역 의회는 위기관리가 복잡하며 자유재량의 판단을 수반한다는 사실을 인정하고 있다. 지역 공무원들이 최선을 다하고 소송에 대한 위협을 느끼지 않도록 면책권을 준다. 공무원 자신의 판단력을 사용하고, 전문적인 방식으로 업무를 수행하도록 요구받는다.

주법은 공무원과 직원들에게 광범위한 보호를 제공한다. 그러나 보호에는 제한이 있다. 첫 번째 예외는 의도적인 불법행위로서, 의도적이거나 비합리적인 행위를 포함한다. 총체적 과실은 단순히 경솔함, 부주의, 경험 부족, 혼동으로 인한 실수가 아니며 상황에 비추어볼 때 완전히 비합리적인 행위다.

생각하기

지역 위기 계획의 첫걸음인 재해 분석을 훌륭하게 실행하는 지역 공공단체는 계획 의무를 충족시키는 긍정적인 조치를 취하고 있는 것이다. 법원은 지역 공공단체의 노력을 조사하여 상황에 맞는 합리적이고 신중한 행위인지 판단한다. 포괄적이고 완벽한 재해 분석 실행은 위기관리 법령에 의해 부과된 의무를 충족시키려는 의도를 보여주는 긍정적 행위다. 재해 분석 과정에 훈련받은 사람들이 참여하고, 인정받는 모형과 위험도 분석 기술들을 활용하고, 능력 있는 사람들이 재해 분석의 결과를 확인하고, 분석의 가설을 검증하는 것은 책임 있는 행동의 대표적인 예다. 실질적이고 효과적이며 시기적절한 재해 분석과 계획은 지역의 책임 노출을 감소시키는 가장 좋은 방법일 것이다.

잠재적 책임을 다루는 가장 좋은 접근방법은 훈련받은 직원을 재해 분석에 포함시키고, 분석 결과에 대해 내부와 외부의 피드백을 받으며, 이해당사자들을 참여시키고, 일반 시민과 결과를 공유하는 것이다. 또한 재해 분석의 실행 방법을 기록하고 그 이유를 설명해야 한다.

배상

재해 분석에 참여한 공무원과 정부기관의 대표자가 업무상 과실에 대해 고소를 당할 경우 개인적인 금전 손실이나 배상으로부터 보호를 받을 수 있다. 거의 대부분의 주에서는 의무 범위 내에서 행동한 직원의 과실 행동이나 누락에 대해 정부부서에 책임이 있다고 인정하고 있다. 여기서 직원은 유급직원뿐만 아니라 재해 분석 과정에 참여한 자원봉사자들까지 포함한다. 공공단체는 공무원과 직원의 행동에 대한 대리 책임이 있다.

생각하기

책임과 과실에 대한 조사가 이루어져야 한다. 지역정부는 주법 상에 불법행위에 대해 명확하게 이해하고 있는 법률위원회가 제공하는 서비스를 유지하고 있다. 법률위원회는 지역정부와 공무원들에게 적용해야 할 주법을 알고 있다. 지역의 재해 분석에 참여하는 공무원들과 자원봉사자들은 법률위원회와 소통해야 하고, 자신들이 한 일과 운영 방식에 대해 설명해야 한다. 법률위원회에서는 주법을 명확히 하고, 재해 분석에서 추가 조치가 필요한지 확인한다.

재난관리에서 위험도의 역할

과거 사례 조사와 벤치마킹을 통해 재난 대책과 실행을 이해하고 평가할 수 있다. 우리의 과거 대책과 실행은 지역이 재난에 영향을 받는 방식을 좌우했다. 과거의 신념, 관습, 정책, 조직 시스템이 상호 연관되는 방식이 지역 기능의 기본 요소를 형성한다. 카트리나는 뉴올리언스 지역의 교육, 의료, 정신건강, 위기관리, 공공 안전, 공공 주택 시스템에서 근본적인 문제들을 드러냈다. 매우 복잡한 근본 원인을 밝히는 일은 건물, 다리, 하천을 보수하는 일처럼 단순하지 않다. 취약성을 유발하는 행동 패턴, 관습, 정책은 사회 전체에 퍼져 있으며 지역의 일반적인 관점에서는 잘 보이지 않는다. 시스템 안의 문제들을 인식하고 체계적인 방식으로 접근한다면 취약성의 근본 원인을 변화시킬 수 있다.

우리는 위협에 대해 현명하고 정직한 평가에서 대책 마련을 시작할 필요가 있다. 그리고 예방을 위한 투자를 하고 이전에 고려했던 것보다 큰 규모의 혼란에 대한 대응 시스템을 구축해야 한다(Leonard and Howitt, 2006).

기술적 실패는 언제나 관리 실패 내에서 발생한다. 대규모 실패를 감소하기 위해 설계된 관리 실행에 대해 설명하는 문헌이 늘고 있다(예: Dekker, 2002; Roberts and Bea, 2001; Weick and Sutcliffe, 2001).

교육 훈련

과거 실패들로부터 학습하는 것은 반복 손실의 위험도를 줄이는 강력한 방법이다. 또 다른 방법은 위기일발의 상황에서 배우는 것이다. 비슷한 사고의 반복은 위험의 조기 경고로 볼 수 있다. 국가 항공로에서 발생하는 위험한 사건의 기록 및 분석을 통해 상업 항공사의 안전에 관한 놀라운 기록을 찾아볼 수 있다. 수십 년 전부터 항공기의 근접 보고 시스템이 설치되었다. 수년 전 고위험 사건을 일으킨 범인들이 내부 고발을 꺼릴 가능성을 예상한 연방항공국은 NASA에 사고 자료를 수집한 후 사고 보고자의 비밀 보장을 위해 기밀부분을 삭제하도록 했다. NASA에서도 위험한 상황이 조기 경보되는 패턴을 확인하기 위해 보고서를 기밀 보호했다. 원자력발전소 사고 보고에도 유사한 시스템이 설치되었다.

사고나 피해를 막지 못하는 실패에 인적 요인이 있다는 인식이 높아지면서 드물게 위험도가 높지만 안전한 사례를 나타내는 기록도 조사되었다. 예를 들어 해군에서 잠수함과 항공기 운송은 일상적이나 위험도가 높은 일이다. 하지만 역설적으로 사고율은 낮다. 이런 상황을 면밀히 분석해보면 특정 수준의 리더십과 조직 문화가 청렴성, 모든 참여자의 책임감, 반대 의견에 대한 포용, 안전 성능이라는 공동 목적에 대한 합의를 증진시킨다는 사실을 알 수 있다. 높은 안전 성능은 관리 피라미드의 최상위에서 자라난 제도적 문화와 관련되어 있다. 이 문화에서 가장 중요한 요소는 모든 부문 사이의 상호 신뢰다(Roberts, 1990).

토론 주제

1) 재해 분석과 위험 정보 전달 사이의 연관성은 무엇인가?

2) 왜 전문가와 일반 시민은 의사소통에 그토록 힘들어하는가?

3) 위험 정보 전달 과정에서 항상 갈등상황이 존재하는 이유는 무엇인가?

4) 위험도는 매우 주관적이며 시민, 공무원, 기자에게 각각 매우 다르게 받아들여진다. 이들은 각각 자연재해와 관련된 위험도를 어떻게 바라보는가?
5) 어떤 사람들은 재해 상황을 예방하기 위한 대책을 마련하지만, 어떤 사람들은 아무것도 하지 않는 이유는 무엇인가?
6) 재해지도가 자연재난 및 인적재난과 연관된 위험도의 특성과 범위에 대한 정보를 전달하는 데 유용한 도구인 이유는 무엇인가?
7) 어떻게 일반 시민을 위험도 토의에 협력하도록 만들 것인가? 어떻게 지역이 위험 정보 전달 과정에 참여할 것인가?
8) 의사결정을 할 때 정확하고 시기적절한 정보 전달을 막는 장애물은 무엇인가?
9) 대부분의 주들은 주와 지방의 위기관리 기관들이 계획 같은 위기관리 기능을 수행할 수 있도록 면책특권을 준다. 이것은 적절한 것인가? 면책특권을 부여하는 법은 왜 생겨나게 되었나?
10) 지역 관료나 재해 분석과 관련된 고용인의 '의도적인 위반행위'의 예는 무엇인가?

응용문제

인터넷상에서 서로 다른 축척의 지도들을 검색한다. 다양한 축척에서 다양한 분류 항목의 기호(점 모양, 선 모양, 실제 모양)로 표현하는 문화적·물리적 특징의 예를 찾아본다.

정성적이고 정량적인 주제별 재해지도들의 예는 무엇인가? 예를 들어 정성적 주제별 재해지도는 국가 전체나 대륙 전체에서 다양한 유형의 재난(홍수, 산불, 허리케인 등)을 보여줄 수 있다. 정량적인 주제별 재해지도는 하나 이상의 재난에 의해 미국 각 주에서 발생한 피해 정도를 보여줄 수 있다.

웹사이트

Agency for Toxic Substances and Disease Registry. ATSDR.health risk communication primer. http://www.atsdr.cdc.gov/risk/riskprimer/index.html

Centers for Disease Control and Prevention. CDC Emergency and Risk Communication. http://www.bt.cdc.gov/erc/

Center for Risk Communication Research, University of Maryland. http://www.comm.riskcenter.umd.edu/

Govern Accounting Office. Homeland Security: Communication Protocols and Risk Communication Principles Can Assist in Refining the Advisory System. http://www.gao.gov/new.items/d04682.pdf

Health and Risk Communication Center. College of Communication Arts and Sciences, Michigan State University. http://hrcc.cas.msu.edu/

Institute for Risk Analysis and Risk Communication. http://depts.washington.edu/irarc/.

Risk World. Risk communication Web sites. http://riskworld.com/websites/webfiles/ws5aa014.htm

U. S. Army Center for Health Promotion and Preventive Medicine. HRC home. Health risk communication. http://chppm-www.apgea.army.mil/risk/

U. S. Department of Health and Human Services (2002). Communicating in a Crisis: Risk Communication Guidelines for Public Officials. U. S. Department of Health and Human Services, Substance Abuse and Mental Health Services Administration. http://www.riskcommunication.samhsa.gov/RiskComm.pdf

U. S. Department of Health and Human Services. Risk communication. Public health communication during a pandemic flu. http://www.pandemicflu.gov/news/rcommunication.html

참고문헌

Abbasi, M. A., Kumar, S., Andrade Filho, J. A. and Liu, H. (2012). Lessons learned in using social media for disaster relief.ASU crisis response game. In S. J. Yang, A. and M. Endsley (eds.), *Social Computing, Behavioral-Cultural Modeling and Prediction*, pp. 282-289. Springer-Verlag Berlin Heidelberg.

American Law Institute (1965). *Restatement of the Law: Torts, Second Edition*. St. Paul, MN: American Law Institute.

Barnes, P. (2002). Approaches to community safety: risk perception and social meaning. Australian *Journal of Emergency Management,* 1(1), 15-23.

Beer, T. and Ziolkowski, F. (1995). *Environmental Risk Assessment: An Australian Perspective.* Report to Environment Protection Agency, AGPS, Canberra.

Blaikie, P., Cannon, T., Davis, I. and Wisner, B. (1994). *At Risk: Natural Hazards, People's Vulnerability and Disasters.* London: Routledge.

Button, C. D. (2013). *Coastal vulnerability and climate change in Australia: Public risk perceptions and adaptation to climate change in non-metropolitan coastal communities.* Ph.D. Dissertation, The University of Adelaide, South Australia.

Cook, G., Pieri, E. and Robbins, P. T. (2004). 'The scientists think and the public feels:' expert perceptions of the discourse of GM food. *Discourse & Society,* 15(4), 433-449.

Cottle, S. (2011). Media and the Arab uprisings of 2011: research notes. *Journalism,* 12(5), 647-659.

Covello, V. (2002). Myths, principles, and pitfalls. In *Communicating in a Crisis: Risk Communication Guidelines for Public Officials.* Rockville, MD: U. S. Department of Health and Human Services Substance Abuse and Mental Health Services Administration.

Dekker, S. (2002). *The Field Guide to Human Error Investigations.* Aldershot, England: Ashgate.

Fischhoff, B. (1984). Setting standards: A systematic approach to managing public health and safety risks. *Management Science,* 30, 823-843.

Fischhoff, B., Slovic, P. and Lichtenstein, S. (1982). Lay foibles and expert fables in judgments about risk. *The American Statistician,* 36(3), 240-255.

Fleischhauer, M., Greiving, S., Flex, F., Scheibel, M., Stickler, T., Sereinig, N., Koboltschnig, G., Malvati, P., Vitale, V., Grifoni, P. and Firus, K. (2012). Improving the active involvement of stakeholders and the public in flood risk management: tools of an involvement strategy and case study results from Australia Germany and Italy. *Natural Hazards and Earth System Sciences,* 12, 2785-2798.

Grothmann, T. and Reusswig, F. (2006). People at risk of flooding: why some residents take precautionary action while others do not. *Natural Hazards,* 38, 101-120.

Guillot, S. L. Jr. (2013). *Emergency warning system: Factors influencing citizen decision-making.* Ph.D. Dissertation, University of South Wales, Pontypridd, Wales, UK.

Kaigo, M. (2012). Social media usage during disasters and social capital: Twitter and the Great East Japan earthquake. *Keio Communication Review,* 34, 19-35.

Kirkwood, A. S. (1994). Why do we worry when scientists say there is no risk? *Disaster Prevention and Management,* 3(2), 15-22.

Kraus, N., Malmfors, T. and Slovic, P. (1992). Intuitive toxicology: expert and lay judgments of chemical risks. *Risk Analysis,* 12, 215-232.

Krimsky, S. and Plough, A. (1988). *Environmental Hazards: Communicating Risks as a Social Process.* Auburn House, MA: Praeger.

Leonard, H. B. and Howitt, A. M. (2006). Katrina as prelude: preparing for and responding to future Katrina-class disturbances in the United States. Testimony to U. S. Senate Committee, March 8, 2006. *Journal of Homeland Security and Emergency Management,* 3(2).

Lindell, M. K. and Hwang, S. N. (2008). Households' perceived personal risk and responses in a multihazard environment. *Risk Analysis,* 28(2), 539-556.

Liu, S. B., Palen, L., Sutton, J., Hughes, A. and Vieweg, S. (2008). *In Search of the Bigger Picture: The Emergent Role of On-line Photo Sharing in Times of Disaster.* Proceedings of the Fifth International ISCRAM Conference. Washington, DC. F. Fiedrich and B.de Walle (eds.).

McGuire, W. J. (1969). The nature of attitudes and attitude change. *The handbook of social psychology,* 3(2), 136-314.

Merchant, R. M., Elmer, S. and Lurie, N. (2011). Integrating social media into emergency-preparedness efforts. *New England Journal of Medicine,* 365(4), 289-291.

Morgan, M. G., Fischhoff, B., Bostrom, A. and Atman, C. J. (2002). *Risk Communication: A Mental Models Approach.* New York: Cambridge University

Press.
Motef, J. (2005). *Risk Management and Critical Infrastructure Protection: Assessing, Integrating, and Managing Threats, Vulnerabilities and Consequences.* Washington, DC: Congressional Research Service Report for Congress, Updated on February 4, 2005.
Nelson, L. D., Spence, P. R. and Lachlan, K. A. (2009). Learning from the media in the aftermath of a crisis: findings from the Minneapolis bridge collapse. *Electronic News,* 3(4), 176-192.
Palen, L., Anderson, K. M., Mark, G., Martin, J., Sicker, D., Palmer, M. and Grunwald, D. *A Vision for Technology-mediated Support for Public Participation & Assistance in Mass Emergencies & Disasters.* Proceedings of the ACMBCS Visions of Computer Science 2010 International Academic Research Conference, April 14-16, 2010, p. 8, The University of Edinburgh.
Peek, L. A. and Miletik, D. S. (2002). The history and future of disaster research. In R. B. Bechtel and A. Churchman (eds.), *Handbook of Environmental Psychology.* New York: John Wiley & Sons.
Petak, W. J. (1985). Emergency management: a challenge for public administration. *Public Administration Review,* 45, 3-7.
Pine, J. C. (2005). *Tort Liability Today: A Guide for State and Local Governments,* 10th Edition. Washington, DC: Public Risk Management Association.
Plate, E. J. (2002). Flood risk and flood management. *Journal of Hydrology,* 267, 2-11.
Reynolds, O. M. (1982). *Handbook on Local Government Law. Second Edition.* St. Paul, MN: West Publishing.
Roberts, K. H. (1990). Some characteristics of one type of high reliability organization. *Organization Science,* 1, 160-176.
Roberts, K. H. and Bea, R. G. (2001). Must accidents happen: lessons from high reliability organizations. *Academy of Management Executive,* 15, 70-79.
Robinson, A. H. (1975). *Mapmaking and Mapprinting: The Evolution of a Working Relationship.* Chicago, IL: University of Chicago Press.
Robinson, A. H. and Petchenik, B. B. (1976). *Nature of Maps.* Chicago, IL: University of Chicago Press.
Rogers, R. W. and Prentice-Dunn, S. (1997). *Protection Motivation Theory.* New York: Plenum Press.
Senate Committee on Homeland Security and Governmental Affairs (2006). *Hurricane Katrina: A Nation Still Unprepared.* Washington, DC: Senate

Committee on Homeland Security and Governmental Affairs.

Slovic, P. and Weber, E. U. (2002). *Perception of Risk Posed by Extreme Events.* This paper was prepared for discussion at the conference "Risk Management Strategies in Uncertain World," Palisades, New York, 12.13 April, 2002.

Svenson, O. (1979). Process descriptions of decision making. *Organizational behavior and human performance,* 23(1), 86-112.

Terpstra, T. (2011). Emotions, trust and perceived risk: affective and cognitive routes to flood preparedness behavior. *Risk Analysis,* 31(10), 1658-1675.

Tierney, K., Bevc, C. and Kuligowski, E. (2006). Metaphors matter: disaster myths, media frames, and their consequences in hurricane Katrina. *The Annals of the American Academy of Political and Social Science,* 604, 57-81.

U. S. House of Representatives (2006). *A Failure of Initiative.* Final Report of the Select Bipartisan Committee to Investigate the Preparation for and Response to Hurricane Katrina. 109th Congress, Second Session. U.S. Government Printing Office, Washington, DC.

Vasterman, P. L. M. (2005). Media-Hype: self-reinforcing news waves, journalistic standards and the construction of social problems. *European Journal of Communication,* 20(4), 508-530.

Velasquez, M., Andre, C., Shanks, T. S. J. and Meyer, M. J. (Fall 1987). What is Ethics? *Issues in Ethics,* 1(1).

Weick, K. E. and Sutcliffe, K. (2001). *Managing the Unexpected.* San Francisco, CA: Jossey Bass.

Wynne, B. (2002). Risk and environment as legitimatory discourses of technology: reflexivity inside out? *Current sociology,* 50(3), 459-477.

Yates, D. and Paquette, S. (2011). Emergency knowledge management and social media technologies: A case study of the 2010 Haitian earthquake. *International Journal of Information Management,* 31(1), 6-13.

Young, E. (1998). Dealing with hazards and disasters: risk perception and community participation in management. *Australian Journal of Emergency Management,* 13(2), 14-16.

8장

재해 위험 관리

목표

1. 재해 위험 관리의 역할과 가치를 파악한다.
2. 재해 위험 관리의 주요 용어를 정리한다.
3. 재해 위험 관리의 필수 항목을 서술한다.
4. 위험도 관리를 위해 설립된 회계감사원(Government Accountability Office)을 살펴보고 한계를 설명한다.
5. 통합 재해 위험 관리 과정을 실행하기 위한 프레임워크를 살펴본다.
6. 재해 위험 관리 프레임워크의 구성요소와 중요성을 설명한다.
7. 재해 위험 관리가 통합 위기관리를 어떻게 지원하는지 설명한다.

주요 용어

관리(management)
예방(prevention)
위험도(risk)
위험도 분석(risk analysis)
위험도 평가(risk assessment)
위험요인(hazards)
위험 정보 전달(risk communication)
이해당사자(stakeholders)
재해 위험 관리(hazard risk management)
통합 위기관리(comprehensive emergency management)

이슈

조직과 지역이 직면한 무수한 도전과제, 요구조건, 기회와 안전 및 보안 지출 사이에서 균형을 이루기 위해 노력하는 의사결정자에게 정보를 가장 잘 전달할 수 있는 과정은 무엇인가?

생각하기

개인에서 가족, 연방정부에 이르기까지 모든 부문(민간, 공공, 비영리)과 모든 지역에서 자연적·기술적·의도적 재해의 위험도를 관리하기 위해 수백만 달러를 지출하고 있다. 완벽한 재해 위험 관리는 불가능하며, 우선순위에 따라 재해 위험 관리에 대한 결정을 내려야 한다. 이 장에서 설명하는 것처럼 가장 효과적이고 효율적인 위험도 관리에 한정된 자원을 투자하여 우선순위를 정할 때, 재해위험 관리 과정은 의사결정자에게 적절한 정보를 제공할 수 있는가?

개요

1장에서는 위기관리(예방, 대비, 대응, 복구) 단계들을 지원하는 과정이자 도구로서 재해 분석의 특성, 목적, 적용을 설명했다. 이 장에서는 위험요인과 위험도를 이해하기 위한 활동으로서 재해 분석을 살펴본다. 이 장은 모든 조직 및 지역 수준에서 안전, 보안조치, 지속 가능성을 다루는 결정에 영향을 주기 위한 반복적이고 지속적인 과정으로서 재해 위험 관리(HRM: Hazards Risk Management) 철학과 체계에 초점을 맞춘다. 이 장에서 설명하는 재해 위험 관리 체계의 구조는 「긴급 위험 관리 적용지침서(Emergency Risk Management Applications Guide)」에서다룬 호주 위기관리청(Emergency Management Australia)의 위험도 관리 과정을 채택한 것이다. 재해 위험 관리에 대한 보다 자세한 설명과 논의는 1,000페이지가 넘는 FEMA EMI 위기관리 고등교육 프로젝트의 재해 위험 관리 과정에서 다루어지고 있다. 이 과정은 고등교육 프로젝트(Higher Education Project) 웹사이트에서 이용 가능하다(FEMA, 2004).

용어

1장에서 논의한 것처럼 위험요인과 재해 위험 관리에 관련된 용어의 정의가 종종 중복되거나 충돌하는 경우가 있다. 이러한 정의는 시간의 흐름에 따른 분야별 특성에 대한 강조를 반영하면서 변화한다. 하지만 항상 일관성이 있는 것은 아니며, 심지어 특정 분야 또는 조직 내에서도 다를 수 있다.

예를 들어 NFPA(National Fire Protection Association)는 2004년에 발간된 「재난/위기관리 지침과 비즈니스 연속 프로그램(Standard on Disaster/Emergency Management and Business Continuity Programs)」에서 완화(mitigation)를 "재난/위기 전후에 사건의 가능성을 제거 혹은 감소시키거나 결과의 심각성을 감소시키기 위해 취해진 활동"이라고 정의하고 있다(NFPA, 2004: 4). 그러나 2007년 개정판에서는 완화를 "위기의 심각성 또는 결과를 감소시키기 위해 취해진 활동"이라고 재정의하고(NFPA, 2007: 4), 새로운 용어인 예방(prevention)을 "사고를 회피하거나 위기 발생을 막기 위한 활동"으로 정의하고 있다. 이러한 정의에 뒤이어 오래전에 만들어진 통합 위기관리 체계에서 널리 이해되고 수용되는 단계 중 하나로서 경감(mitigation)은 '예방(prevention)'과 결과 관리에 초점을 맞추어 새롭게 정의된 '완화(mitigation)'로 나뉘었다.

더욱이 국토안보부는 2004년 12월 국가대응계획(National Response Plan)에서 완화를 보다 전통적인 방식으로 "개인 또는 재산에 대한 위험도를 감소 또는 제거하거나 사고의 결과의 실제적 또는 잠재적 결과를 줄이도록 설계된 활동"이라고 정의했다(United States Department of Homeland Security, 2004: 68). 완화 내 예방 활동을 유지하는 이 정의의 취지는 2007년 7월 국가사고관리시스템(안)[Draft National Incident Management System, FEMA, 2007: 21]과 2007년 9월 국가대응체계(안)[Draft National Response Framework] 웹사이트에서 유지되었다.

이러한 사례를 볼 때 재해 위험 관리 과정과 그 과정 내에 포함된 용어에 대해 다양한 정의가 존재하고 있다. 이러한 혼란을 피하기 위해 용어들을 일관성 있게 정의하여 사용해야 한다. 따라서 이 장에서 사용하는 용어 정의의 선택 논리에 따라 재해 위험 관리(HRM) 과정에 관한 다음 용어들을 제시 및 정의했다.

HRM 과정을 위해 폭넓게 받아들여지는 용어가 부족하기 때문에 이 용어는 위험요인, 위험도 그리고 관리의 세 가지 구성단어를 기초로 하여 정의되었다. 1장에 포함된 위험요인 정의와 일관성을 가질 수 있도록 재해 위험 관리(HRM)의 정의로 1997년 FEMA에서 출간한 「다중 위험요인 확인 및 평가(Multi Hazard Identification and Assessment)」의 정의가 선택되었다. 즉, "사망, 부상, 재산 피해, 기반시설 피해, 농업 손실, 환경 피해, 사업 중단, 기타 유형의 피해 또는 손실을 유발하는 잠재성을 가진 사건 또는 물리적 조건"으로 정의한다. 이러한 방식의 위험요인 정의는 모든 재해를 포함하며, 자연적·기술적·인간 유발의 (의도적/테러) 사건 중 어느 한 부분만 강조하지 않기 때문에 의의가 있다.

위험도와 보다 확대된 위험도 관리 개념도 다양한 정의를 가지며, 종종 위험도 식별, 위험도 평가, 위험도 분석, 위험도 정보 전달 같은 다른 용어들과 오해되거나 혼란을 일으킨다. 이 장의 뒤에서 논의하듯이 위험도 관리는 모든 수준의 조직과 지역사회의 의사결정에 영향을 주기 위한 목적으로 함께 작용하는 몇 가지 하위 기능으로 구성된다. 위험도 관리의 기본 용어로서 위험도는 의학, 재정, 안전, 안보 등의 여러 분야에서 다양한 의미를 가진다. 앤셀과 와튼(Ansell and Wharton, 1992)이 선택한 위험도의 정의가 사실상 일반적이며 이 분야에서 두루 적용되고 있다. 위험도는 잠재성(가능성)의 산물이며, 사건의 결과다. 이러한 방식으로 위험도를 정의하는 것은 위험도가 예방, 대비, 대응, 복구 행동을 통해 가능성과 재난 결과에 영향을 주어 관리될 수 있다는 것을 의미한다.

'관리'에 대해 선택된 정의는 메리엄 웹스터(Merriam-Webster) 사전의 "목적을 위해 일하거나 변화하려는 것"이다. 관리의 다른 정의에는 통제 달성을 내포하는 지시, 통치, 성공 같은 단어들이 포함된다. 위험도 관리자는 위험도를 통제하려 하지만 불확실성, 미지수, 기타 개입 우려사항들 때문에 일반적으로 완전하게 달성하기가 어렵다. 보르게는 "위험도 관리에는 늘 정답으로 제시할 수 있는 마술 같은 비법이 없다. 더 나은 질문에 더 나은 답을 주는 방식이다. 그렇게 함으로써 점점 더 위험요소를 변화시킨다"라고 말했다(Borge, 2001). 위험도를 다룰 때 완전한 통제는 거의 불가능하며, 우호적으로 인식된 방식으로 미래 사건에 영향을 주기 위해 노력하는 것이 최선이다.

따라서 이 세 가지 정의와 저자의 개인적 편향을 결합하여 재해 위험 관리를 "조직이나 지역이 직면한 모든 위험요인과 관련된 위험도에 대해 목적 및 목표를 세우고 전략적·전술적 결정에 영향을 주기 위해 활용할 수 있는 일반적 철학과 정의되고 반복되는 일련의 구성요소들을 제공하는 과정"으로 정의한다. 이러한 재해 위험 관리 정의에서는 세 가지 구성요소 용어뿐만 아니라 통합 위기관리의 모든 위험요인과 모든 단계에 대한 적용 과정을 강조한다. 반복적인 재해 위험 관리는 위험요인에 대한 이해뿐만 아니라 조직과 지역의 의사결정자에게 모든 부문, 모든 수준의 지역 재해 위험을 확인, 평가, 분석하는 합리적이고 포괄적이며 투명한 과정을 제공한다.

이 책에서 논의되는 것처럼 위험도 관리(재해 위험도 관리와 동의어로 사용될 수 있는 보다 공통적인 용어)는 9.11 이후 특히 인간이 의도한 위험요인(테러)을 다루기 위한 도구로서 부각되었다. 특히 허리케인 카트리나로 인한 피해와 자연 및 기술 위험요인으로 인한 재앙적인 사건을 적절히 예방, 대비, 대응, 복구하는 정부 역할이 실패로 인식되어 테러에 초점을 맞춘 위험도 관리 전략이 재해 위험도 관리로 발전했다.

위험도 관리

9.11사태 이후 '위험도 관리'라는 용어가 국토안보의 용어와 실무에서 특히 부각되었다. 2002년 국토안보법에서는 국토안보부가 미국의 주요 기반시설과 자원의 취약성(위험도의 한 구성요소)을 종합 평가하도록 요구한다(White House, 2002). 2003년 12월 발효된 국토안보 대통령령 7항(주요 기반시설 확인, 우선순위 설정, 보호)과 8항(국가 대비)에서는 위험도 관리를 자원 할당 방식으로 인정하고 있다(White House, 2003a; White House, 2003b). 2006년 7월 발표된 국가기반시설보호계획(NIPP: National Infrastructure Protection Plan)은 "국가 또는 부문 위험도의 포괄적이고, 체계적이고, 합리적인 평가를 위해 결과, 취약성, 위협 정보를 결합하는 과정을 설정하는 위험도 관리체계"를 포함한 세 가지 기초요소를 가지고 있다(United States Department of Homeland Security,

2006: 35). 국가기반시설계획 3장의 제목은 '보호 프로그램 전략: 위험도 관리'이고, 7장의 제목은 'CI/KR 보호 프로그램을 위한 자원 제공'이다. 7장에는 '위험도 기반 자원 할당 과정'이라는 제목의 하위 단원이 포함되어 있다. NIPP의 2009년 개정판에는 대부분의 내용이 크게 변하지 않았지만 3장의 제목이 '전략: 위험도 관리', 7장은 '위험도 활용 자원 할당 과정'으로 변경되었다(United States Department of Homeland Security, 2009). 비록 사소해 보이지만, 장의 제목이 '위험도 기반'에서 '위험도 활용'으로 바뀐 것은 위험도 정보가 의사결정 과정에서 무수히 고려되어야 하는 자료 중 하나라는 것을 반영한 것이다.

새로 지명된 처토프(Michael Chertoff) 장관은 국토안보부의 위험도 관리 기반 접근방법에 대한 필요성을 확인해주었다. 그는 2005년 4월 26일 뉴욕 대학교에서 정부 및 기업 리더 대상으로 다음과 같이 연설했다. "위험도 관리는 삶의 질 향상과 자유로운 삶을 유지하며 위협을 다루기 위한 바탕이 됩니다. 위험도 관리는 우리에게 공격으로부터 예방, 대비, 대응, 복구를 위한 최선의 방법을 찾을 때 의사결정을 도와줍니다. 그러므로 국토안보부는 위험도가 가장 큰 곳에 자원을 집중하기 위한 국가대비계획에서 주, 지방, 민간 부문 파트너와 협력하고 있습니다(Chertoff, 2005)." 처토프 장관의 연설은 테러에 초점을 맞추기는 했지만 모든 위험요인으로 확대할 수 있으며, 통합 위기관리를 지원하는 의사결정을 '지도하는' 위험도 관리의 중요성을 명확히 했다.

1년 반 뒤인 2005년 허리케인으로 인한 경험과 교훈은 처토프 장관의 국토안전의 기초로서 위험도 관리에 대한 사명감을 더욱 강화시켰다. 2006년 12월 14일, 조지워싱턴 대학교에서 처토프 장관은 다음과 같이 연설했다. "아마도 장관으로서 할 수 있는 가장 중요한 일은 부서 직원뿐만 아니라 미국 시민에게 지적이고 분별력 있는 부서 리더십 철학을 명확히 하는 것일 겁니다. 그것은 위험도 관리 같은 이슈에 대해 이야기하는 것을 의미합니다. 모든 위험도에 대해 보장하겠다는 것이 아니라 위험도를 지적으로 평가하고 관리하겠다는 것을 의미합니다. 그리고 우리가 할 수 있는 비용 편익 분석을 실행할 필요성을 이야기할 것입니다. 안주하는 것은 전략을 세우는 적절한 방법이 아닙니다. 마지막으로 국민으로서 우리가 직면한 선택과 그 결과를 명확히 해야 합니다."

18개월 간격으로 이루어진 처토프 장관의 두 연설은 모두 위험도 관리의 목적 및 적용과 관련한 몇 가지 중요한 점들을 강조하고 있다.

1. 위험도 관리는 통합 위기관리 단계에서 의사결정에 영향을 미칠 수 있다.
2. 위험도 관리는 정부(지방, 주, 연방)와 공공, 민간, 비영리기관 그리고 미국 시민에게 적용 가능하다.
3. 위험도 관리에 기초한 결정에는 비용 편익 분석(금전 비용과 혜택뿐만 아니라 사회, 정치, 공공 관계 같은 모든 비용과 혜택)이 포함되어야 한다.
4. 정보 전달(명확한 표현)은 위험도 관리에 필수적인 구성요소다.
5. 위험도 관리는 전략적 계획 및 관리를 지원해야 한다.

이와 같이 중요한 문제들을 다루기 위해 위험도 관리체계가 널리 배포 및 이해되어야 한다. 회계감사원(GAO: Government Accountability Office)에서는 이러한 요구를 인식하여 〈그림 8-1〉의 위험도 관리체계를 개발하여 배포했다(Government Accountability Office, 2007: 9).

생각하기

2004년 스티븐 플린(Stephen Flynn)은 『취약한 미국(America the Vulnerable)』이라는 저서에서 9.11사태 이후 위험도의 이해 및 처리에 대해 심도 있게 논의했다. "일상적인 시민은 위험도를 완화하기 위한 합리적 조치에 투자하려는 성숙함과 의지를 발전시켜야 한다" (Flynn, 2004: 64). 일상적인 시민으로서 우리는 어떻게 조직/지역이 직면한 위험도를 이해하고 위험도 예방을 위한 조치를 합리적으로 수용하는 성숙함과 의지를 가질 수 있는가? 조직과 지역의 일원으로서 위험도 관리 과정에 참여하는 우리의 역할과 책임은 무엇인가? 이러한 목적을 위해 우리를 참여시키는 조직 및 지역에서 리더의 역할과 책임은 무엇인가?

이 체계를 다룬 회계감사원 보고서에서는 "(테러 공격에 대항해 국가를 강화시키는 방법으로) 위험도 관리, 즉 정책입안자들의 위험도 평가, 자원 할당, 불확실한 상황에 대한 행동에 대한 결정을 돕기 위한 전략이 의회와 대통령의 승인을 받았다"라고 밝히고 있다(Government Accountability Office, 2005). 〈그림 8-1〉에서 설명한 이 체계는 위험도 관리를 5개의 주요 단계로 나누고 있다. (1) 전략적 목적과 목표를 설정하여 한계를 결정하고, (2) 위험도를 평가하고, (3) 이러한 위험도에 대한 대안을 평가하고, (4) 적절한 대안을 선택하고, (5) 대안을 실행하고 결과를 감독한다.

회계감사원에서 위험도 관리를 위해 권위 있고 수용할 수 있는 체계와 접근방법을 제공했는데도 왜 재해 위험도 관리체계와 과정에 대한 대안이 필요한 것인가? 회계감사원 체계는 사실상 재해 위험도 과정의 특정 구성요소를 포함하고 있다. 하지만 재해 위험도 관리의 의도를 넘어

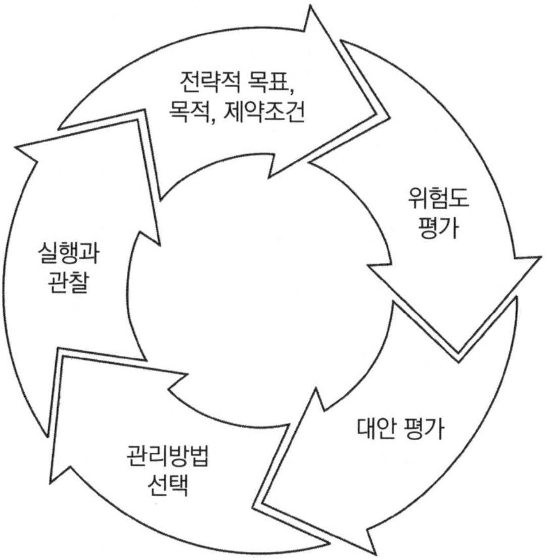

〈그림 8-1〉 위기관리 체계

서 위험도 기반 의사결정과 위험도 관리 결정의 실행과 감시까지 포함한다. 앞으로 다루는 재해 위험도 관리 과정은 위험도 기반 의사결정의 맥락과 재해 위험도 자료 및 정보의 확인, 평가, 분석, 제시를 위한 맥락을 제공한다. 재해 위험도 관리는 조직과 지역이 직면한 무수한 도전과제, 요구사항, 기회와 안전 및 보안 지출 사이의 균형을 맞추기 위한 의사결정에 영향을 주는 입력값으로서 통합 위기관리를 지지하고자 한다. 회계감사원 체계는 구성요소 단계가 순차적(sequential)이라는 암시를 주지만 사실은 그렇지 않다. 각 단계는 과정을 통해 서로 영향을 미치며, 나중 단계에서 이전 단계로 돌아갈 필요가 있을 수도 있고, 이전 단계 결과를 수정할 수도 있다.

회계감사원 체계의 주요 단점은 전체 과정에서 지속적인 위험도 정보 전달, 감시, 검토의 필요성을 무시한 것이다. 이는 전체 과정을 실패로 이끌 수도 있다. 재해 위험도 관리는 진행 중인 과정으로서 위험도에 대한 취약성에 영향을 주는 위험도를 확인·고려·이해하고 있는지 확인하도록 조직 활동의 효과를 지속적으로 조사하는 것이 중요하다. 효과를 최대화하기 위해 위험도 관리 과정에서는 영향을 받는 조직이나 지역에 위험도의 부정적 효과를 관리하기 위한 전략과 전술을 지속적으로 전달해야 한다.

위험도 관리 과정을 향상하기 위해 일련의 질문들과 체계를 조직 및 지역의 안전과 안보에 관한 의사결정에 영향을 주는 접근방법으로 제시하고 설명해야 한다.

재해 위험도 관리 기준

재해 위험도 관리 과정을 다루기 전과 특히 위험도 평가를 시작하기 전에 재해 위험도 관리 과정의 결과에 영향을 받는 대상이 이해하고 수용할 수 있는 방식으로 다음의 질문들을 묻고 답해야 한다.

- 재해 위험도 분석 노력의 범위는 어떻게 되는가?
- 허용 가능한 위험도 수준은 어떻게 되는가?
- 누가 위험도의 허용 가능한 수준을 결정하는가?
- 위험도를 관리할 수 있는가?
- 위험도 관리를 위해 가능한 개입(통제/조치)은 무엇인가?
- 어떤 위험도 관리 개입(통제/조치)이 일반적 고려사항(경제, 사회, 정치, 법률)에 타당한가?

재해 위험도 관리 체계

〈그림 8-2〉는 2002년 호주 위기관리청의 '위기 위험도 관리 적용'(Emergency Risk Management Australia, 2004)에서 만든 재해 위험도 관리체계를 보여주고 있다. 재해 위험도 관리체계는 위기 위험도 관리체계의 일반적인 형식을 포함하지만, 이 장에서 설명한 것처럼 다양한 목적을 충족시킨다. 재해 위험도 관리체계에는 6단계가 포함된다. ① 단계를 정하고, ② 위험요인을 확인하고, ③ 재해 위험도를 평가하고, ④ 위험 규모로 위험요인을 분류하고, ⑤ 각 재해 위험도를 분석하고, ⑥ 위험도를 분류하고 우선순위를 정한다. 또한 지속적으로 행해져야 하는 두 가지 요소는 정보 전달 및 자문, 감시 및 검토이다. 크게 분류하면 1, 2단계는 위험요인 확인, 3, 4단계는 재해 위험도 평가, 5, 6단계는 재해 위험도 분석을 한다. 이 책의 장들은 사전분석, 모델링, 공간 분석, 위험도, 취약성 분석을 다루고 있다. 그러므로 우리는 재해 위험도 관리의 맥락에서 적절한 재해 예방 전략을 선택하기 위한 정보 생성 과정으로서 재해 분석 과정을 본다.

재해 위험도 분석체계는 위에 나열한 재해 위험도 분석체계 설정을 위한 질문들을 다루고, 예방·대비·대응·복구의 통합 위기관리 단계의 기초를 제공하는 포괄적·반복적·지속적인 과정의 정의를 위해 만들어졌다. 통합 위기관리의 각 단계는 조직/지역과 그들의 전략적·전술적 목적 및 목표를 달성하는 능력에 부정적 영향을 줄 수 있는 무수한 위험요인을 효과적·효율적으로 관리하는 것을 목적으로 한다. 통합 위기관리를 위한 '평가'를 제공하고 운영 방향을 정하기 위해 재해 위험도 관리과정을 따른다. 위험도를 기반으로 모든 위험요인을 관리하는 프로그램을 개발하기 위해 재해 위험도 관리 과정을 이해하는 것이 중요하다.

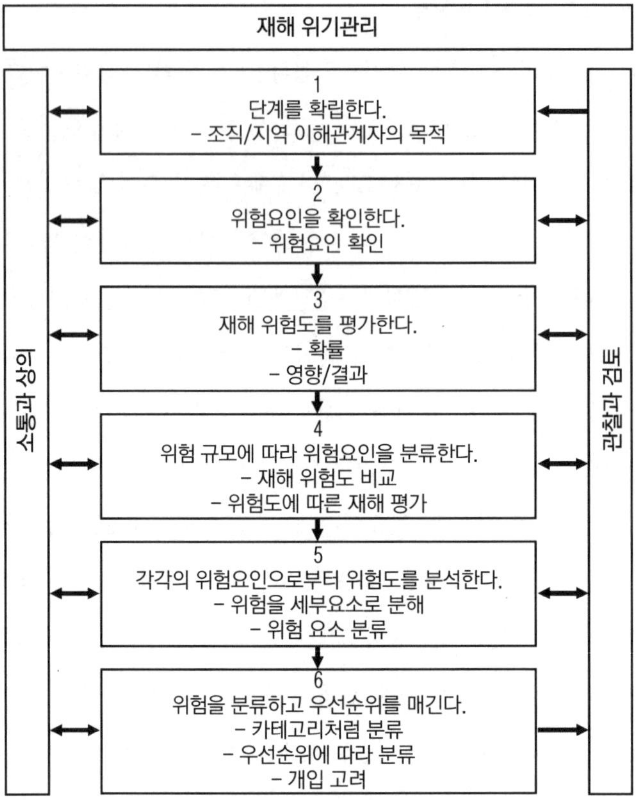

〈그림 8-2〉 재해 위기관리 체계

재해 위험도 관리 과정의 각 구성요소들은 아래에서 다룰 것이다. 많은 내용이 2006년 6월 조지워싱턴 대학교 위기재난위험도연구소(Institute of Crisis, Disaster, Risk Management)에서 재향군인회(Department of Veterans Affairs)의 재향군인건강처(Veterans Health Adminstration)를 위해 준비한 '보건 시스템의 위기관리 원칙 및 실천(Emergency Management Principles and Practices for Healthcare Systems)'에서 발췌한 것이다(Barbera et al., 2006).

재해 위험도 관리 과정의 구성요소

재해 위험 정보 전달

조직과 지역 안팎의 지속적인 정보 전달은 재해 위험도 관리 과정에 대한 현실적 기대를 설정 및 관리하고, 전체 조직이나 지역의 위기관리 프로그램과의 궁극적인 통합 수단을 제공한다. 재해 위험도 관리과정의 1단계에서는 조직/지역의 맥락을 설정하고, 이해당사자를 포함시키고, 목표를 설정한다. 정보 전달은 거기서 멈추지 않는다. 이 장의 앞에서 국토안보부 처토프 장관은 위험도 관리 연설에서 반복하여 내각장관의 책임에 "직원뿐만 아니라 미국 시민에게 지적이고 분별력 있는 부서 리더십 철학을 명확히 할 필요성(Chertoff, 2006)"을 포함시킬 것을 강조했다. 이러한 역할을 위험도 관리 책임을 가진 조직과 지역의 모든 책임자가 공유해야 한다. 이러한 책임을 수행하기 위해 전체 재해 위험도 관리 과정은 영향을 받는 대중에게 개방적이고, 참여 가능하며, 지능적으로 이루어져야 한다.

재해 위험도 관리 과정에서 지속적인 참여 자문을 강조한 1989년 국립연구위원회의 보고서 「위험 정보 전달의 향상(Improving Risk Communication)」에서는 모든 위험도 정보 전달에 대해 다음과 같이 방향을 제시했다. "위험도 정보 전달은 과정이다. 첫째는 정부 공무원, 산업 관리자, 개별 시민인 의사결정자가 사용하는 정보 기반을 향상시키거나 증가시키는 것이고, 둘째는 지식의 한계 내에서 참여자가 적절한 정보를 받았다고 만족할 정도로 정보를 전달하는 것이다(National Research Council, 1989: 74)."

이 책의 1장과 7장에서는 재해 분석 과정에서 정보 전달의 역할과 이해당사자의 참여를 강조하고 있다. 대중은 지역 위험도의 본질을 이해해야 할 필요성이 있으며, 위험도 정보 전달은 재해 위험도 관리와 재해 분석 과정의 중요한 부분이다.

감시와 검토

재해 위험도 관리 과정은 결코 완전히 끝날 수 없으며, 내부와 외부의 환경이 변함에 따라 재분석과 수정이 필요하다. 전체 과정이 위기관리 프로그램과 관련성을 갖도록 모든 단계에 지속적인 감시와 검토가 필요하다. 훈련, 연습, 실제 사례를 통해 위기관리 프로그램을 시험하고, 시스템의 취약성과 관련된 긍정적·부정적 관찰 결과에 주목하여 분석한다. 재해 위험도 관리 과정은 사라지거나 새로 발생한 재해 위험도와 관련된 상황을 감시 및 검토하는 중요한 수단이 된다. 예를 들어 연습을 통해 새로운 과정 또는 절차가 이전에 확인된 재해 위험도를 효과적으로 감소시키는지 조사할 수 있다. 마찬가지로 연습, 위협, 실제 사례를 통해 이전에 발견되지 않은 위험요인이나 재해 위험도를 발견할 수 있다.

1단계: 단계 설정

맥락은 조직과 지역에 존재하는 외부 환경, 조직과 지역의 내부 특징을 말한다. 그러므로 (특히 전체 위기관리 프로그램에 대한) 재해위험도 관리의 맥락을 정하는 것이 이 과정의 논리적 시작점일 것이다. 이를 위해 조직과 지역의 맥락, 이해당사자, 재해 위험도 관리 과정의 목표를 정의해야 한다.

■ 조직과 지역의 맥락

재해 위험도 관리 과정을 위한 조직과 지역의 맥락은 그들의 책임, 사회적·경제적·법률적 현실, 이해당사자의 검토와 입력값을 바탕으로 한다. 이 단계는 사회, 경제, 정치, 지리, 구조, 생태적 맥락에서 조직 또는 지역을 특징짓는 사전 분석에서 시작한다. 즉, 재해 위험도 관리의 출발점은 조직과 지역의 특성을 명확히 설명하는 것이다.

전략적·전술적 목적 및 목표와 법적·도덕적 역할 및 책임을 포함하여 지역과 조직의 경계를 명확히 한다. 또한 조직과 지역의 위기관리 요구조건과 프로그램을 지지하는 자원 할당과 관련한 경제적·사회적·정치적·법률적 한계를 확인해야 한다. 이 단계에서는 모든 체계 설정과 관련된 질문에 답하도록 돕는다. 예를 들어 재해 위험도 관리 노력의 범위와 한계를 결정하기 위해 지역은 지리적·경제적 상태, 전략적·전술적 성장 및 개발 목표, 주민과 주변 지역에 대한 역할과 책임을 고려해야 한다.

■ 이해당사자 참여

이해당사자 그룹을 확인하고 참여시키는 것이 맥락 설정의 두 번째 단계로, 특히 재해 위험도 관리 과정에 영향을 미치는 사회적·경제적·정치적·법률적 현실과 한계를 확인하는 데 도움을 준다. 재해 위험도 관리 과정에 책임을 가진 개인이나 그룹(재해위험도관리위원회)은 모든 조직과 지역의 내부와 외부 이해당사자를 확인하고, 재해 위험도 관리의 모든 단계에 포함시켜 고려해야 한다. 이해당사자는 재해 위험도 관리 과정 성공에 상당한 영향을 끼칠 수 있는 중요한 사람, 집단, 기관으로 정의된다.

이해당사자 분석은 이해당사자의 중요성을 확인 및 평가하고 이해당사자 집단의 균형성과 포괄성을 판단하기 위해 민간 산업 분야에서 점점 많이 채택하고 있는 기술이다. 다음 단계들은 전체 재해 위험도 관리 과정에서 다양한 관점이 제시되도록 하기 위해 성공적인 이해당사자 분석을 정의하는 데 도움을 줄 수 있다(Management Science for Health and United Nations Children's Fund website).

- 재해 위험도 관리 과정에 영향을 줄 수 있는 사람, 집단, 기관을 확인한다.
- 재해 위험도 관리 과정을 위해 가장 효과적인 프로그램을 성공적으로 운영하도록 전략을 개발한다. 예를 들어 기업, 공공 안전, 지역 위기계획위원회, 피해지역의 대표 같은 외부인을 재해 위험도 관리 과정에 초청하여 잘못된 개념과 정보 전달을 해결한다.

■ 목표

조직과 지역의 맥락을 정하고 적절한 이해당사자를 참여시킨 후 재해위험도 관리 과정의 구체적 목표를 설정한다. 전략적(장기), 전술적(단기) 활동의 결과물을 기초로 한 현실적이고 측정 가능한 목표는 재해 위험도 관리 과정의 모든 단계와 구성요소에 필수적이다. 특히 정보 전달, 자문과 지속적인 참여 유도 및 결과 검토에 필수적이다.

2단계: 위험요인 확인

이 단계에서는 조직과 지역에 상당한 영향을 줄 수 있는 모든 가능한 위험요인의 유형에 관한 목록을 작성한다.

■ 포괄적인 위험요인 확인

위험요인의 모든 가능성을 확인해야 한다. 이 단계는 조직이나 지역에 직접 또는 물리적으로 영향을 주지 않지만, 그 지역과 조직의 자원에 대한 다른 조직이나 지역의 요구를 생성할 수 있는 위험요인을 포함한다. 또한 위험요인 확인은 만약 발생할 경우 고객 손실, 소송, 채무 지불, 좋지 못한 언론의 관심 등 조직과 지역에서 제공하는 상품이나 서비스에 중요한 영향을 줄 수 있는 위험요인을 포함한다. 위험요인 확인과정에 대한 포괄적인 조사는 2장에서 이미 다루었다.

■ 위험요인 확인 전략 – 조직과 지역의 자원

위험요인 확인을 돕는 다양한 자원이 이용 가능하지만, 인근 조직, 시, 지역 리더십, 주정부 기관을 포함한 조직과 지역 혹은 외부와의 조정을 반드시 고려해야 한다. 조직과 지역에 잠재적 영향력을 가진 위험요인은 공통적으로 대규모 지역에 영향을 줄 수 있거나 이미 주었고, 지역, 주 수준의 다른 조직과 지역에서 정의하고 있는 위험요인이다.

■ 위험요인 확인 전략 – 웹 자원

위험요인 확인을 도와주는 다른 자원도 이용 가능하다. 여기에는 지역, 주, 국가 웹사이트, FEMA와 NOAA 출판물, 2007년 국가대비지침서(National Preparedness Guidelines)[DHS 2007]에서 제시한 15개의 국가 대비 시나리오(National Preparedness Scenarios)가 포함된다. 예를 들어 워싱턴 DC의 위기관리처에서는 DC 지역에 영향을 줄 것으로 예상되는 '18개 주요 위험요인'의 목록과 이에 대한 설명을 제공하고 있다

(DC Homeland and Security and Emergency Management Agency, 2007). 버지니아 주 위기관리부에서도 잠재적 위험요인의 목록과 설명을 제공하고 있다(Virginia Department of Emergency Management Agency, 2008). FEMA는 과거 자료와 위험요인 관련 웹사이트 링크를 제공하고 있다(FEMA 웹사이트). 이러한 많은 자원들이 위험요인에 대한 중요한 과거 자료를 제공하고 있다.

■ 위험요인 분류

위험요인을 확인할 때 다음 분류 항목에 따라 분류하는 것이 유용하다. 위험요인의 원인과 재해 위험도를 다루는 데 필요한 행동 면에서 공통점을 발견할 수 있다. 이 분류 항목들은 3장의 재해 모델링에서 위험요인 확인 과정의 일부로 다루어졌다.

- 자연 위험요인: 주로 자연의 힘으로 구성된 위험요인
  - 예: 허리케인, 토네이도, 폭풍, 홍수, 범람, 해일, 파도, 지진, 가뭄, 번개로 인한 산불, 전염병
- 기술 위험요인: 사람과 시스템의 행동을 포함해 주로 의도하지 않은 기술적 오작동으로 야기된 위험요인
  - 예: 산업·핵·운송 관련 사고, 핵과 기타 기간시설의 문제, 정보기술 문제, 유해물질 유출, 건물 붕괴
- 의도적 위험요인: 주로 인간의 교묘한 위협 또는 행동 실행에 의해 야기된 위험요인. 대개 범죄, 시민 불복종, 본질상 테러 등
  - 예: 사회 갈등, 테러, 지역에 대한 범죄 공격

3단계: 재해 위험도 평가

재해 위험도 평가는 두 가지 재해 위험도 관리 단계에서 실행된다. 앞에서 정의한 위험도는 가능성과 결과의 산물이다. 조직과 지역에서 확인한 위험요인들은 위험도 수준을 가늠하는 수단으로서 발생 가능성과 조직이나 지역에 미치는 영향(결과)에 따라 개별 평가되어야 한다.

■ 재해 위험도 평가 전략

재해 위험도를 평가하고 실행하는 방법은 다양하지만, 재해 위험도의 상대적 중요성을 정하는 공통의 목적을 가진다. 이런 이유로 대부분의 재해 위험도를 판단하는 방법에서는 숫자로 분류하는 방식을 채택하고, 각 개별 위험요인에 정량적 값을 할당하는 순위 시스템을 활용하고 있다. 그러나 가능성과 결과에 대한 정량적 값의 판단은 종종 주관적이며 불확실성이 내재된 정보를 바탕으로 한다.

예를 들어 자연·기술·의도적 위험요인의 결과로 발생하는 어떤 사건의 정확한 발생 가능성은 반드시 과거 발생 사건에 의해 결정되는 것은 아니며, 조직과 지역의 내부 및 외부 환경의 지속적인 변화에 영향을 받는다. 조직과 지역에 영향을 주는 의도적 위험요인(테러 봉기)은 일반적으로 과거 자료가 부족하고, 테러리스트 같은 지능적 위험요인(hazard vector)이 현장의 재해 위험도 관리 통제를 벗어나도록 공격의 위치와 본질을 조정할 수 있기 때문에 특히 당황스럽다.

마찬가지로 정확한 결과 예측도 불가능하다. 왜냐하면 발생 전 시나리오와 영향을 받는 조직과 지역의 완벽한 이해를 요구하기 때문이다. 문제를 더욱 복잡하게 만드는 것은 결과 측정과 분류를 위해 공동의 매트릭스를 포함한 분류 항목(사람, 재산, 주요 서비스, 기업 손실 등) 정의의 필요성이다. 또한 사건의 즉각적인 피해뿐만 아니라, 환경 피해와 재정적 영향 같은 장기적 피해도 환경과 경제를 영구적으로 변화시킬 수 있다. 이러한 장기적 피해 결과는 즉각적 피해 결과를 과소평가하게 할 수 있다. 그러나 장기적 결과를 반드시 수량화할 필요는 없다(예: 허리케인으로 인한 물리적 피해와 생명 손실 면에서의 해상 컨테이너 항구에 대한 즉각적인 피해와 환경, 지역 경제, 전체 국가 경제에 장기적으로 미치는 영향의 비교).

그러므로 (분류를 위해 확인된 위험요인 사이에서 재해 위험도의 상대적 중요성을 결정하기 위해) 재해 위험도 평가의 목적을 재해 위험도 관리 과정을 통해 강조할 필요가 있다. 또 평가에 입력값을 제공하는 이해당사자들이 모든 입력값에 대해 일관성을 갖도록 평가 측정을 공동으로 하는 것이 중요하다. 이 장에서는 현재 사용되는 여러 재해 위험도 평가방법과 형식을 모두 다루고 있지는 않다. 하지만 중요한 것은 선정방법과 모형이 유용하고 재해 위험도 관리 노력의 범위에 적절한가이다.

4단계: 위험도 규모에 따른 위험요인 분류

이 단계에서는 재해 위험도 평가를 계속하며, 주로 3단계의 개별 위험도 값에 대해 상대적으로 중요한 순서를 정해 개별 위험도를 확인하고 재해 위험도의 전체 집단에서 판단한다.

■ 분류 전략

이러한 재해 위험도 분류에서는 수학적 또는 전문가적 판단 방법을 통해 개별 위험요인과 관련된 (3장에서 정한) 할당 위험도 값과 개별 위험요인의 광범위한 분류 항목(고위험, 중위험, 저위험)을 비교한다. 가능성과 결과를 나타내는 데 흔히 단순한 숫자 값을 사용하지만, 이 순위 시스템의 장점을 살리려면 선택된 매트릭스의 비교값을 완전히 이해해야 한다. 위험도 평가에서 계산된 3.92라는 값은 4.15라는 값과 근본적으로 같은가? 그렇다면 이 두 값을 가진 위험요인들을 다른 분류 항목으로 나누는 것이 잘못이며, 재해 위험도 관리 과정의 판단 오류를 유발하는가? 이를 다루기 위해 확인된 모든 위험요인 점수를 단일 그래프 또는 스프레드시트에 제시하여 구체적 (그러나 상대적으로 임의적인) 숫자에 대한 의존성을 약화시키며 적절한 위험요인 분류를 가능하도록 한다.

■ **전문가의 판단 활용**

전문가의 판단을 위험요인 분류에 활용하여 가능성 또는 결과물과 관련된 구체적 정보를 기초로 순위를 재조정할 수 있다. 예를 들어 생물학적 무기를 사용한 테러 공격은 대개 가능성에 대한 고려 자체가 의미 없을 만큼 상상할 수 없는 결과를 야기할 수 있다. 그러므로 이러한 사건은 우선순위 목록의 맨 위에 위치한다. 그러나 구체적 정보가 부족할 경우 이 위험요인의 순위가 해안 지역의 허리케인처럼 잘 정의된 가능성을 가진 사건 아래로 내려갈 수도 있다.

반대로 낮은 순위를 가진 테러가 전문가 판단에 의해 갑자기 위험요인 목록 최상위로 올라갈 수 있다. 자연·기술·의도적 위험요인 환경의 역동적 본질 때문에 단순한 수적 분류를 넘어 전문가 수준의 검토와 판단이 필요하다. 전문가 판단을 이용할 때 복잡한 요인 중 하나는 진정한 '전문가'의 정의와 확인이다. 9.11 이후 많은 '테러 전문가'가 등장해 이슈에 대한 자신의 관점을 밝히고자 했다. 그러나 과연 무엇이 정확한 전문가의 자격인지 논의할 필요가 있다.

5단계: 각 위험요인의 위험도 분석

다음 두 단계에서 재해 위험도 분석이 실행된다. 재해 위험도 관리 과정의 전 단계에서는 각각의 위험요인을 고려하고 각 위험요인의 위험도(가능성과 결과)를 거시적 수준에서만 비교한다. 재해 위험도 관리 과정의 마지막 분석 단계에서는 의사결정자들이 다중 위험요인에 공통적인 재해 위험도 구성요소를 확인하기 위해 모든 위험요인을 살펴보도록 한다. 이러한 점에서 이 위험도 구성요소는 위험요인 발생으로 야기되는 사건 결과와 관련 있다. 이 접근방법은 단일 개입(6단계 참조)을 통해 다중 위험요인의 위험도 구성요소를 감소 혹은 제거하여 재해 위험도 관리에 가장 효과적이고 효율적인 자원 할당을 지지하는 옵션의 확인을 촉진시킨다.

■ 재해 위험도 분석 전략

이를 달성하기 위해 각 위험요인의 위험도 구성요소 결과를 비교 또는 분류할 수 있는 중요한 요소들로 '해체'해야 한다. 상대적으로 일반적인 재해 위험도 결과 분류는 인명, 재산, 운영 결과의 분류 항목을 가진다.

집단화는 분류된 과정과 자원에 관한 것이다(예: 영향을 받은 '모든 위험요인' 과정과 자원을 나중에 분류 항목으로 분류할 수 있다). 예를 들어 일반 대중에게 허리케인 경험은 조직의 자원과 운영 과정에 영향을 주는 각 분류 항목의 결과도 포함할 것으로 기대할 수 있다. 따라서 다음과 같은 구체적 결과와 분류가 가능하다.

- 인적 피해
  - 직원의 출근 및 근무 능력 상실
  - (직장 또는 거주지에서의) 직원과 시설 내 고객/클라이언트/손님의 부상/사망
- 물적 피해
  - 홍수, 지붕 붕괴, 기타 홍수 효과
  - 건물, 외부 장비, 자동차, 기타 건물 재산에 대한 바람과 잔해물 피해
  - 해일 효과
  - 작업 인력 부족으로 인한 건물 수리 불가능
- 운영 피해
  - 제품 및/또는 서비스 제공 불능
  - 계약 이행 능력 상실
  - 현금 유동성 방해
  - 명예 손상

■ **재해 위험도 분류**

각각의 중요한 위험요인에 대해 재해 위험도를 분석하고, 세분화한 요소들을 모든 위험요인에서 확인되는 요소 분류 방식에 따라 분류한다.

6단계: 재해 위험도 분류 및 우선순위 결정과 재해 관리 개입

이 단계에서는 5단계에서 결정한 재해 위험도 요소를 분류 및 비교해서 재해 위험도 분석을 마무리한다.

■ 전략의 분류 및 우선순위 결정

5단계에서 정의한 몇몇 재해 위험도 요소들은 자연·기술·의도적 위험요인 등에서 광범위하게 나타난다. 예를 들어 폭발 잠재성을 가진 유해물질 유출(기술적 및 의도적), 토네이도 접근(자연적), 현실적인 트럭 폭파 위협(의도적)은 모두 물리적 건물 피해로 인한 인명피해(부상 또는 사망)를 유발할 수 있다. 구조적 예방 조치, 즉각적 보호 행동, 이용 가능한 위기 대응 능력이 없을 경우 더욱 그러하다. 이러한 위험으로부터 보호하기 위해 재해 위험도 요소들의 우선순위를 정해야 한다. 일반적으로 생명과 안전에 대한 항목이 높은 우선순위를 가지며, 재산 보호와 운영의 지속성은 낮은 우선순위를 갖는다.

■ 재해 위험도 요소 개입

공식적인 재해 예방 및 대비 계획을 위해 고려해야 할 사항들을 생각해 낼 수 있도록 개별 재해 위험도 요소를 좀 더 분석한다. 위의 예에 따른 잠재적 개입은 다음과 같다.

- 건물의 물리적 피해 가능성을 감소시켜 사망 또는 부상 위험도를 낮추기 위한 예방 개입
  - 건물의 강도를 높이는 구조적 조치
  - 창문 제거
  - 창문의 보호 코팅 처리
  - 인력 작업 공간이 외벽에서 멀리 떨어지도록 이동
  - 건물 주변에 자동차 통행을 막는 장벽 설치

- 주차장 진입차량 검사를 통한 건물 안전 조치

- 건물의 물리적 피해 결과를 감소시켜 사망 또는 부상 위험도를 감소시키기 위한 사후 관리를 위한 대비 개입
  - 대피 상황을 다루는 행동 계획
  - 관련 정보와 행동 가능한 정보를 건물 소유자에게 전달하는 능력(예: 일반적인 고지, 경보, 컴퓨터 경고)
  - 관련 정보와 행동 가능한 정보를 공공 안전 기관과 교환하는 정보 전달 능력
  - 인식 확산, 훈련, 연습
  - 내부 위기 대응 조직과 능력
  - 다른 조직이나 지역과의 상호 원조 협약
  - 공공 안전 기관과의 조정 작업

복합 위험요인에 검증된 개입이 있다면 위험도 요소를 분류하기가 좀 더 용이할 것이다. 이 단계에서는 위험도 요소를 그룹으로 묶어서 분류한다. 그러나 공식적 위기관리 계획에서 실행을 위한 개입 선택은 나중에 하는 행동이다. 단지 위험도 요소를 그룹으로 묶어 분류하기 위해 잠재적 개입들을 먼저 고려한다. 각 요소를 개별적으로 다루기보다는 경제 규모를 통해 더욱 큰 혜택을 제공하는 방식으로 다룰 것이다.

잠재적 개입은 재해 위험도 관리 목적과 목표에 기여하는 맥락에서 자원적 함의(무형과 유형의 비용)를 가진다. 일반적으로 금전 및 시간은 수량화가 용이하다. 그러나 직원 윤리 감소, 직원과 고객의 건물 접근성 감소, 이전 정책 및 절차의 붕괴 같은 무형 비용은 중요하지만 확인과 수

량화가 어렵다. 특히 재해가 없는 경우 제한된 자원을 재해 위험도 관리가 거의 필요 없는 조직 또는 지역의 우선순위에 따라 할당해야 하는 의사결정자들에게 개입의 혜택은 눈에 들어오지 않을 것이다.

분명히 계획, 인식 향상, 훈련, 연습, 조정, 상호 원조 같은 대비 개입 중 일부는 상대적으로 비용이 적게 들고, 실행이 용이하며, 재해 위험도 관리 목적과 목표의 달성에 기여한다. 그러나 내부 및 외부 정보 전달과 내부 대응 조직 및 능력 개발 같은 개입은 비용이 많이 들지만 모든 위험요인에 적용할 수 있으므로 비용 면에서 효과적이다.

재해 위험도 관리 과정 적용

개요

6단계 재해 위험도 관리 과정을 통해 확인된 위험요인을 처리하는 사례로 이 접근방법의 가치를 알 수 있을 것이다. 이 사례를 위해 선정된 조직 또는 지역은 도심의 가상 민간 대학에 조직(비영리 기업)을 갖추고 있으며, 대규모 도시 지역 내에 뚜렷한 커뮤니티(8,000명의 기숙 학생, 1만 2,000명의 통학 학생, 8,000명의 교직원, 10억 달러 이상 가치의 자본)를 형성한다. 이 대학은 재해 위험도 관리 과정의 2단계에서 설명한 다양한 위험요인 분류 항목(자연·기술·의도적 위험요인)의 영향을 받는다. 이 사례에 대해 사회 갈등이 한 가지 확인된 위험요인으로 선택되었다. 이 대학은 대중 행사와 함께 시위 행사를 자주 개최하여 관심과 논란의 중심이 되는 조직과 단체 가까이에 위치해 있다. 이전 시위 사건에서는 폭력, 부상, 재산 피해, 교통마비, 접근 제한, 시위자와 통행자 체포가 유발되었다.

1단계: 맥락 설정

■ 조직과 지역의 맥락

대학의 여건은 전략적 목적과 목표 면에서 설명된다. 대학의 전략적 계획 검토를 통해 "학생과 교직원이 교육, 연구, 개인적·전문적 성장을 추구할 수 있는 안전하고 도움이 되는 환경을 제공하는" 공동의 목적을 발견할 수 있다. 이 목적을 지지하는 구체적 목표들은 다음과 같다.

- 대학 커뮤니티 모든 구성원의 안전과 복지 유지
- 대학의 물리적·지적 재산 보호
- 붕괴 후 필수적인 대학 운영의 지속성 유지
- 고품질 고등교육기관으로서 명성 보존
- 좋은 이웃으로서 주변 지역과 전체 도시 지역에 대한 지원

대학은 위험요인과 관련해 위에서 우선순위대로 나열한 목표에 초점을 맞추고 있다. 가장 높은 우선순위는 모든 대학 구성원을 보호하는 것이다. 재해 위험도 관리 과정은 재해 위험도를 평가 및 분석하고 가능한 재해 위험도 관리 개입을 확인하기 위해 통합 위기관리의 모든 단계(예방, 대비, 대응, 복구)를 살펴보아야 한다.

대학의 물리적 위치, 법적 및 도덕적 역할, 책임, 권위가 재해 위험도 관리 노력의 범위와 한계를 결정해준다. 시민 갈등에 대해 위험도를 0으로 줄이는 것은 불가능하다. 위험요인을 완전히 제거하여 대학 구성원이

위험요인과 전혀 접촉하지 않고, 대학이 위험요인을 완벽하게 차단할 수는 없다. 위험요인을 완벽하게 차단하는 것은 대학의 물리적 환경, 학문적·지적 자유에 대한 사명감, 대학과 주변 지역의 권리 때문에 거의 불가능하다. 그러므로 사회 갈등 위험요인과 관련된 위험도가 어느 정도 있으며, 대학이 위험도 허용 수준을 정하여 개입에 고려하기 위해 재해 위험도 관리 과정을 채택할 수 있다.

■ 이해당사자 참여

이해당사자에는 대학 학생기구(기숙 및 통학 학생과 대학생 및 대학원생을 포함하는 모든 분류 항목의 학생들)의 대표, 교직원, 학부모 단체, 졸업생, 경찰, 소방대원, 시정부기관, 주변 지역, 다른 지역 대학 등이 포함된다. 각 이해당사자 그룹의 참여 수준은 재해 위험도 관리 과정이 진행되면서 확인된 위험요인의 본질에 따라 다르다. 이 사례의 위험요인에서는 모든 이해당사자들이 관련 정보와 조정의 주요 출처로서 공공 안전과 시정부기관에 어느 정도 참여했다.

■ 목표

조직과 지역의 주변 여건을 정의하고 적절한 이해당사자 참여 후에 재해 위험도 관리 과정을 위한 구체적 목표를 설정한다.

2단계: 위험요인 확인

이 구성요소에는 조직과 지역에 상당한 영향을 끼칠 수 있는 모든 위험요인 유형 목록이 포함된다. 예를 들어 사회갈등은 주요 위험요인으로 확인된다. 조직과 커뮤니티로서 대학에 영향을 미칠 수 있는 모든 위험요인을 확인하기 위한 포괄적인 위험요인 확인 전략에는 연구, 전문가 자문, 이해당사자의 의견 제시 및 검토가 포함된다.

3단계: 재해 위험도 평가

확인된 위험요인은 위험 가능성과 영향력을 판단하기 위해 개별적으로 고려된다.

■ 재해 위험도 평가 전략

이 사례의 위험요인은 미래에 예상되는 집회 일정과 과거에 개최된 집회 역사를 고려할 때 가능성과 확실성이 매우 높다. 1(거의 가능성 없음)에서 5(거의 확실함)까지의 가능성 측정에서 이 사례의 위험요인은 5를 할당받았다.

1단계에서 확인한 대학의 전략적 목표를 다시 살펴보면 사회 갈등의 결과는 각각의 목표에 영향을 미치는 중대하고 즉각적이며 장기적인 결과를 야기할 수 있다. 대학 커뮤니티 구성원이 부상을 입을 수 있으며, 대학의 물리적 재산이 손상될 수 있고, 대학 운영이 방해받을 수 있다. 이러한 결과와 대학의 대처 행동을 바탕으로 고려할 때, 사회 갈등으로 대학의 명성과 지위가 손상되고 미래의 학생 입학, 교직원 채용 및 보유, 연구 기금에 영향을 줄 수도 있다. 이러한 이유로 사회 갈등은 1(최소한)에서 5(상당 수준)까지의 측정에서 5를 할당받는다.

이러한 평가들은 확인된 위험요인의 재해 위험도의 상대적 수준을 정하기 위해 선택된 수학적 알고리즘(대개 곱하기나 더하기)으로 결합된다.

이 사례에서는 가능성과 결과를 결합하는 방법을 통해 사회 갈등이 대학에 높은 수준의 재해 위험도로 결정되었다.

4단계: 위험도 규모에 따른 위험요인 분류

이 단계에서는 확인된 재해 위험도를 전체 집단의 맥락에서 각각의 위험도를 살펴보기 위해 3단계에서 결정한 각 재해 위험도 값에 상대적 중요성 수준을 할당한다. 가능성과 결과의 평가 수치 그리고 결합 수치는 불확실성과 잠재적 평가에 영향을 받는다. 그러므로 재해 위험도를 저위험도, 중위험도, 고위험도 같은 일반적 분류 항목으로 분류해야 한다. 사회 갈등은 분명히 높은 위험도를 가지고 있다. 반면 허리케인 같은 다른 위험요인은 중간 위험도로 분류될 수 있다. 독성 화학물질 유출 사고는 낮은 위험도로 분류된다.

또한 재해 위험도의 역동적 특성과 재해 위험도의 가능성이나 결과물과 관련된 특정 정보를 설명하기 위해 정량적 평가 분류와 더불어 분류 과정에 전문가의 판단을 적용할 수 있다. 이러한 사례에서 시위로 이어지는 회의가 특정 일자로 잡혀 있었다. 이 날짜가 아니라면 사회 갈등 가능성이 '가능성 없음'이나 '거의 가능성 없음' 수준으로 낮아진다. 또한 정보에 따르면 회의에 따라 시위의 규모와 동기가 변하고, 결과 측정값도 변하게 된다. 현재 상황과 이용 가능한 정보를 바탕으로 재해 위험도의 분류를 재조정할 수 있다.

5단계: 각 위험요인의 위험도 분석

이 단계와 다음 단계에서는 각 재해 위험도의 공통점을 파악하기 위해 재해 위험도의 모든 맥락에서 살펴볼 것이다. 예를 들어 사회 갈등의 경우 재해 위험도의 구성요소(결과)를 비교 또는 분류할 수 있도록 중요한 하위요소들로 세분화할 수 있다. 시민 갈등의 인적·물적·운영 피해는 다음과 같다.

- 인적 피해
  - 지엽적 또는 대규모 폭동으로 인한 시위 현장과 대학 구역 내의 학생, 교직원, 방문객, 통행자의 부상 또는 사망
  - 시위 현장 근처의 학생과 교직원의 구금 또는 감금
  - 교통 서비스 중단 또는 물리적 안전 조치에 따른 학생과 교직원의 교내 접근 또는 체류 불가
- 물적 피해
  - 공공기물 훼손으로 인한 대학 건물의 외부 손상
  - 건물에 대한 접근과 공공기물 훼손으로 인한 대학 건물의 내부 손상
  - 공공기물 훼손으로 버스, 신호 등 야외에 있는 기타 대학 재산의 손상
  - 작업 인력 부족으로 건물 수리 불가
- 운영 피해
  - 수업 진행 불가
  - 예정 행사 진행 불가
  - 물품 배송 및/또는 수령 불가
  - 명예 손상

6단계: 재해 위험도의 분류 및 우선순위 결정과 위험도 관리 개입

모든 위험요인에서 확인되는 요소들을 분류하는 방식에 따라 각각의 중요한 위험요인의 재해 위험도 요소들을 분류할 수 있다. 예를 들어 허리케인은 인명피해 가능성, 대학 통학 및 체류 불가, 대학 건물 및 재산 피해, 수업 진행 불가, 예정 행사 진행 불가, 물품 배송 및 수령 불가능과 같이 사회 갈등과 유사한 재해 위험도 요소를 많이 가지고 있다.

■ **전략의 분류 및 우선순위**

재해 위험도 요소를 분류하고 우선순위를 정한다. 생명과 안전 이슈의 우선순위를 높이고, 재산 보호와 운영 지속의 우선순위를 보다 낮게 한다.

■ **재해 위험도 요소 개입**

공식적 재해 예방, 대비, 대응, 복구 계획을 준비하며 잠재적 개입을 고려하기 위해 개별 재해 위험도 요소를 좀 더 분석한다. 예를 들어 사회 갈등 위험요인에 대해 다음과 같은 잠재적 개입을 고려할 수 있다(이외에 다른 개입도 고려할 수 있다).

- 예방
  - 대학 구성원이 사회 갈등 예상 지역에 들어가지 못하도록 막는 정책 수립
  - 경찰력을 가진 대학 지역 저지선 설정
  - 대학 건물(기숙사, 교실, 사무실, 행정실) 접근을 유효한 신분증을

가진 대학 구성원에게만 제한

- 일반 시민에게 개방하던 공용 건물(학생회관, 식당, 체육관) 폐쇄
- 모든 대학 구성원을 연결하는 즉각적인 메신저 기술의 실행
- 대학 구성원에 대한 위험요인 특성에 관한 훈련 및 교육
- 대학 구성원과 이해당사자(특히 기숙사 학생의 부모)에게 재해 회피와 재난 대피와 피해복구를 위해 해야 할 일에 관한 정보 및 최신 내용 전달
- 사회적 갈등이 예상되는 기간 동안 대학 운영 중지

• 대비

- 예방, 대비, 대응, 복구 계획의 검토
- 예방, 대비, 대응, 복구 책임을 가진 인력 훈련
- 공공안전기관 및 지역 위기관리기관과 연락
- 모든 대학 구성원과 관련 이해당사자에게 정보 갱신
- 캠퍼스 내 의료 대응 능력 향상
- 캠퍼스 내 순찰 강화
- 생필품(음식, 물, 의약품) 수준 향상

• 대응

- 대학 위기대응 기관 및 계획의 활성화
- 모든 대학 구성원과 관련 이해당사자에게 지속적인 정보 갱신
- 상황에 따라 대학 운영 중지

• 복구

- 상황이 허락할 경우 운영 재개
- 사건 결과의 평가 및 처리

- 필요한 경우 대학 구성원에게 상담 서비스 제공
- 모든 대학 구성원과 관련 이해당사자에게 정보 전달
- 교훈 습득과 교정 행동 확인을 위해 사건 후 검토 실행
- 사건 후 검토를 바탕으로 모든 위기관리 관련 계획, 정책, 절차의 검토 및 수정

계획 수립, 지역 전체 훈련 및 교육, 정보 전달, 임시 메신저 기술, 공공 안전 및 위기관리기관과의 중재 같은 많은 잠재적 개입을 모든 위험요인 분류 항목에 적용할 수 있으며, 광범위한 기간 동안 시설 맥락에서 고려해야 한다. 운영 폐쇄, 순찰 강화, 의료 대응 능력 향상, 대학 건물 안전 향상 같은 다른 개입들을 특정 위험요인이나 특정 위험요인 그룹에 대해 실행할 수 있다. 구성원의 사회 갈등 지역 출입 금지와 대학 저지선 같은 일부 개입은 재해 위험도 감소 과정에 매우 효과적일 수 있지만, 1단계에서 설명한 재해 위험도 관리 노력의 범위와 한계 내에서는 실현 불가능하다.

이로써 재해 위험도 관리 과정의 구체적 단계를 결론짓는다. 재해 위험도 분류 및 우선순위와 잠재적 개입 같은 이 과정의 결과물을 대학 의사결정자들이 재해 위험도 관리 대상을 결정하는 데 도움을 주기 위해 전달한다. 재해 위험도 관리 결과물은 대학이 직면한 무수한 도전과제, 요구사항, 기회와 안전 및 보안 지출 사이의 균형을 잡기 위해 필수적인 입력값이다.

재해 위험도 관리와 통합 위험도 관리

재해 위험도 관리 과정의 진정한 활용 및 성공은 조직 및 지역의 전체적 위기관리 프로그램 내에서 결정에 영향을 주는 과정이다. 종합위기 관리의 예방, 대비, 대응, 복구 단계들에서 재해 위험도 관리 개입을 확인하기 위해 재해 위험도 관리 과정을 사용한다. 어떤 위험도 관리 개입(통제/조치) 조합이 일반적 고려사항(경제, 사회, 정치, 법률)에서 타당한가라는 재해 위험도 관리체계 설정의 마지막 질문에 대한 답은 의사결정자에게 달려 있다. 이 장에서 강조했듯이 과정으로서 재해 위험도 관리와 그 과정은 이 질문에 답하는 유일한 입력값이 아니다. 조직과 지역이 직면한 무수한 도전과제, 요구사항, 기회와 안전 및 보안 지출의 균형을 맞추기 위한 정보를 바탕으로 한 의사결정에서 단지 하나의 입력값일 뿐이다.

토론 주제

1) 개인으로서 그리고 조직 및/또는 지역의 일원으로서 재해 위험도 관리 과정의 진정한 가치는 무엇인가?
2) 재해 위험도 관리 과정의 성공적 활용은 무엇인가?
3) 1989년 국립연구위원회(National Research Council) 보고서 「위험도 정보 전달의 향상(Improving Risk Communication)」에서는 "위험도 정보 전달은 과정이며, 첫째 정부 공무원, 산업 관리자, 개별 시민인 의사결정자가 사용하는 정보의 기반을 향상시키거나 증가시킨 정도로 성공을 측정한다. 둘째, 관련된 사람들이 이용 가능한 지식의 한계 내에서 적절히 정보를 제공받았다고 만족하는 정도로 측정한다"고 적

혀 있다. 당신은 이 주장에 동의하는가? 특히 9.11사태 이후의 환경에 위험도 정보 전달 과정을 적용한다면 동의할 수 있는가? 당신은 개인과 전문가로서의 책임을 고려할 때 이용 가능한 위험도 정보가 적절하다고 생각하는가?

4) 조직 또는 지역을 위해 당신의 재해 위험도 관리 과정 참여를 증가시킬 수 있는 방법은 무엇인가?

응용문제

당신이 참여하는 조직 또는 지역(지방, 주, 연방)을 고려하고 재해 위험도 관리 개입을 확인하기 위해 재해 위험도 관리 과정을 적용해본다. 재해 위험도 관리 가정에 따라 다음 질문들에 답해본다.

1. 목적 및 목표를 설정할 때 고려해야 할 일반적인(경제, 사회, 정치, 법률) 고려사항이 있는가?
2. 재해 위험도 관리 과정의 목적과 목표는 무엇인가?
3. 재해 위험도 관리 과정에 포함되어야 할 이해관계자는 누구인가? 다양한 이해당사자를 위해 다양한 참여 수준이 있는가?
4. 위험도의 허용 수준은 누가 결정하는가?
5. 위험도의 허용 수준은 얼마인가?
6. 당신은 조직이나 지역에 직접적·간접적 영향을 주는 재해를 확인하기 위해 어떠한 정보 출처를 활용할 수 있는가?
7. 확인된 위험요인의 위험도를 정량적으로 어떻게 평가하는가? 위험요인을 위험도 규모에 따라 어떻게 분류할 수 있는가? 당신의 조직과 지역에 대한 개인적 지식과 이용 가능한 정보(예: 지역/주 위기관리 기관 웹사이트의 정보)를

바탕으로 대표적 재해의 가능성과 결과를 평가한다.

8. 확인, 평가, 분류, 분석해본 위험요인의 위험도를 어떻게 분석할 것인가?
9. 확인, 평가, 분류, 분석해본 위험요인의 위험도를 어떻게 분류하고 우선순위를 정할 것인가?
10. 이해당사자와 의사결정자에게 재해 위험도 관리 과정의 결과를 어떻게 제시할 것인가?

웹사이트

Department of Homeland Security. http://www.dhs.gov/index.shtm

Department of Veterans Affairs. Emergency Management (EM) Principles and Practices for Healthcare Systems.Emergency Management Strategic Health Care Group. http://www1.va.gov/emshg/page.cfm?pg=122

Emergency Management Australia. http://www.ema.gov.au/

Federal Emergency Management Agency. http://www.fema.gov

FEMA. FEMA: State Offices and Agencies of Emergency Management: Federal Emergency Management Agency. http://www.fema.gov/about/contact/statedr.shtm

FEMA. Higher Education Conference. Federal Emergency Management Agency, Emergency Mamagement Institute. http://training.fema.gov/EMIWeb/edu/

Government Accountability Office. http://www.gao.gov

National Fire Protection Association. http://www.nfpa.org

Ready America. Ready.gov.Prepare. Plan. Stay Informed. http://www.ready.gov/america/index.html

참고문헌

Ansell, J. and Wharton, F. (1992). *Risk: Analysis, Assessment, and Management.* Chichester, New York: John Wiley & Sons.

Barbera, J., Macintyre, A., Shaw, G., Westerman, L., Seefried, V. and de Cosmo, S. (2010). *Emergency Management (EM) Principles and Practices for*

Healthcare Systems (Second Edition). Washington, DC: The Institute for Crisis, Disaster, and Risk Management (ICDRM), George Washington University (GWU). http://www.gwu.edu/.icdrm /projects/VHA2/index.htm#download. Accessed August 18, 2013.

Borge, D. (2001). *The Book of Risk*. New York: John Wiley & Sons.

Chertoff, M. (2005). *Remarks by Secretary of Homeland Security Michael Chertoff at the Center for Catastrophic Preparedness and Response and the International Center for Enterprise Preparedness*. Released by New York University. http://www.nyu.edu/intercep/events /Chertoff%20remarks%204.05.htm. Accessed July 23, 2013.

Chertoff, M. (2006). *Remarks by Homeland Security Secretary Michael Chertoff on Protecting the Homeland: Meeting Challenges and Looking Forward*. Released on December 14, 2006, George Washington University, Washington, DC. http://www.tsa.gov/press /releases/2005/12/20/remarks-homeland-security-secretary-michael-chertoff-dhs-accomplishments. Accessed July 23, 2013.

Emergency Management Australia (2004). *Emergency Risk Management: Applications Guide*. Manual 5. http://www.em.gov.au/Documents/Manual%2005-ApplicationsGuide.pdf. Accessed July 23, 2013.

Federal Emergency Management Agency, *Types of Disasters*. http://www.fema.gov. Accessed July 23, 2013.

Federal Emergency Management Agency (1997). *Multi-Hazard Identification and Risk Assessment: The Cornerstone of the National Mitigation Strategy*. http://www.fema.gov /library/viewRecord.do?id=2214. Accessed July 23, 2013.

Federal Emergency Management Agency (2004). *Hazards Risk Management course, EMI Emergency Management Higher Education Project*. http://training.fema.gov/EMIWeb /edu/. Accessed July 23, 2013.

Flynn, S. (2004). *America the Vulnerable*. New York: Harper Collins.

Government Accountability Office (2005). *Risk Management: Further Refinements Needed to Assess Risks and Prioritize Protective Measures at Ports and Other Critical Infrastructure* (Report No. GAO-06-91). http://www.gao.gov/. Accessed July 23, 2013.

Government Accountability Office (2007). *Applying Risk Management Principles to Guide Federal Investments* (Report No. GAO-07-386T). http://www.gao.gov/. Accessed July 23, 2013.

Management Sciences for Health and United Nations Children Fund, *The Guide to Managing for Quality*. http://erc.msh.org/quality/ittools/itstkan.cfm. Accessed July2013.

National Fire Protection Association (2004). *Standard on Disaster/Emergency Management and Business Continuity Programs*. Quincy, MA: NFPA.

National Fire Protection Association (2007). *Standard on Disaster/Emergency Management and Business Continuity Programs*. Quincy, MA: NFPA.

National Fire Protection Association (2010). *Standard on Disaster/Emergency Management and Business Continuity Programs*. Quincy, MA: NFPA.

National Fire Protection Association (2013). *Standard on Disaster/Emergency Management and Business Continuity Programs*. Quincy, MA: NFPA.

National Research Council Report (1989). *Improving Risk Communication*. Washington, DC: National Academy Press.

New York City Office of Emergency Management, *NYC Hazards*. http://www.nyc.gov/html /oem/html/hazards/hazards.shtml. Accessed August 18, 2013.

United States Department of Homeland Security (2004). *National Response Plan*. http:// purl.access.gpo.gov/GPO/LPS56895. Accessed August 18, 2013.

United States Department of Homeland Security (2006). *National Infrastructure Protection Plan*. http://purl.access.gpo.gov/GPO/LPS71533. Accessed August 18, 2013.

United States Department of Homeland Security (2007). *National Preparedness Guidelines*. http://www.dhs.gov/xprepresp/publications/gc_1189788256647.shtm. Accessed December 18, 2007.

United States Department of Homeland Security (2009). *National Infrastructure Protection Plan*. https://www.dhs.gov/national-infrastructure-protection-plan. Accessed August 18, 2013.

United States Department of Homeland Security (2010). *DHS Risk Lexicon*. http://www .dhs.gov/xlibrary/assets/dhs-risk-lexicon-2010.pdf. Accessed August 18, 2013. Virginia Department of Emergency Management Agency, Hazards and Treats. http://www.vaemergency.gov/readyvirginia/businestoolkit/hazards. Accessed April 29, 2014.

The White House (2002). *The Homeland Security Act of 2002*. https://www.dhs.gov /homeland-security-act-2002. Accessed July 23, 2013.

The White House (2003a). *Homeland Security Presidential Directive 7: Subject: Critical Infrastructure Identification, Prioritization, and Protection*. http://

www.dhs.gov /homeland-security-presidential-directive-7. Accessed July 23, 2013.

The White House (2003b). *Homeland Security Presidential Directive 8: Subject: National Preparedness.* http://www.dhs.gov/presidential-policy-directive-8-national-preparedness. Accessed July 23, 2013.

9장

지속 가능하고 재난 회복력이 있는 지역을 위한 계획

목표

1. 1~9장에서 논의한 주제의 결합 및 재해 예방 계획의 적용 방법을 이해한다.
2. 재해 관리, 지속 가능성, 재난 회복력, 계획 입안 같은 개념 사이의 관련성을 이해한다.
3. 재해 예방 계획 과정을 이해한다.
4. 계획가의 역할, 계획 입안 도구, 참여 과정, 재난 회복력을 가진 지역 건설의 잠재력을 이해한다.
5. 기존 재해경감계획의 정책 및 프로그램을 이해한다.

주요 용어

2000년 재난경감법(Disaster Mitigation Act of 2000)
경찰권(police power)
계획 과정(planning process)
계획 모니터링, 평가, 수정(plan monitoring, evaluation, and modification)
계획 채택과 실행(plan adoption and implementation)
관심이 집중되는 사건(focusing events)
기술력(technical capability)
다목적 계획(multiobjective planning)
물리적 계획(physical planning)
법적 역량(legal capability)
분쟁 처리 기법(dispute resolution techniques)
사전 재난 경감(predisaster mitigation)
스태포드재난구조및긴급지원법(Robert T. Stafford Disaster Relief and Emergency Assistance Act)
시민 참여(public involvement)
시민 참여 계획(advocacy planning)
신생 집단(emergent groups)
역량 평가(capability assessment)
재난 회복력(disaster resilience)
재정력(fiscal capability)
재해 경감(hazard mitigation)
재해 경감 계획(hazard mitigation plan)
재해 경감 계획 입안(hazard mitigation planning)
재해 경감 보조 프로그램(Hazard Mitigation Grant Program)
재해경감위원회(hazard mitigation committee)
재해 경감 전략(hazard mitigation strategy)
재해 경감 정책(hazard mitigation policies)
재해 경감 프로젝트(hazard mitigation projects)
재해 관리(Hazards management)
재해 분석(hazard analysis)
정책 대화(policy dialogue)
정책 입안(policy planning)
정치적 능력(political capability)
종합 계획(comprehensive plan)
중재(mediation)
지속 가능성(sustainability)
촉진(facilitation)
토지이용계획(land-use planning)
토지적합성평가(Land suitability analysis)
행정역량(administrative capability)
협상(negotiation)

개요

이 장에서는 재난 회복력이 재해 위험 관리, 지속 가능한 발전, 재해 예방, 기후 변화에 대한 적응 개념 내에서 어떻게 조정되는지 그리고 재해 분석과 계획의 결합에 대한 논의가 다루어진다. 재해 경감 계획은 위험 요인 확인과 분석, 사회·경제·환경 취약성 평가 기술(예: 공간 분석, 모델링, 경제 손실 평가)의 사용, 위험도 관리 또는 재해 예방 전략의 개발과 개인·집단·기관에 대한 적용 같은 개념들을 연결하는 도구이다. 이 장의 마지막에서는 토지이용계획 및 절차와 재난 회복력을 가진 지역의 잠재력을 논의한다.

지속 가능성, 재난 회복력, 재해 예방 계획

지속 가능성 개념은 개발에 대해 논의하는 적합한 방법으로 인정받고 있다. 지속 가능한 개발은 현재와 미래 세대의 사회·환경·경제를 발전시키고, 자연환경과의 조화를 강조한다(World Commission on Environment and Development, 1987). 최근에는 이 개념에 재해 예방(Beatley, 1998; Berke and Beatley, 1992; Godschalk et al., 1999; Schwab et al., 1998; Smith and Wenger, 2006)과 재난 회복력(Beatley, 1995; Berke, 1995; Burby, 2001; Schwab et al., 1998)이라는 목적이 더해졌다(그림 9-1).

많은 국내외 위원회들이 자연재해 예방과 근래의 기후 변화까지 포함하는 지속 가능성 사이의 연계를 위해 노력해왔다. 유엔은 리우정상회담을 통해 재해 예방을 포함하는 초기 지속 가능성의 정의를 논의하여

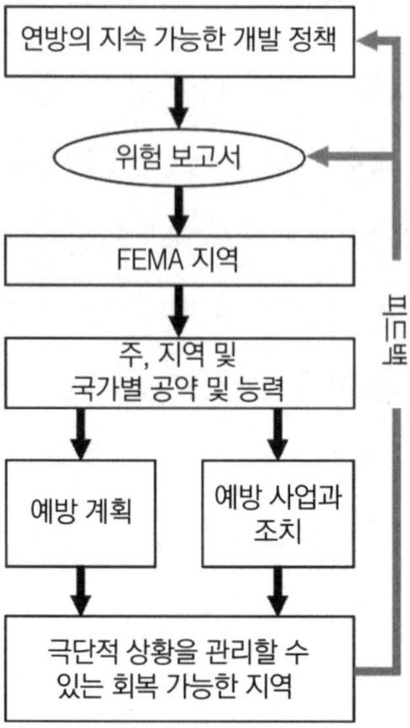

〈그림 9-1〉 지속 가능한 예방 정책 체계

1990년대를 '자연재해 감소의 10년(Decade of Natural Hazard Reduction)'으로 선언했다. 대통령 산하 지속가능개발회의(Council on Sustainable Development)에서는 재해 예상 지역에서 지속 불가능한 개발이 진행되고 있을 경우, 정부 보조금을 감축하는 방안에 대해 논의하고 있다(Beatley, 1998: 237-238). 가장 최근에는 IPCC와 수많은 국제 원조 기구들이 이러한 개념을 기후 변화 적응에 적용하고 있다(International Panel on Climate Change, 2012; United Nations Framework for the Convention on Climate Change on Loss and Damage, 2012).

많은 국제단체와 재해 연구가들이 이러한 입장을 지지하고 있지만, 연방, 주, 지방정부의 실무자들은 재해 예방과 재난 회복력 개념을 일상생활에 연결시키지 못하고 있다. 개념적뿐만 아니라 다각적 계획을 통해 이러한 개념들을 연결시키는 능력은 결과물과 이해당사자들 간의 지지를 강화시킬 수 있다(Smith and Wenger, 2006). 위험도에 대한 기후 변화의 영향력 파악은 재해 예방과 재난에 대한 회복력 그리고 기후 변화에 따른 적응력을 상호 연결시키는 기회 혹은 도전이 될 수 있다(Berke et al., 2012; Glavovic and Smith, 2014; Schipper, 2009; Schipper and Pelling, 2006).

고드숄크(Godschalk, 1999)는 재난 회복력을 가진 지역과 지속 가능한 개발 원칙의 연결성을 다음과 같이 설명하고 있다.

> 회복력 있는 지역은 자연재해의 강한 파급력에 피해를 입기는 하지만, 멸망하지는 않는다. 이러한 지역은 강력하고 유연성 있게 계획적으로 건설되었으며, 불안정하거나 연약하지 않다. 도로, 전기시설, 기타 지원시설이 높은 수위, 강풍, 흔들리는 땅에서도 계속 제 기능을 할 수 있도록 설계되었다. 기업, 병원, 공공안전센터가 위험하지 않은 안전한 지역에 위치해 있다. 자연재해의 위협에 대비해서 건물들은 법령이 정한 기준에 맞추어 건설되고 리모델링되어 있다. 모래언덕이나 습지의 환경보호시스템을 비단 환경보호뿐만 아니라 재해 예방기능도 수행한다.

위의 설명처럼 재난 회복력을 가진 지역은 현재 진행 중인 건축, 설계, 계획 활동에 재해 예방 전략을 반영하지 않는 지역보다 지속 가능하다. 회복력에 관해 팀 비틀리는 재해 회복력이란 과거의 재해에 대한 전략의 취약성을 보완하는 것이라고 보았다. 재해 회복은 현재의 재해 위험도를 줄일 뿐만 아니라 기후 변화에 기인한 미래의 위험도 변화를 대비하고 적응하는 좋은 방법이다.

재난 회복력과 지속 가능성을 확보하기 위해 적절한 행동을 취하려면 우선 지역에 실재하는 위험요인을 확인해야 한다. 1장에서 설명한 재해 분석은 재해 발생 가능성과 잠재적 영향 또는 결과를 평가하여 위험요인의 물리적(규모, 범위, 강도) 특징과 시간적(발생 속도, 지속 기간) 특징들을 체계적·지속적으로 확인하고 정의하는 과정이다. 재난 회복력을 가진 지역을 만들기 위해 재해 분석은 개인, 단체, 조직이 정보를 바탕으로 내릴 수 있는 합리적 결정의 기반을 제공한다(Cutter et al., 2007; Deyle et al., 1998 참고). 그러나 재해 예방 계획에 대한 국제적 평가에 따르면 목적과 예방 정책을 설정하기 위해 사용된 과학기술의 수준은 가장 약한 부분이다(Berke and Godschalk, 2009). 이런 중요한 발견으로 훌륭한 재해 분석은 독자적으로 수행될 수 없고, 시스템적인 관리 전략의 일부분이 되어야 한다는 사실이 강조된다.

재해 위험도 관리를 통해 재난 회복력이 달성된다. 재해 위험도 관리는 개인, 단체, 지역에서 취하는 일상적 혹은 계획적 행동이 재해 취약성에 미치는 방식을 인정하는 포괄적이고 통합적인 실천, 정책, 행동의 채택을 의미한다. 의사결정 과정은 정확하고 시기적절한 정보 접근성, 위험도 정보 전달 전략의 효과성, 자원 가용성, 정치권력 및 영향력, 리더십, 계획 입안을 포함한 다수의 요인에 영향을 받는다. 토지이용계획 전문가는 재해 예방, 재난 회복력, 지속 가능한 지역의 개념을 연결하기 위해 필요한 도구, 기술, 과정을 사용하면서 의미 있는 통합적 역할을 수행한다.

점점 더 많은 학자들과 실무자들이 지역이 자연재해 및 재난에 회복력을 가진다는 사실을 인정하고 있다(Beatley, 2009; Burby, 1998; Godschalk et al., 1999; Mileti, 1999; Hational Academies, 2012). 이러

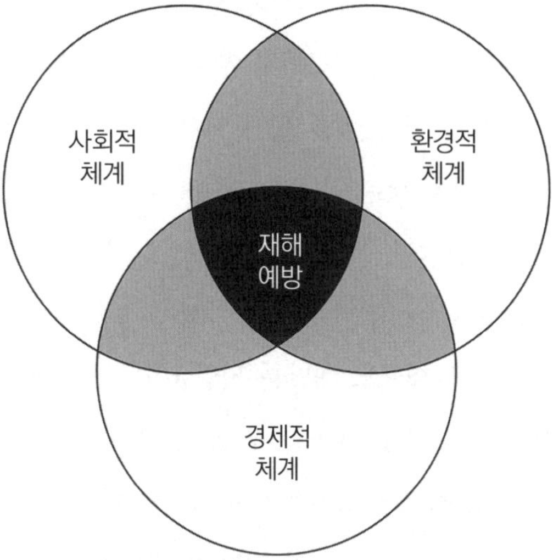

〈그림 9-2〉 재해 예방과 지속 가능한 지역

한 논의에 재해 예방 원칙을 포함시켜 사회, 경제, 환경 주제들의 사전 재해 예방 계획과 사후 재난 피해에 연결시켜 경계선 연결 기능을 수행할 수 있다(그림 9-2). 재해 예방과 개인, 정부, 기업, 비영리단체 등의 일상적인 활동을 통합시키는 것은 지속 가능한 개발 원칙의 이상적인 실행이다. 사전 계획을 통한 재난 대응이 실패한다면 뉴올리언스에서 허리케인 카트리나 발생 후 나타난 것 같은 극적인 재난 결과가 발생할 수 있다. 재해 예방 계획은 위험요인, 잠재적 효과, 그리고 그 효과를 감소하거나 제거하기 위한 행동을 확인하는 행동 지향적인 체계다. 다목적 계획의 실행은 재난 전후에 목표 달성을 위한 과정 도구를 제공한다.

위험요인과 재난은 인종, 계층, 권력, 형평성의 문제(4장과 5장 참고)와 자연 시스템 보호 및 재해 취약성과 관련된 환경적 우려사항(2장 참고; Colten, 2005; Costanza et al., 2006)과 이와 연결되는 사회경제 문제를 밝히거나 강조하며, 지역의 기존 특성을 이해하는 강력한 수단을 제시한다. 재난은 지역에서 이전에 언급되지 않은 문제를 직면하도록 하는 강력한 메커니즘 역할을 한다. 예를 들어 저가 주택의 건축 또는 수리, 에너지 효율 설계 원칙을 새로운 개발 표준에 적용하고, 위험요인이 있는 지역에 스프롤을 권장하는 정책 변화가 포함된다. 정책 설정과 관련해 이는 기회의 창(Kingdon, 1984) 또는 관심이 집중되는 사건(Birkland, 2006)으로 간주된다. 대규모 재난은 위험요인 및 재난에 취약한 지역에 개발을 장려하는 기회를 제공할 수 있다. 강력한 경제적 이해관계들이 재해사건과 연방 보조금 유입을 이용해 가능한 빠르게 지역을 복구하고, 재해 예방 또는 지속 가능한 개발 원칙을 회복 과정에 통합시키는 기회를 효과적으로 활용하면서 이익 기반의 정책을 추진할 수 있다(Freudenberg et al., 2009).

정치적 상황 평가 및 재해 예방 전략 채택과 관련된 정책을 재난 후 회복 계획 입안 및 의사결정에 반영시켜야 한다. "사전 계획과 사후 조치를 통해 물리적, 사회적, 경제적 그리고 자연적 환경을 회복시키고, 복구하고 재형성하는 서로 다른 과정"(Smith and Wenger, 2006: p. 237)으로 정의될 수 있는 재난 복구는 기존 정책의 개선과 재해 위험을 더 잘 반영하는 프로그램 발견 및 새로운 재해 예방 장려책을 통합하는 기회를 제공한다. 선출직 공무원과 지역 주민 사이에서 위험도에 대한 인식을 크게 높이는 과거 재난이나 기존의 재난 예방 기금 프로그램의 장점을 취하는 인식과 능력, 견고한 사전 계획 과정, 그리고 재난이 발생한 이후 더 높아진 기준을 채택하는 정책 등을 포함한 많은 요인들은 재난이 발생하는 정도에 영향을 줄 수 있다.

생각하기

주요 재난 사건 외에 미국이나 그 밖의 장소에서 발생하여 중요한 정책 변화를 가져온 관심이 집중된 사건을 떠올릴 수 있는가? 답변과 관련해 연방, 주, 지역에 어떠한 구체적 함의가 있는지 논의해보자. 지난 50년간 루이애지나 주 해안 토양 손실은 관심이 집중된 사건의 좋은 예인가? 당신의 답변 이유는 무엇인가? 해수면 상승이나 가뭄과 같이 오랜 시간에 걸쳐 발생하는 위험요인과 비교하여 허리케인이나 지진 같은 갑작스런 재난의 발생은 이목을 집중시키는 측면에서 어떻게 다른가? 이러한 차이를 바탕으로 두 가지 재난에 대해 어떤 정책을 제안할 수 있는가?

자연재해는 우리가 살고 있는 환경의 일부다. 허리케인, 홍수, 겨울 폭풍, 지진은 우리 모두가 의지하는 큰 자연 시스템의 규칙에서 중요한 역할을 한다. 자연 시스템을 물리적으로 변화시키려는 시도는 종종 재해 취약성을 증가시키고 재난 후 피해를 포함한 심각한 결과를 가져온다(Glavovic and Smith, 2014). 재난은 인간과 관련 있으며, 자연재해가 인간의 거주지나 인간이 의지하는 자연자원을 가로지를 때 발생한다. 이러한 현실을 인정하지 못하면 본질적으로 지속 가능한 개발을 할 수 없다(Beatley, 2009; Burby, 1998; May et al., 1996). 습지, 경사지, 산악지대, 황무지와 같이 환경적으로 민감한 지역들은 홍수, 해안 폭풍, 산사태, 산불 같은 자연재해에 취약하다. 이러한 지역의 개발 제한은 개인과 지역에서 위험요인 영향에 대한 노출을 감소시키며 자연 지역을 보호해준다. 예를 들어 습지는 육지에 도달한 허리케인에 대한 자연 완충장치, 홍수로 의한 유출량의 저류지, 오염물질과 퇴적물의 여과 시스템, 지하수 재충전 지역, 야생동물 서식지, 카누 및 조류 관찰 같은 물 기반 여가활동

장소로서의 역할을 한다.

토지이용계획가들은 토지를 일련의 내부 특성을 기반으로 '가장 적합한' 유형의 이용방법에 따라 평가·분류하는 토지 적합성 평가를 정기적으로 사용하고 있다. 역사적으로 이 평가는 다양한 토지 이용의 생태학적 영향을 측정하기 위한 수단으로서 이용되었다. 계획 수립 학자이자 실천가인 이언 맥하그(Ian McHarg)는 『자연과의 설계(Design with Nature)』(1969)에서 환경 자료를 계획 과정과 지도 작성에 통합시키면서 최초로 이 평가 과정을 체계적으로 정리했다. 이는 또한 6장에서 논의한 GIS 개발의 시금석 역할을 했다. 환경 및 자연재해 정보를 수집해 분석하는 능력은 토지 이용 결정과 지리공간적 생산물을 연결하는 강력한 도구를 제공해준다. 토지 적합성 평가는 다음과 같은 생태학적 지표와 자연재해 지표를 사용하여 결정을 내린다.

- 지형/고도/평균 해수면(홍수, 해일, 해수면 상승)
- 수화토와 충적토(홍수, 진흙 산사태), 화산토(화산, 진흙 산사태)
- 성토(지진 및 산사태와 관련 있는 액화)
- 카르스트(싱크홀)
- 경사(산사태, 눈사태, 돌발 홍수, 용암)
- 식물 유형(산불, 진흙 산사태, 침식, 돌발 홍수)
- 습지 경계(홍수, 해수면 상승)
- 해안 또는 하안 침식과 침하에 취약한 지역(홍수, 폭풍, 해수면 상승)
- 보초도 지형, 폭 그리고 방향(홍수, 폭풍해일, 침식, 해수면 상승)

이러한 접근방법은 2장에서 논의한 지역, 국가, 국제 생태학적 자산을 보호하거나 보호하지 못하는 것을 파악하고 시각적으로 보여주는 유망한 수단이다.

> **생각하기**
>
> 토지 지속 가능성과 자연재해 분석에 추가해야 할 데이터가 있는가? 종합 재해 분석에 도움을 주는 다른 분석 도구가 있는가? 당신의 직업 또는 연구 분야에서 사용하는 분석 도구들을 살펴보자. 해당 도구들이 현재 이러한 목적을 위해 사용되고 있는가? 당신의 답변 이유는 무엇인가? 지리적으로 정의되지 않은 자연재해를 평가하는 데 이러한 도구들을 사용할 수 있는가? 현재 존재하지 않지만 미래 어떤 지역에 존재할 수 있는 위험요인(예: 해수면 상승)을 지도에 어떻게 표현할 수 있는가?

무상이익을 얻을 수 있는 잠재성과 관련해 자연재해에 취약한 토지가 종종 가장 탐나는 거주 장소이기도 하다. 예를 들어 황무지와 도시 접점, 가파른 경사지, 해안 및 하천변 지역이 있다. 시장의 요구, 알려진 재해 지역에 대한 지역 공무원의 개발 제한 무시, 재해 예방 전략의 부적절한 적용, 대규모 재난 후 보조금 프로그램으로의 접근은 이러한 유형의 개발을 억제하기보다는 장려한다. 또한 재해 지역의 개발 관련 사회 비용이 효과적으로 측정되지 않고 통합 재해 정책에서 고려되지 않는다는 사실도 적합한 재해 예방 전략의 채택을 방해하고 있다. "누가 재해 가능성이 높은 지역의 생활비용을 감당하는가?"는 가장 논란이 되고 있는 질문 중 하나다.

재난 후 보조금 정책도 이 문제에 기여한다. 주정부와 지방정부는 사전에 지역 수준에서 노출과 취약성을 증가시킨 행동과 상관없이 재난 후 권리 프로그램으로서 보조금을 제공하고 있다. 연방정부는 이러한 의존성을 양성하는 데 중요한 역할을 하고 있다. 연방 재난 선언의 증가도 부분적으로는 정치적 후원의 결과일 수 있다(Platt, 1999). 자연재해 학자인 로이 버비는 바람직한 재해 예방 정책과 관련한 내재된 문제를 설명하기 위해 '안전 개발 역설'과 '지방정부 역설'이라는 용어를 만들었다. 안전 개발 역설은 취약성을 줄이기 위해 설계된 (제방이나 방조제 같은 공학기반 해결책) 여러 가지 위험도 감소 수단이 실제로 어떻게 재해 위험 지역을 개발시켜 미래에 더 큰 손실을 일으키는지 설명한다.

지방정부가 재해 취약성을 제한하는 정책에 거의 신경을 쓰지 않는 동안 위험한 지역에 살고 있는 개인이 재난과 관련된 고통을 견디는 상황이 있다(Berke and Smith, 2009; Burby, 2006). 이러한 문제를 다루기 위해 주정부와 지방정부는 반작용적인 정책보다는 주도적인 정책을 채택하여 위험요인의 잠재적인 영향에 관한 지역 자립도를 높일 의무가 있다. 이 개념은 지속 가능성과 재난 회복력을 가진 지역의 특성으로서 아직은 강조되지 않고 있다(Smith and Wenger, 2006).

티모시 비틀리(Timothy Beatley, 1989)는 재해 예방 실행에 의사결정 체계 구성을 돕는 도덕적 차원이 포함된다고 주장했다. 미래 세대의 행복을 위해 행동을 취해야 한다는 도덕적 의무가 지속 가능성의 개념을 뒷받침하고 있다. 재해 예방 영역에 윤리학을 적용하여 다음과 같은 질문을 던질 수 있다. (1) 위험요인에 대한 취약성을 촉진하는 연방, 주, 지방정부 정책과 어떻게 타협해야 하는가? (2) 지방, 주, 연방정부는 재해 예방 프로그램을 채택하고 실행할 도덕적 의무를 어느 정도 가지는가?

(3) 정부는 사회적 약자에게 추가 보조금을 제공할 의무를 가지는가?

(4) 자연 위험요인의 취약성 감소를 위한 행동을 취해야 하는 개인적 의무와 정부 보조금에 대한 의존율은 어느 정도여야 하는가?

생각하기

지방, 주, 연방정부가 자연재해의 영향으로부터 생명과 재산을 보호할 도덕적 의무를 가지고 있는가? 그렇다면 기존 정책이 재해 구역에서 개발을 억제하기보다 장려하는 의도하지 않은 효과를 가진다는 사실에 어떻게 타협할 수 있는가? 이러한 딜레마를 해결하기 위해 무엇을 해야 하는가? 재해 가능성이 높은 지역의 개발은 종종 별장과 관련 있다. 이러한 재산을 보호하기 위해 정부는 어느 정도의 재정 보조 의무를 가지는가?

재해예방계획 정책 체계

2000년 재해예방법에서는 주와 지방정부가 재난 전 예방(PDM: Pre-Disaster Mitigation)과 재해예방보조금프로그램(HMGP: Hazard Mitigation Grant Program)을 포함한 재해 전후 예방 기금을 확보할 자격을 얻기 위해 재해예방계획을 개발하도록 요구하고 있다. 또 재난예방법은 주와 지역 재해예방계획의 개발과 관련한 연방 규칙과 요구조건을 성문화하고 있다. 이전에 주들은 스태포드재난구조및긴급지원법(Robert T. Stafford Disaster Relief and Emergency Assistance Act)에 명시된 대로 계획을 개발하도록 요구받았다. 1998년 의회를 통과한 스태포드법은 개인보조, 공공보조, 재해예방보조금프로그램이라는 세 가지 주요 재난 회복 프로그램을 제정했다. 스태포드법은 재해 예방과 재난 계획의 개념을 발전시키는 광범위한 정책 체계보다는 세 가지 프로그램의 행정운영을 강조했다(Godschalk et al., 1999; Mileti, 1999). 고드숄크 등(Godschalk et al., 1999)은 재난예방법보다 앞선 계획들에 대한 연구에서 각 주 재해예방계획의 질이 떨어지며 통합재해예방전략의 실행 능력도 제한되어 있다고 밝혔다. 회계감사원의 최근 연구에서는 연방정부가 많은 수의 복잡한 재해 예방 기술을 미래 재난 손실 감소를 위한 국가 정책 체계에 적용하는 데 실패했다고 인용했다(Government Accountability Office, 2007). FEMA는 2012년에 재해 위험 감소를 위한 개념적 접근방법을 설명하는 국가 재해예방 프레임워크를 개발했다. 재해예방 프레임워크는 증가하는 재해 위험의 순수 피해를 가지고 주와 지역의 재해예방계획의 품질 향상과 연방 정책의 상당한 수정을 이끌어냈다.

주와 지역의 재해예방계획 품질과 재난 예방 조치 계획 개발을 다루는 대부분의 통합 연구에서 많은 우려스러운 현상이 나타났다. 비록 주정부의 계획이 타 계획들과 관련하여 전반적으로 향상된 것으로 나타나지만, 지역 계획들은 치명적인 결함을 많이 드러냈다. 예를 들어, 대부분의 계획은 긴급 서비스, 자산 보호 그리고 정보와 인식을 높이려는 노력을 강조하여 토지 이용 도구와 절차에 낮은 우선순위를 부여했다(Lyles et al., 2014). 평가된 계획 중 어떠한 것도 모든 계획의 품질 측면에 높은 점수를 부여하지 않고, 내부적인 일관성만을 중시한다면 문제가 될 수 있다.

재해예방계획은 주어진 지역의 재해 취약성 수준을 감소시키도록 고안된 상호 관련된 프로그램, 정책, 프로젝트의 형태로 행동 체계를 제공해야 한다. 베르케, 스미스와 라일스의 연구에 의하면 이러한 계획들은 미래 피해액을 줄이거나 더 큰 지속 가능성과 재난 회복력을 성취하는 것과 같이 분명한 비전이나 목적을 포함하고 있지 않았다. 대부분의 지역 재해예방계획은 목적에 대한 수단으로서 만들어졌다. 즉, 재해 위험도와 취약성을 반영하는 방식으로 개발과 인간 주거지 패턴을 이끄는 미래지향성보다는 (과거에 만들어진 문제를 다루는) 예방 보조 프로그램 기금에 대한 접근성과 관계가 있다(Berke and Smith, 2009). 이러한 미래지향성을 반영하는 정책을 채택하지 못하면 지속 가능성과 재해 회복력을 가지지 못하거나 자연재해 위험 관리와 기후 변화를 연결하는 최근의 문제를 반영하지 못한다. 베르케, 스미스와 라일스에 의해 평가된 계획들은 재해 예방과 기후 변화 채택 사이의 연결을 거의 설명하지 못한다. 이러한 문제를 다루기 위해 다음에 소개되는 재해예방계획 과정에 검증된 계획 기법이 효과적으로 적용된다면 상당 부분 보완이 가능할 수 있다.

재해예방계획

재해예방계획은 몇 가지 부분으로 이루어져 있다. 즉 재해예방계획 입안위원회, 사전 분석, 취약성 평가, 역량 평가, 재해 예방 전략, 계획 적용 및 실행이다. 재해예방위원회의 과업은 재해예방계획의 입안 및 실행이다. 많은 경우 예방위원회가 아니라 민간 자문위원이 재해예방계획의 개발을 주도한다. 이 과정은 공공 참여는 약하지만 강력한 위험도 평가를 수반한 재해예방계획의 개발로 이어진다(Smith et al., 2013). 게다가 토지이용계획가의 참여를 포함하는 지역정부의 책임이 약하면, 토지 이용에 크게 중점을 두지 않는 계획이 만들어진다. 또한 이러한 계획은 재해 예방 정책이나 사업을 관할 통합 계획, 법적 효력과 미래 성장을 포함하는 문서와 통합되지도 않는다.

지역사회재해예방위원회 위원들은 다음과 같다.

- 공공사업 책임자
- 토지이용계획가
- 지역 범람원 행정가
- 지역 위기관리자
- 건물 담당자/건물 감독관
- 도시 관리자/도시 보조 관리자
- 재정 담당자 또는 책임자
- 경제개발 책임자
- 지방자치단체 대표
- 시민단체 대표
- 비영리단체 대표
- 지역 기업 대표
- 공기업 대표
- 언론기관 대표
- 지역계획 담당자
- 응급기관 대표

이 위원회 안에는 시간에 따라 확인되는 주요 이슈를 바탕으로 작은 위원회가 구성된다. 예를 들어 취약한 주택 및 시설물과 관련된 기능적 과제와 미래 성장 또는 기존 토지 이용 법규의 바람직한 변화와 관련된 구체적 도전과제가 있다.

계획 입안 전체 과정에 일반 시민의 참여를 유도하는 것이 위원회의 책임이다. 예를 들어 일반 시민은 위험요인과 잠재적 영향을 확인하는 데 기여할 수 있다. 이를 통해 지역 공무원과 계획 개발을 돕기 위해 고용된 외부 전문가들이 놓칠 수 있는 경험 기반의 지식을 포함시킬 수 있다. 예를 들어 과거 위험요인과 재난 경험을 바탕으로 한 일화 또는 개인이 수집한 신문 스크랩과 사진이 있다. 일반 시민의 입력값은 집단적인 지역 위험도에 대한 이해를 도와 교육 및 찾아가는 서비스 전략에 이용될 수 있다(7장 참고). 참여적인 계획 입안의 장점과 계획 입안 과정의 효과에 대해 이 장의 뒷부분에서 좀 더 논의할 것이다.

생각하기

재해예방위원회에 포함시킬 수 있는 또 다른 사람들이 있는가? 시간이 지나면서 참여자와 구성원에 변화가 있는가? 당신의 연구실 또는 직장 동료들은 재해예방계획 입안위원회에서 어떠한 역할을 수행하는가? 기후 변화 적응과 관련하여 추가할 사람이 있는가?

위원회 구성 후 위원들은 재해예방계획의 사실 기초를 제공하는 배경조사(사전 분석, 취약성 평가, 역량 평가)를 시작한다. 효과적인 재해 예방 전략을 개발하기 위해 연구 지역에 나타나는 자연 위험요인을 확인하고 분석할 필요가 있다. 위험요인을 확인한 후 과거 발생과 관련한 피해를 기록하여 분석한다. 신문, 기상 서비스 보고서, 기술 문서, 개인 기록 등이 이러한 목표를 위해 일반적으로 사용되는 정보 출처다. 과거 사건의 역사적 문서는 어떤 지역에서 예상되는 미래 상황에 대한 통찰력을 제공한다. 하지만 과거 사건의 검토가 미래 재난 가능성을 측정하는 최고의 수단은 아니다. 따라서 취약성 평가가 필요하다. 취약성 평가는 다양한 규모의 사건들이 일련의 피해를 야기하며 연구 지역에 영향을 미칠 가능성을 포함한 재해 위험도 평가를 포함한다. 4장에서 논의한 것처럼 인구집단 중 일부는 사회경제적 특성 때문에 다른 집단보다 취약하다. 알맞은 취약성 평가는 예상 개발 패턴과 시간에 따른 인구학적 변화를 바탕으로 미래 예상 손실을 평가한다.

6장과 이 장에서 언급한 것처럼 재해 기본도는 지리적으로 정의된 위험요인을 확인하고 평가하는 데 유용한 수단이다. GIS를 이용한 위험요인 분류는 인공 및 자연환경과 관련해 위험요인의 지리참조 분석을 가능하게 해준다. GIS 플랫폼은 3장에서 논의한 도구들과 함께 다양한 재해 시나리오를 모델링하고, 만약의 경우에 대비해 재해 예방 전략의 개발을 지도하는 소중한 정보를 제공한다. 5장에서 언급한 것처럼 예상 손실을 수량화하는 능력은 8장에서 논의한 합리적 행동의 기반을 마련하고, 위험 정보 전달(7장 참조)을 하는 중요한 수단을 제공한다. 이러한 유형 평가의 실제 능력은 구체적 행동을 취하여 취약성의 수준이 상승하거나 하락하는 방식을 평가하는 데 있다. 예를 들어 재해 지역의 지속적인 개발 또는 보다 엄격한 건축 법령의 채택을 모델링할 수 있으며, 위험요인 노출과 취약성에 대한 부정적 및 긍정적 효과를 측정할 수 있다.

지역의 취약성은 부분적으로 관할구역 내에서 확인된 위험요인의 효과를 감소시키고, 관리하고, 제거하는 기존의 기술적·재정적·행정적·법률적·정치적 능력과 관계있다. 지역 능력의 요소와 지표는 다음과 같다.

- 기술(GIS, 가상현실, 재해 모델링 소프트웨어, 계획)
- 재정(지역 예산, 보조금, 대출, 자본 투자)
- 행정(기술 및 행정 직원, 하청업체)
- 법률(기존 규칙과 법규, 법률)
- 정치적 의지(투표, 채택된 정책 및 법규, 토지 이용 결정)

이러한 능력 분석을 위해 기존 문서, 계획, 프로그램, 정책의 검토가 필요하다. 지역의 문서는 지역 종합계획, 지역 홍수 피해 예방 명령, 자원 확보 계획 등을 포함한다. 지역의 다른 측면을 목표로 하는 지역 정책(예: 경제 개발, 환경 보호, 사회적 서비스)은 자연 위험요인에 대한 지역의 취약성에 영향을 준다. 비영리 및 민간 부문 같은 다른 이해당사자들의 역량도 이 평가에 포함시켜야 한다. 다른 예로는 연방 및 주 규제, 지역 합의, 다수 관할구역의 자원 공유를 들 수 있다. 종합 역량 평가와 관련해 두 가지 질문이 던져진다. (1) 지역의 취약성 및 위험요인과 대응하는 데 필요한 도구를 가지고 있는가? (2) 기존 정책, 계획, 프로그램, 활동은 현재 또는 미래에 재해 취약성을 증가 혹은 감소시키는가?

기술적 역량은 GIS, 가상현실, 재해 모델링 소프트웨어를 포함한 분석 도구에 접근하여 사용하는 것을 의미한다. 관할구역의 재정 역량은 내부와 외부의 재정 자원에 대한 접근성과 재해 예방에 대한 자원 할당 및 관련 활동을 포함한다. 내부 자원에는 이해당사자 집단 참여와 관련된 정기 운영 예산이 포함되고, 외부 자원에는 보조금과 대출금을 통해 마련한 자금이 포함된다. 행정적 능력은 재해예방계획과 관련 전략을 생성, 모니터링, 실행하기 위해 활용할 수 있는 직원, 인력, 하청업체들을 의미한다. 법률적 역량은 행동할 수 있는 법적 지위를 부여하는 정부 규칙과 법규의 유형 및 권력을 의미한다. 연방, 주, 지방정부 기관은 법규 및 정책 실행에 책임을 가진다. 대부분의 토지이용계획 입안 기술의 적용 및 집행은 지역 수준에서 이루어진다. 지방정부는 건강, 안전, 일반 복지를 보호하기 위해 토지이용계획 조치를 집행할 수 있는 '경찰력'의 법적 권한을 가진다(Nolon and Salkin, 2006). 시민과 재산을 위험요인과 재난으로부터 보호하기 위한 이 개념의 적용 사례는 잘 알려지지 않고 있다.

지역 재해 예방 전략의 채택은 종종 지역의 정치적 역량에 영향을 받는다. 정치적 역량은 선출 공무원과 개발업체, 기업 리더 같은 당사자들의 재해 예방 전략 채택을 지지하려는 의지다. 또한 보다 강력한 법규를 주장하는 사람들을 포함하는 시민과 지역 집단 사이의 허용 수준과 관계가 있다. 재해 지역의 토지 이용을 제한하는 정책 또는 엄격한 건축 법령의 채택은 높은 수준의 정치적 의지를 요구하는 행동들이다. 그러한 조치가 불필요하게 토지 이용을 제한하고, 연방정부가 재난 후 재건축 비용을 지불할 것이라고 믿는 사람들에게 확신을 주려면 검증할 수 있는 자료와 지지받는 반론을 생각해두어야 한다. 또한 공무원들은 정책 결정의 기반을 두는 짧은 선거주기의 현실을 넘어서서 움직여 주어야 한다. 효과적인 전략은 지역 권력 또는 선출 혹은 비선출되었으나 영향력을 가진 사람들과 관련이 있으며, 현 상태에서 변화의 달성과 유지를 위한 정책으로서 구체적인 경제, 환경, 사회적 재해 예방 혜택을 설명해야 한다.

기술적·재정적·행정적·법률적·정치적 역량 평가와 함께 재해예방계획에서는 재해 취약성을 위해 사용되는 기존 대책들 사이의 차이를 확인해야 한다. 확인된 차이는 이러한 이슈를 다루는 정책 채택으로 연결되어야 한다. 예를 들어 기존 정책 평가 동안 지역에서는 좀 더 포괄적인 홍수 관리 접근방법의 채택을 요구하는 지역사회평가시스템(CRS: Community Rating System)이 아닌, 국가홍수보험 프로그램에 참여하고 있다는 사실을 발견할 수 있다. 따라서 기존 정책 검토를 바탕으로 지역에서는 재해 예방 전략의 일부로 CRS에 참가를 선택할 수 있다.

생각하기

어떤 역량 평가 요소가 다른 요소들보다 중요한가? 그 이유는 무엇인가? 역량 평가 요소가 어떻게 서로 연결되어 있는지 토의해보자.

재해 예방 전략은 취약성과 역량 평가의 결과를 다루는 데 필요한 행동을 반영한 정책, 프로그램, 프로젝트를 나타낸다. 취약성 평가에서는 예상되는 성장을 바탕으로 미래 취약성뿐만 아니라 위기의 대상을 확인한다. 이 정보는 확인된 취약성을 감소시키기 위해 고안된 구체적 전략 개발에 사용된다(그림 9-3). 효과적인 재해 예방 정책은 다양한 이해당사자들이 확인한 다중위험요인 예방 프로젝트와 정책을 사용할 것을 요구한다. 잠재적 재해 예방 프로젝트에는 홍수 취약 재산의 이주 또는 고도 상승, 취약한 시설의 보강, 공공 기반시설의 강화가 포함된다. 재해 예방 정책에는 국가홍수보험 프로그램 가입, 확인된 재해 지역에 공공 기반 시설과 주요 시설의 입지 제한, 최신 재해 분석 결과물을 반영한 건축법과 기준 적용이 포함된다.

기술을 선택하면서 적절한 자금 또는 행정적 지원을 확인한다. 일부 경우에서 예방 기술 채택이 기존 법규 개정과 새로운 법규 제정을 요구할 수 있다. 그러므로 재해예방위원회는 선출된 공무원의 지지를 얻기 위해 초기 과정부터 참여시켜야 한다. 또한 기존 역량 또는 정부 공무원이 필요한 자원을 사용하여 목표를 성공적으로 달성할 수 있는지 확인하는 것이 중요하다. 그렇지 않으면 실행이 어려울 수 있다. 다음의 재해 예방기술 예는 2001년 노스캐롤라이나 주 위기관리과에서 작성한 「위험요인이 재난이 되지 않도록 막기: 지방정부를 위한 예방 계획 입안 지침서(Keeping Hazards from Becoming Disasters: A Mitigation Planning Guidebook for Local Government)」에서 발췌한 것이다.

- 예방(계획, 구획화, 범람원, 하위 구역 법규, 개방 공간 보존, 폭우 관리, 배수 시스템 관리, 자본 향상 프로그램, 해안선/단층 구역 보호)
- 재산 보호(이주, 매수, 고도 상승, 주요 시설 보호, 보험, 재해 취약 구조물의 보강)
- 자연자원 보호(범람원 보호, 해변 및 사구 보존, 하천변 완충지대와 침식 및 퇴적 통제, 보존 지역권, 습지 보존, 경사지 안정화)
- 구조적 프로젝트(저수지, 방파제, 제방, 수로 변경, 해빈 조성)
- 대중 정보(찾아가는 프로젝트, 재해지도 정보, 부동산 재해 공개, 경고 시스템, 도서관, 재해 엑스포)

생각하기

위험도 평가 발견물과 지역의 실행 능력 수준을 바탕으로 재해 예방 프로젝트와 정책을 균형 있게 선택할 수 있는 방법은 무엇인가? 당신이 가장 효과적이라고 생각하는 재해 기술은 무엇인가? 그 이유는 무엇인가? 기후 변화와 관련된 재해를 다룰 경우 이러한 기술의 선택은 어떻게 달라지는가?

계획의 채택과 실행이 마지막 단계가 아니다. 계획 과정은 지속적으로 수정된 일련의 행동으로서 좀 더 정확하게 특징지어진다(그림 9-3). 계획의 적용은 더욱 큰 지역과 실행에 책임을 가진 사람들 사이에서 법적 지위를 부여받는다. 계획이 행동 지향적 문서가 되기 위해서는 강력한 실행 전략을 포함해야 한다. 개인, 기관, 조직에서 다양한 과업을 부여한 사람들이 계획 일정에 따라 과업을 완료했는지 확인하기 위해 정기적으로 계획을 모니터링하는 것이 중요하다.

계획이 효과적이려면 참여자들이 책임감을 가져야 한다. 계획의 목적과 목표를 충족하지 못했다면 계획 입안위원회는 적절한 수정 조치를 취해야 한다. 효과적인 계획 모니터링, 평가, 수정 전략에는 시간에 따라 변화하는 재해 취약성과 능력에 대한 최신 이해를 통합하는 도구가 포함된다. 새로운 개발, 인구 구성에서의 변화, 좀 더 세련된 분석 도구의 사용은 재해 취약성 이해에 영향을 미친다. 기후 변화와 관련된 영향(예: 해수면 상승, 더 강력한 허리케인, 극한 호우 사상, 장기간의 가뭄, 더 강한 산불)과 연계된 추가적인 불확실성과 이러한 변화를 평가하는 도구들은 재해 분석에서 최우선적으로 다루어져야 한다. 견고한 재해예방계획과 기후 변화 적응 계획을 수립하기 위해서는 다음과 같은 중요한 문제들을 다루어야 한다. 기후 자료를 지역적 규모로 축소하기, 다중 위험 평가 시나리오를 개발하고 이를 바탕으로 견고하고 대표적인 전략 개발하기, 천천히 발생하는 위험요인 모델링하기, 불확실성을 일반 시민에게 알리기 등(International Panel on Climate Change, 2012; United Nations

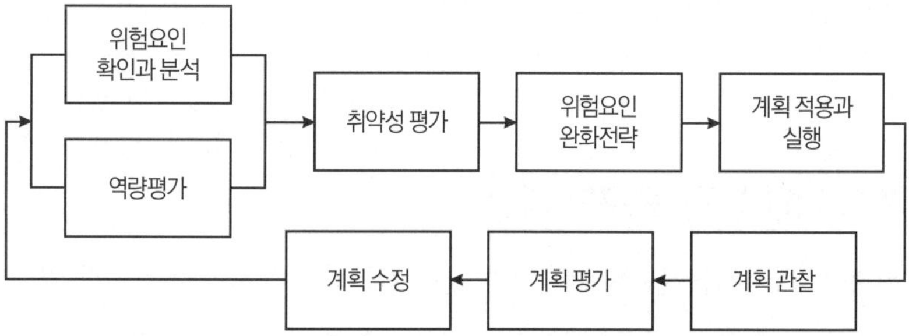

〈그림 9-3〉 재해 예방 수립 과정

Framework for the Convention on Climate Change on Loss and Damage, 2012; Berke, 2014).

마찬가지로 재해를 예방하는 능력도 변화한다. 새로운 위험도 평가 결과와 이것을 알리는 방식의 변화를 고려하여 새롭게 수정된 정책은 문서와 결합하거나 변할 수 있도록 구성되어야 한다. 마지막으로 과정을 모니터링하는 것이 중요하다. 가능하다면 예방 목적의 달성을 기록하고, 혜택을 측정해야 한다(8장, 10장 참고). 금전적 혜택(예: 사전 행동으로 회피한 손실)을 확인할 수 있다면 좀 더 진보적인 예방 정책을 선택한 지역 선출 공무원과 재난 전후 재해 예방 기금 또는 다른 유형의 보조금을 기꺼이 제공하려는 연방기관으로부터 지속적인 정치적 지지를 받는 데 유리할 것이다.

생각하기

어떤 지표가 통합 재해 예방 전략을 채택하려는 지역의 정치적 의지를 평가하는 기초를 제공하는가? 어떻게 예방 전략이 현실을 반영하고 선거 주기, 인력 이동과 관련한 변화를 설명하는가? 시민은 재해 위험도를 적극적으로 다루기 위해 지역의 정치적 의지를 형성하는 데 어떠한 역할을 하는가? 비영리단체(예: 신뢰기반 그룹, 재단, 환경과 사회정의 그룹)와 민간 부문(개발회사, 재정투자회사, 보험회사, 자문위원, 소기업, 기업법인)은 어떠한가?

계획 입안 능력: 도구와 과정

토지이용계획 입안은 재해 예방과 재난 회복력을 향상시키기 위한 가장 강력한 도구 중 하나다(Burby, 1998, 2006; Burby and Dalton, 1994;

계획과 실행 도구	사전 분석	취약성 평가	위험도 분석
계획			
종합계획, 종합계획의 재해 구성성분, 복구/재건 계획	CP	S	R
지역 위급상황 관리 계획	CP	CP	R
개발 규제			
지대설정 법령	S	R	R
구획 법령	S	R	R
재해 지연 조례	CP	R	R
건설 기준			
건설 규정	CP	R	R
특수 재해 강도 기준	CP	S	R
기존 건물 개조 기준	CP	S	R
부동산 취득			
미개발 토지 취득	CP	R	R
개발권 취득	CP	R	R
건물 재배치	CP	CP	R
손상된 건물 취득	CP	CP	R
주요 시설 및 공공시설 정책			
수도 개선 프로그램	CP	R	R
주요 시설 위치의 필요조건	CP	S	R
덜 위험한 지역에서 공공시설 및 사회기반시설의 위치	CP	R	R
조세			
영향 세금	CP	S	R
감소되거나 낮은 시장 과세	CP	R	R
정보 전파			
언론 홍보 프로그램	CP	S	R
재해 공시 요구	CP	S	R

참조: CP=일반적 방법; S=때때로 사용됨; R=드물게 사용됨

출처: Deyle, S. French, R. Olshansky, and R. Patterson(1998). In Cooperation with Nature: Confronting Land-Use Planning for Sustainable Communities, ed. R.Burdy. Joseph Henry Press, Washington, DE, p.123

〈그림 9-4〉 토지이용계획에서의 재해 평가

Berke and Smith, 2009). 개발의 위치, 유형, 밀도와 관련한 물리적 결과물과 정책 관련 결과물에 연결된 과정 지향적 체계 내에서 정책 관련 토지이용계획 입안 검토를 이해해야 한다(Chapin and Kaiser, 1985). 비록 스마트 성장, 지속 가능 성장 그리고 신도시 구상 등이 출현하면서 변화하고 있지만 물리적 계획은 토지 이용의 구획화 및 구분에서 뿌리를 찾을 수 있다. 반면 정책 계획 입안은 의사결정 과정 중 과학의 전통과 보다 최근 등장한 정책 분석 분야와 연결시킬 수 있다(Friedmann, 1973). 물리적 계획과 정책적 계획은 권장사항들을 생산하기 위해 사용된 공간 정보의 수집, 분석, 제시를 통해 상호 의존한다.

토지이용계획가는 기후 변화와 관련된 위험요인(Giavovic and Smith, 2014)을 포함하여 재해 위험도 관리와 직접적 관계가 있는 일련의 토지이용계획 입안 도구를 사용한다(Berke and Beatley, 1992; Burby, 1998; Godschalk et al., 1989). 대부분의 지역에서는 올바른 조치가 취해질 수 있도록 많은 계획 문서를 개발한다. 계획에는 종합 계획, 자본 향상 계획, 지역 계획(중앙 비즈니스 구역 계획과 공원 및 여가활동 계획)이 포함된다. 지역은 성장 관리 계획, 유역 관리 계획, 운송 계획을 포함한 다수의 관할구역 계획에 참여한다. 종합 계획은 미래 성장[1]에 관한

---

1 계획 입안은 원래 계획 수립 활동을 포함한다. 가장 널리 알려진 지역 계획 입안 문서는 종합 계획이다(Berke et al., 2006; Kent, 1964 참고). 종합 계획은 5개의 정의로 구성되어 있다. (1) 관할구역의 물리적 성장과 개발을 위한 지침, (2) 폭넓은 시각을 바탕으로 한 장기 목표 방향(그것을 성취하기 위한 필수 단계를 포함한다), (3) 도시 기능(교통, 주택, 공공 인프라와 시설, 토지 이용, 공원과 휴식공간)과 상호작용의 설명, (4) 일관성 있는 정책, (5) 의사결정의 지침으로 지역 정부기관에서 사용되는 도구(So and Getzels, 1988: pp. 60-61). FEMA는 재해 예방이 지역 종합 계획 그리고 지역

광범위한 정책 방향을 제시한다. 확인된 재해 지역은 장기적 재해 예방 관점에서 종합 계획에 고려되어야 한다(FEMA, 2013). 자본 향상 계획은 수자원, 하수도, 도로, 학교, 건설 자금 같은 미래 자본 개발 프로젝트의 예상 일정을 제공해준다. 공공 기반시설 배치는 개발 패턴 형성에 중요한 역할을 한다. 자연 위험요인 확인 및 분석이 '토지 이용의 구성, 설계, 정당화와 관리의 도구(Godschalk et al., 1989)'에서 이용되는 정도는 다양하다. 반면 〈그림 9-4〉에서 제시하듯이 사전 분석의 전제조건으로 위험도 분석을 실행하는 경우는 드물다.

계획 입안 과정: 이해당사자의 재해 극복 능력 형성

과정 지향적 접근방법을 통해 의사결정자와 일반 시민에게 재해분석의 의미를 효과적으로 전달하고, 적절한 행동이 취해지도록 할 수 있다. 종종 계획 자체보다 계획 입안 과정이 더 중요하게 여겨진다(Innes, 1995: 2004). 협력적인 계획 입안 과정은 지역 의사결정을 촉진시키고 중요한 정보 전달 통로, 교육적 포럼, 이해당사자의 연맹 역할을 한다. 대중 참여, 합의 형성, 과정 지향적 학습은 계획 분야에서 오래된 역사를 가진다. 셰리 아른스타인(Sherry Arnstein)의 고전 『시민 참여 사다리의 여덟 단계(Eight Rungs on the Ladder of Citizen Participation)』(1969)에서는 참여의 몇몇 단계와 그 함의를 설명하고 있다(그림 9-5). 조종과 치료는 참가자들이 의견을 말하도록 허용하기보다 참가자들을 '교육'하거나 '치료'

계획과 결합될 수 있다는 것을 보여주는 보고서(Integrating Hazard Mitigation into Local Planning: Case Studies and Tools of Local Officials)를 개발했다.

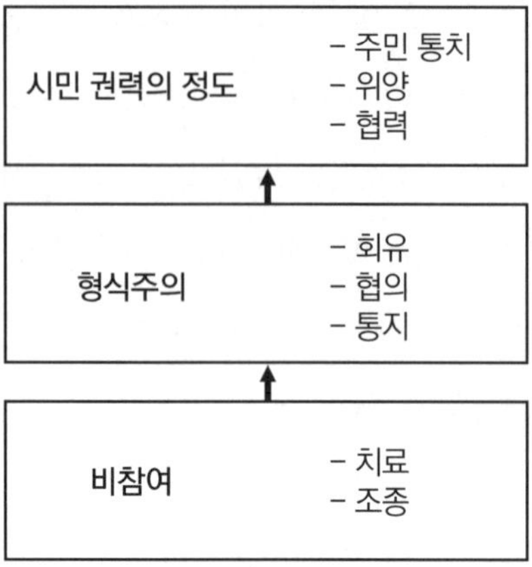

〈그림 9-5〉 시민 참여 단계

하기 위한 권력의 위치에 있는 사람들의 노력을 반영한다. 정보 전달과 자문은 시민이 입력값을 제공하도록 허용하는 행동으로 특징지어지지만, 이러한 정보는 거의 실행으로 이어지지 않는다. 이상적으로는 시민이 '충고'하도록 허용하지만, 실제 권한은 의사결정권자에게 있다. 시민 권력에는 파트너십, 위임 권력, 시민 통제력이 있다. 파트너십은 협상과 관련된 '거래'를 허용한다. 반면 위임 권력과 시민 통제력은 의사결정 권위의 이전과 관계있다. 이러한 분류 항목들은 특히 7장과 8장에서 설명한 의사결정 과정 체계를 만들고 분쟁 해결 기술의 역할을 논의할 때 특히 유용하다.

> **생각하기**
>
> 시민 참여 사다리의 여덟 단계를 7장 위험도 의사소통에서 논의한 개념에 적용한다. 아른스타인(Arnstein) 체계를 바탕으로 기존 위험도 정보 전달과 의사결정 전략에 어떠한 변화를 권고할 수 있는가? 증가하는 불확실성을 전달하는 수단으로서 이러한 개념들을 기후 변화와 관련된 의사결정 과정과 논쟁에 어떻게 적용할 수 있는가?

아른스타인처럼 폴 다비도프(Paul Davidoff)는 도시 계획가가 기술자의 역할에 대한 확고한 믿음을 버리는 대신 시민 참여 계획 개념을 포용해야 한다고 주장했다. 이러한 접근방법은 4장에서 설명한 권리를 대신하여 사회적으로 취약한 사람의 목소리를 대변하기 위한 것이다. 앨린스키(Alinsky, 1969)는 기존 기관, 조직, 단체에서 충족시키지 못한 요구는 자발적으로 형성된 새로운 단체에 의해 재난 후 적용되는 지역 조직 계획을 통해 입안해야 한다고 주장했다(Drabek, 1986). 사회 정의 그룹, 신뢰 기반 그룹, 다른 비영리단체 그리고 전문가 단체들은 사회적 취약성뿐만 아니라 지속 가능한 개발 원리를 다루는 재해 예방책 채택을 옹호하는 조직의 형태를 보여준다. 항상 그런 것은 아니지만 비영리단체는 엄격한 건축기준이 도입되기 전이나 재해 위험을 알리는 새로운 지도가 만들어지기 전 기존 재해 지역에 저소득자용 주택을 건축함으로써 뜻하지 않게 사회적 취약성을 악화시킬 수 있다.

재해 예방과 관련된 사전 및 사후 재난 이슈는 종종 논쟁을 초래한다. 특히 행동이 협력적 접근방법인 아닌 정부의 권한에 바탕을 둔 경우 그러하다. 예로 건축법 채택, 확인된 재해 지역의 개발 제한, 개발의 위치, 유형, 밀도를 제한하는 기타 예방전략을 들 수 있다. 이러한 행동들은 종종 지역 토지이용계획가들의 이해 범위 내에서 가능하므로 토지이용계획가들은 분쟁 해결에 중요한 역할을 해야 한다. 재난 후 빠른 재건축 추진과 신중한 접근방법 사이에 긴장이 흐른다(Haas et al., 1977; Olshansky, 2006; Smith, 2011). 개발 이해단체와 개인은 공무원들에게 정상상태를 되찾기 위한 정책 및 계획 과정을 효율적으로 추진하도록 상당한 압력을 가한다. 한편 재난 후 환경은 재해 예방 개념이 지속 가능한 재개발(회복정책 또는 재건축 등)을 포용할 수 있는 독특한 기회를 제공한다(Smith and Wenger, 2006). 재난 후 재해 예방 조치의 채택은 지역이 회복할 수 있도록 돕는다(Beatley, 1998). 재난상황에 회복력이 있는 지역은 단일 행동이나 일련의 행동이 아닌 지속적인 과정을 통해 실현될 수 있다.

위험요인과 재난의 맥락에서 이해된 계획 입안 과정에는 (1) 새롭고 보다 정확한 위험요인 정보를 바탕으로 발생 가능성과 예상 효과를 포함하는 위험요인의 지속적인 평가와 재평가, (2) 위험요인의 취약성을 증가시키거나 감소시키는 새로운 정책, 개발 선택, 해결 패턴의 채택, (3) 위험요인과 관련해 이용할 수 있는 최상의 정보, 이해당사자의 의미 있는 참여 및 지역·정치·사회·기관 조건을 기초로 하는 참여 방법 채택에 기반을 둔 의사결정 체계의 생성 및 유지가 포함된다.

아른스타인이 '시민 권력'으로 부른 것을 발전시키기 위해 검증된 분쟁 해결 기술이 빈번히 사용되고 있다. 전통적 특별 참여 접근방법(예: 공청회)은 종종 평등주의 목표에 부합하지 못했고(Kemp, 1985), 재해위험도 정보 전달의 알맞은 수단을 제공하는 데 실패했으며(Kasperson, 1986), 갈등이 가득한 재난 복구 과정을 다루지 못했다(Smith, 2011: p. 441). 분쟁 해결 능력은 역사적으로 의사결정에서 배제된 사람들을 포함한 경쟁 그룹 사이에서 합의를 추구하는 능력이다. 이러한 기술들을 채택하는 사람들은 이 접근방법이 권력을 가진 사람들의 주장대로 현재 상태를 발전시키기 위한 도구로서 기술 전문가에 의해 이용되지 않도록 조심해야 한다. 아른스타인은 이를 '형식주의'라고 설명했다. 계획가는 이러한 기술들을 점점 더 채택하고 있으며, 이러한 기술을 직업 훈련의 일부로 고려하고 있다. 외교관, 조직화된 노동자, 변호사 등도 이러한 기술을 직업 훈련에 포함시키고 있다.

분쟁 해결 기술은 재해 예방과 재난 복구와 관련된 사람들을 포함해 복합적 이해당사자 딜레마에 적용할 수 있는 도구를 대표한다(Godschalk et al., 1998; Smith, 2011). 구체적 방법으로는 촉진, 협상 중재, 정책 담화를 들 수 있다. 촉진자의 역할은 당사자 사이의 효과적인 정보 전달을 위해 가능한 최선의 조건을 제공하는 것이다. 여기에는 분명한 규칙 설정, 적절한 이해당사자의 대표성 확인, 인격보다 이슈에 초점을 맞춘 그룹 활동, 합의 가능한 분야를 찾는 참여자에 대한 질문이 포함된다. 주 공무원들이 이러한 역할을 수행할 수도 있다. 왜냐하면 공무원들은 종종 연방 프로그램과 프로그램이 지역에 미치는 영향 사이에서 정책 토론을 중재하도록 요구받기 때문이다.

협상은 둘 이상의 당사자 사이에서 이루어지는 흥정 과정이다. 각각은 만족스런 합의를 원한다. 하지만 실제 협상에서는 한 당사자의 이익은 반드시 다른 당사자의 손해로 이어진다는 제로섬 게임 원칙에 따라 차선의 합의를 이끈다. 그렇다면 어떤 조건에서 제로섬 게임이 아닌 상호 혜택을 가져오는 합의를 이끌 수 있는가?(Raiffa, 1982 참조) 연방 재해 정책에서 바람직한 변화는 종종 효과적인 협상 기술을 가진 지역 및 주 공무원의 노력에 기인한다(Smith, 2004, 2006, 2011). 예를 들어 지역의 요구를 반영한 재난 후 재해 예방 정책을 개발할 수 있다(Smith, 2011).

다수의 당사자 사이의 분쟁은 이해관계의 규모와 정보와 권력에 대한 다양한 접근성을 고려할 때 해결하기 어렵다. 중재에는 훈련을 받은 중립적인 제3자의 참여가 포함된다. 제3자가 권력 불균형을 인식하여 중화하고(예: 운동장 평평하게 다지기), 정보 공유를 강조하면서 갈등하는 당사자들이 상호 혜택을 가져오는 합의에 도달하도록 돕는다. 중재 사용이 재해 관련 분쟁 해결 도구로 널리 채택되고 있진 않지만, 좀 더 연구가 필요한 유망한 도구임에 틀림없다(Robin, 2007; Smith, 2011).

정책 결정의 절차적 본질에는 정책 담화 이용이 포함된다. 이 기술은 참여자가 다른 사람의 입장과 이해관계를 좀 더 이해하고, 정책 딜레마 해결을 추구하며, 이러한 지식을 사용할 수 있는 지속적인 논의를 강조한다. 이해당사자들 사이의 반복적인 정보 전달은 협력을 이끌어낸다(Axelrod, 1984). 분쟁이 해결되지 않은 이러한 사례에서 참여자들은 종종 정보 전달을 향상시키며, 다양한 관점에 대한 소중한 통찰력을 갖게 되었다고 주장한다(Bingham, 1986). 지속적인 상호작용은 잘 보이지 않고 독특하며, 도달하기 어려운 결정을 확인하는 데 도움을 준다. 이해당사자들의 지식이 공유될수록 협력을 통해 해결책에 도달할 가능성이 높아진다. 앞의 역량 평가에서 논의한 것처럼 참여 과정에서는 현실적인 정책과 절차를 개발하는 데 도움을 주는 주목해야 할 차이를 확인해야 한다. 샬럿과 메클렌버그(Charlotte/Mecklenburg) 사례 연구는 의사결정 과정에 이해당사자 참여가 재해 예방 조치의 채택 가능성을 높인다는 사실을 명확히 보여준다.

생각하기

개인의 경험 또는 관찰을 바탕으로 대중 참여 과정의 긍정적·부정적 사례를 제시해보자. 논의된 사례에 직접 참여했다면 당신과 다른 사람들의 참여가 변화를 만들었다고 생각하는가? 그 이유는 무엇인가? 이 과정에서 분쟁 처리 기술을 적용했는가? 그것이 효과적이었는가?

적절한 조건하에서 의미 있는 정책 변화가 일어날 수 있다. 예를 들어 대규모 재난은 즉각적인 문제를 다루는 복구 기금 또는 지역 요구를 촉발할 수 있다. 1995년 허리케인 대니가 노스캐롤라이나 주 샬럿/메클렌버그 카운티(Charlotte/Mecklenburg County) 지역에 큰 피해를 가져왔지만 대통령의 재난 선언을 이끌어내지는 못했다. 따라서 샬럿/메클렌버그 카운티에서는 불필요한 성장을 줄이고, 수질을 향상시켜 범람원의 자연적 기능을 보존하며, 홍수 손실을 감소시키기 위한 지역 조치를 검토했다. 한 공무원은 이 과정을 자신이 말하는 '수문학적으로 비논리적인(hydro-illogic) 주기'를 피하기 위한 방법으로 보았다. 이 과정은 문제를 다루는 값비싼 수단을 추천하는 사후 폭풍우 계획 입안 연구가 특징이다. 선출된 공무원은 제안된 조치에 따라 행동하지 않고 도시를 미래 홍수에 취약한 채로 남겨두었다.

이러한 정책 딜레마를 성공적으로 해결해주는 몇 가지 요인이 있었다. 첫째 샬럿/메클렌버그 카운티는 확인된 지역 특성을 반영하는 비전을 세웠다. 샬럿은 주요 남부 도시로, 스스로 성장을 환영한다고 자부해왔다. 또한 대규모 범람이 자주 일어나는 곳이기도 했다. 광범위한 이해관계를 검토하여 수용할 수 있는 해결책을 찾았다. 개발업체, 환경주의자, 지역 기관, 계획가, 공학자, 지역위원회 위원들, 공무원 등이 참여하여 두 달 넘게 가능한 해결책을 성급히 논의하기보다 문제를 확인하고 명확히 정의했다. 처음에는 많은 사람들이 견디기 힘들어했지만 나중에는 그러한 과정이 성공을 위한 초석임을 깨닫게 되었다. 정책 담화에 참여했던 사람들은 징후, 지각, 감정에 매달리기보다 확인된 문제(홍수 손실 감소와 수질 향상)를 해결하고자 했다. 예를 들어 개발업체는 침수되는 집을 짓고 싶어 하지 않았고, 1960년대에 건설되어 홍수에 취약한 주택에 대해 비난받고 싶어 하지 않았다. 이런 유형의 솔직한 대화는 토론의 여지를 만들어주었고, 의미 있는 정책 변화를 이끌기 위해 가장 긴급한 요구는 정보 접근성이라고 깨닫게 해주었다. 합의로부터 멀어지지 않고 계속 집중하여 '거래 종결자(deal killers)'를 회피할 수 있도록 노력했다(Canaan, 2001).

최종 결과는 새로운 범람원 개발 표준, 홍수 경보 시스템 향상, 배수 시스템 유지 계획, 대중 정보 캠페인, 기관 간 운영위원회, 유역 기반 재해예방계획의 개발 및 실행을 포함하는 여섯 가지 주요 전략을 확인해주는 지침 문서의 작성 및 적용이었다. 각 전략은 특정 행동을 지향하는 과업을 가지고 있다. 이러한 과업에는 일정과 실행 책임을 가진 담당자가 있다. 지침 문서에서 가장 강조하는 주제는 정책 선택을 이끄는 입증 가능한 자료에 의존하는 것이다.

정책 형성의 기초는 새로운 홍수보험률지도(FIRM)를 만드는 것이었다. 시와 카운티는 FEMA가 전형적으로 만드는 것과 같은 지도를 작성하기로 했다.[2] 이것은 현재 상태를 정적으로 표현하는 것은 아니다. 이 지도는 홍수터에서 가능한 모든 개발을 포함하여 미래에 발생 가능한 모

2 샬럿 시와 매클렌버그 카운티는 FIRM을 개발하기 위해 FEMA와 협상했다. 최종 합의는 '협력 기술 파트너십'으로 명명되었다. 이것은 지도를 사용하여 홍수터 개발을 규제하고 모든 당사자에게 명확한 역할을 부여하는 것이다. 노스캐롤라이나 주는 1999년 강타한 허리케인 플로이드 이후에 비슷한 협약을 FEMA와 채결했다. 주 역사상 가장 파괴적인 재난으로 기록된 플로이드는 노스캐롤라이나 홍수 지도 프로그램의 개발과 재난 이후 연방 지원을 받지 못하는 문제를 다루는 20개 이상의 주 복구 프로그램을 이끌어내어 가장 중요한 촉매 역할을 한 것으로 나타났다.

든 홍수 조건을 반영하도록 고안되었다. 기존의 지도를 검토하고 미래 거주 및 토지 이용 패턴을 추정하여 완성했다. 새로운 개발은 불투수 면적을 넓히고 홍수터 성토재료를 바꾸어서 홍수 수위에 변화를 주기 때문에 이러한 접근방법은 전통적인 FIRM과는 다른 것이다.

샬럿/메클렌버그 카운티 폭풍우 서비스(Stormwater Services) 단체는 개발과 미래 홍수 위험도의 관계를 보여주는 다양한 시나리오를 사용했다. 이들은 범람원 증축 시나리오를 바꾸어가면서 홍수 수위가 어떻게 변화하는지 보여줄 뿐만 아니라 이러한 조건하에서의 예상 홍수 손실을 수량화했다. 다양한 시나리오의 결과를 금액으로 나타내자 개발업체와 샬럿/메클렌버그 카운티 위원회에서 주목하기 시작했다. 개발업체는 다양한 시나리오를 살펴보고, 미래를 예측하도록 돕는 홍수 재해 지도를 인정하며, 이러한 정보를 바탕으로 합의된 기준을 정하기를 바랐다. '미래 조건'의 지도화 노력 덕분에 침수 고도를 11피트까지 끌어올리고, 배수로와 범람원 내 개발 제한 지역을 확대할 수 있었다.

허리케인 대니 이전에 샬럿/메클렌버그 카운티는 심각한 수질 문제를 해결하기 위해 애썼다. 샬럿/메클렌버그 카운티 위원회에서는 수질을 '장기적인 인간의 접촉'을 허용하는 수준까지 향상시키는 목표를 세웠다. 이 목적을 달성하기 위해 샬럿/메클렌버그 카운티 위원회와 환경보호부는 지표수 개선 및 관리 패널(Surface Water Improvement and Management Panel)을 설치했다. 그리고 환경주의자, 시민, 개발업체, 지역 공무원이 연합하여 각 하천이 배수되는 면적에 기초해 완충작용 지역을 설정하는 하천 완충 계획을 세웠다. 배수 지역이 넓을수록 더 넓은 완충작용 지역이 필요했다. 완충작용 지역이 지도 상의 범람원을 초과할 경우 유역 내에서 새로운 개발이 허용되지 않았다. 하천을 따라 위치한 지역에 개발을 허용하지 않았으며, 기존 식물들이 오염물질을 여과했다. 또한 개방 공간이 추가 저수 기능을 했다. 개발업체가 타당하다고 인정하는 정보를 사용하여 샬럿/메클렌버그 카운티 공무원들은 정식 체계를 협상할 수 있었다.

새로운 지도가 유역 기반 재해예방계획의 시와 주의 홍수 재해 분석 구성요소를 위한 기반을 제공했다. 여기서 나온 재해 예방 전략에는 침수되기 쉬운 주택의 이주 또는 다른 많은 목표들을 강조하고 있다. 구체적 주택을 확인한 후 시와 주는 범람원에서 건물을 옮기기 위한 기금을 산정했다. 메클렌버그 카운티에서는 116개의 주택을 인수하기 위해 약 1천 달러의 HMGP 기금을 얻었다. 또한 폭우세를 통해 추가로 220만 달러를 확보했다. 인수된 건물은 철거되고 토지는 개방 공간으로 변모했다. 이 개방 공간을 기존 녹색길과 개천 완충 시스템을 확장하는 데 이용하여 홍수 위험도를 감소시키고, 지역 여가시설 이용 기회를 제공하며, 수질을 향상시켰다. 따라서 초기 합의 단계에서 확인하고 재난 회복력과 지속 가능한 개발을 결합시킨 모든 주요 목표를 달성했다.

마지막 장에서는 이 책에서 논의된 개념들을 연결하고, 재난 회복력을 생성해 지속 가능한 지역을 만들기 위한 새로운 재해 관리 정책 체계를 설명하고 있다. 재해 관리 정책 체계에서는 현재와 미래의 재해 취약성을 평가하고, 지역 역량과 자기 회복력을 구축하며, 정책 인센티브와 처벌의 균형을 맞추고, 성공을 측정하며, 토지이용계획 입안과 위험요인 사이의 연결점 등을 포함한 몇몇 중요한 요소를 강조하고 있다.

토론 주제

1) 지역 재해 예방 계획을 지역 종합 마스터 계획에 통합시켜야 하는가? 아니면 독자적인 계획 문서로 작성해야 하는가? 그 이유는 무엇인가?
2) 이 장에서는 재해 예방, 재난 회복력, 지속 가능한 개발 원칙을 통합하기 위한 수단으로 토지이용계획을 사용했다. 고려해야 할 다른 접근방법 또는 분야가 있는가? 있다면 무엇이고 어떻게 사용할 수 있는가?
3) 샬럿/매클렌버그 카운티의 사례 연구에서 얻을 수 있는 교훈은 무엇인가? 기후 변화 적응과 관련된 교훈은 무엇인가?

응용문제

계획가 연습

지역 재해 분석의 결과를 다루는 데 어떠한 계획 입안 도구와 과정을 사용하는가? 그 이유는 무엇인가? 어떤 도구가 특히 재해에 적합한가? 지역 역량을 바탕으로 선택하는가? 어떻게 연합을 형성하고 다수 이해당사자의 참여를 촉진시킬 수 있는가?

웹사이트

American Planning Association. http://planning.org/
Association of State Floodplain Managers. http://www.floods.org
Community Rating System. http://www.fema.gov/business/nfip/crs.shtm
Federal Emergency Management Agency. http://www.fema.gov/
Federal Emergency Management Agency, Higher Education Project. http://training.fema.gov/EMIWeb/edu/
Institute for Business and Home Safety. DisasterSafety.org. http://www.disastersafety.org/
National Emergency Management Association. http://www.nemaweb.org/
National Oceanic and Atmospheric Administration. http://www.noaa.gov
National Oceanic and Atmospheric Administration Coastal Services Center. NOAA CSC Products and Services: Coastal Resilience. http://www.csc.noaa.gov/bins/resilience.html
National Response Framework Resource Center. http://www.fema.gov/NRF
Public Entity Risk Institute. http://riskinstitute.org/

참고문헌

Alinsky, S. (1969). *Reveille for Radicals*. New York: Vintage Books.

Arnstein, S. R. (1969). A ladder of citizen participation. *Journal of the American Institute of Planners*, 35, 216-224.

Association of State Floodplain Managers (2003). *No Adverse Impact: A Toolkit for Common Sense Floodplain Management*. Madison, WI: Association of State Floodplain Managers.

Axelrod, R. (1984). *The Evolution of Cooperation*. New York: Basic Books.

Beatley, T. (1984). Applying moral principles to growth management. *Journal of the American Planning Association*, 50(4), 459-469.

Beatley, T. (1989). Towards a moral philosophy of natural disaster mitigation. *International Journal of Mass Emergencies and Disasters*, 7(1), 5-32.

Beatley, T. (1995). *Promoting Sustainable Land Use: Mitigating Natural Hazards Through Land Use Planning*. Hazard Reduction and Recovery Center Publication No. 133A. College Station, TX: College of Architecture, Texas A&M University.

Beatley, T. (1998). The vision of sustainable communities. In R. J. Burby (ed.), *Cooperating with Nature: Confronting Natural Hazards with Land-Use Planning for Sustainable Communities*. Washington, DC: John Henry Press.

Beatley, T. (2009). *Planning for Coastal Resilience: Best Practices for Calamitous Times*. Washington, DC: Island Press.

Berke, P. (1995). Natural hazard reduction and sustainable development: a global assessment. *Journal of Planning Literature*, 9(4), 370-382.

Berke, P. and Beatley, T. (1992). *Planning for Earthquakes: Risk, Policy and Politics*. Baltimore, MD: Johns Hopkins University Press.

Berke, P. and Godschalk, D. (2009). Searching for the good plan: a meta-analysis of plan quality studies. *Journal of Planning Literature*, 23(3), 227-240.

Berke, P., Godschalk, D., Kaiser, E. and Rodriguez, D. (2006). *Urban Land Use Planning, Fifth Edition*. Champaign, IL: University of Illinois Press.

Berke, P. and Smith, G. (2009). Hazard mitigation, planning, and disaster resiliency: challenges and strategic choices for the 21st century. In Urbano Fra Paleo (ed.), *Building Safer Communities. Risk Governance, Spatial Planning and Responses to Natural Hazards*, p. 1.20. Amsterdam, The Netherlands: IOS Press.

Berke, P., Smith, G. and Lyles, W. (2012). Planning for resiliency: evaluation of state hazard mitigation plans under the Disaster Mitigation Act. *Natural Hazards Review*, 13(2), 139-150.

Berke, P. (2014). Rising to the Challenge: Planning for Adaptation in the Age of Climate Change. In B. C. Glavovic and G. P. Smith (eds.), *Adapting to Climate Change: Lessons from Natural Hazards Planning*, pp. 171-190. New York: Springer.

Bingham, G. (1986). *Resolving Environmental Disputes*. Washington, DC: Conservation Foundation.

Birkland, T. A. (2006). *Lessons of Disaster: Policy Change after Catastrophic Events*. Washington, DC: Georgetown University Press.

Burby, R. (1998). *Cooperating with Nature: Confronting Natural Hazards with Land-Use Planning for Sustainable Communities*. Washington, DC: Joseph Henry Press.

Burby, R. (2001). Building Disaster Resilient and Sustainable Communities. Federal Emergency Management Agency, Emergency Management Institute, Higher Education Project. The course is available online at http://training.

fema.gov/emiweb /edu/completeCourses.asp.

Burby, R. (2006). Hurricane Katrina and the paradoxes of government disaster policy: bringing about wise governmental decisions in hazardous areas. *Annals of the American Academy of Political and Social Science,* 604, 171-191. (Special issue: *Shelter from the Storm: Repairing the National Emergency Management System after Hurricane Katrina,* W. L. Waugh, ed.).

Burby, R. and Dalton, L. (1994). Plans can matter! The role of land use and state planning mandates on limiting development in hazardous areas. *Public Administration Review,* 54(3), 229-238.

Burke, E. (1968). Citizen participation strategies. *Journal of the American Institute of Planners,* 34(5), 287-294.

Canaan, D. (2001). Director, Mecklenburg County, North Carolina, Stormwater Services. Interview.

Chapin, F. S. and Kaiser, E. J. (1985). *Urban Land Use Planning*, Third Edition. Urbana, IL: University of Illinois Press.

Colten, C. (2005). *An Unnatural Metropolis: Wresting New Orleans from Nature.* Baton Rouge, LA: Louisiana State University Press.

Costanza, R., Mitsch, W. J. and Day, J. W. (2006). A new vision for New Orleans and the Mississippi Delta: applying ecological economics and ecological engineering. *Frontiers in Ecology and Environment,* 4(9), 465-472.

Cutter, S. L., Adams, B. J., Huyck, C. K. and Eguchi, R. T. (2007). New information technologies in emergency management. In W. L. Waugh and K. Tierney (eds.), *Emergency Management: Principles and Practice for Emergency Management*, Second edition, pp. 279-297. Washington, DC: International City/County Management Association.

Davidoff, P. and Reiner, T. (1962). A choice theory of planning. *Journal of the American Institute of Planners,* 28, 103-115.

Deyle, R., French, S., Olshansky, R. and Patterson, R. (1998). Hazard assessment: the factual basis for planning and mitigation. In R. Burby (ed.), *Cooperating with Nature: Confronting Land-Use Planning for Sustainable Communities*, pp. 119-166. Washington, DC: Joseph Henry Press.

Drabek, T. (1986). *Human System Responses to Disaster: An Inventory of Sociological Findings.* New York: Springer-Verlag.

Federal Emergency Management Agency (2013). *Integrating Hazard Mitigation Into Local Planning: Case Studies and Tools for County Officials.* Washington, D.C.: FEMA.

Friedmann, J. (1973). *Retracking America: A Theory of Transactive Planning*. Garden City, NY: Anchor Press.

Friedmann, J. (1987). *Planning in the Public Domain: From Knowledge to Action*. Princeton, NJ: Princeton University Press.

Freudenberg, W., Gramling, R., Laska, S. and Erickson, K. (2009). *Catastrophe in the Making: The Engineering of Katrina and the Disasters of Tomorrow*. Washington, DC: Island Press.

Glavovic, B. and Smith, G. P. Forthcoming. *Adapting to Climate Change: Lessons from Natural Hazards Planning*. Springer Environmental Hazards Series.

Godschalk, D., Beatley, T., Berke, P., Brower, D. and Kaiser, E. (1999). *Natural Hazard Mitigation: Recasting Disaster Policy and Planning*. Washington, DC: Island Press.

Godschalk, D., Brower, D., and Beatley, T. (1989). *Catastrophic Coastal Storms: Hazard Mitigation and Development Management*. Durham, NC: Duke University Press.

Godschalk, D., Kaiser, E. and Berke, P. (1998). Integrating hazard mitigation and land use planning. In R. J. Burby (ed.), *Cooperating with Nature: Confronting Natural Hazards with Land-Use Planning for Sustainable Communities*, pp. 85-118. Washington, DC: Joseph Henry Press.

Godschalk, D. R. (2003). Urban hazard mitigation: creating resilient cities. *Natural Hazards Review*, 4(3), 136-142.

Government Accountability Office (2007). *Natural Hazard Mitigation: Various Mitigation Efforts Exist, but Federal Efforts Do Not Provide a Comprehensive Strategic Framework*. Report to the Ranking Member, Committee on Financial Services, House of Representatives. GAO-07-403. Washington, DC: United States Government Accountability Office.

Haas, J., Kates, R. and Bowden, M. (1977). *Reconstruction Following Disaster*. Cambridge, MA: MIT Press.

Hoch, C. (1994). *What Planners Do: Power, Politics and Persuasion*. Chicago, IL: APA Planners Press.

Innes, J. (1995). Planning theory's emerging paradigm: communicative action and interactive practice. *Journal of Planning Education and Research, 14, 183-189.*

Innes, J. (2004). Consensus building: clarification for the critics. *Planning Theory*, 3(1), 5-20.

International Panel on Climate Change (2012). Managing the risks of extreme events and disasters to advance climate change adaptation. In C. B. Field, C. B., Barros, V., Stocker, T. F., Qin, D., Dokken, D. J., Ebi, K. L., Mastrandrea, M. D., Mach, K. J., Plattner, G.-K., Allen, S. K., Tignor, M., Midgley, P. M. (eds.), *A Special Report of Working Groups I and II of the Intergovernmental Panel on Climate Change.* Cambridge and New York: Cambridge University Press.

Kasperson, R. (1986). Six propositions on public participation and their relevance for risk communication. *Risk Analysis,* 6(3): 275-281.

Kemp, R. (1985). Planning, public hearings, and the politics of discourse. In J. Forester (ed.), Critical Theory and Public Life. Cambridge, MA: MIT Press.

Kent. T. J, Jr. (1964). *The Urban General Plan.* San Francisco, CA: Chandler Publishing Company.

Kingdon, J. (1984). *Agendas, Alternatives, and Public Policies.* Boston, MA: Little, Brown.

Kunreuther, H. (1998). A program for reducing disaster losses through insurance. In H.and R. J. Roth (eds.), *Paying the Price: The Status and Role of Insurance Against Natural Disasters in the United States.* Washington, DC: Joseph Henry Press.

Lyles, W., Berke, P. and Smith, G. (2014). Do planners matter? Examining factors driving incorporation of land use approaches into hazard mitigation plans. *Journal of Environmental Planning and Management, 57(5): 792-811.*

May, P., Burby, R., Ericksen, N., Handmer, J., Dixon, J., Michaels, S. and Smith, D. (1996). *Environmental Management and Governance: Intergovernmental Approaches to Hazards and Sustainability.* London: Routledge.

McHarg, I. L. (1969). *Design with Nature.* New York: John Wiley and Sons.

Mileti, D. (1999). *Disasters by Design: A Reassessment of Natural Hazards in the United States.* Washington, DC: Joseph Henry Press.

National Academies (2012). *Disaster Resilience: A National Imperative.* Washington, DC: National Academies Press.

Nolon, J. and Salkin, P. (2006). *Land Use in a Nutshell.* Saint Paul, MN: Thompson/West.

Olshansky, R. B. (2006). Planning after Hurricane Katrina. *Journal of the American Planning Association,* 72(2), 147-153.

Paton, D. and Johnston, D. (2006). *Disaster Resilience: An Integrated Approach.* Springfield, IL: Charles C. Thomas Publisher.

Platt, R. (1999). *Disasters and Democracy.* Washington, DC: Island Press.

Raiffa, H. (1982). *The Art and Science of Negotiation*. Cambridge, MA: Belknap Press.

Rubin, M. (2007). Disaster mediation: lessons in conflict coordination and collaboration. *Cardozo Journal of Conflict Resolution*, 9, 351-370.

Schipper, L. (2009). Meeting at the crossroads? Exploring the linkages between climate change adaptation and disaster risk reduction. *Climate Development*, 1(1), 16-30.

Schipper, L. and Pelling, M. (2006). Disaster risk, climate change and international development: scope for, and challenges to, integration. *Disasters*, 30(1), 19-38.

Schwab, J., Topping, K., Eadie, C., Deyle, R. and Smith, R. (1998). *Planning for Post-Disaster Recovery and Reconstruction*. PAS Report 483/484. Chicago, IL: American Planning Association Press.

Smith, G. (2004). *Holistic Disaster Recovery: Creating a Sustainable Future*. Federal Emergency Management Agency. Emergency Management Institute, Higher Education Project.

Smith, G. (2011). *Planning for Post-Disaster Recovery: A Review of the United States Disaster Assistance Framework*. Washington, DC: Island Press.

Smith, G. (2014). Applying Hurricane Recovery Lessons in the United States to Climate Change Adaptation: Hurricane Fran and Floyd in North Carolina, USA. In B. Glavovic, and G. Smith (eds.), *Adapting to Climate Change: Lessons from Natural Hazards Planning*, pp. 193-229. Washington, D.C.: Springer Press.

Smith, G., Lyles, W. and Berke, P. (2013). The role of the state in building local capacity and commitment for hazard mitigation planning. *International Journal of Mass Emergencies and Disasters*, 31(2), 178-203.

Smith, G. and Wenger, D. (2006). Sustainable disaster recovery: operationalizing and existing agenda. In H. Rodriguez, E. Quarantelli, and R. Dynes (eds.), *Handbook of Disaster Research*. New York: Springer.

So, F. and Getzels, J. (1988). *The Practice of Local Government Planning*. Washington, DC: International City Managers Association.

United Nations Framework for the Convention on Climate Change on Loss and Damage (2012). Approaches to address loss and damage associated with climate change impacts. In *Developing Countries That Are Particularly Vulnerable to the Adverse Effects of Climate Change to Enhance Adaptive Capacity. Agenda Item 9*. http://unfccc.int /resource/docs/2012/sbi/eng/l12.

pdf. Accessed May 30, 2014.
Walker, B. and Salt, D. (2006). *Resilience Thinking: Sustaining Ecosystems and People in a Changing World.* Washington, DC: Island Press.
World Commission on Environment and Development (1987). *Our Common Future.* Oxford, UK: Oxford University Press, p. 383.

10장

재난 회복력을 가진 지역

새로운 재해 위험도 관리체계

목표

1. 이 책에서 논의된 개념들과 재해 예방 정책을 연결시킨다.
2. 기후 변화에 의해 발생하거나 악화되는 자연 위험요인을 포함하기 위한 자연재해 위험 관리 정책 프레임워크를 포함해서 기존 재해 예방 정책 및 프로그램의 장점과 약점을 이해한다.
3. 제안된 재해 위험도 관리 정책 체계를 이해한다.

주요 용어

1968년 홍수보험법(Flood Insurance Act of 1968)
견고한 정책(robust policy)
계획 품질 원리(plan quality principles)
국가재난예방전략(National Mitigation Strategy)
국가재해 위험도 관리 정책 체계(National hazard risk management policy framework)
국가홍수보험 프로그램(National Flood Insurance Program)
기후 변화 적응(climate change adaptation)
다중재해경감위원회(Multihazard Mitigation Council)
부작용 없는 효과(No Adverse Impact)
비거트-워터스 법(Biggert-Waters Act)
사업 효과(Project Impact)
손실 회피 연구(losses avoided study)
시나리오 계획(scenario planning)
위기관리의 4단계(four phases of emergency management)
위험도 감소 집계(aggregate risk reduction)
위험도 거버넌스(risk governance)
적응 능력(adaptive capacity)
전체 지역(whole of community)
조건부 정책(contingent policies)
지역 등급제(community rating system)
홍수보험률 지도(Flood Insurance Rate Map)
홍수피해방지 조례(flood damage prevention ordinance)

개요

2007년까지만 해도 미국에는 통합 재해 위험도 관리 정책 체계가 존재하지 않았으며(Government Accountability Office, 2007; Mileti, 1999), 널리 인정되는 철학 또는 원칙에 따른 프로그램이나 정책도 없었다. 그 이후에 이러한 문제를 바로잡기 위한 노력으로 국가 예방 프레임워크가 개발되었다. 그러나 여전히 자연 위험요인과 관련된 위험도를 줄이기 위해 사용되는 방법들은 단체행동을 지도하는 조정 메커니즘 없이 여러 연방기관, 주정부 기관, 민간 부문 이해당사자, 비영리 지원 전략 그리고 지역의 선택에 의해 결정되는 서로 연결되지 않는 정책들의 집합이라고 할 수 있다. 이러한 논의와 관련된 연방 정책의 대부분은 스태포드법, 국가 대응 프레임워크, 국가 예방 프레임워크, 대통령 정책 지시-8, 재난예방법(DMA), 국가 재난 회복 프레임워크에 포함되어 있다. 이러한 정책담론과 이전의 비상상황 국가 대응 전략에 기후 변화와 관련된 사항을 포함시키려는 노력은 복잡성과 이해당사자의 연계망을 통해 협력할 수 있는 기회를 제공한다.

지역에서 기후 변화 시대에 보다 강한 재난 회복력을 가지도록 돕는 몇 가지 주요 재해 예방 정책은 뒷부분에서 논의할 것이다. 9장에서 강조했듯이 과거 재해로 겪은 피해를 통해 경험을 쌓고, 대응 능력을 강화시키면서 취약함을 깨닫는 것은 재해 위험도 관리의 정의를 확장시킬 수 있다. 이 장은 재해 위험도 관리 정책 체계와 기후 변화에 의해 야기된 재해 취약성의 올바른 이해를 바탕으로 보다 체계적인 방식으로 행동하려는 국가적 사명감 향상을 위한 일련의 권고사항으로 마무리된다.

재해 예방 정책

2000년 재난예방법과 최근의 국가 예방 프레임워크는 재난 후 스태포드법에 의한 수동적 보조금 및 지원 프로그램이 아닌 주와 지역 재해예방계획 노력에 의해 지도되는 보다 적극적인 일련의 활동을 향한 움직임을 보여준다. 재난예방법에서 주 및 지방정부는 반드시 연방재난관리청(Federal Emergency Management Agency)으로부터 지원되는 사전 및 사후 재난경감 보조금을 이용할 수 있는 재해예방계획을 수립해야 한다고 규정한다. 개념상 재해예방 전략의 개발과 연방 보조금의 연결은 올바른 노력으로 평가된다. 실제로는 재난 전 재해예방계획을 수립하지 못한 지역의 재난 후 보조금 신청이 허용되며, 사전에 만들어진 많은 계획들이 재해 지역의 불건전한 토지 이용 현황을 고려하지 못하거나, 재해 취약성 분석에서 확인된 취약한 시설물에 대한 개선 프로젝트가 실행되지 못하고 있다(Lyles et al., 2014).

이러한 문제는 부분적으로 공무원, 지방정부에 보조금 및 사전 훈련과 교육의 형태로 제공되는 연방재해예방 지원의 우세, 재해예방계획의 수립과정에서 토지 개발자들의 중요성 평가절하 등에 의해 지방의 발전이 저해되고 있기 때문이다. 재해예방계획의 하나로 수립된 사전재난예방 프로그램은 전국적으로 위험한 구조물을 해결하기 위해 매년 사용할 수 있는 자금과 더불어 지방 역량 구축을 시행하기에 충분히 지원되지는 않았다(Lyles et al., 2014).

재난 전 민관 파트너십을 개발하고 재해 취약성을 다루는 지방 역량 구축을 위한 연방 프로그램인 프로젝트 임팩트(Project Impact)는 지속되지 못하고 재난 후 예방 프로그램으로 대체되었다(Birkland, 2006;

Smith, 2011: pp. 184-185). 단명한 프로그램에서 얻을 수 있는 긍정적인 교훈은 자본금 마련의 다양한 수단, 워크숍, 지방에서 원하는 수준 높은 연방 목표(예: 재난 회복력)에 도달하기 위한 교육, 지속 가능한 역량 강화 노력(교육, 봉사활동), 대중의 지지를 얻기 위한 정책 발의 등의 가치이다. 유권자(1999년까지 미국 전역에 걸쳐 프로젝트 임팩트가 시행되고 있는 지역에서 200명 이상의 국회의원이 선출되었다) 및 정부기관(주의 재해관리 책임자는 프로그램을 통해 효율적으로 주를 우회하여 지방정부에 직접적으로 자금을 전달하며, FEMA 직원은 그들의 프로그램에서 프로젝트 임팩트로 자금을 전달하고, 예산관리국은 프로그램 효율의 명확한 지표를 확인하는 것이 어렵다)과의 강한 협력관계는 정권 변화 시기에도 프로그램에 강한 힘을 실어준다(Smith, 2011: pp. 184-185). 지역재해예방계획의 제정(재난경감법안의 체계화)은 다수 이해관계자들의 적극적인 협력을 통해 이루어질 수 있다. 계획 과정을 통해 재해 위험에 대한 심도 깊은 이해가 이루어지며, 다양한 계층에게 정보 전달이 가능하고, 지역의 목표와 가치를 반역한 위험경감전략을 구축할 수 있다. 이러한 계획을 지역에서 성공시키기 위해서는 연방 및 주정부가 보다 적극적으로 프로그램의 장점에 대해 교육 및 훈련을 실시해야 한다.

FEMA의 Whole of Community(2011) 개념은 프로젝트 임팩트와 공공, 민간 및 비영리 이해관계자를 포함한 재해 위험도 관리의 폭넓은 접근방법을 위해 노력한다는 점에서 비슷한 부분이 있다. 그러나 프로젝트 임팩트와 다르게 FEMA는 지방정부에 이러한 목표를 달성하기 위한 지원을 제공하지 않는다. 오히려 지역에서 어떻게 목표를 달성할 수 있을지 스스로의 전략을 세우도록 권장한다. 지역 전체를 강화할 수 있는 한 가지 방법은 프로젝트 임팩트처럼 과거에 존재했거나 국가홍수보험 프로그램처럼 현재 남아 있는 프로그램으로부터 교훈을 얻는 것이다.

1968년 홍수보험법에 따라 만들어진 국가홍수보험 프로그램은 재해 관련 손실을 감소시키기 위한 가장 포괄적인 국가 프로그램이다. 국가홍수보험 프로그램에서는 참여 지역의 범람원에서 발생할 수 있는 개발의 유형 및 위치를 명시한 지역 홍수 피해 예방 조례를 채택하도록 요구하고 있다. 홍수보험률지도에서는 측정된 범람원 경계를 명확히 하고, 다양한 홍수 기간과 관련된 예상 홍수 깊이를 예측하며, 홍수보험요율 계산에 사용한다. 범람원에서 발생하는 개발을 규제하여 지역 구성원들이 홍수보험에 가입할 수 있다. 일부 지역에서는 홍수 재해 관련 손실을 감소시키는 추가 조치 시행을 선택한다. 예를 들어 지역 등급제는 인센티브 기반 프로그램으로, 지역에 살고 있는 보험 가입자를 위해 홍수보험요율을 낮추어준다. 즉, 다양한 재해 경감 활동에 점수를 지급하여 일정 점수 이상이 되면 할당 백분율에 따라 홍수보험요율이 낮아지게 된다.

신용 점수	등급	보험률 감소율
4,500+	1	45%
4000 – 4499	2	40%
3500 – 3999	3	35%
3000 – 3499	4	30%
2500 – 2999	5	25%
2000 – 2499	6	20%
1500 – 1999	7	15%
1000 – 1499	8	10%
500 – 999	9	5%
0 – 499	10	0

〈그림 10-1〉 지역 등급제 범주와 연계된 홍수보험률 감소

국가홍수보험 프로그램이 자연재해를 다루는 가장 발전된 프로그램이지만, 홍수 재해 지역의 개발을 장려하고 재난에 대한 노출을 증가시키는 예상치 못한 결과를 야기했다(Burby and French, 1981; Burby et al., 1985; Freitag et al., 2009).

레이 버비는 제방, 방파제 또는 더 높은 기준의 설계표준이 본질적으로 위험한 장소에 적용되면서 오히려 안전에 대한 잘못된 인식으로 변질되어 다른 지역에서도 추가적인 안전개발을 부추기는 현상을 '안전개발의 역설(safe development paradox)'이라고 표현했다. 이는 홍수 관련 손실에 기여했다. 특히 홍수가 지방정부가 채택한 국가홍수보험 프로그램의 규제 기준을 초과할 때 그러했다. 홍수 재해 지역의 개발에 대한 인센티브를 줄이고 홍수 관련 피해 증가 추세를 저지하기 위해 주범람원관리자협회(Association of State Floodplain Managers, 2003)에서는 부작용 없는 영향(NAI: No Adverse Impact) 프로그램을 개발했다. 이 프로그램은 지역이 포괄적인 홍수 손실 감소전략을 채택하도록 장려했다. 이 전략에는 보다 높은 국가홍수보험 프로그램 표준의 채택, 지역 등급제의 결합, 다중목적 관리 실천, 지도원칙으로서 지속 가능성 원칙의 채택, 광범위한 범람원 규제 실행(예: 토지 이용과 건축 법규, 폭우 관리, 자연 시스템 보호, 계획)이 포함된다.

NAI에서는 이전 장에서 설명한 주요 주제를 포함하는 접근방법을 제안하지만, 이러한 주제들이 준수 가능성을 높이는 구체적 인센티브 또는 처벌과 관련된 성문화된 국가적 전략에 연결되지 못했다. 이것은 모든 자연위험요인을 포함하는 지역 등급제 같은 인센티브 기반의 프로그램 확장을 모색하면서 기후 변화 영향을 고려하여 연방, 주, 미래를 위해 고안된 지방 정책 및 역량 강화 정책, 지역의 조건과 능력을 반영한 다목적 계획 사이의 연결 개선을 필요로 한다.

다음에서는 새로운 위험도 관리 정책 체계를 제안하고 있다. 이 체계는 지역이 이 체계의 실행 및 유지에 필요한 지역 역량을 개발할 수 있도록 돕는 동시에 보다 엄격한 재해 경감 전략을 실행하도록 요구하고 있다.

긴급 국가 기후 변화 적응 대책

2013년 11월 1일, 미국 대통령 버락 오바마는 "미국의 기후 변화 영향 준비" 행정명령을 공표했다. 자연재해는 1차적 위협으로 중요하게 논의되었으며, 회복력은 상정된 행동실행을 위한 준비원칙으로 여겨진다. 특정 정책은 "정책개혁과 연방기금지원 프로그램이 자연의 취약성 혹은 건물 시스템, 경제 분야, 천연자원, 의도적이지 않았음에도 기후 변화 위험 커뮤니티의 취약성을 증가시킬 수 있음"을 내포하고 있으며, 국가의 회복력 증가를 위한 연방 프로그램의 변경을 포함한다. 또한 행정명령은 보조금, 기술적 지원 같은 능력배양활동 조항, 기후 변화 영향평가에 활용하기 위한 "기후 대비 및 회복력과 관련된 접근, 사용방법이 쉬우며 적절한 시기의 자료와 정보, 의사 지원을 위한 도구" 조항을 통해 주정부와 지방 자치단체들의 "기후 회복력에 더 많은 투자"를 장려한다(대통령 버락 오바마, 2013.11.01).

활동들은 새롭게 설립된 기후 대비 및 회복력 위원회에 의하여 조직될 것이다. 구체적으로 설명하자면, 위원회는 관계부처 간의 활동 조정 및 취약성 평가를 위해 주, 지방의 활동 지원이 이루어지도록 할 것이며,

"커뮤니티, 중요한 경제 분야, 자연과 건물 인프라, 천연자원에 대한 기후 변화 대비 및 회복력을 비용 효율적으로 증가"하는 활동과 기후과학 정책과 법안 발의를 통합시킨다.

대통령의 행정명령에서 제시된 다양한 계획은 이 장 전체에서 논의된다. 그러나 행정명령은 기술을 제안하고, 사회에서 과거에 논의되었던 오랜 세월의 정책 변화와 기관 간 협조에 관한 엇갈린 결과에 의존한다. 국가 재해경감 정책환경의 현재 상태는 대표적인 사례를 보여준다. 이러한 상황은 기후 변화의 관점으로 위험을 바라보는 구성원들이 포함된 자연재해 위험도 관리 사회 확장이라는 중요한 교훈을 제공한다.

새로운 재해 위험도 관리 정책 체계

재해 분석은 계획, 정책, 프로그램, 그리고 개인, 단체, 조직이 취하는 행동에 명시된 행동의 사실적 기초를 제공한다. 재해 분석과 계획 입안을 통해 효과적으로 지식을 행동으로 전환시키려면 결과물을 형성하는 기존의 사회적·정치적·조직적 조건을 인정해야 한다. 재해의 특징 결정, 발생 가능성, 사람들과 인공 환경에 대한 노출, 효과 모델링에 사용하는 도구, 위험도 정보 전달을 위해 선택된 방법, 재해 효과의 감소를 위한 행동 등은 인간의 생각과 의사결정 과정에 기초하고 있다. 제안된 자연재해 위험도 관리는 이 책에서 논의된 개념들을 종합하고, 국가홍수보험프로그램, 지역 등급제, 가뭄예방기관, 국가예방 프레임워크와 국가재난회복 프레임워크와 같이 미국에서 사용되는 자연재해 위험도 관리 전략의 교훈을 반영한 개선된 자연재해정책을 제공한다.

우리는 10가지 중요한 요소를 포함하는 모형을 제안한다.

1) 지속 가능성과 회복력을 고려한 자연재해 분석을 확대한다.
2) 현재와 미래의 예상되는 노출, 취약성, 손실을 다루는 위험도평가 도구를 개발한다.
3) 토지 이용과 인간의 주거 패턴에 중요한 계획, 프로그램 및 정책 개발의 평가 결과를 사용한다.
4) 연방, 주, 지자체의 역량, 지역의 자립과 공동 위험관리를 개선한다.
5) 재해와 관련된 사전 및 사후 인센티브를 주는 정책을 변경한다.
6) 제시한 프레임워크를 준수하지 않는 주 또는 지자체에 대해서는 연방정부의 지원을 제한한다.
7) 지역이 새로운 정책을 만들고 효과적으로 실행하는 데 필요한 능력을 개발하여 자신의 행동에 책임을 지도록 한다.
8) 자연재해보험프로그램을 개발한다.
9) 재해손실회피의 정량적 및 정성적 조치를 통해 지역 수준에서 프레임워크의 장점을 기록하고, 지역 재해예방 계획기준 및 예방전략 보상구조(예: 보험료 할인, 추가적인 사전 및 사회 지원)와 통합시킨다.
(10) 프레임워크의 창조와 유지를 위해 광범위한 지지연맹을 설립한다.

지속 가능한 개발과 재해 회복력 주제를 포함하는 확대된 재해 분석

재해 분석 과정에는 지역 역량과 자립도 측정값뿐만 아니라 경제, 환경, 사회 조건을 포함한 지속 가능하고 재난에 대해 회복력을 가진 지역을 정의하는 요인들을 통합시켜야 한다. 재해 분석 정의의 확장을 위해서는 지역의 재정, 기술, 행정, 법률, 정치 역량의 통합을 포함하여 이 책에서 논의한 방법들을 적용해야 한다. 높은 수준의 지역 역량은 지역이 재해와 관련된 영향에 효과적으로 대응하는 능력을 향상시킨다. 또한 지역을 보다 자립적으로 만들어 재난 전후에 외부 보조금에 대한 요구를 감소시킨다. 이는 지속 가능하고 재난 회복력을 가진 지역의 중요한 점이지만 제대로 강조되지 않고 있는 부분이다(Smith and Wenger, 2006).

광범위한 평가 결과와 시간의 흐름에 따라 인간의 주거 패턴 조정을 반영하여 지속 가능하고, 측량 가능하며, 진행 중인 조직 및 제도의 변화를 달성해야 한다.

맥락 속에서 복원을 이해하고, 기후 변화와 관련된 최근 이슈들을 지원하며, 적용능력은 재해예방과 더 넓은 의미의 복원력을 제공한다. 회복력은 과거의 사건으로부터 학습과 시간에 따라 변화할 수 있는 더욱더 유연한 접근을 포함한 정책 변경을 의미한다. 시나리오 계획은 재해예방 정책들과 방침들을 통해 시사점을 얻으며, 기후 변화와 관련된 불확실성을 기반으로 관련 계획이 승인되도록 돕는다(Berke, 2014; Quay, 2010).

토지이용계획 입안과 실행을 이끄는 위험도 평가에서 발견한 사실의 사용: 현재와 미래의 취약성 평가

미래의 토지 이용과 인간의 주거 패턴을 예측하는 위험도 분석에서 발견한 사실을 사용할 때 계획 실천에 공통되는 과정 및 공간 지향적 접근방법을 이용하면 유용하다. 9장의 샬럿/메클렌버그 카운티 사례연구에서 보여주는 것처럼 제안된 토지 이용 정책의 변화에 영향을 받는 사람들이 초기부터 참여하고 의사결정 과정에 참여하면 이러한 변화에 대한 인정을 받기가 쉬워진다. 토지 지속 가능성 분석은 지속 가능한 개발 주제를 지리적으로 정의된 재해에 시각적·분석적으로 연결시키고 다양한 개발 시나리오의 적합성을 상대적으로 평가하는 적합한 방식을 제공한다.

최근에 출현한 시나리오 계획은 다른 상황에서 다양한 가정에 기초한 복합적인 정책 대안을 다루도록 하고 있다.

이러한 접근방법을 채택하기 위한 도구들과 계획과정을 효과적으로 사용하는 데 필요한 자료 수집 및 분석을 통해 지역을 지원하려는 주 및 연방정부의 역할이 구체화된다. 또한 진행 중인 재해 분석 과정을 지역의 광범위한 재해 예방 및 재난 회복력을 위한 프로그램의 일부로 유지하기 위해 필요한 지역의 역량을 강화해야 한다.

지역의 높아진 역량을 재해 취약성에 대한 정기적인 재분석, 지역의 재해 예방계획의 실행이 반영된 정책의 재수립, 새로운 개발로 인한 재해 취약성 변화, 최근 재난과 발병 위협으로 발견된 변화를 수행할 지역 등을 포함해야 한다.

시나리오 계획은 높아진 수준의 불확실성과 긴 평가기간을 필요로 하는 기후변화 관련 긴급 상황들 때문에 정통적인 계획 패러다임이 부적절하다. 중요한 교습은 이 결점들을 더 알맞게 다루기 위한 재해예방 계획이다. 교육은 다음과 같은 내용을 포함하고 있다. (1) 재난 관련 영향을 예측함, (2) 적절한 재해예방계획을 지향함, (3) 빠르거나 느린 사건 시작을 다룸(Berke 2014). 베르케는 새로운 기후 변화 적응계획은 다음과 같은 내용을 포함해야 한다고 주장했다. (1) 협력하여 개발한 시나리오를 기반으로 하는 다양한 미래, (2) 명백한 모니터링과 실행계획, (3) 강력한 정책과 중요하지 않은 정책으로 구성된 유연한 전략. 강력한 정책들은 다양한 미래나 시나리오들에 적용할 수 있는 행동으로 언급되며, 중요하지 않은 정책들은 개인의 시나리오와 관련이 있다. 바람직한 적응계획은 강력하면서도 중요하지 않은 정책들이 포함되어 있으며, 생활의 진보로부터 시간의 흐름에 따라 시행된 유연한 정책들이 조성된다(Chakraborty et al., 2011). 또한 잘 만들어진 정책의 포트폴리오는 현존하는 정책, 프로그램 및 계획의 평가를 필요로 하며 지원하거나 의견이 충돌하는 사람들의 정책의 지속 가능성과 회복력과 같이 높은 수준을 목표로 하는 진보의 정도를 포함한다.

지역 역량개발과 자립심 향상을 위한 위험관리 전략으로서 재해 위험도 관리 정책, 프로그램, 계획과 프로젝트의 평가

재해 분석에서는 재해와 잠재적 효과를 다루는 정책, 프로그램 계획을 채택하는 조직의 능력과 의지를 평가해야 한다. 이 과정을 통해 약점을 확인하고 재해와 잠재적 효과에 대처하는 전략을 개발한다. 지역 역량과 자립심의 강화는 이 접근방법의 장기적 목표다. 기존 도구 목록을 사용하여 지역 구성원이 다른 정책에 비해 정치적으로 부각되는 위험도를 지각하는 방법을 체계화할 수 있다. 집단에서 취한 행동은 재해에 대한 노출을 증가시키거나 감소시킬 수 있다.

예를 들어 경제 개발 정책은 성장 인센티브를 제공한다. 동시에 재해 지역의 새로운 개발을 추진하여 재해 취약성을 증가시킬 수 있다. 환경 보존 프로그램에서는 재해에 취약하고 환경적으로 민감한 지역에 개발을 제한한다. 정책, 프로그램, 계획의 전체적 영향력을 이해하기 위해 연방, 주, 지방정부기관뿐만 아니라 기업, 비영리단체, 금융 및 대출기관, 보험산업, 지역 계획 단체 등을 통해 평가해야 한다. 모두 지역의 자연재해에 대한 취약성 형성에 중요한 역할을 한다. 현재 미국 시스템의 중요한 약점 중 하나는 이러한 이해관계를 재해경감계획 입안과정에 적절히 통합시키지 못하는 것이다.

재해관리의 개념은 이 주제의 틀을 잡고 가능한 해결책을 설명하는 방법을 제공한다. 재해관리에는 대중, 개인, 재해(빈곤, 위험도가 높은 지역에서 원조하는 기관의 격려금, 환경오염, 환경 저하, 대중 관심의 부족)의 근본적 원인에 맞서서 분투하는 단체들의 활동과 문제에 직면하기 위한 통합된 전략 개발이 포함된다(Glavovic and Simth, 2014). 행동들은 위원회 형성, 계획의 개발과 실행과 공통의 쟁점과 주제를 다루는 정책을 공들여 만드는 것을 포함할 수 있다. 분명히 여러 관계자들의 가치가 상충하며, 직면한 가장 도전적인 과제는 어떻게 위험 지역과 관련된 거주지의 지역, 성향, 밀집도에 집중한 채로 장려책과 위임 통치 사이에서 절충하느냐는 것이다.

인간의 주거 패턴 조정에 영향을 주는 인센티브와 처벌의 균형: 기존 재해 경감 프로그램에 대한 비판적 시각

재해 위험도 관리를 다루는 많은 정책, 프로그램, 계획이 존재한다. 그러나 그 효과는 세 가지 중요한 이유로 인해 매우 제한적이다. (1) 국가의 자연재해와 재난에 대한 취약성을 감소시키는 데 초점을 맞춘 광범위한 체계 또는 계획 없는 정책이 고립되어 개발되었다. (2) 재해 경감 정책 형성이 지역 수준에서 재해 경감 전략의 실행 역량을 구축하려는 연방의 사명감과 결합되어 있지 않다. (3) 기존 재해 위험도 관리 정책이 미래 재해 피해 감소와 기존 및 미래 토지 이용 활동을 효과적으로 연결하지 못하고 있다. 9장에서 언급한 것처럼 계획의 실천은 이러한 약점을 다루는 데 중요한 역할을 할 수 있다. 계획 입안은 본질상 과정 지향적이며, 참여적이고, 조정 기능을 가진다. 참여적 계획 활동을 통한 지역 역량 구축은 전문 계획가 사이에서 널리 이용되는 기술이다. 한편 토지이용계획은 계획가의 기본 분야이다.

뒤에서는 재해 경감 정책이 보다 효과적으로 종합 정책 체계에 통합될 수 있는 방법을 포함한 주요 재해 경감 정책을 설명하고 있다. 스태포드법, 재난경감법, 국가홍수보험 프로그램에는 상당히 향상된 접근방법의 요소들을 포함하고 있다. 이 체계는 부활된 국가재난경감전략의 기초를 형성할 수 있었다. 원래 국가재난경감전략에서는 지역 기반 재해 경감을 지지하는 연방정부의 조치를 설명하고 있다(FEMA, 1995). 현재는 그러한 연방계획이 없다. 스태포드법이나 재난경감법은 프로그램에서 재해 경감 정책을 조정하는 수단을 설명한다. 스태포드법은 계획 역할이 아니라 보조금 프로그램의 행정과 관련된 프로그램의 요구사항을 강조한다.

재난경감법은 프로그램 및 정책을 통합하고 근본적으로 중요한 토지 이용 및 재해 취약성 문제를 다루는 데 필요한 과정을 체계화하기보다는 협의적으로 정의된 계획을 강조한다. FEMA는 두 프로그램의 주무 연방기관이지만 토지 이용, 재해 경감 정책 및 적응에 대한 역할을 다루는 데 소홀한 경향이 있다. 이는 FEMA가 지방의 토지이용계획에 연방참여와 관련된, 종종 논쟁을 초래하는 이슈에 적극적으로 대면할 의무가 없기 때문에 놀라운 일이 아니다. 명백한 기후 변화 적응전략을 가지고 있지만, 최근 FEMA의 기후 변화 적응 계획 및 연방정부의 계획을 개선하기 위해 위원회를 구성했다.

이러한 장애물을 제거하기 위해 재해경감법 및 국가홍수보험 프로그램을 개정하여 주와 지역에서 보다 엄격한 재해 분석에서 발견된 결과들을 기초로 인간의 주거 패턴을 조정하도록 요구해야 한다. 이는 재해 위험지역에 대해 재해 전후의 토지이용전략 수립 사업을 통해 수행할 수 있다. 이러한 정보를 바탕으로 한 토지 이용 패턴의 변화 실패는 대통령의 재난 선포 후 연방 재난 구호의 제한이나 철회를 야기할 수 있어야 한다. 재해 경감 계획의 개발을 의무화하는 재난경감법은 토지 이용을 충분히 강조하지 않는 대신 재해 경감 프로젝트의 확인에 초점을 맞추고 있다. 이 프로젝트는 주로 과거의 잘못된 토지 이용 결정으로 위기에 놓인 구조물을 다룬다. 그러므로 미래 지향적이라기보다는 과거 지향적이다. 미래 지향적일 때 계획 입안은 잠재력을 가진다. 프로젝트 또는 토지 이용 변화 전략은 과거의 미래의 예방 전략을 대표하지는 않는다.

재난경감법은 재해 분석의 결과를 명시하지 못하며, 그것을 바탕으로 한 행동도 요구하지 않는다. 그 대신 제안된 정책과 프로젝트는 확인된 지역의 취약성뿐만 아니라 공통된 지역 위협을 공유하는 인근 관할구역과 긴밀히 조율할 수도, 그렇지 않을 수도 있다. 지역의 위험 조건이 더 명확하고 체계화되어야 위험분석과 예방전략 사이의 연결성이 개선될 수 있다. 첫째, 지역은 재해 분석의 결과와 확인된 행동 사이의 결합을 설명하고 미래 예상되는 손실을 감소시키기 위해 필요한 조치를 취할 책임을 갖도록 요구받는다. 둘째, 지역은 권장된 프로젝트와 정책이 완료되거나 채택됨에 따라 시간에 걸쳐 회피된 손실을 측정하도록 요구받는다. 이런 효과를 정량적으로 측정하는 능력은 이러한 활동의 필요성이나 효과를 의심하는 사람들에게 성공과 증거 유형(예: 금전적)의 혜택을 평가하는 기준을 제공한다. 회피된 손실 측정에는 지리적 지역의 총 취약성 감소에 대한 평가가 포함된다. 총 취약성은 재해 경감 정책 채택, 재해 경감 프로젝트의 실행, 알려진 재해 지역의 지속적인 개발을 설명하는 노출과 위험도의 수준으로 정의할 수 있다.

이 장에서는 이러한 확인된 약점을 다루기 위해 모든 재해 모험 모형과 함께 모든 재해의 '지역 등급제' 프로그램의 채택을 강조하는 새로운 재해 위험도 관리 체계를 제안하고 있다. 이 프로그램은 모든 재해 경감 계획에 대한 새로운 접근방법을 이용해 실행될 수 있다(Smith et al., 2013). 국가재난복구프레임워크는 재해 전후의 재해복구 계획과 역량 강화를 통한 복구와 재건 과정에서 밀접한 관련이 있다(Smith, 2014). 이 과정을 수행할 수 있는 능력은 사회구성원 간의 토론과 사전 재해예방 정책과 프로젝트 구현을 통해 배양할 수 있다(Smith, 2011). 바람직한 복구 계획은 연방정부의 지원을 받아 재해 이후에 지역이 발전할 수 있는 정책을 채택하는 것이다. 이 장에서는 논의된 핵심 주제들이 운용될 수 있는 새로운 국가위험저감관리프레임워크를 제안한다. 이 정책의 핵심은 지역 등급제와 자연재해를 기반으로 하는 프로그램이다.

정책의 초안이 작성되었으나 FEMA는 현재 지역 등급제와 재난경감법의 계획 입안 요구사항을 결합하는 프로그램 규칙을 마무리 짓고 있는 중이다. 또 경감 보조금 프로그램의 강화와 범람원 지도 프로그램의 업데이트 전략 개발을 위해 지도 생산물, 위험도 평가, 손실 측정 도구, 재난 경감 계획, 위험도 정보 전달 사이의 연결성을 매우 강조하고 있다(FEMA, 2007).

우리는 재해경감계획, 재해 복구 및 기후 변화 적응 활동과 새롭고 보다 엄격한 요구사항을 충족하는 계획을 개발한 지역에 거주하는 사람들에게 모든 재해 보험률을 낮춰주는 유형의 혜택을 연결하면서 이 통합 접근방법을 좀 더 발전시키기를 제안한다. 구체적으로 향상된 내용은 다음과 같다. (1) 재해 취약 지역에 인간의 주거 패턴을 조정한다. (2) 재해 분석에서 발견된 사실을 받아들이고 재해 전후에 실행된 재난 경감 전략 사이에 보다 직접적인 상호관계를 설정한다. (3) 지역의 역량과 자립심을 강화할 수 있도록 돕는 방법을 개발한다. (4) 회피 손실을 측정한다. (5) 이러한 정보를 지역 재해 경감 계획에 수정 및 업데이트하고, 나아가 재해 피해에 노출이 감소하면서 보험률을 다시 계산하는 데 사용한다.

모든 재해 프로그램 개발은 유익해 보이며, 허리케인 카트리나 이후 정책입안가들 사이에서 자주 언급되는 대화 주제다. 미국 자연재해보험 프로그램은 조정이 이루어지고 있지 않으며, 특정 재난별로 다루어진다. 보험료가 항상 실제 위험도를 반영하지는 않으며, 재해 경감 조치의 채택을 자극하는 적절한 경제적 인센티브를 제공하지 못한다. 쿤로이더(Kunreuther, 2006)는 모든 재해 보험 접근방법이 두 가지 장점을 가진다고 말했다. 즉, 재해 관련 영향과 관련된 보험 지급 범위의 불확실성(예: 허리케인 후 강풍과 물 논쟁)과 위험도가 확산될 기회를 감소시킨다. 따라서 대형 재난 이후 보험금 지급이 전국에서 거두어들인 보험료를 초과할 가능성은 줄어든다. 이러한 유형의 프로그램이 지속적으로 성공하기 위해서는 재해 지역의 위험도를 정확하게 반영하는 보험 전략을 개발해야 한다. 이를 중요한 문제로 인식해야 하며, 보험회사, 공무원 및 다른 사람들의 참여가 필요할 것이다. 또한 기후 변화의 기간, 강도, 불확실성을 고려한 통합 포트폴리오를 통해 수익을 얻는다.

보험은 강력한 재해 경감 도구가 될 수 있다. 특히 재해와 재난에 직접 영향을 받는 사람들이 재난상황이 발생할 때 복구와 관련된 비용을 지급하도록 장려하면서 위험도 감소 조치의 채택을 지지할 때 그러하다. 개인의 재난 회복력과 자립심을 포함한 '바람직한 행동'을 장려하면 보험 가입자가 위험도를 줄일 수 있고, 이로 인해 금전적 혜택에 대한 정보에 접근할 수 있다. 이에 대한 기본적인 배경은 위험에 대해 이해하고 공공정책에 반영하는 것이다. 향후에 추가적으로 주목할 만한 문제는 기후 변화에 따른 수익창출 문제이다.

피해 손실 평가와 기후 변화에 따른 탄력적 사회 구축

설정된 목적과 측정 가능한 목표를 달성했는지 확인하기 위해 연방정부 프로그램이 효과를 평가한다. 재난에 의한 손실을 최소화하기 위한 연구에서는 재해 경감 프로젝트 및 정책의 실행과 관련된 예상 손실의 감소로 인한 혜택을 측정한다. 재해 경감 평가는 진화하는 과정으로서 효과성을 측정하고, 그 결과를 광범위한 재해 위험도 관리 정책 체계에 적용하는 보다 체계적인 수단이 필요하다. 의회에서 재해 경감 활동의 혜택을 평가하도록 지명한 재해 학자 집단인 다중재해경감위원회(Multihazard Mitigation Council)는 재해 경감 프로젝트와 프로젝트 임팩트 같은 대규모 프로그램이 손실 회피 대 프로그램 비용을 비교할 때 4 대 1의 혜택과 비용 비율을 보인다고 밝혔다(Multihazard Mitigation Council, 2005).

다중재해경감위원회의 연구 결과는 희망적이었지만, 재해 경감을 연방 정부의 광범위한 재해 대비 또는 국토 안보 프로그램에 널리 통합시키지는 못했다. 다양한 관점을 가진 다수의 이해당사자가 수용하는 정책을 만들려면 관련 정보를 수집 및 분석하고 지지 연합을 구축하는 데 시간이 요구된다. 이러한 연합에는 연방, 주 지원 수준에서 시간의 흐름과 정치적 선거 주기에 따라 노력을 지속하는 데 필요한 제도적 조건을 개발하기 위해 기술 전문가, 실무 전문가, 정치가를 포함시켜야 한다.

손실 회피 연구가 물리적 구조물의 손해 감소에 초점을 맞추고 있지만, 보다 견고한 분석을 통해 기존(또는 제안된) 정책과 프로젝트가 지속 가능성과 회복력의 개념과 관련해 경제, 환경, 사회적 요인에 영향을 미치는 방식을 측정해야 한다. 또한 손실 평가 모형의 사용은 미래 개발을 설명하고 자연재해에 대한 취약성의 변화를 측정한다(Smith et al., 2013). 재해 경감 및 적응 전략의 집단적 적용(예: 토지 이용, 건축법, 위기 구조물 이전, 연안으로부터의 이전)과 예상 개발 패턴이 지역과 지역 취약성에 어떻게 영향을 미치는지 평가해야 한다. 예를 들어 지역은 (좀 더 높은 표준에 맞춰 새로운 건축을 요구하는) 보다 엄격한 건축법을 채택하고, 해로운 방식으로 새로운 개발을 추진하며, 위기의 구조물을 이전할 수 있다. 예를 들어 기후 변화 적응 대책이 고려된 설계기준, 토지 이용 패턴, 불확실성을 고려한 투자를 말한다.

생각하기

이 장에서 언급된 것 이외에 프레임워크의 적응과 구현에 대해 제한할 것이 있는가? 제안된 프레임워크에서 빠진 또 다른 요소가 있는가?

행동을 위한 권장사항

아래의 권장사항들은 지속적인 자연재해 위험도 관리(NHRM) 전략을 요구하는 논의를 체계화하기 위한 것이다. 우리는 기존 정책과 신흥국가의 기후 변화 정책을 포함한 프로그램의 확장을 통해 새로운 체계를 제안했다. 이 체계가 효과적으로 기능하기 위해서는 몇 가지 중요한 절차상 문제들을 다루어야 한다. (1) 지역 재해 경감, 재난 복구, 통합적 방식의 기후 변화 계획의 효과 및 토지 이용 결정과 재난 전후의 주거 패턴 형성에서의 역할을 평가할 필요성, (2) 지역 역량 구축 전략을 목적으로 훈련 프로그램을 강화할 필요성, (3) 개선된 기준을 준수한 지역에 재해 이후 금전적 혜택의 제공 및 그렇지 못한 지역의 혜택에 대한 접근 지연, (4) 전문적 토지이용계획가의 사회 변화와 정책 학습을 촉진하는 역할을 포함한 자연 재해 관리 체계의 참여 강화 등이다.

지역 재해경감계획들의 국가적 평가 실행

재난경감법의 통과 및 실행으로 미국 전역에서 지역 및 모든 주의 계획, 개발 승인이 이어졌다. 재난경감법이 지역을 더욱 안전하게 만들었는가? 누가 참여했고, 계획의 품질에 어떠한 역할을 했는가? 성공적인 재해 경감 계획 입안 과정의 주요 특징은 무엇인가? 재해 취약성 감소에 가장 성공적인 것으로 증명된 기술은 무엇인가? 고드쇼크(Godschalk, 1999)는 재해경감법 채택 전 주 재해경감계획의 품질을 평가했다. 그리고 계획의 품질이 매우 다양하지만 실행 전략은 미약하다는 사실을 밝혀냈다. 이 연구는 보다 엄격한 계획 입안 요구사항의 개발을 촉발했다. 재해경감법의 새로운 규칙은 효과적으로 증명되었는가? 베르케 등(Berke,

Smith and Lyles)의 주 및 지방의 재해경감계획에 대한 6년간의 연구에서 밝혀낸 몇 가지 중요한 결과가 있다. 주요 결과는 다음과 같다.

1) 계획은 고드숄크 등(Godschalk et al., 1999)의 평가에 비해 개선되었지만 일반적으로 설득력이 부족하다.
2) 계획은 품질 계획수립의 모든 관점에서 얻은 것이 없다.
3) 계획에서 확인된 정책과 프로젝트는 체계적인 위험도 평가의 결과를 언급하지 않았다.
4) 일부의 지역 재해경감계획들은 기후 변화를 다룬다.
5) 토지이용계획자들은 종종 계획 개발에 무관심하다(토지이용계획자들은 높은 품질의 계획을 제안했다).
6) 주정부기관은 재해 경감에 대한 지역의 능력과 헌신을 구축하여 지방정부를 지원하기 위해 노력했다.
7) 계획은 위험 감소 전략의 일환으로 토지이용 기술을 효과적으로 포함하지 않았다.

주 및 지역 계획을 평가하는 데 사용되는 주요 수단이 품질 계획수립 원칙의 응용 프로그램을 포함했다. 품질 계획수립의 원칙은 널리 알려진 계획의 구성요소들의 집합을 나타내며, 내부와 외부 원칙으로 구분할 수 있다.

내부 원칙은 다음과 같다.

1) 문제 식별 및 비전

2) 일관된 목표의 설정

3) 사실에 근거한 목표와 관련 정책의 뒷받침

4) 확인된 행동을 이행하는 수단

5) 모니터하고 시간 경과 진행을 평가하기 위해 사용하는 과정

6) 수단은 계획의 비전, 목표, 정책에서 내부 일관성을 보장한다.

외부 원칙은 계획을 포함한다.

1) 조직구조와 정보가 제공되는 수단

2) 수평(지역의 이해당사자) 및 수직적 관계자(연방, 주, 지역)를 통한 조직 간 협력

3) 기존의 권한을 준수하는 계획의 정도(그림 10-2).

토지 이용 결정과 인간의 주거지 패턴에 대한 강조

기존 재해경감계획의 가장 큰 약점 중의 하나는 알려진 재해 지역의 개발에 대응하지 못하는 것이다. 그것은 상당수의 지역에서 노출과 위험도를 억제하기보다는 장려하는 비정상적인 재해 정책 때문이다. 이러한 현실을 다루는 것은 쉽지 않으며, 권한의 통합과 인센티브의 조합을 요구한다. 확인된 문제를 체계적으로 해결하기 위해 연방, 주, 지역 역량을 강화하는 동안 역효과를 내는 정책을 수정하거나 제거한다.

내부 원칙
문제 식별 및 비전: 공동체의 요구, 자산, 동향 및 회복력의 미래 비전의 설명 1.1 예상된 변화와 관련된 주요 이슈, 동향, 재해 영향에 대한 평가 1.2 주요 기회와 탄력적 토지 이용의 위협과 개발 패턴에 대한 설명 1.3 재해 회복력에 대해 사회가 원하는 것을 식별하는 비전
목표: 미래 토지 이용 및 개발 패턴의 요구를 표현하는 공적 가치의 반영 2.1. 요구되는 조건의 성명은 지역사회의 가치를 폭넓게 반영한다(자본, 경제, 환경).
사실에 근거: 현재와 미래 상태의 분석 및 추론의 설명 **취약성 평가** 3.1. 유형, 크기, 기간, 징후 속도 및 재해 발생의 빈도를 묘사한다. 3.2. 재해에 노출된 현재 및 미래의 예상인구와 고용을 포함한다. 3.3. 현재 및 예상 용량과 시설 및 취약한 인구를 지원하는 서비스에 대한 요구 사항을 포함한다(대피소, 교통, 의료). **명확히 설명하고 사실에 입각한 기술** 3.4. 서로 다른 인구집단, 주택 및 시설의 위치를 시각적으로 묘사한 지도가 포함된다. 3.5. 취약한 인구집단, 토지 이용 활동 및 사회기반시설의 자료를 집계한 표가 포함된다. 3.6. 문제 및 행동전략의 추론과 설명을 지원하기 위해 사실을 활용한다. 3.7. 자료 출처를 식별한다.
정책: 원칙은 공공 및 민간 토지 이용의 목표를 달성하기 위해 결정을 설명하기 위한 것이다. 4.1. 경감 명확한 경감 조치에 관련이 있는 충분한 특성(모호하지 않음) 4.2. 공간적 설계는 미래의 토지 이용, 사회기반시설, 교통 인프라를 명확히 하는 것으로 재해 지역에서의 개발을 피하거나 제한하는 것이다.
실행: 약속은 정책 중심의 행동을 이행한다. 5.1. 행동에 대한 일정표 5.2. 행동에 대한 책임이 있는 조직 5.3. 자금의 출처는 지원 행위로 간주
모니터링과 평가: 지역의 상태 변화에 따른 준비 6.1. 목표는 측정 가능한 목표를 기반으로 한다(예: 요구되는 비율 또는 재해에 노출된 주택규모의 수). 6.2. 목표지수에 대한 진행 상황의 평가(예: 매년 변화하는 비율 또는 재해에 노출된 주택규모의 수) 6.3. 조직은 모니터링에 대한 책임이 있다. 6.4. 변화하는 상황의 모니터링을 기반으로 계획을 갱신하기 위한 일정표

내부 원칙
내부 일관성: 문제, 비전, 목표, 정책, 실행은 상호 보완한다. 7.1. 목표는 문제와 비전을 수용할 정도로 포괄적이어야 한다. 7.2. 정책은 본래의 목표와 실행의 전달에 명확하게 연계되어야 한다. 7.3. 모니터링은 목표의 달성과 정책의 효과를 측정하는 지표를 포함해야 한다.
외부 원칙
구성 및 표현: 규정은 넓은 범위의 독자들의 이해도를 향상시킨다. 8.1. 내용, 용어 설명, 요약표 8.2. 문제, 비전, 목표 및 정책의 상호 참조 8.3. 명확한 시각적 표현(예: 지도, 도표, 그림, 다이어그램) 8.4. 문서 지원(예: 비디오, CD, 웹 페이지)
조직 간 협력: 공공 및 민간 관계자의 다른 계획/정책과의 통합 9.1. 정부, 주, 지역 관계자의 계획/정책에 대한 수직적 협력 9.2. 관할지역 내외의 계획/정책의 수평적 협력
준수: 계획의 권한과 일관성 10.1. 요구된 요소는 계획에 포함되어 있다. 10.2. 요구된 요소는 서로 적합하다.

〈그림 10-2〉 시민참여 단계

강력한 훈련 및 역량 구축 접근방법의 활용

재해 위험도 관리 과정에서 종종 배제되는 이해당사자들과 지방, 주, 연방 공무원을 훈련시키기 위해 더욱 향상되고 체계적인 재해경감계획을 채택하고, 상시적 업데이트가 필요하다. 적절한 훈련 분야에서는 재해경감계획 입안 과정에서 지역 토지이용계획가의 직접적인 참여를 강조해야 한다. 카테스(Kartes)와 포펠(Faupel)은 1994년 실행한 국가 평가에서 토지이용계획가와 위기관리자 사이의 조정 부족을 확인했다. 이는 여전히 문제로 남아 있으며, 특히 재해예방계획 입안, 15년 전에 통과한 2000년 재해예방법(Lyles, 2014)을 고려한 맥락에서 논의될 때 더욱 그려하다.

계획가와 위기관리자는 계획 입안과 역량 구축의 기술적 측면을 강조하는 향상된 훈련 접근방법을 개발하기 위한 노력을 주도해야 한다. 재해 분석 기술에서는 지역 역량, 취약성, 해결책을 반영하는 지역 중심 접근방법을 강조하고 있다. 동시에 재해 경감 전략에서는 현재보다 엄격한 표준을 채택해야 한다. 이러한 목적을 달성하기 위해 주 및 FEMA(Smith, 2013; Lyles, 2014)는 지역 공무원이 더 큰 지역 역량을 구축하도록 향상된 지원을 제공해야 한다.

수행능력이 뒤처지는 주와 지역에 제재 조치 제정 및 뛰어난 재해예방계획을 개발하는 주와 지역에 혜택 제공

국가프레임워크는 적극적으로 참여하는 사람들에게 분명한 혜택을 포함한 강력한 인센티브 지급과 지역 역량 강화를 위해 노력해야 한다. 재난경감법은 주와 지방정부가 재해 전후 경감 기금을 계속 받기 위해서는 재해경감계획을 개발하고 채택해야 한다고 명시하고 있다. 주 및 지방 재해예방계획의 품질에 대한 6년간의 연구에서 도시된 바와 같이 계획은 취약했고, 현재 상황에서 자연재해를 체계적으로 줄이기 위한 방법을 제공하지 않았다.

지역이 높은 기준의 재해예방계획을 채택하지 못한다면 연방 보조금은 감소되어야 한다. 연방정부의 재난 선포 후 제공되는 연방 보조금은 잔해물 청소와 손상된 기반시설 수리와 관련있다. 지역이 승인받은 계획을 채택하지 못한다면 재난 후 이러한 기금이 보류될 것이다. 반면 재해 관련 토지 이용을 다루는 기준을 포함한 보다 높은 기준을 채택한 지역은 추가 보조금을 받을 자격을 얻게 된다. 예를 들어 제안된재해 위험도 관리체계에서 제시한 모든 재해 보험료가 줄어든다.

주는 '향상된 계획'을 개발할 경우 재해경감보조금프로그램의 기금을 상향 수준으로 받을 자격이 있다. 주의 능력에는 사건 전후 재해 예방 기금을 관리하는 계획도 포함되어 있기 때문에 별도의 예방전략을 수립할 필요가 없으며, 주는 지방정부의 지역 역량 강화를 지원하는 정도를 측정하지 않기 때문에 불균형적이 되었다. 평가자 스미스(Smith, 2013)는 인력, 교육, 주 자원의 가용성 같은 다양한 방식으로 지역 역량을 구축하는 데 어려움이 있음을 발견했다. 이러한 문제를 해결하는 방법 중 하나는 역량 강화에 대한 문제를 평가하는 기준을 포함하도록 강화된 주 계획의 정의를 개정하는 것이다.

적극적인 지방정부도 현재 존재하지 않는 강화된 계획의 재정을 통해 유사한 보상을 받게 된다. 사전 및 사후 재난 보조금 비율은 훈련과 역량 구축을 강조한다. 이는 더 크고 부유한 지역이 기존의 재정, 기술, 행정 능력 덕분에 더 높은 기준을 충족시킬 수 있을 때 부익부 빈익빈 현상을 회피하게 해준다. 연방정부는 지역 공무원을 활용해 찾아가는 서비스의 일부로서 보다 높은 훈련 기준을 충족시키는 계획을 개발하도록 해야 한다.

재해 관리 프레임워크 시행에서 전문적 토지이용계획가의 참여

전문적 토지이용계획가들은 도구, 방법, 과정에 의존한다(Hall, 1988). 이러한 방법들은 자연재해에 취약한 지역이 직면한 도전과제에 직접 적용할 수 있지만, 종합 재해 관리 전략의 일부로서 산발적으로만 적용해왔다(Burby, 1998; Mileti, 1999; Lyles et al., 2014). 9장에서는 계획 입안과 절차상 본질을 다루고 있다. 이러한 활동은 토지이용계획가의 전문 분야다. 그러나 계획가가 계획 입안 활동을 주도할 능력을 가진 유일한 사람이라는 것을 의미하진 않는다. 오히려 계획가의 기술 전문가와 촉진자로서의 참여는 잘 이루어지지 않고 있다.

많은 토지이용계획가들이 재해경감계획을 개발할 책임이 위기관리자에게 있다고 오해하고 있으며, 재해 회복력과 지속 가능한 개발의 연결점을 인식하지 못하고 있다(Berke et al., 2006). 특히 지속 가능한 개발은 계획 실천의 주요 목적으로 널리 인정받고 있다. 이러한 협력관계를 홍보하고 개발 과정에서 적극적으로 설계자 및 재난관리자와 협력하도록 하는 것이 근본적으로 중요하지만, 제대로 활용되지 않고 있는 자원 기반에 초점을 맞추어 미국계획입안협회(American Planning Association), FEMA, 국제위기관리자협회(International Association of Emergency Managers), 국가위기관리협회(National Emergency Management Association) 등에서 찾아가는 캠페인을 실시해야 한다.

사회 변화와 정책 학습의 중개자로서 계획가의 활용

이 장에서 강조한 권장사항들은 계획 입안, 데이터 수집 및 분석, 참여계획, 분쟁 해결, 역량 구축 같은 계획 실천 및 이론의 주요 주제들을 반영하고 있다. 그러나 재해의 맥락에서 논의될 때 이러한 기술을 훈련받은 개인과 조직, 즉 토지이용계획가들이 종종 배제되고 있다. 이는 미국이 자연재해를 좀 더 잘 파악하고 더 체계적으로 다루지 못하는 이유를 부분적으로 설명해줄 수 있을 것이다. 또한 계획가들이 '토지 기반 불로

소득 엘리트(1976, 1987)'라고 불리는 권력을 가진 로건(Logan)과 몰로치(Molotch)가 유발하는 토지 이용 도전과제에 직면해 효과적으로 대응하지 못한다는 사실을 지적해준다. 마르크스주의자들의 계획에 대한 관점에서는 이 과정을 사회 갈등을 감소시키면서 사적 이해관계를 조직하여 자본주의 도시를 유지하기 위한 수단으로 정의한다(Castells, 1977). 지속 가능한 개발과 재난 회복력의 개념을 지지하는 계획가와 기타 사람들은 논제를 발전시키는 능력을 가진 효과적인 연합을 구성하기 위해 아른스타인(Arnstein)과 다비도프(Davidoff)가 제안한 옹호자들이 되어야 한다(Arnstein, 1969; Davidoff, 1968).

사회학습 이론가들은 교훈이 변화를 주창하는 경험과 연합 형성을 바탕으로 정책 채택으로 이어진다고 가정한다(Sabatier and Jenkins-Smith, 1993). 이러한 개념을 재해 완화(Olson, 2000)와 재난 회복(Birkland, 1997, 2006; Smith and Wenger, 2006)에 적용할 수 있다. 증가하는 유비쿼터스 개념의 회복력은 설계자와 재난관리자에 의해 도입되었으며, '조치(action)'라고 불린다. 회복력이라는 용어를 슬로건으로 사용하는 것보다 성공 지표와 함께 분명하게 정의된 개념으로 사용하는 것 또한 문제가 있음에도 불구하고 학술 분야에서 회복력이라는 표현은 과거의 사건으로부터 배우고 변화하는 조건에 적응하는 데 중요한 개념으로 추가되었다(Walker and Salt, 2006).

버클랜드(Birklland, 2006)는 재난이 허리케인 카트리나가 극적으로 보여준 것처럼 변화를 유발하거나 정책 시스템의 실패를 부각시키는 '관심이 집중되는 사건' 역할을 할 수 있다고 강조했다. 계획가가 효과적인 변화를 이끌기 위해서는 자연재해가 일어나기 쉬운 지역에서 발견되는 기존 조건의 영향과 사건 발생의 원인을 이해하는 것이 중요하다. 계획가는 이러한 정보로 무장하여 몇 가지 중요한 역할을 할 수 있다. 즉 정보 수집과 종합, 공간 데이터의 제시와 분석, 이해당사자 사이의 대화 촉진, 계획 입안 과정의 일부로서 행동 지향적 권고사항 제시 등을 할 수 있다.

기후 변화 계획에 재해 분석 포함

기후 변화에 대한 과학적 합의가 이루어지면서 재해에 대한 국제적 합의가 더욱 현저해지고 있다. 이와 유사하게 과거부터 위험했던 지역을 포함하여 미국 시민은 기후가 변화하고 있는 것을 알고 있다. 삶의 방식, 경제, 미래 인간의 거주 패턴에 크게 영향을 주는 방식으로 지구를 변화시키고 있다는 자각은 9장에서 설명한 지속 가능한 성장에 더욱 주목하게 만들었다. 기후 변화에 관한 정부 간 협의체(Intergovernmetal Panel on Climate Change)에서 발견한 사실은 생태계 및 생물학적 다양성의 상당한 변화, 전염병 전파, 폭염 및 가뭄의 증가, 비정상적인 폭우 증가가 발생하는 세상을 예상하고 있다(2007, 2012, 2014). 현재 미국 인구의 50% 이상이 거주하는 해안 지역에서 해수면 증가와 더욱 강도 높은 열대 사이클론 활동이 예상되고 있다. 최근 수십 년 동안의 급속한 개발을 경험한 지역에서는 해안 침식, 홍수, 강풍으로 인해 더 큰 피해를 입을 수 있다.

국제적 규모의 모형은 광범위하고도 가능한 효과를 보여준다. 이러한 재해 분석의 장점은 다양한 변수를 독자적으로 혹은 결합했을 때 영향에 대한 연구와 지역 그리고 동네 수준의 자료를 다운스케일링할 수 있다는 것이다.

현재 미국 재해 위험도 관리체계는 물리적 특성과 개인, 집단, 조직, 기관이 잘 알고 있는 자연 사건에 초점을 맞추는 경향이 있으며, 통합된 정책 프레임워크를 사용하지 않는다. 그렇다면 어떻게 기후 변화 관련 위협에 장기 시나리오 계획을 수립할 수 있을까? 기후 변화의 딜레마는 사람들에게 기후 변화와 지속 가능한 개발의 폭넓은 문제를 해결과 재해 위험도 관리 네트워크를 확장시킬 수 있는 기회를 제공한다. 과학자, 학자, 공무원, 국제기관, 활동가, 시민으로 이루어진 새로운 집단은 연구 주제, 계획, 정책 변화 및 적응대책 분야에서 자연재해와 재난에 큰 관심을 기울이고 있다.

천천히 발생하는 대재난은 위협에 대비해 적절한 계획과 권고사항을 실행하는 지지 연맹을 개발할 시간을 동시에 제공한다. 반면에 노출과 취약성 면에서의 변화가 지방선거 주기와 전형적인 계획 수립 절차를 벗어나기에 어려운 도전과제가 되고 있다. 그 결과 정치적 논쟁을 불러일으키고 즉각적인 혜택이 보이지 않는 미래지향적 정책을 채택하는 데 연방, 주, 지방 공무원들의 저항을 불러올 수도 있다.

계획은 전형적으로 10년 주기로 수립되지만, 기후 변화로 야기된 재해는 더 긴 시간 주기가 필요할 것이다. 이러한 복잡한 문제들과 불확실성을 포용하는 논의를 발전시키기 위해서는 선출직 공무원, 지역 지지자, 각종 단체를 포함한 광범위한 연합조직의 구성과 유지가 필요하다. 〈그림 10-3〉은 위 구성원들이 어떻게 재해 위험도 관리 안에서 구성되는지를 보여주고 있으며, 국가경영, 지속성, 회복성 등에 의해 뒷받침되는 공통된 문제를 제기하기 위해 기후 변화 적응은 다 같이 수행될 수 있다. 〈그림 10-3〉은 기후인자를 기본으로 하는 위험도이며, 기상인자, 기후사상, 노출, 취약성의 교집합을 제시하고 있다. 악천후(climate risk)는 재난 위험의 한 요소이며, 이는 재해의 자연적인 요소 내지는 인간의 활동에 의한 기후 변화로 나눌 수 있다. 주기적으로 발생하는 기후사상, 기후의 경향 등으로 대변되는 취약성 역시 기후 변화(alteration in climate)의 범주에 속한다. 더 나아가 기후, 지역개발, 위험 관리의 교집합은 문화, 법률, 정책 같은 현존하는 시설에 영향을 받으며, 더 큰 위험 관리 네트워

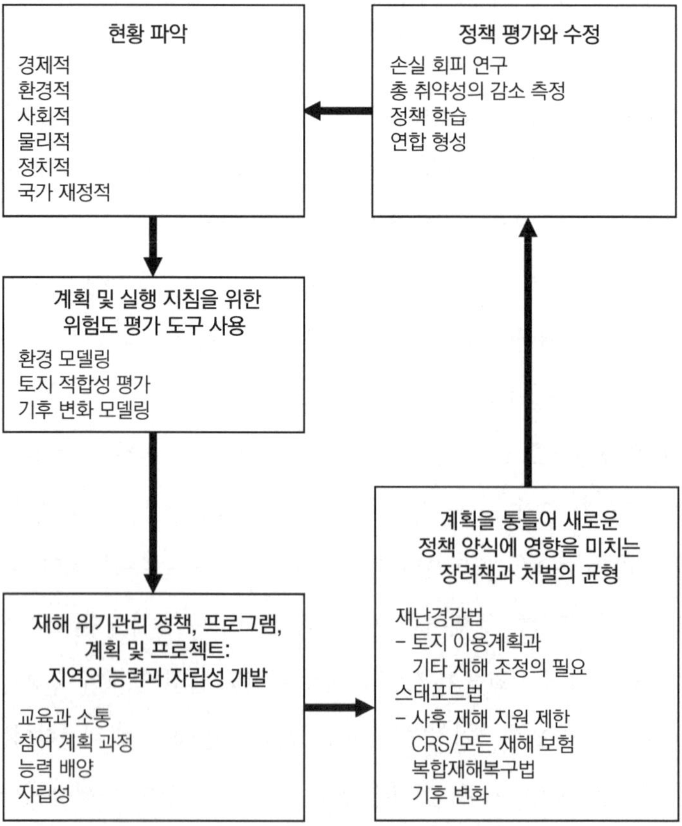

〈그림 10-3〉 재해 위기관리 정책 체계

크의 구성원이 회복성, 지속 가능성을 증대하기 위해 수행하는 많은 장애물과 기회 역시 그에 영향을 미친다. 구성원들이 할 수 있는 선택은 그들의 자산에 대한 접근 범위에 영향을 받으며, 금전적인 형태(F), 물리적인 형태(P), 인간활동(H), 사회적 활동(S), 자연적 활동(N)이다. 이들 접근방식과 이 자산들의 합의된 사용은 현존하는 신생 조직들과 수행 중인 절차들에 의해 중재된다.

지역 커뮤니티들은 수목 개발, 기간산업, 자산관리, 재난관리활동 등을 포함한 다양한 권한을 소유한다. 지역수준에서 재해 위험도 관리와 기후 변화 적응을 발표하기 위한 전략은 어떤 지역 구성원이 위험도 거버넌스 환경과 함께 일할 수 있는지의 수준에서만 구성된다.

> **생각하기**
> 지역이 드물게 발생하는 대재난 사건에 대한 계획을 세울 수 있는가? 드문 재난의 발생은 이러한 사건을 제지하는 데 필요한 협력 수준을 강화시키는가?

요약 및 결론

이 장에서는 기후 변화에 의해 야기된 자연재해를 포함하는 재해 위험도 관리 정책 프레임워크의 주요 요소와 재해 예방정책에 관련된 개념에 대해 설명했다. 이러한 프레임워크를 만들어내기 위해서는 현존하는 정책을 통해 배우고, 재난 취약성과 지속 가능성을 묶는 더 높은 기준의 목표를 만족시키도록 수정해야 한다. 이러한 접근방법은 주와 지역의 높은 기준을 유지하면서 사전재해 기간 분석과 위험 관리 네트워크의 역량 강화를 필요로 한다.

토론 주제

1) 모든 재해 보험 프로그램의 개설이 좋은 생각인가? 재해, 재해의 지리적 분포, 재해 관련 효과에 대한 지식을 바탕으로 누가 이 보험 프로그램을 지지하거나 반대할 것으로 예상하는가? 기후 변화로 인해 야기된 자연재해를 자연재해 보험 프로그램에 포함시키려면 어떻게 해야 하는가?
2) 재해예방의 효율을 평가하는 주요 방법은 비용 편익 분석과 자연재해와 관련된 미래의 피해를 감소시켜 수익을 창출하는 손실 회피 연구이다. 재해예방대책으로 얻을 수 있는 또 다른 사회적·환경적·경제적 이익은 무엇인가?
3) 재해와 관련된 기존 토지 이용 패턴을 변화시키기 위한 방안으로는 어떠한 것이 있는가?
4) 연방의 지시가 지역 수준의 변화를 촉진하는 가장 효과적인 방법이라고 생각하는가? 생각나는 다른 대안이 있는가?
5) 이 장의 마지막에 제시한 권장사항에 추가할 다른 내용이 있는가? 그 권장사항이 중요한 이유는 무엇인가?

응용문제

정책분석가 연습

이 책과 다른 참고자료를 바탕으로 자연재해에 대한 취약성을 감소시키기 위한 방안을 다룰 때 실효성 있는 다른 정책은 무엇인가? 구체적으로 향상해야 할 부분을 제시하고 강점과 약점을 확인하면서 제안된 정책체계를 비판해본다. 기후 변화의 함의가 당신의 관점에 어떤 영향을 미치는가?

참고문헌

Arnstein, S. R. (1969). A ladder of citizen participation. *Journal of the American Institute of Planners,* 35, 216-224.

Association of State Floodplain Managers (2003). *No Adverse Impact: A Toolkit for Common Sense Floodplain Management.* Madison, WI: Association of State Floodplain Managers.

Berke, P. (2014). Rising to the challenge: planning for adaptation in the age of climate change. In B. Glavovic and G. Smith (eds.), *Adapting to Climate Change: Lessons from Natural Hazards Planning,* pp. 171-190. New York: Springer Environmental Hazards Series.

Berke, P., Godschalk, D., Kaiser, E. and Rodriguez, D. (2006). *Urban Land Use Planning, Fifth Edition.* Champaign, IL: University of Illinois Press.

Berke, P., Smith, G., Salvesen, D. and Lyles, W. (2011). *An Evaluation of Floodplain Management Planning Under the Community Rating System.* Final Report for the Federal Emergency Management Agency, Department of Homeland Security Coastal Hazard Center of Excellence, Chapel Hill, NC.

Birkland, T. A. (1997). *After Disaster: Agenda Setting, Public Policy and Focusing Events.* Washington, DC: Georgetown University Press.

Birkland, T. A. (2006). *Lessons of Disaster: Policy Change after Catastrophic Events.* Washington, DC: Georgetown University Press.

Burby, R. and French, S. (1981). Coping with floods: the land use management paradox. *Journal of the American Planning Association,* 47, 289-300.

Burby, R., French, S., Cigler, B., Kaiser, E., Moreau, D. and Stiftel, B. (1985). *Flood Plain Land Use Management: A National Assessment.* Boulder, CO: Westview Press.

Burby, R. (1998). *Cooperating with Nature: Confronting Natural Hazards with Land-Use Planning for Sustainable Communities.* Washington, DC: Joseph

Henry Press.
Castells, M. (1977). *The Urban Question: A Marxist Approach.* London: Edward Arnold.
Chakraborty, A., Kaza, N., Knaap, G. and Deal, B. (2011). Robust plans and contingent plans scenario planning for an uncertain world. *Journal of the American Planning Association,* 77(3), 251-266.
Davidoff, P. (1965). Advocacy and pluralism in planning. *Journal of the American Institute of Planners,* 31(4), 48-63.
Federal Emergency Management Agency (1995). *National Mitigation Strategy.* Washington, DC: FEMA.
Federal Emergency Management Agency (2007). *Higher Education Project.* Washington, DC: FEMA.
Federal Emergency Management Agency (2011). *A Whole Community Approach to Emergency Management: Principles, Themes and Pathways for Action,* FDOC-104-008-1. Washington, DC: FEMA.
Freitag, B., Bolton, S., Westerlund, F. and Clark, J. L. S. (2009). *Floodplain Management: A New Approch for a New Era.* Washington, DC: Island Press.
Glavovic B. and Smith, G. (forthcoming). *Adapting to Climate Change: Lessons from Natural Hazards Planning.* New York: Springer Environmental Hazards Series.
Godschalk, D., Beatley, T., Berke, P., Brower, D. and Kaiser, E. (1999). *Natural Hazard Mitigation: Recasting Disaster Policy and Planning.* Washington, DC: Island Press.
Government Accountability Office (2007). *Natural Hazard Mitigation: Various Mitigation Efforts Exist, but Federal Efforts Do Not Provide a Comprehensive Strategic Framework.* Report to the Ranking Member, Committee on Financial Services, House of Representatives. GAO-07-403. Washington, DC: United States Government Accountability Office.
Hall, P. (1988). *Cities of Tomorrow.* Oxford, England: Basil Blackwell, Ltd.
Intergovernmental Panel on Climate Change (2007). Summary for policymakers. In M. Parry, O. F. Canziani, J. P. Palutikof, P. J. van der Linden and C. E. Hanson (eds.), *Climate Change 2007: Impacts, Adaptation and Vulnerability. Contribution of Working Group II to the Fourth Assessment Report of the Intergovernmental Panel on Climate Change.* Cambridge, England: Cambridge University Press.
International Panel on Climate Change (2012). Managing the risks of extreme

events and disasters to advance climate change adaptation. In C. B. Field, V. Barros, T. F. Stocker, D. Qin, D. J. Dokken, K. L. Ebi, M. D. Mastrandrea, K. J. Mach, G.-K. Plattner, S. Allen, M. Tignor, P. M. Midgley (eds.), *A Special Report of Working Groups I and II of the Intergovernmental Panel on Climate Change*. Cambridge and New York: Cambridge University Press.

Kartez, J. and Faupel, C. (1994). *Comprehensive Hazard Management and the Role of Cooperation Between Local Planning Departments and Emergency Management Offices*. Unpublished data.

Kunreuther, H. (1998). A program for reducing disaster losses through insurance. In: H. Kunreuther and R. J. Roths (eds.), *Paying the Price: The Status and Role of Insurance Against Natural Disasters in the United States*. Washington, DC: Joseph Henry Press.

Kunreuther, H. (2006). Has the time come for comprehensive natural disaster insurance? In R. J. Daniels, D. F. Kettl, and H. Kunreuther (eds.), *On Risk and Disaster: Lessons from Hurricane Katrina*. Philadelphia, PA: University of Pennsylvania Press.

Logan, J. R. (1976). Notes on the growth machine: Toward a comparative political economy of growth. *American Journal of Sociology*, 82(2), 349-352.

Logan, J. R. and Molotch, H. L. (1987). *Urban Fortunes: The Political Economy of Place*. Berkeley, CA: University of California Press.

Lyles, W., Berke, P. and Smith, G. (2014). Do planners matter? Examining factors driving incorporation of land use approaches into hazard mitigation plans. *Journal of Environmental Planning and Management*, 57(5), No. 2: 792-811.

Mileti, D. (1999). *Disasters by Design: A Reassessment of Natural Hazards in the United States*. Washington, DC: Joseph Henry Press.

Multi-hazard Mitigation Council (2005). *Natural Hazard Mitigation Saves: An Independent Study to Assess the Future Savings from Mitigation Activities. Vol. 1, Findings, Conclusions, and Recommendations*. Washington, DC: National Institute of Building Sciences.

Olson, R. S. (2000). Toward a politics of disaster: Losses, values, agendas, and blame. *International Journal of Mass Emergencies and Disasters*, 18, 265-287.

President Barack Obama. Executive Order. *Preparing the United States for the Impacts of Climate Change*. November 1, 2013. http://www.whitehouse.gov/the-press-office/2013/11/01/ executive-order-preparing-united-states-

impacts-climate-change. Accessed November 2013.
Quay, R. (2010). Anticipatory governance: a tool for climate change adaptation, *Journal of the American Planning Association,* 76(4), 496-511.
Sabatier, P. A. and Jenkins-Smith, H. C.(1993). *Policy Change and Learning: An Advocacy Coalition Approach.* Boulder: Westview Press.
Smith, G. (2011). *Planning for Post-Disaster Recovery: A Review of the United States Disaster Assistance Framework.* Washington, D.C.: Island Press.
Smith, G., Ward, L. and Berke, P. (2013). The role of the state in building local capacity and commitment for hazard mitigation planning. *International Journal of Mass Emergencies and Disasters,* 31(2), 178-203.
Smith, G., Whitehead, J., Kaza, N., Park, J., Pine, J., Kolar, R., Sandler, D., and Thomas, E. (2013). *Aggregate Flood Hazard Risk Reduction Scoping Project.* Chapel Hill, NC: Department of Homeland Security-Coastal Hazards Center of Excellence.
Smith, G. and Wenger, D. (2006). Sustainable disaster recovery: operationalizing and existing agenda. In H. Rodriguez, E. Quarantelli, and R. Dynes (eds.), *Handbook of Disaster Research.* New York: Springer.
Walker, B. and Salt, D. (2006). *Resilience Thinking: Sustaining Ecosystems and People in a Changing World.* Washington, DC: Island Press.

| 찾아보기 |

ㅎ

A

H

저자 **존 파인**

1979년 조지아대학교에서 고등교육행정 및 공공행정 분야에서 박사학위를 취득하였으며, 현재는 노스캐롤라이나에 위치한 애팔래치아주립대학교의 지리계획학과의 교수 및 환경, 에너지 및 경제 연구원(RIEEE)의 원장으로 근무하고 있다. 애팔래치아주립대학교의 교수로 부임하기 전에는 루이지애나주립대학교에서 지리인류학과와 환경과학과의 교수를 역임하면서, 대학원 및 학부 학생들에게 재난 과학 및 관리 프로그램을 30여 년간 지도하였다. 재난관리와 관련된 주요 연구 분야는 비상 계획 수립, 위험 평가, 재해 복구 등이다.

오랜 기간 동안 연방, 주, 그리고 지역 정부 기관 및 비정부기관에서 지역 사회의 지속 가능성을 강화하는 전략을 수립하는 업무를 수행하였으며, 주요 저서로는 Technology and Emergency Management (2007)와 Tort Liability Today (2005) 등이 있다.

역자 **안재현**

1994년 고려대학교 토목공학과를 졸업하고, 2001년 고려대학교 대학원에서 '지구온난화에 따른 한반도 수문환경의 변화 분석' 논문으로 박사학위를 취득하였다. 2002년부터 서경대학교의 교수로 재직 중이며, 기후변화와 관련된 수자원관리 및 각종 재난관리 분야의 연구를 수행하고 있다.

저서로는 재난관리론(공역), 물위를 걸어온 과학자들(공저), 방재사전(공저), 풍수해비상대처계획수립(공저) 등이 있으며, 한국국민안전산업협회 부회장, 한국수자원학회 이사, 한국방재협회 이사 등의 대외활동을 하고 있다.

역자 **김태웅**

1997년 고려대학교 토목환경공학과를 졸업하고, 2003년 미국 아리조나대학교에서 가뭄특성 및 예측에 관한 연구로 박사학위를 취득하였다. 2005년부터 한양대학교 공학대학의 교수로 재직하고 있다. 기후변화에 따른 극한사상 영향 평가 및 수자원 관리 정책 등과 관련된 분야에서 연구를 수행하고 있다. 한양대학교 강의우수교원, 한국과학기술단체총연합회 과학기술우수논문상, 소방방재청장 표창, 국토교통부 장관 표창 등을 수상한 바 있다. 저서로는 물위를 걸어온 과학자들(공저), 내 일을 설계하고 미래를 건설한다(공저) 등이 있다.

역자 **이상원**

1993년 성균관대학교 토목공학과를 졸업하고, 2011년 세종대학교 정책과학대학원에서 석사학위를 취득하였다. 2004년부터 소방방재청에서 풍수해저감종합계획 수립 제도 도입연구와 방재기술 산업 육성 발전방안 및 기후변화에 따른 방재성능 목표설정 제도 도입, 복구사업 추진 등 방재정책 분야의 실무업무를 수행하였다. 현재는 국민안전처에서 방재안전 사무관으로 재직 중이며 자연재해 위험지역 개선과 재해예방사업 투자확대 업무를 담당하고 있다.